U0113211

合作研究

"一带一路"协同发展研究丛书

一带一路
贸易与基础设施协同发展

THE BELT AND ROAD

Synergic Development of
Trade and Infrastructure

张辉 唐毓璇 闫强明／编著

北京大学出版社
PEKING UNIVERSITY PRESS

图书在版编目(CIP)数据

一带一路.贸易与基础设施协同发展/张辉,唐毓璇,闫强明编著.—北京:北京大学出版社,2022.1

("一带一路"协同发展研究丛书)

ISBN 978-7-301-32502-5

Ⅰ.①一… Ⅱ.①张… ②唐… ③闫… Ⅲ.①区域经济合作—国际合作—研究—中国 Ⅳ.①F125.5

中国版本图书馆 CIP 数据核字(2021)第 187000 号

书　　　名	一带一路:贸易与基础设施协同发展
	YIDAIYILU: MAOYI YU JICHU SHESHI XIETONG FAZHAN
著作责任者	张　辉　唐毓璇　闫强明　编著
责 任 编 辑	赵学秀
标 准 书 号	ISBN 978-7-301-32502-5
出 版 发 行	北京大学出版社
地　　　址	北京市海淀区成府路 205 号　100871
网　　　址	http://www.pup.cn
微信公众号	北京大学经管书苑(pupembook)
电 子 信 箱	em@pup.cn
电　　　话	邮购部 010-62752015　发行部 010-62750672　编辑部 010-62752926
印 刷 者	北京中科印刷有限公司
经 销 者	新华书店
	787 毫米 × 1092 毫米　16 开本　23 印张　474 千字
	2022 年 1 月第 1 版　2022 年 1 月第 1 次印刷
定　　　价	85.00 元

主要作者

张　辉　　　北京大学经济学院副院长,教授,博士生导师

张亚光　　北京大学经济学院副院长,副教授

王　旭　　北京大学外语学院副教授

唐毓璇　　上海对外经贸大学助理研究员/北京大学经济学院博士后

赵　静　　财政部财政科学研究所博士后/国家发改委国际合作中心

常非凡　　国家发改委国际合作中心

张　灵　　北京大学经济学院博士后

闫强明　　北京大学经济学院博士

易　天　　北京大学经济学院博士

何思思　　北京大学经济学院硕士

目 录
CONTENTS

第一部分 "一带一路"与中国在全球价值双环流中的地位

第二部分 "一带一路"与基础设施建设

第一部分

"一带一路"与中国在全球价值双环流中的地位

第一章　全球贸易循环动态分析[①]

当前全球价值链结构呈现一定分化,在发达经济体贸易陷入停滞的情况下,发展中经济体在全球产业分工中的参与度未见明显增强,世界经济逐渐从中心至外围的简单发展模式转变为双环流体系。在此情况下,中国在世界贸易结构中将发挥重要作用,一方面中国将与欧美等经济体保持传统贸易往来关系,向其出口中间品,并通过欧美经济体先进的生产技术对中间品进行加工,然后再将加工后的最终消费品出口到中国;另一方面,随着中国生产技术水平的提升与经济结构的转变,中国与发展中经济体的关系正在发生深刻变化,更多地承担新兴产业的制造功能,从发展中经济体进口原材料及级别较低的粗加工产品,并在本国加工后形成最终消费品再出口到发展中经济体,从而承担了全球价值双环流中的枢纽角色。而中国日渐庞大的贸易体量也奠定了中国在全球价值链中的重要作用。中国在全球贸易循环双环流中承担的枢纽功能将成为其推动"一带一路"建设的基础,借此可以充分利用并发挥沿线经济体的经济结构差异,加速全球贸易循环的进程。

我们通过对1990年、2000年、2013年三个时点下全球贸易循环体系内中国与其他经济体的贸易进出口结构对比,分析了全球贸易循环的演变过程及中国在其中的地位变化。这里将贸易商品细分为最终消费品和中间品,从出口和进口两个角度出发,对三个时间节点下全球187个经济体的贸易结构进行细分和处理,从中提取出与中国相关的贸易数据并进行计算和分析,得到相关贸易数据占比和排名。

通过分析发现,首先,1990—2013年,中国进出口贸易体量不断上升,特别是自2001年中国加入世界贸易组织(WTO)后,对外贸易增速明显,全球范围内中国与其他经济体的贸易往来日趋紧密,中国越来越占据全球进出口贸易的重要地位,在各经济体贸易结构中扮演重要贸易对手方的角色。其次,中国的对外贸易结构模式逐渐改

[①]　通过 EORA 数据库的测算,187 个样本经济体中包含中国港澳台地区,本书在讨论中国与其他经济体的贸易关系时,中国的数据不包含港澳台。第一章至第四章节选自唐毓璇博士出站报告《"一带一路":通往参与全球经济治理新路径——基于全球价值链视角的贸易循环研究》。该报告由北京大学经济学院副院长张辉教授(合作导师)指导完成。

变,1990 年中国处于进出口相对均衡的情况且贸易体量较小,贸易商品进出口发展水平较低,特别是最终消费品的对外进出口贸易发展水平较低,进出口贸易的中间品所占比例较大。随着中国经济不断发展,产业结构不断升级,人民消费水平不断上升,相对于中间品来说,中国的最终消费品进出口贸易开始有了更为显著的发展,另外,中国作为贸易出口方的角色也越来越明显,逐渐成为对外贸易出口大国。最后,通过分析中国的最终消费品和中间品进出口对手国(地区)的地理位置和经济发展情况可知,2013 年中国的中间品出口多以近邻为主、以发展中经济体为主,最终品贸易进口多以发达经济体为主,中国越来越多地体现出发展中经济体与发达经济体之间的贸易枢纽作用,全球价值双环流模型作用特点日趋明显。

在数据处理过程中,作为样本的经济体数量共 187 个,数据来源为联合国数据库多地区投入产出表(multi-region input-output,MRIO),其中,贸易商品根据用途可分为中间品和最终消费品,中间品可用于再加工或投入生产其他产品,最终消费品则为不再加工、可供最终消费的产品。

一、全球各经济体最终消费品进出口情况动态分析

本节对 1990、2000、2013 年三个时间节点的全球最终消费品进出口数据进行处理和分析,首先分别计算全球 187 个经济体中每个经济体与其余各经济体的进出口贸易数据。其次,计算各经济体对中国进出口贸易额占该经济体进出口贸易总额的比例,同时,统计得到各经济体对中国进出口贸易额在该经济体贸易结构中所属名次。最后,根据以上数据得到 1990、2000、2013 年这三个时间节点的相关图表。

通过分析时间节点相关图表,观察历年走势,我们可以对中国在世界最终消费品贸易中所扮演的角色和所处地位有更为直观的认识,更进一步了解中国贸易结构的发展和变化。

(一)全球各经济体最终消费品出口情况动态分析

首先从各经济体最终消费品出口情况来看,近 30 年内中国越来越成为最终消费品的出口目的地。图 1.1 至图 1.3 直观地展示了各经济体最终消费品出口至中国的情况[①]。

1990 年,186 个样本经济体中,只有 1 个经济体的最终消费品出口中国占其所有最终消费品出口额的比例在 10％以上,有 13 个经济体的最终消费品出口中国的占比为 1％—10％,其余经济体的最终消费品出口中国占比均在 1％之下。从各经济体向中国出口最终消费品的比例在该经济体所有出口目的地中的排名来看,中国排名在10 以内的经济体有 7 个。据此分析,1990 年中国并不是全球各经济体最终消费品出口的主要对手方,在全球最终消费品出口结构中不占据重要地位。

---

① 出口比例和排名的横坐标为选取的除中国(不含港澳台)的 186 个经济体,由于篇幅所限,无法完全一一对应列出。图中主要表示占比趋势和排名分布情况,可结合正文中的对应解读。以下同。

2000年,中国作为全球最终消费品出口目的地的地位有一定提升,但提升速度不大。对中国的出口额在其全部最终消费品出口额的比例在10％以上的样本经济体数量为2个,对中国的出口比例为1％—10％的经济体数量攀升至54个,比例在1％以下的经济体数量仍高达133个。

2013年,中国作为全球最终消费品出口目的地的地位继续巩固。对中国的出口额占其全部最终消费品出口额的比例在10％以上的样本经济体数量为18个,对中国的出口比例为1％—10％的经济体数量达到95个,比例在1％以下的经济体下降至75个。中国作为最终消费品出口目的地的地位在2000—2013年提升速度较为明显。

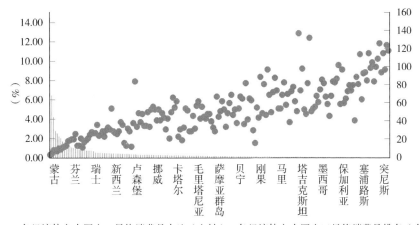

■各经济体向中国出口最终消费品占比(左轴)●各经济体向中国出口最终消费品排名(右轴)

图1.1 1990年各经济体最终消费品向中国出口比例及排名

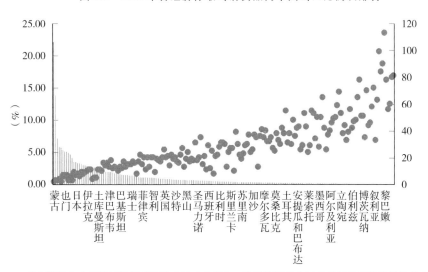

■各经济体向中国出口最终消费品占比(左轴)●各经济体向中国出口最终消费品排名(右轴)

图1.2 2000年各经济体最终消费品向中国出口比例及排名

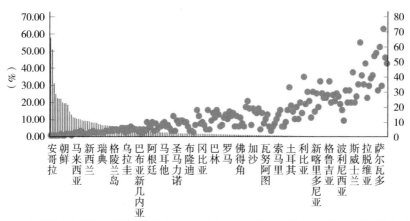

■各经济体向中国出口最终消费品占比（左轴）●各经济体向中国出口最终消费品排名（右轴）

图 1.3　2013 年各经济体最终消费品向中国出口比例及排名

　　表1.1至表1.3列示了向中国出口最终消费品的比例在该经济体所有出口目的地中排名前十的情况。从表1.1可知,中国在各经济体最终消费品出口结构中排名第三、四、七、九、十的经济体数量分别有1个,排名第八的经济体数量有2个,合计有7个,占186个样本经济体的比例很小。中国不是全球各经济体最终消费品出口的主要对手方。

表 1.1　1990 年中国在该经济体最终消费品出口目的地中排名前十位的情况(中国作为进口方)

排名	个数	经济体(出口到中国的占比,%)
1	0	
2	0	
3	1	蒙古(14.44)
4	1	安哥拉(6.44)
5	0	
6	0	
7	1	也门(2.51)
8	2	缅甸(4.2),加蓬(2.75)
9	1	中国香港(2.03)
10	1	阿曼(2.18)

表 1.2　2000 年中国在该经济体最终消费品出口目的地中排名前十位的情况(中国作为进口方)

排名	个数	经济体(出口到中国的占比,%)
1	0	
2	2	蒙古(22.1),哈萨克斯坦(5.7)
3	4	阿格拉(13.7),缅甸(7.1),中国香港(4.9),韩国(4.1)

排名	个数	经济体（出口到中国的占比,%）
4	2	加蓬(5.8),尼泊尔(2.6)
5	2	吉尔吉斯斯坦(2.6),阿富汗(2.5)
6	3	也门(5.1),塞内加尔(4.6),刚果(3.3)
7	3	阿曼(5.4),朝鲜(5.0),日本(3.4)
8	4	毛里塔尼亚(3.3),古巴(3.0),中国澳门(1.3),加拿大(0.5)
9	4	俄罗斯(3.4),老挝(3.2),越南(2.9),巴布亚新几内亚(1.0)
10	4	伊拉克(2.8),马来西亚(2.2),毛里求斯(1.6),瓦努阿图(0.4)

表 1.3　2013 年中国在该经济体最终消费品出口目的地中排名前十位的情况（中国作为进口方）

排名	个数	经济体（出口到中国的占比,%）
1	9	阿格拉(57.86),蒙古(51.15),加蓬(31.25),缅甸(25.01),韩国(22.56),古巴(22.26),朝鲜(19.97),中国香港(19.65),芬兰(12.92)
2	11	刚果(22.15),也门(19.62),阿曼(18.66),日本(14.66),老挝(11.46),澳大利亚(10.53),哈萨克斯坦(9.63),喀麦隆(9.29),冰岛(9.29),新西兰(9.19),加拿大(3.99)
3	12	马来西亚(11.08),毛里塔尼亚(10.66),新加坡(9.06),瑞士(8.50),俄罗斯(8.23),越南(8.15),巴基斯坦(7.45),瑞典(7.20),德国(6.76),泰国(6.62),乌拉圭(5.06),列支敦士登(1.76)
4	16	伊拉克(10.25),印度尼西亚(8.46),中国澳门(6.61),菲律宾(6.54),美国(6.33),格陵兰岛(6.26),秘鲁(5.59),中国台湾(4.70),巴布亚新几内亚(4.35),伊拉克(3.29),南苏丹(2.86),摩纳哥(2.11),圣马力诺(1.97),厄立特里亚(1.85),圣多美和普林西比(1.84),俄罗斯(0.79)
5	12	伊朗(6.31),挪威(5.78),意大利(5.71),奥地利(5.47),卢森堡(4.62),英国(4.37),利比尼亚(4.31),卡塔尔(3.72),卢旺达(2.74),塞尔维亚(1.62),吉布提(1.59),塔吉克斯坦(0.94)
6	6	赞比亚(5.32),吉尔吉斯斯坦(5.12),丹麦(4.74),法国(4.66),巴西(3.22),孟加拉国(2.33)
7	14	智利(4.68),阿根廷(3.14),西班牙(2.70),毛里求斯(2.55),柬埔寨(2.41),布隆迪(1.90),黑山(1.40),苏丹(1.11),佛得角(1.08),尼泊尔(1.06),白俄罗斯(0.81),萨摩亚群岛(0.78),不丹(0.72),墨西哥(0.68)
8	5	塞内加尔(2.34),科威特(1.74),文莱(1.63),阿富汗(1.37),加沙(1.00)
9	7	土库曼斯坦(2.85),马耳他(2.48),乌兹别克斯坦(1.97),冈比亚(1.69),安提瓜和巴布达(1.07),瓦努阿图(0.89),牙买加(0.78)
10	7	坦桑尼亚(3.25),沙特(2.89),印度(2.43),荷兰(1.94),乌干达(1.92),莫桑比克(1.69),安道尔(0.67)

　　2000 年,中国在最终消费品出口目的地中排名前五的经济体数量增加至 10 个,排名前十的经济体数量增加至 28 个,较 1990 年增幅达 3 倍以上,体现出中国对最终

消费品消费水平的增强与消费地位的提升。

2013 年,中国在最终消费品出口目的地中排名第一位的经济体数量增至 9 个,包括韩国、中国香港、芬兰等,排名第二至第五位的经济体包括日本、澳大利亚、加拿大、俄罗斯、美国等,排名前五位的经济体数量增加至 60 个,排名前十的经济体共 99 个,占样本经济体数量的 52.7%。

通过三个时间节点的对比分析可知,截至 2013 年,排名前五位的经济体数量增加至 60 个,为 1990 年的 30 倍,23 年内年均复合增长率达到 15.9%;排名前十位的经济体数量增至 99 个,为 1990 年的 14.1 倍,23 年内年均复合增长率达到 12.2%。1990—2013 年中国作为重要最终消费品出口目的地的地位不断巩固,中国作为最终消费品的贸易进口方越来越在世界各经济体的贸易体系中占据重要地位。

(二)全球各经济体最终消费品进口情况动态分析

从各经济体最终消费品进口情况来看,近 30 年内中国作为最终消费品的进口对象的作用也日趋提升。图 1.4 至图 1.6 列示了各经济体从中国进口最终消费品占该经济体最终消费品进口总额的比例,以及该比例在所有最终消费品进口商中的排名。

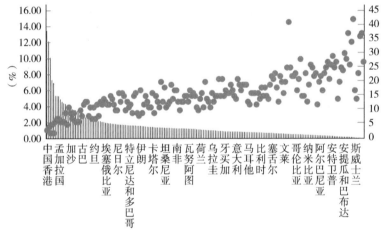

■各经济体从中国进口最终消费品占比(左轴)●各经济体从中国进口最终消费品排名(右轴)

图 1.4 1990 年各经济体最终消费品从中国进口比例及排名

1990 年在 186 个样本经济体中,有 3 个经济体向中国出口最终消费品的比例在 10% 以上,有 98 个经济体为 1%—10%,另外,从排名来看,中国只在 6 个经济体的最终消费品进口排名进入了前五,据此可判断中国并不是全球各经济体最终消费品进口的主要对手方。

2000 年,186 个样本经济体中从中国进口最终消费品的比例在 10% 以上的经济体数量为 8 个,从中国进口最终消费品的比例为 1%—10% 的经济体数量为 154 个,较 1990 年均有明显增加,1% 以下经济体数量为 27 个。

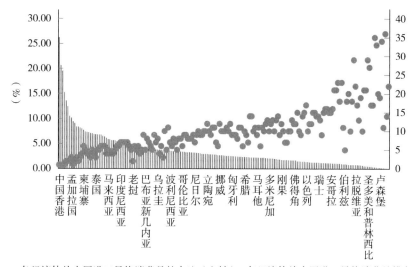

■各经济体从中国进口最终消费品的占比（左轴）●各经济体从中国进口最终消费品排名（右轴）

图 1.5　2000 年各经济体最终消费品从中国进口比例及排名

■各经济体从中国进口最终消费品占比（左轴）●各经济体从中国进口最终消费品排名（右轴）

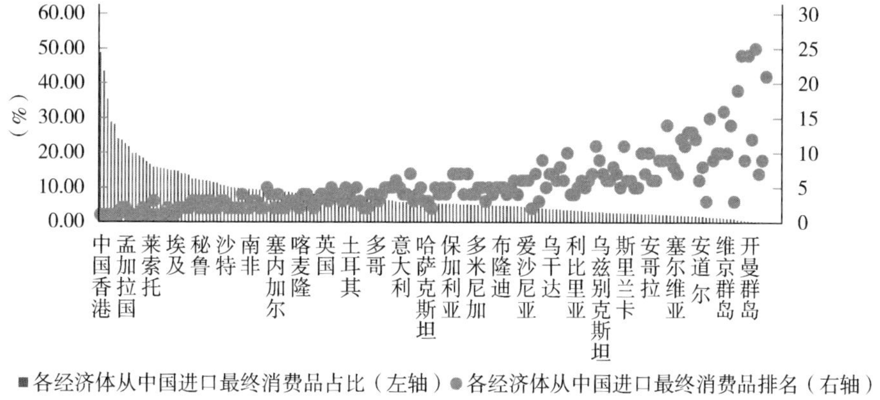

图 1.6　2013 年各经济体最终消费品从中国进口比例及排名

　　2013 年,186 个样本经济体中从中国进口最终消费品的比例在 10% 以上的经济体数量为 37 个,从中国进口最终消费品的比例为 1%—10% 的经济体数量为 142 个,1% 以下经济体数量仅剩余 9 个,中国作为最终消费品出口来源地的作用进一步凸显。

　　表 1.4 至表 1.6 列示了从中国进口最终消费品的比例在该经济体所有进口来源地中排名前五的情况。从表 1.4 可知,1990 年中国在各经济体最终消费品进口结构中排名第二的经济体有 2 个,排名第三、四的经济体分别有 1 个,排名第五的经济体有 2 个。合计有 6 个经济体从中国进口最终消费品占比的排名进入了前五,在 186 个样本经济体中占比很小,中国不是各经济体最终消费品进口的主要对手方。

表 1.4　1990 年中国在该经济体最终消费品进口来源地中排名前五位的情况(中国作为出口方)

排名	个数	经济体(进口比例,%)
1	0	
2	2	朝鲜(10.11),日本(6.94)
3	1	中国香港(13.47)
4	1	中国澳门(12.13)
5	2	蒙古(7.33),中国台湾(4.02)

表 1.5　2000 年中国在该经济体最终消费品进口来源地中排名前五位的情况(中国作为出口方)

排名	个数	经济体(进口比例,%)
1	5	中国香港(26.2),朝鲜(20.7),中国澳门(19.5),蒙古(15.3),巴基斯坦(9.4)
2	6	日本(13.6),吉尔吉斯斯坦(12.4),马达加斯加(10.5),也门(9.1),吉布提(8.4),老挝(4.6)
3	6	孟加拉国(10.2),尼泊尔(8.4),韩国(8.2),缅甸(7.1),泰国(6.9),加拿大(3.6)
4	10	美国(8.0),澳大利亚(7.4),约旦(7.3),加沙(6.9),巴拉圭(6.1),叙利亚(5.8),斯里兰卡(5.7),尼日利亚(5.5),苏里南(4.3),塞内加尔(3.7)
5	14	古巴(7.4),伊拉克(7.1),莱索托(6.8),埃及(6.8),马来西亚(5.9),黎巴嫩(5.6),秘鲁(4.7),俄罗斯(4.5),中国台湾(4.2),巴布亚新几内亚(4.2),塞拉利昂(3.9),特立尼达和多巴哥(3.6),贝宁(3.4),纳米比亚(0.9)

表 1.6　2013 年中国在该经济体最终消费品进口来源地中排名前五位的情况(中国作为出口方)

排名	个数	经济体(进口比例,%)
1	17	中国香港(48.74),中国澳门(43.37),韩国(35.34),蒙古(28.72),日本(28.00),巴基斯坦(23.93),也门(21.65),朝鲜(19.82),柬埔寨(19.80),尼泊尔(18.99),美国(17.49),莱索托(16.64),约旦(15.81),泰国(15.51),叙利亚(15.41),尼日利亚(14.91),埃及(14.88)
2	29	马达加斯加(23.52),孟加拉国(22.58),吉布提(18.40),伊拉克(15.11),澳大利亚(14.63),古巴(13.94),加纳(13.91),阿联酋(13.55),秘鲁(12.15),新加坡(11.96),黎巴嫩(11.50),印度尼西亚(11.34),加拿大(10.22),印度(9.97),老挝(9.86),科特迪瓦(9.82),塞拉利昂(9.53),南非(9.49),特立尼达和多巴哥(9.33),哥伦比亚(9.32),塞内加尔(9.03),贝宁(8.66),尼日尔(8.61),喀麦隆(8.31),德国(8.08),墨西哥(6.67),牙买加(6.66),津巴布韦(5.43),缅甸(4.15)
3	26	加沙(15.86),巴拉圭(12.48),埃塞俄比亚(12.40),苏里南(12.05),越南(11.71),智利(10.69),沙特(10.60),阿根廷(9.49),新西兰(9.40),波利尼西亚(8.54),马里(8.37),几内亚(8.32),俄罗斯(8.13),冈比亚(7.78),伊朗(7.30),波兰(7.21),荷兰(6.97),乌拉圭(6.70),罗马(6.48),巴布亚新几内亚(5.62),哈萨克斯坦(5.52),哥斯达黎加(5.45),海地(4.85),奥地利(4.00),纳米比亚(1.56),博兹瓦纳(1.03)

（续表）

排名	个数	经济体（进口比例，%）
4	26	阿尔及利亚(9.62)，马来西亚(9.03)，坦桑尼亚(8.97)，毛里求斯(8.16)，摩洛哥(8.14)，吉尔吉斯斯坦(7.73)，英国(7.41)，菲律宾(7.26)，阿塞拜疆(7.22)，土耳其(7.06)，西班牙(6.56)，多哥(6.52)，萨尔瓦多(6.29)，刚果(5.75)，芬兰(5.68)，捷克(5.58)，斐济(5.33)，巴巴多斯(5.26)，匈牙利(5.07)，斯洛伐克(5.00)，多米尼加(4.96)，瓦努阿图(4.81)，厄立特里亚(4.66)，马拉维(4.63)，莫桑比克(3.53)，利比里亚(3.42)
5	25	玻利维亚(9.15)，卡塔尔(7.29)，科威特(7.07)，塞浦路斯(6.90)，乌克兰(6.27)，巴西(6.26)，厄瓜多尔(6.18)，意大利(5.75)，立陶宛(5.52)，挪威(5.42)，圭亚那(5.33)，保加利亚(5.23)，突尼斯(4.95)，希腊(4.95)，肯尼亚(4.84)，马耳他(4.77)，布隆迪(4.73)，中国台湾(4.70)，阿尔巴尼亚(4.64)，阿鲁巴(3.89)，赞比亚(3.37)，伯利兹(3.14)，摩尔多瓦(2.66)，俄罗斯(2.56)，列支敦士登(2.51)

2000 年,中国在各经济体最终消费品进口结构中排名第一的经济体数量为 5 个,排名第二至第五的经济体包括吉尔吉斯斯坦、马达加斯加、也门、吉布提、老挝等 36个,排名前五的经济体数量总共 41 个,为 1990 年的 6.8 倍。

2013 年,中国在各经济体最终消费品进口结构中排名第一的经济体数量提升至17 个,包括朝鲜、柬埔寨等近邻国家或地区及莱索托、约旦、叙利亚、尼日利亚、埃及等发展中经济体。排名第二至第五位的经济体数量分别提升至 29、26、25 个,总计106 个,占样本经济体数量的 56.38%。

通过三个时间节点的图表分析可知,截至 2013 年,从中国进口最终消费品排名前五位的经济体合计数量为 123 个,较 1990 年增加 117 个,23 年内年均复合增速达14.0%。1990—2013 年,中国作为世界各经济体最终消费品进口来源地的角色也得到充分发挥,贸易增速显著,中国在世界最终消费品出口贸易活动中越来越占据重要位置。

（三）全球各经济体向中国进出口最终消费品情况对比

中国的最终消费品进出口贸易特征与中间品进出口贸易特征类似。1990 年中国作为最终消费品出口目的地及进口来源地的贸易量均较小,排名相对靠后,在全球最终消费品结构中重要性不足。2000 年及 2013 年,中国在全球各经济体最终消费品贸易市场中的作用持续提升,与各经济体的贸易联系日趋紧密。

横向对比中国作为出口方和进口方的数据可知,中国作为最终消费品出口方的角色较为明显,1990、2000、2013 年作为最终消费品出口方在对手方最终消费品进口结构中贸易量排名进入前五位的样本经济体数分别达到 6、41、123 个,远高于作为最终消费品进口方时的 2、10、60 个,中国在全球出口市场占据的地位高于全球进口市场。

二、全球各经济体中间品进出口情况动态分析

本节对 1990、2000、2013 年三个时间节点的全球中间品进出口数据进行处理和分析,首先分别计算全球 187 个经济体中每个经济体与其余各经济体的中间品进出口贸易数据。其次,计算各经济体对中国中间品进出口贸易额占该经济体中间品进出口贸易总额的比例,同时,统计得到各经济体对中国中间品进出口贸易额在该经济体贸易结构中所属名次。最后,根据以上数据得到 1990、2000、2013 年时间节点的相关图表。

通过分析时间节点相关图表,观察历年走势,我们可以对中国在世界中间品贸易中所扮演的角色和所处地位有更为直观的认识,更进一步了解中国贸易结构的发展和变化。

（一）全球各经济体中间品出口情况动态分析

从各经济体中间品出口情况来看,1990—2013 年,中国作为世界各经济体中间品出口目的地的重要性有了较大飞跃,至 2013 年已成为全球中间品出口的重要目的地。

图 1.7 至图 1.9 表现了 1990、2000、2013 年每个经济体出口至中国的中间品占该经济体总出口中间品的比例以及中国在各经济体中间品出口结构中所处的名次。通过数据统计可知,1990、2000、2013 年,186 个经济体中向中国出口中间品比例在 10% 以上的样本个数分别为 1、13、36 个,向中国出口中间品的比例为 1%—10% 的样本个数分别为 31、89、112 个。另外,从排名情况来看,中国分别在 42、116、166 个样本经济体的中间品出口结构中所处名次位列前 20。由此可见,1990—2013 年中国在世界各经济体的中间品出口贸易中的地位极速提升,中国在 1990 年世界各经济体的中间品出口结构中并不占据重要地位,也不是多数经济体中间品出口的主要目标地,而截至 2013 年已成为重要中间品出口目的地。

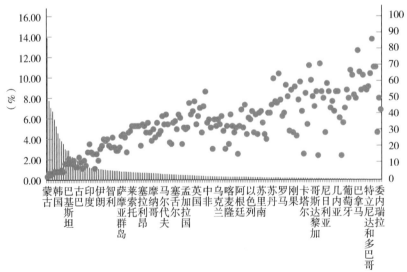

■各经济体向中国出口中间品占比（左轴）●各经济体向中国出口中间品排名（右轴）

图 1.7　1990 年各经济体中间品向中国出口比例及排名

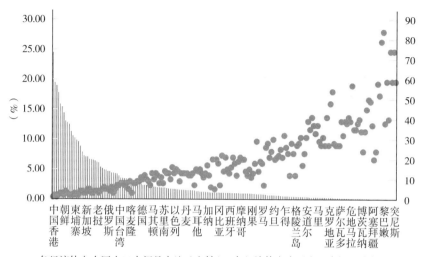

图 1.8　2000 年各经济体中间品向中国出口比例及排名

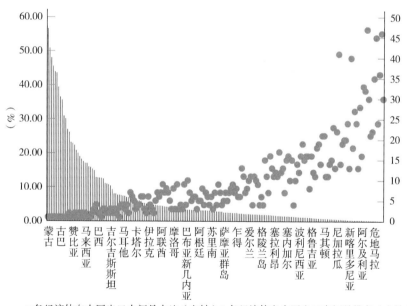

图 1.9　2013 年各经济体中间品向中国出口比例及排名

　　另外,表 1.7 至表 1.9 分别列示了 1990、2000、2013 年向中国出口中间品的比例在该经济体所有出口目的地中排名前五的情况。1990 年,出口至中国的中间品比例在该经济体所有出口目的地中排名第一的经济体数量为 0,排名第二和第三的经济体均只有 1 个;排名第四的经济体有 2 个;排名第五的经济体有 5 个,合计 9 个,占 186 个样本经济体的比例很小。因此,中国在 1990 年并不是多数经济体中间品出口的主要目标地。

2000 年,出口到中国的中间品比例在该经济体所有出口目的地中排名第一的经济体数量为 2 个,排名第二至第五的经济体数量分别为 8、11、7、8 个,较 1990 年有较大提升,体现了中国作为中间品出口目的地的地位提升。

2013 年,出口到中国的中间品比例在该经济体所有出口目的地中排名第一的经济体数量达到 22 个,各大洲分布广泛,体现出以近邻为主、以发展中经济体为主的特点。排名第二至第五的经济体数量分别为 15、16、17、8 个,排名前五的经济体数量总计 78 个,占 186 个样本经济体数量的 41.49%。

表 1.7　1990 年中国在该经济体中间品出口目的地中排名前五位的情况(中国作为进口方)

排名	个数	经济体(出口比例,%)
1	0	
2	1	蒙古(13.88)
3	1	中国香港(7.05)
4	2	也门(7.74),缅甸(6.72)
5	5	阿曼(5.93),安哥拉(5.25),韩国(4.57),朝鲜(4.08),越南(3.55)

表 1.8　2000 年中国在该经济体中间品出口目的地中排名前五位的情况(中国作为进口方)

排名	个数	经济体(出口比例,%)
1	2	中国香港(24.53),韩国(18.96)
2	8	蒙古(19.47),安哥拉(17.79),朝鲜(14.42),越南(12.51),日本(11.28),巴基斯坦(10.56),古巴(9.87),缅甸(9.59)
3	11	阿曼(15.89),也门(15.46),亚美尼亚(12.80),柬埔寨(10.23),哈萨克斯坦(7.25),新加坡(7.08),加蓬(6.59),澳大利亚(6.53),坦桑尼亚(6.10),尼泊尔(4.36),塔吉克斯坦(2.89)
4	7	刚果(13.06),中国澳门(8.86),秘鲁(7.85),泰国(6.40),老挝(6.21),马来西亚(5.37),巴布亚新几内亚(4.62)
5	8	赞比亚(7.08),马达加斯加(6.67),吉尔吉斯斯坦(5.15),印度尼西亚(4.88),俄罗斯(4.66),巴西(4.30),玻利维亚(3.36),卡塔尔(1.09)

表 1.9　2013 年中国在该经济体中间品出口目的地中排名前五位的情况(中国作为进口方)

排名	个数	经济体(出口比例,%)
1	22	蒙古(56.57),安哥拉(50.86),中国香港(48.02),韩国(45.58),刚果(43.90),朝鲜(43.57),也门(39.46),古巴(36.43),阿曼(35.63),巴基斯坦(30.89),越南(30.07),日本(27.05),秘鲁(23.14),赞比亚(22.90),中国澳门(20.80),新加坡(19.04),泰国(17.55),柬埔寨(17.07),卢旺达(15.98),伊朗(15.85),俄罗斯(12.61),德国(7.65)

（续表）

排名	个数	经济体(出口比例,%)
2	15	加蓬(26.15),缅甸(22.31),澳大利亚(19.96),老挝(18.28),马来西亚(17.08),哈萨克斯坦(15.31),巴西(12.75),新西兰(12.63),芬兰(10.92),印度(10.72),南非(9.28),坦桑尼亚(8.06),玻利维亚(6.95),塔吉克斯坦(5.10),加拿大(4.77)
3	16	印度尼西亚(14.86),巴布亚新几内亚(12.46),智利(11.06),吉尔吉斯斯坦(10.37),瑞士(8.09),美国(7.67),瑞典(7.34),卡塔尔(6.07),莫桑比克(5.23),奥地利(4.90),圣马力诺(4.04),列支敦士登(3.63),吉布提(3.57),厄立特里亚(3.50),圣多美和普林西比(3.25),黑山(2.90)
4	17	菲律宾(12.80),埃塞俄比亚(7.53),马耳他(7.42),喀麦隆(7.02),意大利(5.98),乌拉圭(5.94),加纳(5.00),摩纳哥(3.52),南苏丹(3.38),塞尔维亚(3.14),佛得角(3.10),加沙(2.88),索马里(2.78),墨西哥(2.04),尼泊尔(1.98),白俄罗斯(1.95),不丹(1.35)
5	8	马达加斯加(6.23),以色列(4.74),科威特(4.07),冈比亚(3.29),阿根廷(3.21),文莱(3.18),萨摩耶群岛(2.61),莱索托(2.55)

根据三个时间节点数据分析可知,23 年来,中国中间品进口贸易增速明显,截至 2013 年,各经济体向中国出口中间品排名前五位样本经济体数之和较 1990 年增加 69 个,23 年内年均复合增速为 9.8%,较 1990 年出现巨大飞跃,中国在全球中间品进口贸易中占据重要地位,在近半数的样本经济体中扮演着重要角色。

（二）全球各经济体中间品进口情况动态分析

从各经济体中间品进口情况来看,中国作为全球重要中间品出口方的作用也得到彰显。1990 年,中国并不是多数经济体中间品进口的主要目标进口方。图 1.10 直观地表现了各经济体从中国进口中间品的比例及中国在各经济体中间品进口结构中所处的名次,从比例来看,在 186 个样本经济体中,只有 3 个经济体从中国进口中间品的比例在 10% 以上,有 95 个经济体从中国进口中间品的比例为 1%—10%。从排名来看,中国在 102 个经济体进口中间商品结构所处的名次为 0—15,在 8 个经济体的排名进入了前五。虽然中国作为出口方比作为进口方的地位略有提高,但总体来看,中国在 186 个经济体的中间品进口结构中仍然不具有特别重要的地位,并不是大多数经济体的主要中间品进口目标地。

2000 年和 2013 年,中国作为中间品进口来源地的作用在不断提升,提升幅度较中间品出口目的地而言更为迅速。2000 年和 2013 年,样本经济体中自中国进口中间品比例在 10% 以上的样本数量分别为 5 个和 26 个,比例为 1%—10% 的样本数量分别为 146 个和 147 个。从排名来看,中国在该经济体进口中间品结构中排名 0—15 位的经济体数量分别为 142 个和 179 个,排名前五位的经济体数量分别为 24 个和 95 个。截至 2013 年,中国已成为全球重要的中间品输出地(见图 1.11 和图 1.12)。

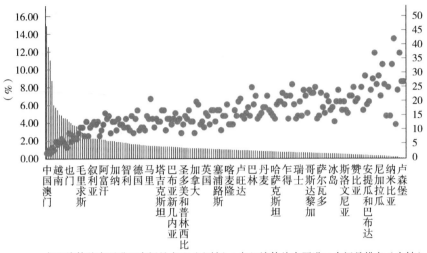

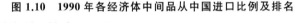

图 1.10　1990 年各经济体中间品从中国进口比例及排名

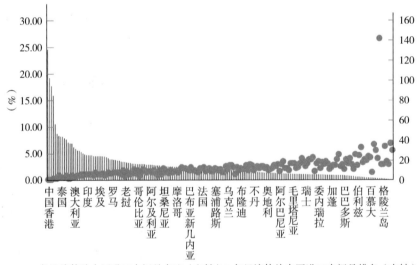

图 1.11　2000 年各经济体中间品从中国进口比例及排名

　　表 1.10 至表 1.12 列示了 1990、2000、2013 年自中国进口中间品的比例在该经济体所有进口来源地中排名前五的情况。1990 年，从中国进口中间品的比例在该经济体所有进口经济体中排名第一的数量为 0，排名第二、三、四、五的数量均为 2 个，合计8 个，占 186 个样本经济体的比例很小。中国并不是多数经济体重要的中间品的主要进口国。

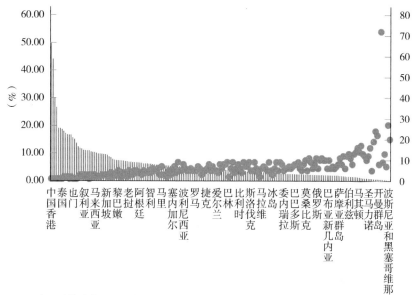

■各经济体从中国进口中间品占比（左轴）●各经济体从中国进口中间品排名（右轴）

图 1.12 2013 年各经济体中间品从中国进口比例及排名

2000 年,自中国进口中间品的样本经济体比例在该经济体所有进口来源地中排名第一的样本经济体数量提升到 3 个(中国香港、中国澳门、朝鲜),排名第二至第五的经济体数量分别为 5、4、3、9 个,前五位合计数量 24 个,为 1990 年的 3 倍。

2013 年,自中国进口中间品的样本经济体比例在该经济体所有进口来源地中排名第一的样本经济体数量达到 12 个,其中大部分为地理位置邻近中国内地、以贸易支撑经济或当地自然资源较为欠缺的经济体,如日本、中国香港、中国澳门等。排名第二的样本经济体数量为 20 个,包括澳大利亚、美国、加拿大等。排名第三至第五的经济体数量分别为 19、13、31 个,排名前五的经济体总计 95 个,占样本经济体数量的 50.5%。

表 1.10 1990 年中国在该经济体中间品进口来源地中占据前五位的情况

(中国作为出口方)

排名	个数	经济体(进口比例,%)
1	0	
2	2	中国澳门(14.91),朝鲜(11.06)
3	2	中国香港(12.56),日本(6.04)
4	2	莱索托(4.45),蒙古(8.75)
5	2	中国台湾(4.54),越南(5.45)

表 1.11　2000 年中国在该经济体中间品进口来源地中占据前五位的情况
（中国作为出口方）

排名	个数	经济体（进口比例，%）
1	3	中国香港(24.6)，中国澳门(19.3)，朝鲜(17.7)
2	5	蒙古(15.9)，日本(10.6)，巴基斯坦(8.8)，尼泊尔(7.1)，马达加斯加(7.0)
3	4	泰国(8.2)，孟加拉国(8.2)，韩国(7.9)，澳大利亚(6.2)
4	3	莱索托(5.9)，老挝(3.4)，墨西哥(3.0)
5	9	越南(8.4)，柬埔寨(7.7)，也门(6.9)，毛里求斯(5.6)，伊拉克(5.6)，古巴(5.0)，中国台湾(4.6)，美国(4.5)，加拿大(2.7)

表 1.12　2013 年中国在该经济体中间品进口来源地中占据前五位的情况（中国作为出口方）

排名	个数	经济体（进口比例，%）
1	12	中国香港(49.73)，中国澳门(44.10)，韩国(29.92)，蒙古(26.67)，巴基斯坦(19.13)，朝鲜(19.05)，泰国(18.72)，日本(16.63)，也门(15.63)，尼泊尔(15.07)，莱索托(13.65)，印度(10.96)
2	20	孟加拉国(17.99)，越南(17.23)，柬埔寨(16.76)，马达加斯加(16.62)，印度尼西亚(12.37)，澳大利亚(11.56)，古巴(10.99)，吉布提(10.36)，约旦(10.11)，伊拉克(9.82)，加纳(9.78)，美国(9.35)，阿联酋(8.77)，科特迪瓦(7.91)，墨西哥(7.39)，加拿大(7.27)，老挝(7.05)，贝宁(5.53)，津巴布韦(3.93)，布隆迪(3.24)
3	19	毛里求斯(11.81)，叙利亚(11.03)，加沙(10.97)，尼日利亚(10.55)，马来西亚(10.33)，巴拉圭(9.73)，埃及(9.62)，新加坡(9.59)，新西兰(7.58)，伊朗(7.10)，沙特(6.82)，哥伦比亚(6.74)，苏里南(6.51)，马里(5.79)，波兰(5.59)，冈比亚(5.53)，塞内加尔(5.43)，塞拉利昂(4.66)，哈萨克斯坦(2.95)
4	13	埃塞俄比亚(8.50)，黎巴嫩(7.49)，南非(7.26)，阿根廷(6.60)，巴西(6.57)，德国(6.24)，匈牙利(6.24)，几内亚(6.15)，吉尔吉斯斯坦(5.25)，巴布亚新几内亚(4.14)，不丹(3.75)，斐济(3.56)，马拉维(3.26)
5	31	菲律宾(7.43)，阿尔及利亚(6.86)，秘鲁(6.71)，玻利维亚(6.64)，尼日尔(6.26)，智利(6.15)，荷兰(5.96)，摩纳哥(5.85)，俄罗斯(5.52)，喀麦隆(5.36)，意大利(5.21)，波利尼西亚(5.11)，爱沙尼亚(4.98)，土耳其(4.96)，罗马(4.91)，芬兰(4.90)，中国台湾(4.89)，捷克(4.60)，特立尼达和多巴哥(4.56)，乌拉圭(4.50)，爱尔兰(4.29)，刚果(4.20)，牙买加(3.32)，哥斯达黎加(3.31)，乌克兰(3.13)，海地(3.00)，苏丹(2.72)，利比里亚(2.62)，莫桑比克(2.38)，列支敦士登公国(2.32)，纳米比亚(0.75)

　　根据三个时间节点的图表分析可知，截至 2013 年，从中国进口中间品的经济体排名前五位合计数量 95 个，为 1990 年的近 12 倍，23 年内年均复合增速为 11.4%。中国的中间品出口贸易额在超过半数的样本经济体中排名前五，可知中国作为全球重要中间品输出方的地位日趋稳固，在全球中间品出口贸易中占据重要地位。

（三）全球各经济体向中国进出口中间品情况对比

1990—2013 年,中国在全球贸易格局中的地位日趋重要,比较 1990 年全球各经济体对中国出口和从中国进口的情况可知,中国在各经济体中间品进出口结构中排名进入前五的经济体数量占总样本数量的比例都很小,因此中国在全球各经济体中间品进出口结构中均不占据重要地位。2000 年和 2013 年,中国在各经济体中间品进出口结构中贸易量排名快速上升,至 2013 年排入前五的对手方经济体数量已接近总样本数量的一半。

横向对比中国作为进口方和出口方的数据可知,中国的出口商角色相对更为突出。从排名分析可知,1990、2000、2013 年,中国作为进口方时,分别在 27、100、151 个经济体中排名进入了前 15;中国作为出口方时,分别在 102、142、179 个经济体中排名进入了前 15。因此中国对各经济体的中间品出口优势更加明显。

三、小结

表 1.13 至表 1.15 罗列了 1990、2000、2013 年三个时间节点下中国作为最终消费品、中间品进出口方的排名情况,图 1.13 将三个时间节点下排名前五的经济体数量以柱状图的形式直观地表现出来。以下我们将从贸易结构、贸易增幅两个方面分析中国的进出口贸易情况。

表 1.13　1990 年中国作为各经济体中间品、最终消费品进出口对手方排名情况

单位:个

排名	中国作为:			
	中间品进口方	中间品出口方	最终消费品进口方	最终消费品出口方
1	0	0	0	0
2	1	2	0	2
3	1	2	1	1
4	2	2	1	1
5	5	2	0	2
合计	9	8	2	6

表 1.14　2000 年中国作为各经济体中间品、最终消费品进出口对手方排名情况

单位:个

排名	中国作为:			
	中间品进口方	中间品出口方	最终消费品进口方	最终消费品出口方
1	2	3	0	5
2	8	5	2	6
3	11	4	4	6
4	7	3	2	10
5	8	9	2	14
合计	36	24	10	41

表 1.15 2013 年中国作为各经济体中间品、最终消费品进出口对手方排名情况

单位:个

排名	中国作为:			
	中间品进口方	中间品出口方	最终消费品进口方	最终消费品出口方
1	22	12	9	17
2	15	20	11	29
3	16	19	12	26
4	17	13	16	26
5	8	31	12	25
合计	78	95	60	123

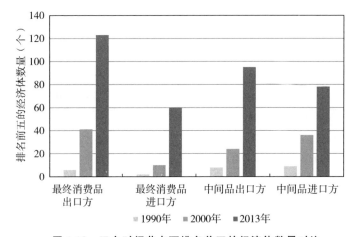

图 1.13 三个时间节点下排名前五的经济体数量对比

从贸易结构来看,1990 年,中国最终消费品和中间品的进出口贸易体量较小,就中间品和最终消费品对比而言,中国的中间品进出口贸易发展情况较好,在相对较多的经济体中排名靠前,作为最终消费品进口方表现较差,不是各经济体的主要贸易对手方,就进出口对比来看,中国都不占优势,无论是进口方还是出口方均表现不佳。2000 年,中国作为最终品消费出口方、中间品进口方的优势逐渐增强,在相对较多的经济体中排名靠前,作为最终消费品进口方仍然扮演着不重要的角色。2013 年,中国已成为全球贸易结构中的重要组成部分,作为中间品的进口方、出口方,最终消费品的进口方、出口方在对手方经济体相应贸易结构中列入前五位的经济体数量分别为 78、95、60、123 个,占样本总数量比例分别为 41.5%、50.5%、31.9%、65.4%,在全球不同类商品的进出口不同贸易角色下均能够发挥关键作用。其中,中国的出口方角色明显突出,作为最终消费品和中间品的出口方,均在全球占据重要地位,中国的贸易结构更加偏重于出口方。中国作为出口方的地位较进口方的地位更为稳固,在出口商品中出口中间品较出口最终消费品地位更为稳固。随着中国消费实力的提升,中国作为各类

商品进口方的地位提升迅速,同时随着产业结构和技术水平的提升,以及贸易结构的转型,中国作为最终消费品出口方的作用也日益凸显。

从贸易增速来看,23 年来,中国作为最终消费品的出口方、进口方和中间品的出口方、进口方的前五排名经济体数量年均复合增速分别为 14.03%、15.94%、11.36%、9.84%,增长速度很快,中国逐渐在进出口贸易中占据重要地位,在大多数经济体的进出口贸易中扮演重要对手方的角色。中国作为最终消费品进出口方的排名年均增速相对更快,说明中国的贸易模式和发展情况逐渐发生转变。就出口方来说,由最初的粗放式发展,依赖原材料等中间品为主的贸易模式转变为依赖产业结构升级、技术附加型的贸易模式;就进口方来说,最终消费品进口增速较快说明随着中国经济水平的不断发展,人民消费能力、物质生活水平不断提高,对高附加值最终消费品需求水平不断上升。另外,可以看到,随着 2001 年中国加入 WTO,对外开放程度进一步提升,2000—2013 年,中国的进出口贸易经济体数量排名增速飞跃上升,中国在市场经济的原则下进行国际贸易,开展各种形式的经贸合作与竞争,充分发挥国内、国际两个市场在配置资源方面的积极作用,在全球进出口贸易发展中完成了质的飞跃。

第二章 "全球价值双环流模型" 实证检验与分析

一、全球价值双环流模型下的世界贸易流动方向

(一)验证思路

随着经济全球化的不断发展,各经济体的经济贸易相互依存、相互联系,由于经济发展水平不一、产业结构特点不同,各经济体在世界经济贸易发展中所处的地位是不同的。世界贸易结构总的来说,可以概括为由西方发达经济体构成的"中心"以及由广大发展中经济体组成的"外围"两大格局,一个是生产结构同质性和多样化的"中心",一个是生产结构异质性和专业化的"外围"。"中心"与"外围"之间的这种结构性差异并不说明它们是彼此独立存在的体系,恰恰相反,它们是作为相互联系、互为条件的两极存在的,构成了一个统一的、动态的世界经济体系。技术进步首先发生在"中心",并且迅速而均衡地传播到整个经济体系。"中心"的经济结构具有同质性和多样性的特点。所谓的"同质性",是指现代化的生产技术贯穿于"中心"经济体的整个经济;而其经济结构的"多样性"表明,"中心"经济体的生产覆盖了资本品、中间品和最终消费品在内的、相对广泛的领域。"外围"部分的经济结构则完全不同:一方面,"外围"国家和地区的经济结构是专业化的,绝大部分的生产资源被用来不断地扩大初级产品的生产部门,而对工业制成品和服务的需求大多依靠进口来满足;另一方面,"外围"部分的经济结构还是异质性的,即生产技术落后、劳动生产率极低的经济部门(如生计型农业)与使用现代化生产技术、具有较高劳动生产率的部门同时存在。

根据前文数据可知,23年来中国对外开放的程度不断加深,在全球经济贸易循环中所处的地位越来越重要,已成为大多数经济体的贸易产品主要进出口对手方。随着中国经济不断发展,国民消费能力不断上升,中国逐渐深入地参与到世界贸易中,对外进出口贸易体量不断增大,已成为全球经济增长的新引擎之一。与以往相比,全球价值链表现出了新的特点,世界经济结构逐渐由以发达经济体为核心的"中心—外围"这

一单循环模式转变为更为复杂的双环流模式。一方面,中国等亚洲新兴经济体与欧美发达经济体保持着传统的经济往来关系,形成了价值链的上环流;另一方面,随着中国经济的高速发展,中国已成为新兴工业化地区和全球的制造中心,通过与资源丰富、工业化程度相对较低的亚非拉发展中经济体开展经济合作,并直接投资带动各经济体的工业化发展,以贸易扩展当地市场,形成价值链的下环流。

下文将通过数据分析对双环流模型进行验证,从同种贸易品和不同种贸易品两个视角分别对双环流模型进行了数据层面的实证。对于同一个双环流模型,从两个角度出发进行验证可以更全面地审视相关数据,从而使验证过程更具信服力。

1. 双环流模型 I

从中国的角度来看,世界贸易流动的方向为:中国从发展中经济体进口中间品并出口最终消费品,而相似的循环也发生在中国与发达经济体之间。具体如图 2.1 所示,在此过程中,中国起到了国际贸易流动关键节点的作用。

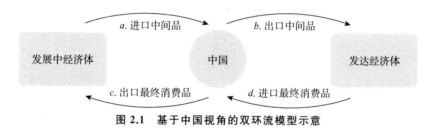

图 2.1 基于中国视角的双环流模型示意

2. 双环流模型 II

从世界其他经济体的角度来看,贸易流动体现的特点为:发展中经济体从中国净出口中间品而净进口最终消费品,相似的,中国与发达经济体之间也存在类似的贸易方向环流。同样的,中国在这一过程中起到了国际贸易流动关键节点的作用。

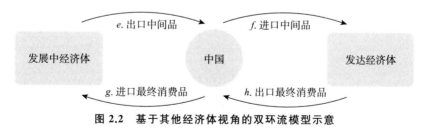

图 2.2 基于其他经济体视角的双环流模型示意

(二)比率说明

我们构建了四个指标对双环流模型进行数据层面上的验证,四个指标分别如下所示。

1. 从同种贸易品角度出发构建两个比率,分别为 C_1、C_2:

$$C_1 = \frac{\text{中国进口的中间品}}{\text{中国出口的中间品}}; \quad C_2 = \frac{\text{中国进口的最终消费品}}{\text{中国出口的最终消费品}}$$

2. 从不同种贸易品角度出发构建两个比率,分别为 W_1、W_2:

$$W_1 = \frac{\text{出口到中国的中间品}}{\text{出口到中国的最终消费品}} ; \quad W_2 = \frac{\text{进口自中国的中间品}}{\text{进口自中国的最终消费品}}$$

从同种贸易品的比较上来看,指标 C_1、C_2 分别从中间品和最终消费品的角度衡量中国在与任意一个经济体的贸易中的比较优势。例如,$C_1 > 1$ 说明就中间品而言,中国在与第 i 个经济体的贸易中更多的是以进口为主,说明 i 经济体的中间品相对于中国的中间品整体具有比较优势;$C_2 > 1$ 说明就最终消费品而言,中国在与第 i 个经济体的贸易中更多的是以进口为主,说明 i 经济体的最终消费品相对于中国的最终消费品整体具有比较优势。

从不同种贸易品的比较来看,W_1、W_2 则是研究第 i 个经济体对中国的贸易进出口中,是中间品还是最终消费品占优。该指标说明相对于 i 经济体,中国的内在贸易优势是在中间品还是最终消费品的生产上。例如,$W_1 > 1$ 说明在进口第 i 个经济体的商品中,中国更多的是进口 i 经济体的中间品而非最终消费品,说明相较于 i 经济体的两类商品,中国自己生产的最终消费品更占优势;$W2 > 1$ 说明出口给第 i 个经济体的商品中,中国更多的是出口中间品而非最终消费品。

下文将基于对 1990、2000、2013 年三个时间节点的对比,从上述两种不同视角和四类指标对构建的双环流模型中资源的流向进行分析。

二、同种商品贸易的年度阶段分析

本节从同种贸易品对比的角度对中国贸易结构进行分析。图 2.3 至图 2.5 为中国对全球不同经济体的进口/出口贸易量比值情况(C_1 指标的计算结果和分析),横轴各经济体的顺序分别依照世界银行数据库(WDI)1990、2000、2013 年人均 GDP 由高到低进行排列,因此横轴左端为较发达经济体,右端大多为发展中经济体。

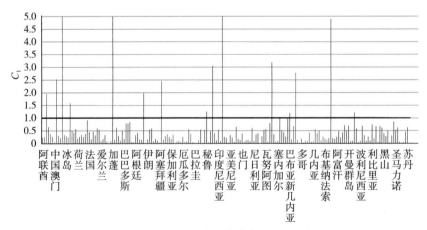

图 2.3　中国进口/出口的中间品(1990 年)

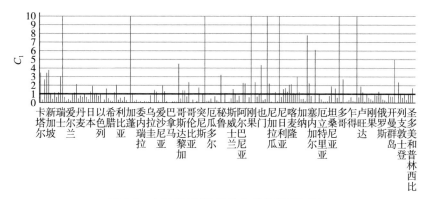

图 2.4　中国进口/出口的中间品(2000 年)

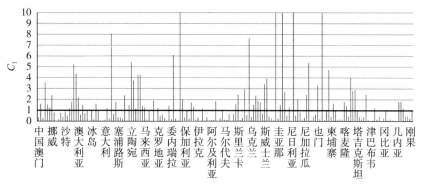

图 2.5　中国进口/出口的中间品(2013 年)

从图 2.3 中超过 $C_1=1$ 这一条标准线来看,横轴左端与右端并没有呈现出明显的差异,左端经济体样本比值大于 1 的数量比右端稍多但并不明显。另外,总体来看样本比值大于 1 的经济体相对总样本量来说占比很小。因此,在 1990 年中国向大部分经济体净出口中间品,只向少部分经济体净进口中间品,中国的中间品贸易结构以出口为主。

从图 2.4 中超过 $C_1=1$ 这一条标准线来看,横轴左端右端开始出现较为明显的差异,右端样本经济体大于 1 的数量相对更多。另外,总体来看 2000 年样本比值大于 1 的经济体数量相较于 1990 年来说有了很大的提高。一方面,中国开始向更多的发展中经济体净进口中间品,并依旧保持向发达经济体净出口中间品;另一方面,中国的中间品贸易结构不再完全以出口为主,而是以进出口并重的模式发展。

从图 2.5 中超过 $C_1=1$ 这一条标准线来看,横轴右端样本经济体大于 1 的数量依然相对较多,同时相较于 2000 年,横轴左端样本经济体大于 1 的数量显著提高。另外,总体来看 2013 年样本经济体大于 1 的数量较 2000 年也有小幅度的提高。一方面,中国仍然向大部分发展中经济体净进口中间品,但同时,中国也开始逐渐向更多的发达经济体净进口中间品;另一方面,中国的中间品贸易结构进一步改善,净进口中间品的经济体数量逐渐增多。

由此可知,1990—2013 年,中国以全部样本为对手方进口/出口中间品的比率均呈增加趋势,进口中间品所占比例逐渐加大,表明中国正在将产业重心从低端产业转型为高端产业,体现了中国加工生产结构的变动;对发达经济体而言,三个时间节点下,中国对发达经济体的中间品贸易出口额与进口额之比整体均小于 1,可以看出中国与发达经济体的贸易模式仍然是以中国为中间品出口方、发达经济体为中间品进口方的结构;对发展中经济体而言,随着时间推移,中国更多倾向于贸易净进口,从发展中经济体进口原材料进行深加工,反映了中国生产能力的增强与生产层次的提升,中国在全球价值链中作为上游生产国的分量加重。

将中国对全球不同经济体的进口/出口最终消费品的贸易结构在 1990、2000、2013 年的情况进行对比分析,图 2.6 至图 2.8 展示了 C_2 指标的分析结果。

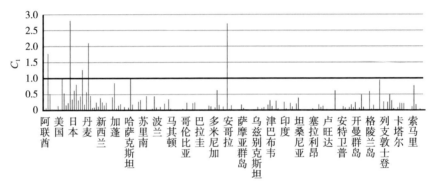

图 2.6　中国进口/出口的最终消费品(1990 年)

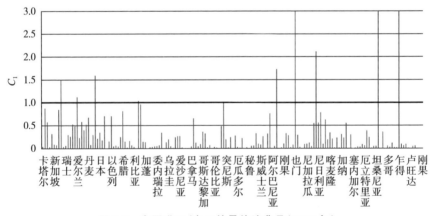

图 2.7　中国进口/出口的最终消费品(2000 年)

由图 2.6 分析可知,从超过 $C_2=1$ 这一条标准线来看,横轴左端相比右端有更多经济体的样本比值大于 1,我们可以判断 1990 年中国净进口发达经济体的最终消费品。对于横轴右端而言,中国净出口最终消费品。

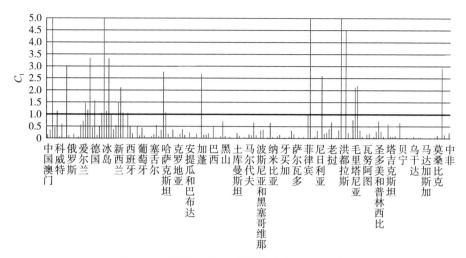

图 2.8 中国进口/出口的最终消费品(2013 年)

图 2.7 横轴左端 C_2 大于 1 的经济体数量少于右端大于 1 的经济体数量,表明 2000 年中国自发达经济体净进口最终消费品趋势不明显,但右端整体数值大于左端数值,相对发达经济体而言,中国自发展中经济体进口/出口比率相对较高。

图 2.8 横轴左端 C_2 大于 1 的经济体数量多于右端大于 1 的经济体数量,表明 2013 年中国自发达经济体净进口最终消费品,向发展中经济体净出口最终消费品,符合双环流模型假设 c 和 d。

以上三个时间节点下,中国对世界其他经济体进口/出口最终消费品比例呈提升态势,中国对发展中经济体及发达经济体进口最终消费品金额较出口金额均有提升,但对发展中经济体保持以出口为主,2013 年对发达经济体进口最终消费品金额大于出口,体现了中国消费能力的提升及在全球价值链中贸易角色的转变。

1990—2013 年,中国在全球贸易结构中发挥的节点性作用经历了一个不断演变的历程,1990 年中国自发展中经济体净进口中间品、向发达经济体净出口中间品的环流模式尚不明显,进入 21 世纪后这一模式才日趋形成。截至 2013 年,中国对发展中经济体保持中间品净进口、最终消费品净出口,对发达经济体保持中间品净出口、最终消费品净进口,在全球贸易双环流模式中已体现出较为明显的节点性作用。

三、不同种商品贸易的年度阶段分析

本节以不同种贸易品对比为视角,对中国对全球不同经济体的进口/出口中间品的贸易结构在 1990、2000、2013 年的情况进行对比分析,图 2.9 至图 2.11 为 W_1 这一指标的统计图。

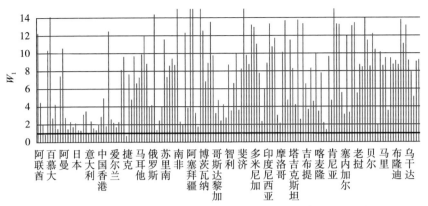

图 2.9　出口到中国的中间品/出口到中国的最终消费品(1990 年)

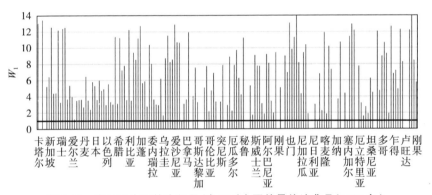

图 2.10　出口到中国的中间品/出口到中国的最终消费品(2000 年)

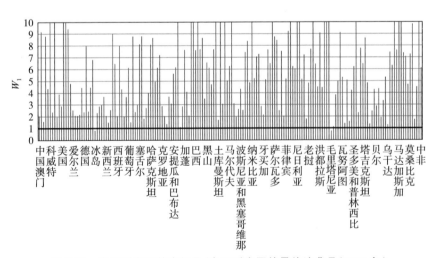

图 2.11　出口到中国的中间品/出口到中国的最终消费品(2013 年)

由图 2.9 可以看出,对于最终消费品来说,1990 年绝大部分经济体均向中国净出口中间品,就 $W_1=1$ 这条标准线来看,大部分经济体样本值均大于 1,右端样本值大于1 的数量多于左端样本值大于 1 的数量,且右端样本值总体大于左端样本值,表明发达经济体相对出口中间品,更多地向中国出口最终消费品,而发展中经济体相对出口最终消费品,更多地向中国出口中间品。

2000 年和 2013 年的图示结果与 1990 年基本一致,横轴右端样本值大于 1 的数量多于左端样本值,右端样本值整体大于左端样本值,表明 1999—2013 年,发达经济体及发展中经济体出口至中国的产品结构未发生明显变化。但总体来看,2013 年,W_1 相对于之前来说数值较低,说明随着中国经济发展水平的提升,国民消费能力上升,中国开始逐渐进行进口方贸易转型,增加最终消费品进口的比例。

以上三个时间节点反映的贸易结构基本一致,发展中经济体对中国的出口额均以中间品为主,体现了中国从发展中经济体进口原材料再加工的贸易模式;2013 年较2000 年而言发达经济体出口至中国的最终消费品较中间品比例有所提升,反映了中国与发达经济体间贸易结构的转变;2013 年世界其他经济体出口到中国的中间品与出口到中国的最终消费品的比值稍有降低,反映了中国从生产大国转向消费国的过程,以及在全球价值链中发挥的综合性作用。

接下来对世界其他经济体对中国的进口/出口最终消费品的贸易结构在 1990、2000、2013 年的情况进行对比分析,图 2.12 至图 2.14 反映了 W_2 的计算结果。

从图 2.12 可知,1990 年有 2/3 的经济体样本值大于 1,另外,从 $W_2=1$ 这一条标准线来看,横轴左侧的经济体有更多的样本值大于 1,据此分析发达经济体自中国净进口中间品,发展中经济体自中国净进口最终消费品。此结果符合双环流假设中的 f 和 g。

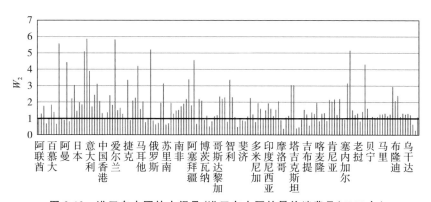

图 2.12 进口自中国的中间品/进口自中国的最终消费品(1990 年)

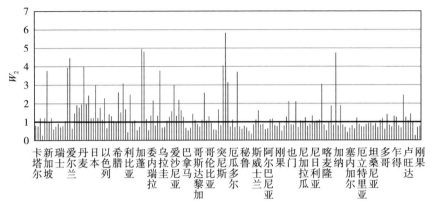

图 2.13 进口自中国的中间品/进口自中国的最终消费品(2000 年)

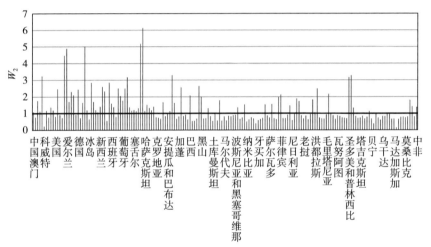

图 2.14 进口自中国的中间品/进口自中国的最终消费品(2013 年)

2000 年和 2013 年,上述结果仍然成立,横轴左端样本值大于 1 的数量大于横轴右端样本值大于 1 的数量,且横轴左端样本值整体大于横轴右端样本值大小。1990—2013 年,发达经济体及发展中经济体自中国进口商品的贸易结构未发生明显变化。

以上三个时间节点下,发达经济体进口自中国的最终消费品与进口中间品的比例自 1990—2000 年基本保持不变,2013 年较 2000 年发达经济体进口自中国的中间品较进口自中国的最终消费品呈上升态势,且大部分经济体进口额大于出口额,体现了中国对发达经济体的中间品出口枢纽地位。发展中经济体该比率有下降趋势,2013 年自中国进口中间品与进口最终消费品的比例整体小于 1,表明中国最终消费品出口产业的日趋发达,同样体现了中国作为上游生产者的生产结构转变。

四、从同种贸易品的角度看 1990—2015 年中国整体变化

（一）指标说明

本节通过计算 1990—2015 年除中国的 186 个经济体 C_1、C_2 指标,从中国的视角分析历年来中国在世界贸易循环中所处地位的变化情况。为了更好地量化经济发展程度不同的经济体 C_1、C_2 指标的变化情况,本节构建了 6 个辅助指标,根据 1990—2015 年 IMF 的划分标准,我们把 188 个样本经济体划分为发达经济体和发展中经济体,其中,CD_1 代表了向中国净出口中间品的发达经济体占比,该指标衡量了发达经济体与中国的中间品进出口贸易结构,例如,当 $CD_1 > 0.5$ 时,说明发达经济体有半数以上向中国净出口中间品;CU_1 代表了向中国净出口中间品的发展中经济体占比,该指标衡量了发展中经济体与中国的中间品进出口贸易结构,例如,当 $CU_1 > 0.5$ 时,说明发展中经济体有半数以上向中国净出口中间品;CA_1 代表了向中国净出口中间品的经济体占比,该指标衡量了所有样本经济体与中国的中间品进出口贸易结构,例如,当 $CA_1 > 0.5$ 时,说明有半数以上样本经济体向中国净出口中间品;CD_2 代表了向中国净出口最终消费品的发达经济体占比,该指标衡量了发达经济体与中国的最终消费品进出口贸易结构,例如,当 $CD_2 > 0.5$ 时,说明发达经济体有半数以上向中国净出口最终消费品;CU_2 代表了向中国净出口最终消费品的发展中经济体占比,该指标衡量了发展中经济体与中国的最终消费品进出口贸易结构,例如,当 $CU_2 > 0.5$ 时,说明发展中经济体有半数以上向中国净出口最终消费品;CA_2 代表了向中国净出口最终消费品的经济体占比,该指标衡量了所有样本经济体与中国的最终消费品进出口贸易结构,例如,当 $CA_2 > 0.5$ 时,说明有半数以上样本经济体向中国净出口最终消费品。

$$CD_1 = \frac{C_1 \text{大于} 1 \text{的发达经济体数量}}{\text{发达经济体数量}}; \quad CU_1 = \frac{C_1 \text{大于} 1 \text{的发展中经济体数量}}{\text{发展中经济体数量}}$$

$$CD_2 = \frac{C_2 \text{大于} 1 \text{的发达经济体数量}}{\text{发达经济体数量}}; \quad CU_2 = \frac{C_2 \text{大于} 1 \text{的发展中经济体数量}}{\text{发展中经济体数量}}$$

$$CA_1 = \frac{C_1 \text{大于} 1 \text{的经济体数量}}{\text{经济体总数}}; \quad CA_2 = \frac{C_2 \text{大于} 1 \text{的经济体数量}}{\text{经济体总数}}$$

下文将对 1990—2015 年以上 6 个比率进行对比,从而更好地分析中国所处的贸易地位。

（二）C_1 相关指标历年变动分析

就中间品进出口结构而言(见图 2.15),总体来看,CA_1 低于 0.5 且呈上升趋势,可知早期中国向绝大多数经济体净出口中间品,2000 年后,中国中间品净出口贸易逐渐趋于平衡。另外,2010 年以后,与发达经济体的中间品贸易较为平衡,向半数左右发达经济体净出口中间品。与发展中经济体的中间品贸易结构长期倾向于以出口为主,同时逐渐开始向更多的发展中经济体净进口中间品。可知,就中间品而言,中国多扮演着净出口方的角色。

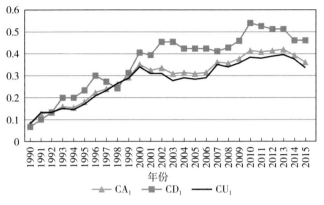

图 2.15　C_1 相关指标历年变化情况

（三）C_2 相关指标历年变动分析

就最终消费品进出口结构而言（见图 2.16），首先，CA_2 长期低于 0.2 且有缓慢上升的趋势，可知中国长期向绝大多数样本经济体净出口最终消费品。其次，自 2002 年起，CD_2 开始呈现较大幅度上升，可知中国开始向越来越多的发达经济体净进口最终消费品。另外，与发展中经济体的最终消费品进出口贸易仍然以净出口为主。从趋势来看，随着中国消费水平和经济实力的不断提升，逐渐向更多的经济体特别是发达经济体净进口最终消费品。

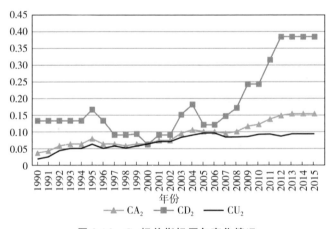

图 2.16　C_2 相关指标历年变化情况

五、从不同种贸易品的角度看 1990—2015 年中国整体变化

（一）指标说明

本节通过计算 1990—2015 年 187 个经济体的 W_1、W_2 指标，从不同种贸易品视角分析历年来中国在世界贸易循环中所处地位的变化情况。为了更好地量化经济发展程度

不同的经济体 W_1、W_2 指标的变化情况,本节构建了 6 个辅助指标,根据 1990—2015 年 IMF 的划分标准,我们把 187 个样本经济体划分为发达经济体和发展中经济体,其中,WD_1 衡量了发达经济体出口到中国的贸易品结构,当 $WD_1 > 0.5$ 时,说明有半数以上发达经济体向中国净出口中间品而非最终消费品;WU_1 衡量了发展中经济体出口到中国的贸易品结构,当 $WU_1 > 0.5$ 时,说明有半数以上发展中经济体向中国净出口中间品而非最终消费品;WA_1 衡量了所有样本经济体向中国出口的贸易品结构,当 $WA_1 > 0.5$ 时,说明有半数以上样本经济体从中国净出口中间品而非最终消费品;WD_2 衡量了发达经济体从中国进口的贸易品结构,当 $WD_2 > 0.5$ 时,说明有半数以上发达经济体从中国净进口中间品而非最终消费品;WU_2 衡量了发展中经济体从中国进口的贸易品结构,当 $WU_2 > 0.5$ 时,说明有半数以上发展中经济体从中国净进口中间品而非最终消费品;WA_2 衡量了所有样本经济体从中国进口的贸易品结构,当 $WA_2 > 0.5$ 时,说明有半数以上样本经济体从中国净进口中间品而非最终消费品:

$$WD_1 = \frac{W_1 \text{ 大于 } 1 \text{ 的发达经济体数量}}{\text{发达经济体数量}}; \quad WU_1 = \frac{W_1 \text{ 大于 } 1 \text{ 的发展中经济体数量}}{\text{发展中经济体数量}}$$

$$WD_2 = \frac{W_2 \text{ 大于 } 1 \text{ 的发达经济体数量}}{\text{发达经济体数量}}; \quad WU_2 = \frac{W_2 \text{ 大于 } 1 \text{ 的发展中经济体数量}}{\text{发展中经济体数量}}$$

$$WA_1 = \frac{W_1 \text{ 大于 } 1 \text{ 的经济体数量}}{\text{经济体总数}}; \quad WA_2 = \frac{W_2 \text{ 大于 } 1 \text{ 的经济体数量}}{\text{经济体总数}}$$

下文将对 1990—2015 年这 6 个比率进行对比分析,以其他经济体为视角更好地分析中国所处的贸易地位。

(二)W_1 相关指标历年变化分析

就中国的进口贸易品结构而言(见图 2.17),WA_1 长期大于 0.97,可知中国向绝大多数样本经济体进口更多的中间品而非最终消费品。另外,WD_1、WU_1 均在 0.95—1 波动,差别不大,可知无论是发达经济体还是发展中经济体,中国均向其进口更多中间品。

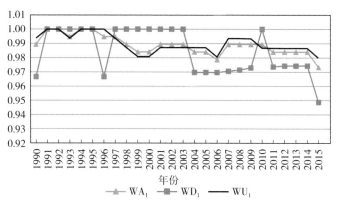

图 2.17 W_1 相关指标历年变化情况

（三）W_2 相关指标历年变化分析

就中国的出口贸易结构来看（见图 2.18），WA_2 早期数值较大，峰值为 0.8，随时间逐渐趋于 0.5。WD_2 一直保持在 0.8—0.9，WU_2 数值大小与变化幅度与 WA_2 相似。总体来看，中国的出口结构早期以中间品为主，向大多数经济体出口更多的中间品而非最终消费品，但随着时间出口贸易结构逐渐趋于平衡。从出口给发达经济体的贸易结构看，中国长期向几乎所有发达经济体出口更多中间品而非最终消费品，从出口给发展中经济体的贸易结构看，中国逐渐开始向越来越多的发展中经济体出口更多的最终消费品。

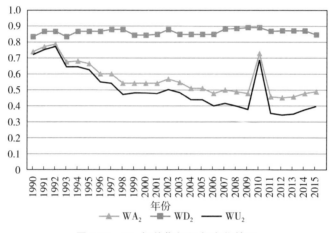

图 2.18　W_2 相关指标历年变化情况

六、从产业角度看中国 1990—2015 年的贸易结构

本节进一步针对不同产业对中国 1990—2015 年的贸易结构进行分析。产业划分方面，根据 2011 年《国民经济行业分类》标准，在排除私人住房开支（Private Households）、其他（Others）、转口贸易（Re-export ＆ Re-import）三个与产业关联度较小的类别后，将剩余的全球各经济体各产业分为第一产业、第二产业（轻工业）、第二产业（重工业）、第三产业四个子类，对不同产业各经济体的地位指数进行分析，各子类包含产业情况如表 2.1 所示。

表 2.1　全球产业子类划分

产业类别	产业子类
第一产业	农业；渔业
第二产业（轻工业）	食品饮料；纺织业；木材造纸业
第二产业（重工业）	采矿业；石油、化工及非金属制品；金属制品；电力机械；交通设备制造；其他制造业；资源回收；电力、燃气及供水；建筑业
第三产业	维护修理；批发业；零售业；酒店业；交通运输业；邮政电信业；金融业；公共服务；教育、健康及其他产业

（一）第一产业

1. 以同种贸易品为视角

在以农林牧渔为主的第一产业中，就中间品进出口贸易结构而言（见图 2.19），CD_1 数值长期低于 0.5，1990—2000 年逐渐上升，之后保持相对稳定。CU_1、CA_1 自 1996 年起长期大于 0.5。可以判断，首先，大多数发达经济体从中国净进口中间品，但随着中国产业结构的调整和经济水平的提高，向中国净出口中间品的发达经济体数量有所上升。其次，自 1996 年起，半数以上发展中经济体向中国净出口中间品，且这一贸易模式一直保持稳定不变。最后，从总体来看，自 1996 年之后，CA_1 一直保持在 0.6 附近，说明中国的第一产业中间品贸易结构较为平衡，多以进口为主，且主要是从发展中经济体进口中间品。

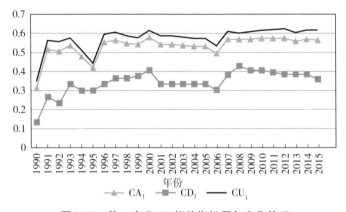

图 2.19 第一产业 C_1 相关指标历年变化情况

就最终消费品的进出口贸易结构而言（见图 2.20），CA_2、CD_2、CU_2 均呈上升趋势，但都小于 0.5，另外，CD_2 长期小于 CU_2。据此判断，首先，在第一产业最终消费品进出口贸易结构中，中国只从少部分经济体净进口最终消费品；向大部分经济体净出口最终消费品；其次，发达经济体作为最终消费品净进口方的角色更为突出，也就是说中国向大部分发达经济体输出最终消费品；最后，从趋势来看，中国的第一产业最终消费品贸易结构逐渐趋于平衡，由最初完全依赖出口的模式转变为出口与进口并重的贸易模式。

2. 以不同种贸易品为视角

就中国进口的第一产业贸易品结构来看（见图 2.21），WA_1 长期大于 0.9，可知绝大部分样本经济体的第一产业中间品较最终消费品对中国更有比较优势，中国倾向于向大部分经济体进口第一产业中间品而非最终消费品。另外，这一比较优势在发展中经济体更为明显，表明就第一产业而言，大部分发展中经济体相较于中国而言，产业结构较为单一，高附加值的最终消费品不占优势，多向中国出口中间品。与发展中经济体相比，最终消费品占优势的发达经济体比例更高，中国倾向于从发达经济体进口第一产业最终消费品。

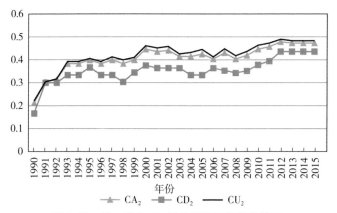

图 2.20　第一产业 C_2 相关指标历年变化情况

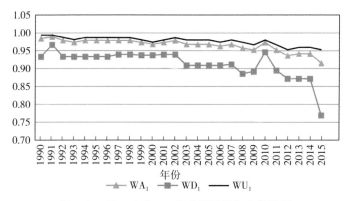

图 2.21　第一产业 W_1 相关指标历年变化情况

就中国出口的第一产业贸易品结构来看(见图 2.22),WA_2 长期稳定在 0.94—0.97,可知中国相对于大部分样本经济体而言,更多地出口中间品而非最终消费品。另外,该比例随时间有所下降,可知,中国的第一产业出口贸易结构逐渐有所改变,出口最终消费品的比例有所上升,但总体来说,仍然以出口中间品为主。

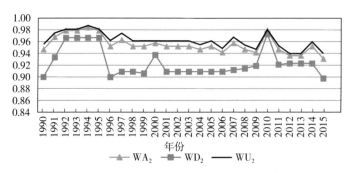

图 2.22　第一产业 W_2 相关指标历年变化情况

（二）第二产业（轻工业）

1. 以同种贸易品为视角

第二产业（轻工业）中间品进出口贸易结构如图 2.23 所示，三个指标历年来均小于 0.35，但总体呈逐渐上升的趋势。首先，从总体来看，中国向绝大部分样本经济体净出口中间品，中国在第二产业（轻工业）中间品贸易中长期扮演出口方的角色。其次，在发展中经济体范围里，中国的出口方角色更为明显，也就是说，中国倾向于向发展中经济体出口轻工业中间品。另外，中国逐渐开始从更多的经济体净进口中间品，中国的第二产业（轻工业）的中间品进出口结构正逐渐开始转型，但截至 2015 年，仍然以出口为主。

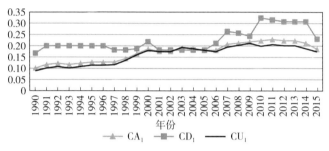

图 2.23 第二产业（轻工业）C_1 相关指标历年变化情况

第二产业（轻工业）最终消费品进出口贸易结构如图 2.24 所示，三个指标总体呈上升趋势，但均小于 0.14。首先，从总体数值来看，中国在第二产业（轻工业）最终消费品贸易中作为净出口方的角色十分明显，中国向绝大部分样本经济体净出口最终消费品。其次，虽然指标随时间逐渐上升，但中国依然是第二产业（轻工业）最终消费品出口大国。最后，最终消费品出口流向并没有显示出向发达经济体或发展中经济体的明显偏向。

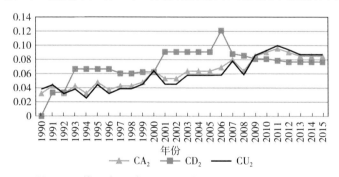

图 2.24 第二产业（轻工业）C_2 相关指标历年变化情况

2. 以不同种贸易品为视角

就中国进口的第一产业（轻工业）贸易品结构而言（见图 2.25），中国从绝大多数经济体更多地进口中间品而非最终消费品，对中间品的进口需求更大。另外，由图 2.25 可以看出，三个指标均在逐渐降低，说明中国轻工业的进口贸易品结构正逐渐开始转

37

型,最终消费品的进口比例开始上升。最后,发达经济体与发展中经济体的指标差异不大,中国在轻工业中的进口来源地没有明显的倾向性。

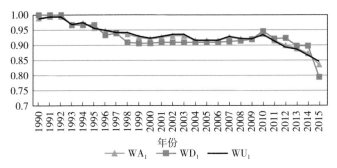

图 2.25　第二产业(轻工业)W_1 相关指标历年变化情况

就中国出口的第一产业(轻工业)贸易品结构而言(见图 2.26),首先,WA_2 长期稳定在 0.3 左右,可知中国的轻工业贸易出口结构中,向更多的经济体出口最终消费品而非中间品。其次,就趋势来看,中国对发达经济体的轻工业出口贸易结构趋于平衡,从最初的以出口最终消费品为主逐渐转变为出口中间品、最终消费品相平衡的结构,而向发展中经济体的出口贸易结构逐渐转型为以出口最终消费品为主。

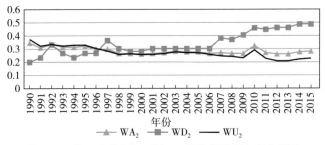

图 2.26　第二产业(轻工业)W_2 相关指标历年变化情况

(三)第二产业(重工业)

1. 以同种贸易品为视角

关于第二产业(重工业)的中间品贸易结构(见图 2.27),总体来说,CA_1 长期低于 0.4,中国在第二产业(重工业)中长期扮演着净出口方的角色,向绝大部分样本经济体净出口中间品。其次,对比发达经济体和发展中经济体可知,一方面,中国在发达经济体中的中间品净出口贸易结构较为平衡,自 1992 年起向半数左右发达经济体净出口中间品;另一方面,中国在发展中经济体的中间品净出口贸易结构中多扮演净出口方的角色,向大部分发展中经济体净出口重工业中间品。

关于第二产业(重工业)的最终消费品贸易结构(见图 2.28),总体来看,CA_2 数值长期保持在 0.1 附近,可知中国一直是重工业最终消费品的出口大国,向绝大多数样本经济体净出口重工业最终消费品。另外,就发达经济体而言,中国的重工业最终消

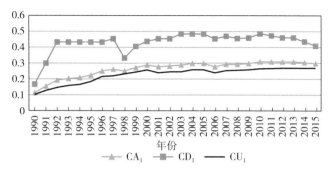

图 2.27　第二产业(重工业)C_1 相关指标历年变化情况

费品贸易结构较为平衡,虽然仍然以出口为主,但自 2011 年起,中国同时向 35% 左右的发达经济体净进口最终消费品。就发展中经济体而言,中国完全扮演一个最终消费品净出口方的角色。因此,可以判断中国主要倾向于向发达经济体净进口重工业最终消费品,同时向大部分发展中经济体净出口重工业最终消费品。

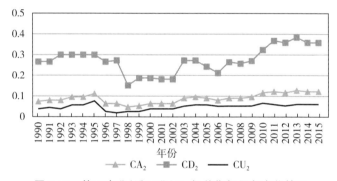

图 2.28　第二产业(重工业)C_2 相关指标历年变化情况

2. 以不同种贸易品为视角

就中国第二产业(重工业)的进口贸易结构而言(见图 2.29),WA_1 长期稳定在 0.98,可见中国向几乎所有样本经济体更多地进口重工业中间品而非最终消费品,另外,无论是发达经济体还是发展中经济体,中国均向其进口更多的中间品。

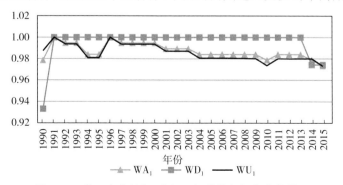

图 2.29　第二产业(重工业)W_1 相关指标历年变化情况

就中国出口的第二产业(重工业)贸易结构而言(见图2.30),WA_2呈下降趋势,逐渐趋于0.5,可知中国早年的重工业出口结构以中间品为主,随着中国的产业结构转型和技能优化,中国的出口贸易结构趋于平衡,开始向更多的经济体出口重工业最终消费品。另外,就发达经济体而言,中国的重工业贸易结构并未出现较大改观,一直以出口中间品为主,就发展中经济体而言,中国开始向越来越多的发展中经济体出口重工业最终消费品。

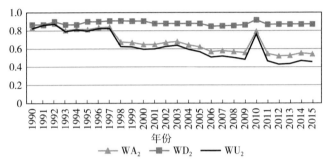

图 2.30　第二产业(重工业)W_2 相关指标历年变化情况

(四)第三产业

1. 以同种贸易品为视角

第三产业中间品的贸易结构如图2.31所示,总体来看,CA_1长期低于0.3,但逐渐呈上升趋势,中国在第三产业中间品贸易结构中长期扮演净出口方的角色,向大部分样本经济体净出口第三产业中间品,但进出口贸易结构正逐渐转变,向着进出口平衡的方向发展。另外,就发达经济体而言,中国明显是出口大国,向绝大部分发达经济体净出口第三产业中间品。就发展中经济体而言,中国虽长期扮演净出口方的角色,但进出口贸易逐渐转型,中国开始向更多的发展中经济体净进口第三产业中间品。

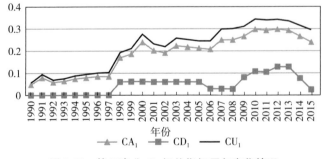

图 2.31　第三产业 C_1 相关指标历年变化情况

就第三产业的最终消费品贸易结构而言(见图2.32),总体来看,CA_2长期低于0.3,但随时间呈上升趋势,中国长期作为第三产业最终消费品净出口方的角色。随着中国经济水平的发展和消费能力的提升,逐渐开始向第三产业最终消费品消费端转型,另外,相对于发展中经济体而言,中国与发达经济体的最终消费品贸易结构更为均衡,中国倾向于向发达经济体净进口第三产业最终消费品。

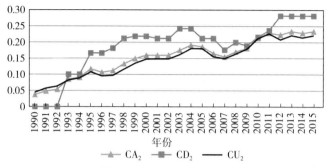

图 2.32 第三产业 C_2 相关指标历年变化情况

2. 以不同种贸易品为视角

就中国进口的第三产业贸易品结构而言(见图 2.33),可知无论是发达经济体还是发展中经济体,中国均向绝大部分经济体更多地进口中间品而非最终消费品。可知中国在第三产业的贸易品进口中完全以中间品为主。

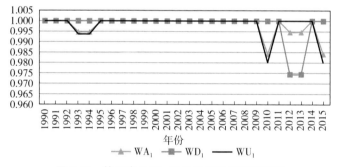

图 2.33 第三产业 W_1 相关指标历年变化情况

就中国的第三产业出口贸易结构而言(见图 2.34),中国向绝大多数样本经济体出口更多的中间品而非最终消费品,中国中间品更具比较优势。另外,从趋势来看,自2004 年起,中国出口给发展中经济体的第三产业贸易品结构开始有所转变,中国逐渐向更多的发展中经济体出口最终消费品。中国出口给发达经济体的第三产业贸易品结构仍然以出口中间品为主。

七、小结

本部分从两个视角出发,利用四个指标,以及一系列相关辅助指标,从动态角度讨论了双环流模型的实用性。首先分析 1990、2000、2013 年三个年度的总体年度数据,对三个阶段下中国的贸易地位和贸易模式进行刻画;其次分析 1990—2015 年的数据,

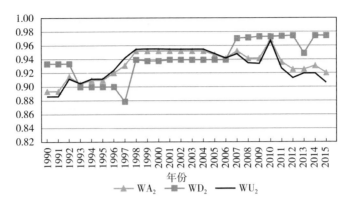

图 2.34　第三产业 W_2 相关指标历年变化情况

利用辅助指标从变动趋势的角度看相关比率和数据,更加全面地对中国的贸易模式进行分析和探索;最后,通过分析 1990—2015 年三个产业的数据,从产业层面对中国贸易模式展开更进一步的描述。

（一）1990、2000、2013 年年度阶段分析总结

从 1990 年数据分析结果来看,双环流模型成立的证据较弱。C_1 的数据分析图表没有明显的规律,参考价值较小。从 C_2、W_1、W_2 的数据分析可以判断,1990 年中国仍处于世界贸易流动的下游,向发达经济体净进口最终消费品、向发展中经济体净出口最终消费品,并向大多数样本经济体净出口中间品。2000 年和 2013 年,中国在国际贸易体系中更多地体现出双环流节点的作用,与发展中经济体更多地存在进口中间品、出口最终消费品的关系,并与发达经济体更多地存在出口中间品、进口最终消费品的关系。在整个双环流体系中,中国同时保持着较高的绝对贸易额,从而成为世界经济贸易格局不可分割的一部分。

以同种贸易品为视角的分析结果表明,1990 年以来中国进口中间品所占比例逐渐加大,表明中国正在将产业重心从低端产业转型为高端产业,表明了中国加工生产结构的变动,中国的中间品净进口对发展中经济体而言日趋明显,体现出中国从发展中经济体进口原材料进行深加工的贸易结构,验证了双环流模型中中国对发展中经济体的进口模式;1990 年以来中国出口最终消费品额度较进口而言不断增大,主要表现在对发展中经济体最终消费品出口额的增加,同样体现了中国生产技术与生产结构的升级,验证了双环流模型中中国对发展中经济体的出口模式。1990 年以来,中国对发达经济体的消费品贸易进口额与出口额之比呈逐年上升态势,且 2013 年进口额大于出口额,验证了双环流模型中中国对发达经济体的进口模式;1990—2013 年,中国对发达经济体的中间品贸易出口额均大于进口额,验证了双环流模型中中国对发达经济体的出口模式。

以不同种贸易品为视角的分析结果表明,三个时间节点下发展中经济体对中国的出口额均以中间品为主,验证了双环流模型中中国对发展中经济体的进口模式;1990 年

之后,发展中经济体自中国进口最终消费品的金额较进口中间品有所提升,2013 年发展中经济体相对中间品主要从中国进口最终消费品,表明中国生产层次的提升,体现了发展中经济体与中国贸易模式的变化,验证了双环流模型中中国对发展中经济体的出口模式。2013 年较 2000 年,发达经济体出口至中国的最终消费品较出口至中国的中间品呈上升趋势,表明中国消费能力的提升及中国与发达经济体贸易关系的转变,验证了双环流模型中中国对发达经济体的进口模式;2013 年较 2000 年,发达经济体进口自中国的中间品较进口自中国的最终消费品呈上升态势,且整体进口额大于出口额,验证了双环流模型中中国对发达经济体的出口模式。

(二)1990—2015 年数据分析总结

通过计算 1990—2015 年各经济体的 C_1、C_2 比率,并细分为发达经济体和发展中经济体,运用六个辅助指标刻画 C_1、C_2 变动趋势,同时对比不同类型经济体的指标差异,从中国的视角对中国 25 年来全球贸易地位的变动情况做出一个更细致的描述和分析。

从同种贸易品的角度来看,25 年来,CA_1、CA_2 每年均小于 0.5,且 CA_2 相对于 CA_1 数值更小,可知无论是中间品还是最终消费品,中国长期作为出口方,向大多数经济体净出口中间品和最终消费品,另外,中国作为中间品净出口方的角色更为明显。从各经济体的类型来看,中国倾向于向发达经济体净进口最终消费品,同时向发展中经济体净出口最终消费品。从长期趋势来看,无论是中间品还是最终消费品,中国的贸易结构均呈现逐渐平衡的态势,从完全依赖出口转型为出口与进口并重,特别是中间品的进出口贸易结构随时间越来越趋于均衡。

从不同种贸易品的角度来看,一方面,中国的进口贸易结构中,倾向于进口中间品而非最终消费品,向几乎所有经济体进口更多的中间品;另一方面,中国的出口贸易结构随时间逐渐趋于平衡,早期主要以出口中间品为主,随着经济发展水平的不断提高,开始出口更多的最终消费品,且中国主要是向发展中经济体出口更多的最终消费品。

通过从同种贸易品和不同种贸易品两个角度分析中国的贸易模式,我们发现,中国长期以来属于出口型大国,随着中国技术水平的不断提高,中国的出口结构由完全依赖出口中间品转型为向更多发展中经济体出口最终消费品的贸易模式。随着时间的推移,中国作为双环流模型中承上启下的角色越来越明显。中国与经济发达、生产技术成熟的发达经济体形成贸易循环,构成双环流模型的上环流,即中国向发达经济体净出口中间品,净进口最终消费品;中国与劳动力密集、以自然资源为主的不发达经济体形成贸易循环的下环流,即输出最终消费品并进口中间品。

(三)1990—2015 年产业层面数据分析总结

从产业角度出发,总体来看,中国在以农林牧渔为主的第一产业中贸易结构较为均衡,无论是中间品还是最终消费品都属于进出口并重的贸易模式,并不完全依赖出口或进口。但中国在第二、三产业均属于出口型贸易模式,虽然随时间有轻微程度的结构改善,但仍然属于出口依赖型的贸易模式,即无论是最终消费品还是中间品均扮演出口方角色,向大多数国家净输出商品。另外,从进口来源地的类型来看,在第一产业、第二产业、第三产业中,不发达经济体均是中国中间品需求的主要来源地,为中国提供原材料、自然资源等中间品,而发达经济体则是中国第二产业最终消费品需求的主要来源地。

从同种贸易品角度来看,就中间品而言,首先,中国的中间品进出口贸易结构在第一产业较为均衡,在第二、三产业中国均是中间品出口大国;其次,考虑中国与发达经济体的中间品进出口贸易结构,中国在所有产业中都主要扮演中间品净出口方的角色,中国长期向发达经济体输送中间品,特别是在第三产业完全扮演中间品净出口方的角色。

在第一产业中,就中间品而言,中国进出口贸易结构较为均衡,与发达经济体的中间品贸易主要以净出口为主,与发展中经济体的中间品贸易结构相对平衡。就最终消费品而言,中国的进出口贸易结构逐渐趋于均衡,中国向发达经济体与发展中经济体的最终消费品进出口贸易结构差别不大,均逐渐从最终消费品出口大国转型为进出口并重的贸易模式。从中国的进口贸易结构看,中国向绝大多数经济体进口更多的中间品而非最终消费品,且这一特点在与发展中经济体的进口贸易中更为明显。从中国的出口贸易结构看,中国向绝大多数经济体出口更多的中间品而非最终消费品。因此,可以判断在以农林牧渔为主的不需要深度加工的第一产业中,中国的对外进出口贸易以中间品为主,且主要向经济发展水平较高的发达经济体出口中间品,向人力资本较低的发展中经济体进口中间品。另外,随着中国消费水平的上升和产业结构的转型,中国逐渐开始向更多的经济体净进口第一产业最终消费品。

在第二产业(轻工业)中,就中间品而言,中国大多扮演净出口方的角色,但从长期趋势来看逐渐开始向更多经济体净进口中间品,特别是向发达经济体净进口中间品的比例有所上升。就最终消费品而言,中国向绝大多数经济体净出口最终消费品。从中国的进口贸易结构来看,中国从绝大多数经济体进口更多的中间品而非最终消费品,中国从发达经济体与发展中经济体的进口贸易结构差别不大。从中国的出口贸易结构来看,中国向较多经济体出口最终消费品而非中间品,中国向发展中经济体的出口贸易结构多以出口最终消费品为主,而与发达经济体的出口贸易结构相对较为均衡。因此,在以提供生活消费品和制作手工工具为主的轻工业中,无论是中间品还是最终消费品,中国多扮演净出口的角色,且主要向发展中经济体出口最终消费品,可以看出,中国在第二产业(轻工业)属于出口型大国,且产业较为成熟,多以出口最终消费品为主。

在第二产业(重工业)中,就中间品而言,中国向绝大多数经济体特别是发展中经济体净出口中间品,与发达经济体的中间品进出口贸易结构较为平衡。就最终消费品而言,中国向绝大多数经济体净出口最终消费品,且以发展中经济体为主。从中国的进口贸易结构来看,中国几乎从所有经济体进口更多的中间品而非最终消费品。从中国的出口贸易结构来看,中国早期向绝大多数经济体出口更多最终消费品,但贸易结构逐渐趋于平衡,向几乎所有发达经济体出口更多的中间品而非最终消费品,并逐渐开始向更多的发展中经济体出口最终品。可以看出,中国在第二产业(重工业)中仍属于出口型大国,早期出口以中间品为主,随着中国产业结构的不断升级和技术水平的不断提高,中国开始向更多的发展中经济体出口最终消费品,同时仍然向发达经济体净出口中间品。

在第三产业中,就中间品而言,中国向大多数经济体净出口中间品,特别是与发达经济体的中间品净出口贸易结构中,中国几乎向所有发达经济体净出口中间品。就最终消费品而言,中国依然大多扮演着净出口方的角色,另外,相对发展中经济体而言,中国向更多的发达经济体净进口最终消费品。从中国的进口贸易结构来看,中国几乎从所有经济体进口更多的中间品而非最终消费品。从中国的出口贸易结构来看,中国向大多数经济体出口更多的中间品而非最终消费品,另外,中国逐渐开始向发展中经济体出口更多的最终消费品。可以看到,中国在第三产业属于出口型大国,但多以出口中间品为主,另外,随着经济水平的提高,中国的第三产业逐渐向上游移动,开始向更多的发展中经济体输出最终消费品。在进口方面,仍然是从发达经济体进口最终消费品。

第三章　中国在全球贸易循环的地位演变

一、总贸易价值增量模型方法综述

随着各经济体综合实力的不断变化,世界经济贸易格局有了新的改变,全球价值链的表现形式与以往相比,表现出了新的特点,世界经济结构逐渐由以发达经济体为核心的"中心—外围"这一单循环模式转变为更为复杂的双环流模式。一方面,中国等亚洲新兴经济体与欧美发达经济体保持着传统的经济往来关系,形成了价值链的上环流;另一方面,随着经济的高速发展,中国成为新兴工业化地区和全球制造中心,与资源丰富、工业化程度相对较低的亚非拉发展中经济体开展经济合作,通过直接投资带动各经济体工业化发展,以贸易扩展当地市场,形成价值链的下环流。中国是全球贸易大国,在全球价值链中占据举足轻重的地位,因此处于全球价值双环流体系的中心,本章利用总贸易价值增量模型对近25年全球进出口贸易数据进行计算分析,量化中国在全球贸易价值链中的影响和参与程度,真实刻画中国25年来经济贸易地位的演化情况。

(一)模型的提出

随着经济全球化的不断发展,各经济体之间的经济联系日益加深,不同经济体不同行业都存在着贸易流动和商品交换。一个商品从最开始的原材料加工、零件组装,到形成最终消费品的整个生产过程可能存在着多个经济体不同程度的参与,该商品在不同经济体进行不同阶段的加工所获得的价值增量是不同的。举例而言,手机的制造过程可能涉及多个经济体多个行业的流转加工,发展中经济体为这一过程提供原始材料,发达经济体进一步组装加工零部件最终制成手机,在这一过程中,手机在发达经济体获得了更多的价值增量。

在之前对于中国进出口贸易地位的研究中,我们主要通过全球各经济体向中国进出口中间品和最终消费品的排名和占比等指标来衡量特定经济体的贸易体量和经济地位,这样的分析方法存在一定缺陷,即无法精确测量中国在整个全球贸易链中所贡献的贸易附加值,而在价值链上下游经济体贸易增加值相互可能产生较大影响的情况下(Caraballo and Jiang，2016)，以总量及贸易附加值衡量的贸易指标可能存在较大差异，并可能严重误解对世界贸易格局的理解(Dedrick *et al.*，2010；王直等，2015)，而影响对中国贸易依赖程度等贸易指标的判断(Xin and Dianqing，2013)。虽然从之前的数据分析可知近年来中国的贸易体量十分庞大，已成为全球贸易结构中的重要组成部分，中国作为中间品的进出口方、最终消费品的进出口方在大多数对手方经济体相应贸易结构中均排名前列，但大体量的进出口贸易数据并不意味着中国在整个全球价值链中占据重要地位。与之相比，增加值贸易核算方法能够消除传统贸易的统计幻象，从而较为准确地表征全球各经济体在国际分工下的贸易收益，更好地刻画国际贸易现实(潘文卿等，2015；闫云凤，2015)。因此，本章参照 Koopman *et al.*(2012)的研究思路，运用总贸易价值增量模型，从衡量产品在全球贸易流动中价值增量的角度出发，引入全新的指标刻画中国在全球价值链中的地位和参与度。

总贸易价值增量模型将现有的全球进出口统计数据和贸易附加值联系起来，运用科学的计算方法将一个经济体总出口中源自本地的贸易附加值与源自对手方的贸易附加值加以区分，并构建了 GVC_Position(全球价值链地位指数)和 GVC_Participation(全球价值链参与度)两个量化指标来衡量一个经济体在每个行业的全球产业链地位和参与程度。

（二）相关矩阵及指标

为了更方便地阐明相关矩阵和指标的意义，我们假设只存在三个经济体，每个经济体有 N 个行业，商品在行业中流转、加工，三个经济体均能同时进出口中间品或最终消费品。

1. 完全消耗系数矩阵

三个经济体之间的完全消耗系数矩阵为：

$$B = \begin{bmatrix} B_{11}, B_{12}, B_{13} \\ B_{21}, B_{22}, B_{23} \\ B_{31}, B_{32}, B_{33} \end{bmatrix}$$

由于每个经济体都有 N 个行业，所以 B_{ij} 是一个 N 行 N 列的矩阵，完全消耗系数矩阵是一个 $3N$ 行 $3N$ 列的矩阵。完全消耗系数矩阵衡量每增加单位最终需求所带来的产出增量，例如，B_{11} 衡量了经济体 1 每增加 1 单位最终需求所带来该经济体的总产出的增加量，B_{12} 衡量了经济体 2 每增加 1 单位最终需求所带来该经济体的总产出的增加量。我们用 X_1 表示经济体 1 的总产出，用 Y_1 表示经济体 1 的最终需求。由此我们得到：

$$X_1 = B_{11}Y_1 + B_{12}Y_2 + B_{13}Y_3$$

设：

$$X = \begin{bmatrix} X_1 \\ X_2 \\ X_3 \end{bmatrix}, Y = \begin{bmatrix} Y_1 \\ Y_2 \\ Y_3 \end{bmatrix}$$

得到：

$$X = BY$$

2. 直接消耗系数矩阵

三个经济体之间的直接消耗系数矩阵为：

$$A = \begin{bmatrix} A_{11}, A_{12}, A_{13} \\ A_{21}, A_{22}, A_{23} \\ A_{31}, A_{32}, A_{33} \end{bmatrix}$$

由于每个经济体都有 N 个行业，所以 A_{ij} 是一个 N 行 N 列的矩阵，直接消耗系数矩阵是一个 $3N$ 行 $3N$ 列的矩阵。直接消耗系数矩阵衡量某经济体所消耗的其他经济体中间品占某经济体总产出的比例，以 3 个经济体为例，A_{11} 衡量了经济体 1 所消耗的经济体 1 中间品占经济体 1 总产出的比例，A_{12} 衡量了经济体 2 所消耗的经济体 1 中间品占经济体 2 总产出的比例。因此可以得到：

$$X_1 = A_{11}X_1 + A_{12}X_2 + A_{13}X_3 + Y_1 + Y_2 + Y_3$$

对于所有经济体，有：

$$X = AX + Y$$

对公式进行变换，得到：

$$X = [I - A]^{-1}Y$$

由此我们可以得到 B 矩阵的计算公式为：

$$B = [I - A]^{-1}$$

3. 贸易附加值矩阵

经济体 r 附加值系数矩阵：

$$V_r = [v_1, v_2, \ldots, v_n]$$

首先我们引入附加值系数矩阵，附加值系数矩阵是一个 1 行 N 列的矩阵，表示一个经济体每个行业对每单位产品的价值附加量大小，u 是每一个元素均为 1 的 1 行 N 列行向量，则有：

$$V_r = u\left(I - \sum_s A_{sr}\right)$$

我们用一个 N 行 N 列的对角矩阵 E_1^* 表示经济体 1 中 N 个行业的出口量，对角线是经济体 1 中 N 个行业的出口量，非对角线为 0。由此我们得到 $3N \times 3N$ 的总出口对角矩阵 E^*：

$$E^* = \begin{bmatrix} E_1^*, & 0, & 0 \\ 0, & E_2^*, & 0 \\ 0, & 0, & E_3^* \end{bmatrix}$$

另外,我们用一个 N 行 N 列的对角矩阵 V_1^* 表示经济体 1 中 N 个行业的附加值系数,对角线是经济体 1 中 N 个行业的附加值系数,非对角线为 0,得到一个 $3N \times 3N$ 的附加值系数对角矩阵:

$$V^* = \begin{bmatrix} V_1^*, & 0, & 0 \\ 0, & V_2^*, & 0 \\ 0, & 0, & V_3^* \end{bmatrix}$$

由此,我们可以得一个 $3N \times 3N$ 的贸易附加值矩阵:

$$V^*BE^* = \begin{bmatrix} V_1^*B_{11}E_1^*, & V_1^*B_{12}E_2^*, & V_1^*B_{13}E_3^* \\ V_2^*B_{21}E_1^*, & V_2^*B_{22}E_2^*, & V_2^*B_{23}E_3^* \\ V_3^*B_{31}E_1^*, & V_3^*B_{32}E_2^*, & V_3^*B_{33}E_3^* \end{bmatrix}$$

贸易附加值矩阵描述了总出口中不同经济体的贸易附加值量,例如,$V_1^*B_{11}E_1^*$ 表示经济体 1 出口中属于该经济体 1 的贸易附加值,$V_2^*B_{12}E_2^*$ 表示经济体 2 出口中属于该经济体 1 的贸易附加值。

根据贸易附加值矩阵,我们可以引入三个指标 DV、FV、IV,DV_r 表示经济体 r 总出口中属于该经济体的价值贡献量总和,FV_r 表示经济体 r 总出口中属于其他经济体的价值贡献量总和,IV_r 表示其他经济体出口中属于经济体 r 的价值贡献量总和,具体计算公式为:

$$DV = V_r B_{rr} E_r^*; \quad IVr = \sum_{s \neq r} V_r B_{rs} E_s^*; \quad FVr = \sum_{s \neq r} V_s B_{sr} E_r^*$$

4. GVC 地位与参与度指标

通过前文所述的三个指标 DV、FV、IV,我们可以构建出衡量每个经济体在每个行业的全球价值链中所处的地位和参与度。这里引入两个指标 IV_{ir}、FV_{ir}。其中,IV_{ir} 衡量了 r 经济体 i 行业的附加值总和,可由贸易附加值矩阵每一行元素加总而得。FV_{ir} 衡量了 r 经济体 i 行业出口中属于其他经济体的附加值总和,可由贸易附加值矩阵每一列非对角线元素加总而得。

$$GVC\_Position_{ir} = \ln\left(1 + \frac{IV_{ir}}{E_{ir}}\right) - \ln\left(1 + \frac{FV_{ir}}{E_{ir}}\right)$$

$GVC\_Position_{ir}$ 描述了经济体 r 在 i 行业的地位,指标越大,说明 r 经济体在行业 i 的全球价值链中越靠近上游位置,也就是说 r 经济体在行业 i 的产品生产中能贡献较大的贸易附加值。

$$GVC\_Participation_{ir} = \frac{IV_{ir}}{E_{ir}} + \frac{FV_{ir}}{E_{ir}}$$

$GVC\_Participation_{ir}$ 描述了经济体 r 在 i 行业的参与度,指标越大,说明 r 经济体在行业 i 的全球价值链中参与程度越高。

(三)模型总结

总贸易价值增量模型首先通过计算间接消耗矩阵 B、贸易附加值系数矩阵 V,从而得到贸易附加值矩阵;其次,通过对贸易附加值矩阵相关因子的整理划分,我们提炼出三个关键性指标 DV、IV、FV,从贸易附加值的角度对一个经济体的出口额进行分解,追踪该经济体出口额中源自不同经济体的价值贡献量;最后,构建 GVC_Position$_{ir}$、GVC_Participation$_{ir}$ 两个指标,通过比对每个经济体的两个指标值,我们可以判断不同经济体在不同行业全球价值链中所处的地位和参与程度。

二、基于贸易增量的中国发展模式分析

(一)概览:中国发展模式概述

1990—2015 年中国的发展模式很大程度上经历了粗放发展—对外学习—精细发展三个阶段。在这三个阶段中,中国市场开放程度不断提高,贸易国际化程度总体升级,民营企业贸易参与程度不断提升,并伴随着产品生产技术水平、企业管理经验及产业结构的全面升级。在这一过程中,中国逐渐从全球价值链的低端走向中上游,一方面作为发展中经济体努力拉动提升不发达经济体在全球贸易关系中的地位,另一方面作为发达经济体的重要贸易伙伴全面提升贸易参与水平。因此,中国发展模式总体与中国在全球贸易链条中的地位变化相适应,中国贸易角色的变更也带动了全球贸易结构的变革。

1990—2000 年是中国发展模式的第一阶段,此阶段内中国仍为以资源导向为主的低端供给国,市场开放程度较低,贸易国际化程度较弱,国有企业广泛参与贸易进程,各大类产品生产技术水平普遍落后,企业管理经验不足,国际竞争实力较差;此阶段农林牧渔第一产业的出口及低端制造业出口仍占出口产品的较大比例,进口能力较弱。另外,随着中国市场开放程度的提升及改革开放成果不断转化,中国贸易参与水平不断提升,与国际贸易的对接能力与对接程度不断增强,在产业链中的位置从上游供给端向中游转移。

2000—2010 年是中国发展模式的第二阶段,此阶段内中国资源导向型产业发挥的程度明显降低,随着加入 WTO 及一系列贸易协议的签署,市场开放程度明显提升,贸易国际化程度明显增强,民营企业在全球贸易进程中的参与程度加速;另外,随着对国外贸易产品及生产技术的不断引进,中国各产业产品生产及运营能力均进入快速学习阶段,各大类产品生产技术水平有明显增强,企业管理经验及管理能力不断提升,国际竞争实力不断增强,涌现了一批具有国际竞争力的中国本土企业;此阶段农林牧渔等第一产业的出口及低端制造业出口已日趋势微,消费能力逐渐增强,进口能力及进口意愿逐步提升。在此情况下,产品生产技术的升级与企业管理经验的提升使得中国产业结构逐渐进入调整阶段,贸易参与水平仍然处于提升期,国际贸易话语权增强,在产业链中的位置保持在中游水平。

2010—2015 年是中国发展模式的第三阶段,此阶段内中国高端制造业生产渐成规模,在个人笔记本电脑、通信器件等部分细分行业已逐渐构筑全球竞争优势,市场开

放程度已保持在较高水平,贸易国际化程度较强,民营企业价值创造能力不断释放,通过前期国际贸易过程的学习发展,各大类产品生产技术水平得到普遍提升,企业管理经验及管理能力保持在较高水平,国际竞争实力较强;此阶段产业结构逐步从资源消耗型及人力资源依赖型产业转型为高端制造业,消费意愿及进口能力进一步提升。此时,学习型贸易逐渐得到红利释放,技术水平的提升带来了高端产品出口额增长,中国在产业链中的位置重新从中游向下游转移。

本节通过上述构建的地位指数及参与度两个指标,分别对中国不同发展阶段GVC所处地位及参与程度进行验证。分析过程中,针对经济政策、贸易体量、贸易结构等各类差异,基于价值链两类指标对中国发展阶段进行粗放发展、出口导向、内部调整的阶段划分,探究不同阶段中国贸易结构变动特征及其蕴含的经济逻辑。

（二）第一阶段:1990—2000 年中国发展模式验证

1990 年之前,资源导向型产业出口在中国出口结构中占据重要地位,中国在全球贸易循环中的作用主要体现在资源优势领域。整体而言,1990—2000 年,中国处于以资源导向及劳动力导向为主的粗放发展阶段,且逐渐向工业出口方向转变。1990 年,第一产业在 GDP 结构中占比为 27.1%,之后不断下降,至 1999 年下降至 15.8%,与之相比,第二产业在 GDP 结构中占比从 41.6%上升至 50.9%,第三产业占比则从 31.3%上升至 33.3%。对第一产业而言,随着农业基本经营制度的确立与农业生产效率的提升,农业流通成为改革重点,农业产业化运营提上日程,《关于发展高产优质高效农业的决定》等指导性文件出台,市场导向的农业发展模式逐步形成,其在促进经济发展及提升对外贸易水平上发挥着重要作用;对第二产业而言,中国制造业正经历复苏期,"苏南模式""温州模式"等产业发展模式开始推广,随着经济特区的建立,长三角及珠三角地区制造业逐步崛起,行业孕育底蕴日趋浓厚,产业实力仍处于提升过程中;对第三产业而言,第三产业作为以产前服务与产后服务为主的服务型产业类别,其实际发展过程具有一定的滞后性,而金融业、文娱业、教育业等作为第三产业的重点产业,在20 世纪 90 年代的参与者以政府机关及国有企业为主,民营企业在这一领域尚处于探索阶段。以金融业为例,90 年代初,上海和深圳两地证券交易所成立,而《证券法》至1999 年方始施行,证券市场化机制的锥形在探索中逐渐形成。

因此,这一阶段中国对外贸易指标呈现以下特征:①整体层面,由于资源导向型的出口贸易特征,中国处于全球价值链上游,地位指数排名较高,但 GVC 融入程度不高,参与度排名较低;②第一产业及轻工业仍占重要地位,对外处于输出供给端;③制造业以低端产品制造为主,高端设备制造贸易参与度较低;④金融业市场开放程度较低,贸易参与度较低。

1. 总体角度

从总体角度进行分析(见图 3.1 和图 3.2),1990 年,中国地位指数排第 27 位,处于较高水平,1990—2000 年,中国地位指数绝对值及相对排名均呈下降趋势,表明中国

正从出口绝对主导的粗放型发展模式逐渐转为出口、进口并重的全贸易链综合型发展
模式;1990 年,中国参与度排第 169 位,处于较低水平,1990—2000 年参与度绝对值及
相对排名均呈上升趋势,表明中国在 GVC 中的融入程度日趋增强。

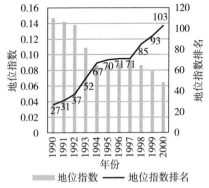 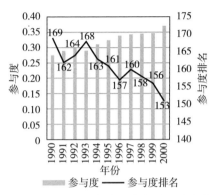

图 3.1　1990—2000 年中国地位指数及排名变动　　图 3.2　1990—2000 年中国参与度及排名变动

2. 产业角度

从产业角度进行分析,我们将区分不同产业,以得到细分领域的贸易结构内部变
化及其对中国经济发展阶段及贸易结构的一定映射。

1990—2000 年(见图 3.3 和图 3.4),中国第一产业地位指数绝对值及相对排名均
保持稳定,表明中国第一产业内部调整幅度不大,保持 GVC 上游位置;参与度绝对值
及相对排名均呈上升趋势,表明中国第一产业在 GVC 中的融入程度日趋增强。

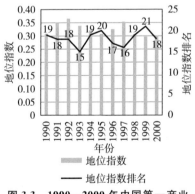 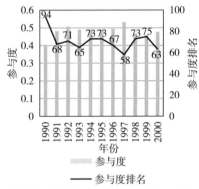

图 3.3　1990—2000 年中国第一产业　　　　图 3.4　1990—2000 年中国第一产业
地位指数及排名变动　　　　　　　　　　参与度及排名变动

1990—2000 年(见图 3.5 和图 3.6),中国第二产业(轻工业)地位指数绝对值及相
对排名均呈较为明显的下降趋势,表明中国正从轻工业产品(纺织品、食品饮料等)上
游生产大国逐渐向多元化贸易结构变动,消费能力增强;参与度绝对值及相对排名均
呈上升趋势,表明中国第二产业(轻工业)在 GVC 中的融入程度日趋增强。

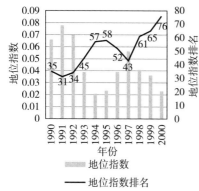

图 3.5　1990—2000 年中国第二产业(轻工业)地位指数及排名变动

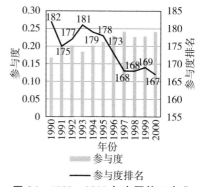

图 36　1990—2000 年中国第二产业(轻工业)参与度及排名变动

1990—2000 年(见图 3.7 和图 3.8),中国第二产业(重工业)地位指数绝对值及相对排名均保持相对稳定,表明中国长期保持重工业上游生产大国地位;参与度绝对值呈上升趋势,排名在 23 位保持稳定,表明中国第二产业(重工业)在 GVC 中的融入程度长期保持前列。

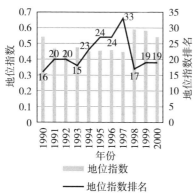

图 3.7　1990—2000 年中国第二产业(重工业)地位指数及排名变动

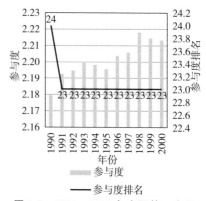

图 3.8　1990—2000 年中国第二产业(重工业)参与度及排名变动

1990—2000 年(见图 3.9 和图 3.10),中国第三产业地位指数相对排名保持相对稳定,绝对值有所增长,表明中国第三产业正处于稳定发展阶段,在 GVC 中长期处于中下游位置;参与度绝对值及相对排名均呈较为明显的上升趋势,表明中国第三产业在 GVC 中的融入程度日趋增强。

3. 行业角度

在对三大产业进行地位指数分析的基础上,我们将选取若干典型行业具体分析。基础设施建设是造福民生发展、提高国家社会治理水平的重要体现,是驱动全球经济长期发展的不竭动力,也是"一带一路"倡议的重要组成部分。"一带一路"沿线经济体中,

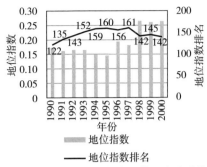

图 3.9　1990—2000 年中国第三产业地位
指数及排名变动

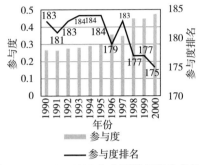

图 3.10　1990—2000 年中国第三产业参与度
及排名变动

部分经济体基础设施建设发展程度较低,现代化设施建设亟待加强,基础设施连通将为各经济体各领域合作连通提供重要支撑,《推动共建丝绸之路经济带和 21 世纪海上丝绸之路的愿景与行动》中将"设施连通"放在了各方合作重点中的第二位,位列"政策沟通"之后,表明了其在"一带一路"合作建设中的基础性地位,提出在尊重相关方主权和安全关切的基础上,沿线经济体宜加强基础设施建设规划、技术标准体系的对接,共同推进国际骨干通道建设,逐步形成连接亚洲各次区域以及亚欧非之间的基础设施网络。建筑业及运输设备制造业为基础设施建设的重要产业,分别对接"一带一路"基础设施合作的设施建设和物流连通两大环节,将成为未来合作发展的重中之重。此外,金融体系建设与发展将成为中国融入全球贸易体系的重要组成部分,"资金融通"是"一带一路"规划纲领中的重要支撑,深化金融合作,推进亚洲货币稳定体系、投融资体系和信用体系建设,并加强金融监管合作,将为沿线经济体重点项目建设提供有效保障。总体而言,"设施连通"及"资金融通"两大领域将成为促进全球"贸易畅通"的两翼,为"一带一路"贸易产业链建设及 GVC 贸易循环保驾护航。因此,这里我们将建筑业、交通设备制造业、金融业作为细分产业分析对象。

　　1990—2000 年(见图 3.11 和图 3.12),中国交通运输设备制造业地位指数绝对值及相对排名均呈明显下降态势,表明中国交通运输设备制造业逐渐从粗放出口转向注重质量、进出口并重阶段;参与度绝对值及相对排名均保持稳定,表明中国交通运输制造业在 GVC 中的融入程度未发生较大变动。

　　1990—2000 年(见图 3.13 和图 3.14),中国建筑业地位指数绝对值落地反弹,相对排名呈下降态势但变动不大,表明中国建筑业贸易结构保持相对稳定;参与度绝对值及相对排名稳步提升,表明中国建筑业 GVC 融合度不断增强,国际化程度不断提升。

　　1990—2000 年(见图 3.15 和图 3.16),中国金融业地位指数绝对值及相对值呈上升态势,但仍保持在 GVC 中下游,表明中国金融业正逐渐走向市场开放;参与度绝对值及相对排名均呈较为明显的上升趋势,表明中国金融业在 GVC 中的作用日趋重要。

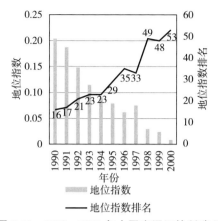

图 3.11 1990—2000 年中国交通运输制造业
地位指数及排名变动

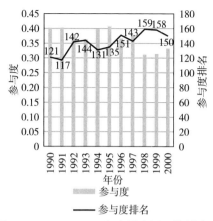

图 3.12 1990—2000 年中国交通运输制造业
参与度及排名变动

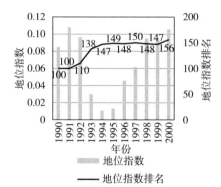

图 3.13 1990—2000 年中国建筑业地位
指数及排名变动

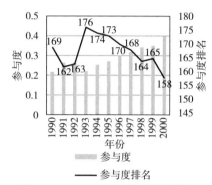

图 3.14 1990—2000 年中国建筑业
参与度及排名变动

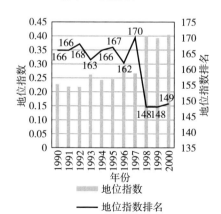

图 3.15 1990—2000 年中国金融业地位
指数及排名变动

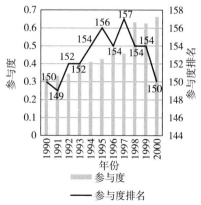

图 3.16 1990—2000 年中国金融业
参与度及排名变动

（三）第二阶段：2001—2009 年中国发展模式验证

2001—2009 年，中国处于吸收外贸优势经验阶段，与世界各经济体之间的贸易联系逐渐紧密，贸易出口以中间品为主。整体而言，进入 21 世纪后，中国对外开放程度取得重大突破，在全球贸易循环中发挥的作用不断增强；2001 年 12 月，中国正式加入 WTO；2002 年 4 月，博鳌亚洲论坛首届年会召开；2005 年，中美在北京举行首次战略对话；2006 年，中非合作论坛北京峰会在京召开，以加入 WTO 为起点，中国贸易环境不断开放，与世界其他经济体的国际贸易程度日趋紧密。贸易环境的逐步开放在两个维度发挥作用，第一，贸易越来越从资源出口导向型转向工业产品出口导向型，中间品出口占据贸易输出的重要位置；第二，国外技术变动有力拉动了中国生产服务业的发展（袁志刚和饶璨，2014），贸易进口不断提升，产能结构缓慢调整，消费能力逐步增强，中国从对其他经济体的贸易进口中不断汲取产品生产、技术升级及现金管理的经验，为此后产品结构升级、产品类别转变打下了良好基础。对第一产业而言，城乡统筹战略的实施、农业税的废除等一系列举措，进一步加速了第一产业的市场化进程，但其经济贡献比例相对制造业发展而言已逐步萎缩。对第二产业而言，WTO 进程的推进极大地推动了外资进入中国的趋势，从而促进了制造业的大发展、大繁荣，市场活力进一步得到释放，制造业重心从纺织等轻工业逐渐向机械制造等重工业转移，国企改制浪潮拉开。中国具有利用全球科技资源的有利条件，能够通过"引进来""走出去"和更多新的资源组织方式充分利用外部技术资源（江小涓，2004），经过对国外先进技术及管理经验的效仿与学习，一批优秀民营企业崛起。对第三产业而言，金融市场在不断探索中逐渐完善，监管机制日趋成熟，市场开放程度逐渐提高，大批民营企业实现内地上市融资，教育、医疗等产业市场化进程迅速推进，强势企业迅速成长。

这一阶段中国对外贸易指标呈现以下特征：①整体层面，由于贸易环境的逐步开放，贸易结构从资源型出口向制造业出口转变，其他经济体进口部分在出口商品中所占比例提升，使得整体价值链位置有所下移，地位指数排名有所下降，后半阶段地位指数有所上移（Lai and Zhong，2017），贸易学习效果已有所显现；同时贸易学习使得出口商品中对外进口部分对应的价值量提升，且中间品出口占比提升，GVC 融入程度提升，参与度提升至相对较高水平。②第一产业的贸易贡献度有所下降，贸易结构保持稳定。③制造业中的轻工业及重工业的全球出口龙头地位保持稳定，地位指数下滑，参与度提升。④金融业逐渐开放，贸易参与度有所提升。

1. 总体角度

从总体角度进行分析（见图 3.17 和图 3.18），2001—2009 年，中国地位指数绝对值及相对排名较 20 世纪 90 年代有大幅下降，保持在 90 名左右，2006 年之前一直呈下降态势，2006 年降至 99 位。表明随着中国贸易开放程度的不断提升，其他经济体进口商品在中国贸易出口中所占比例增加,贸易结构稳步发展,上游供应大国角色难以撼动;参与度绝对值及相对排名均呈上升趋势,表明中国贸易出口以中间品为主,制造业出口结构处于中游偏下水平,在 GVC 中的融入程度继续增强。

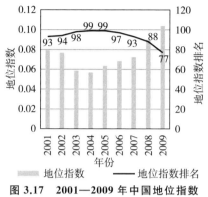

图 3.17　2001—2009 年中国地位指数及排名变动

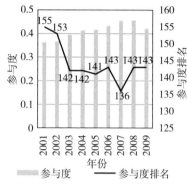

图 3.18　2001—2009 年中国参与度及排名变动

2. 产业角度

从产业角度进行分析,2001—2009 年(见图 3.19 和图 3.20),中国第一产业地位指数绝对值及相对排名均呈上升态势,资源供应优势得以进一步发挥;参与度绝对值及相对排名均呈上升趋势,表明中国第一产业在 GVC 中的融入程度继续增强。

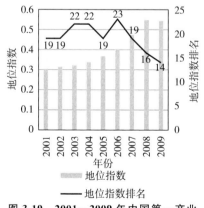

图 3.19　2001—2009 年中国第一产业地位指数及排名变动

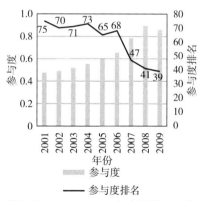

图 3.20　2001—2009 年中国第一产业参与度及排名变动

2001—2009 年(见图 3.21 和图 3.22),中国第二产业(轻工业)地位指数绝对值于2007 年之前处于下降态势,相对排名于 2008 年之前处于下降态势,轻工业在 GVC 地位指数有所降低,与总体情况类似;参与度绝对值及相对排名保持均有所提升。

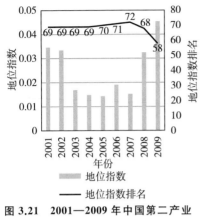

图 3.21　2001—2009 年中国第二产业
(轻工业)地位指数及排名变动

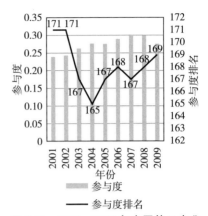

图 3.22　2001—2009 年中国第二产业
(轻工业)参与度及排名变动

2001—2009 年(见图 3.23 和图 3.24),中国第二产业(重工业)地位指数绝对值变动不大,相对排名 2008 年之前处于下降态势,表明重工业在 GVC 中地位指数有所下滑,与整体情况及轻工业情况类似,中国承担重工业中间品输出方角色;参与度绝对值有所上升,相对排名保持稳定,重工业在 GVC 的融入程度保持前列。

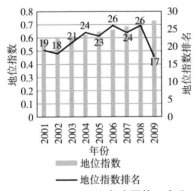

图 3.23　2001—2009 年中国第二产业
(重工业)地位指数及排名变动

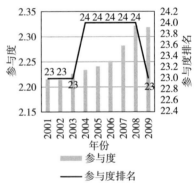

图 3.24　2001—2009 年中国第二产业
(重工业)参与度及排名变动

2001—2009 年(见图 3.25 和图 3.26),中国第三产业地位指数绝对值及排名均呈缓慢上升态势,金融供给方角色进一步彰显,但仍处于 GVC 中下游;参与度绝对值及相对排名均有所上升,第三产业在 GVC 的融入程度趋于增强,国际化程度不断提升,处于贸易学习阶段。

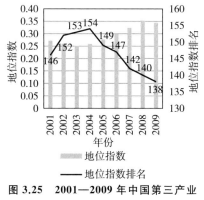

图 3.25　2001—2009 年中国第三产业
地位指数及排名变动

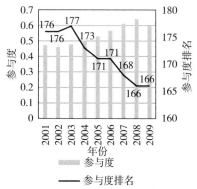

图 3.26　2001—2009 年中国第三产业
参与度及排名变动

3. 行业角度

2001—2009 年(见图 3.27 和图 3.28),中国交通运输制造业地位指数绝对值及排名于 2007 年之前有所下降,其他经济体贸易附加程度增加;参与度绝对值及相对排名于 2008 年之前保持上升,交通运输业在 GVC 的融入程度稳步提升,贸易出口以中间品为主。

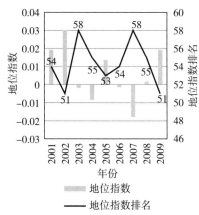

图 3.27　2001—2009 年中国交通运输
制造业地位指数及排名变动

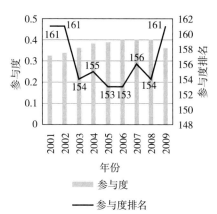

图 3.28　2001—2009 年中国交通运输
制造业参与度及排名变动

2001—2009 年(见图 3.29 和图 3.30),中国建筑业地位指数绝对值呈下降趋势,相对排名呈上升趋势,处于 GVC 下游;参与度绝对值及相对排名于 2007 年金融危机前稳定提升,建筑业在 GVC 的融入程度继续提高,处于贸易学习阶段。

2001—2009 年(见图 3.31 和图 3.32),中国金融业地位指数绝对值及相对排名均保持相对稳定,处于 GVC 下游;参与度绝对值及相对排名均相对稳定,金融业在 GVC 的融入程度相对较低。

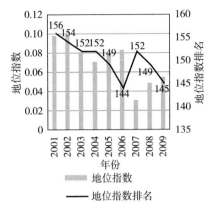

图 3.29 2001—2009 年中国建筑业地位
指数及排名变动

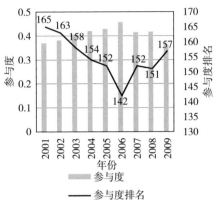

图 3.30 2001—2009 年中国建筑业参与度
及排名变动

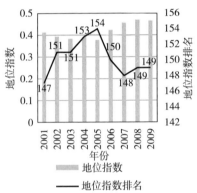

图 3.31 2001—2009 年中国金融业地位
指数及排名变动

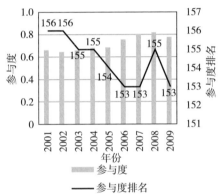

图 3.32 2001—2009 年中国金融业参与度
及排名变动

（四）第三阶段:2010—2015 年中国发展模式验证

2010 年以后,随着中国对外开放程度及对发达经济体贸易往来逐渐密切,中国自身产业技术水平在对外学习中不断增强,企业管理经验也不断提升,产业结构在挑战中不断升级(李建军,2010),出口贸易结构逐渐从工业中间品转向工业最终消费品。2010—2015 年,中国经济结构开始逐渐转向调整阶段,制造业向高端化、自主化方向转型,注重内生经济增长与内生供给。对第一产业而言,农林牧渔产业发展逐渐平稳,新技术的应用不断推进,信息化、流程化、规模化、集成化的发展模式成为产业发展的主流;对第二产业而言,国际贸易的开放产生的学习效应逐渐变现,产业升级大幕逐渐拉开,高能耗高污染型中低端制造业逐渐向清洁型高端制造业转型,技术进步成为发展趋势;对第三产业而言,各类服务业体系逐渐成熟,服务业产业格局逐渐完善,知识密集型产业贸易发展迅速(樊茂清和黄薇,2014),第三产业逐渐超越第二产业成为GDP 第一增长点,金融市场化改革不断推进,教育、医疗、公用事业对民营资本的开放程度进一步加大。

这一阶段对外贸易指标呈现以下特征：①整体层面，一方面，对外贸易依赖减弱，其他经济体进口部分在出口商品中所占比例有所下降，FV 较 IV 有所下降，地位指数排名重新上升，中国的价值链位置保持在中游偏上水平；另一方面，FV 下降对 FV 与 IV 之和产生负向影响，且由于技术升级后的工业生产由中间品转向最终消费品，FV 与 IV 之和所占比例受到挤压，参与度指标有所降低，GVC 融入程度下降。②第一产业升级使得中国的贸易模式由资源直接出口转变为进口—加工—出口的模式，地位指数降低；最终消费品出口份额提升，参与度指数下降。③制造业出口地位稳固，技术及管理进步使得轻工业及重工业地位指数均有所提升，最终消费品出口升级使得参与度有所下降。④第三产业服务出口对进口服务依赖的下降使得地位指数提升，服务水平的提升及服务范围的拓展使得中间服务占比降低并使参与度下降。

1. 总体角度

从总体角度进行分析（见图 3.33 和图 3.34），2010—2015 年，中国地位指数绝对值及相对排名保持上升趋势，表明贸易中的学习效应促进技术升级，使得中国创造的经济增加值所占比例上升，从而使得地位指数重新上升，中国在全球进出口贸易节点角色并未改变，出口仍占相对优势地位，仍为全球经济增长引擎；参与度绝对值及相对排名均呈下降趋势，表明随着中国技术水平及管理经验的提升，自主生产能力不断增强，最终消费品出口份额提升，挤压了中间品出口份额。

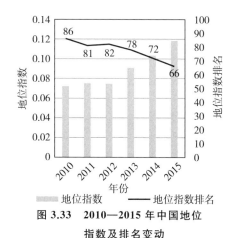

图 3.33　2010—2015 年中国地位指数及排名变动

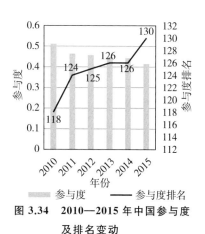

图 3.34　2010—2015 年中国参与度及排名变动

2. 产业角度

从产业角度进行分析（见图 3.35 和图 3.36），2010—2015 年中国第一产业地位指数绝对值略有下降，相对排名有所上升，仍保持绝对优势，表明中国第一产业保持绝对上游地位，第一产业与第二、三产业有所不同，资源型国家第一产业出口以最终消费品为主，第一产业地位指数的下降表明中国出口商品对其他经济体的资源依赖增加，更多地反映了中国第一产业正从粗放型资源出口发展模式向原始资源进口—加工—出口模式的转变,一定程度上反映了农林牧渔产业升级的进程;参与度绝对值及相对排名均呈下降趋势,表明第一产业出口最终消费品金额的增长挤压了中间品出口比例,产品技术性增强。

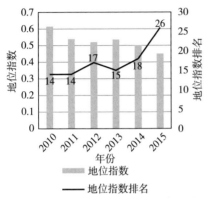

图 3.35　2010—2015 年中国第一产业地位
指数及排名变动

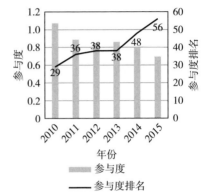

图 3.36　2010—2015 年中国第一产业参与度
及排名变动

2010—2015 年(见图 3.37 和图 3.38),中国第二产业(轻工业)地位指数绝对值及相对排名均保持上升势头,轻工业排名回到 60 名以内,上游地位重新建立,表明贸易学习效应使得出口商品对外技术及管理的依赖减弱;参与度绝对值呈下降趋势,相对排名一度下降至 166 名,轻工业 GVC 参与度有所收缩,表明轻工业中间品出口中对外依赖减弱,且最终消费品出口增加。

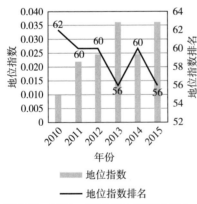

图 3.37　2010—2015 年中国第二产业
(轻工业)地位指数及排名变动

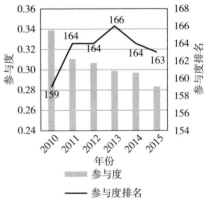

图 3.38　2010—2015 年中国第二产业
(轻工业)参与度及排名变动

2010—2015 年(见图 3.39 和图 3.40),中国第二产业(重工业)地位指数绝对值及相对排名均保持上升势头,重工业保持上游优势地位,表明贸易学习效应使得出口商品对外技术及管理的依赖减弱;参与度绝对值及相对排名均略有下降,表明重工业中间品出口中对外依赖减弱,且最终消费品出口增加。

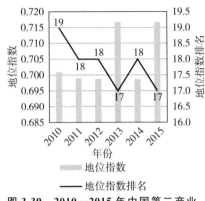

图 3.39　2010—2015 年中国第二产业
(重工业)地位指数及排名变动

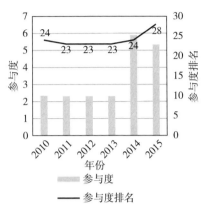

图 3.40　2010—2015 年中国第二产业
(重工业)参与度及排名变动

2010—2015 年(见图 3.41 和图 3.42),中国第三产业地位指数绝对值及相对排名保持相对稳定,略呈下降态势,表明服务业中间品出口对外依赖减弱;参与度绝对值及相对排名均略有下降,第三产业参与度的降低同样反映了最终消费品出口的结构提升。

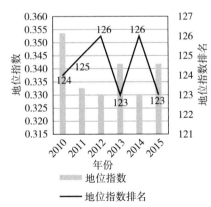

图 3.41　2010—2015 年中国第三产业
地位指数及排名变动

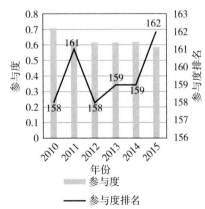

图 3.42　2010—2015 年中国第三产业
参与度及排名变动

3. 行业角度

2010—2015 年(见图 3.43 和图 3.44),中国交通运输制造业地位指数绝对值及相对排名均呈上升态势,表明技术及管理进步使得其他经济体进口部分在贸易出口额中所占比例下降,出口商品中本国创造的价值增加有所提升,中国交通运输设备制造业在 GVC 中的上游地位稳步增强;参与度绝对值及相对排名均有所下降,交通运输设备制造业参与度较低,产品以最终消费品输出为主,随着技术水平升级,自主生产程度不断提升。

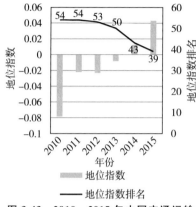

图 3.43 2010—2015 年中国交通运输
制造业地位指数及排名变动

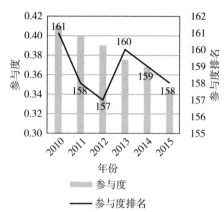

图 3.44 2010—2015 年中国交通运输
制造业参与度及排名变动

2010—2015 年(见图 3.45 和图 3.46),中国建筑业地位指数绝对值及相对排名上升后稳定在下游位置,表明贸易学习及管理进步带来的出口商品中自身价值创造比例提升;2011 年后参与度绝对值及相对排名均呈下降趋势,建筑业出口中间品对外依赖下降,且出口最终消费品增加。

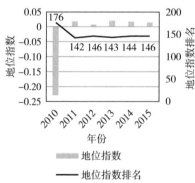

图 3.45 2010—2015 年中国建筑业地位
指数及排名变动

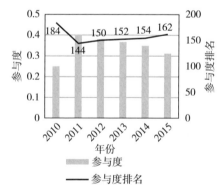

图 3.46 2010—2015 年中国建筑业参与度
及排名变动

2010—2015 年(见图 3.47 和图 3.48),中国金融业地位指数绝对值及相对排名保持相对稳定,金融业稳定在下游位置;参与度绝对值及相对排名均持续下降,金融业服务出口能力逐渐成熟,自主服务能力不断增强,中间性服务占比受到压缩。

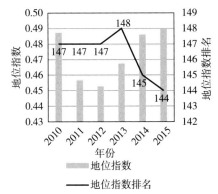

图 3.47　2010—2015 年中国金融业地位
　　　　　指数及排名变动

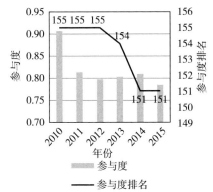

图 3.48　2010—2015 年中国金融业
　　　　　参与度及排名变动

第四章　中国在"一带一路"及全球贸易中的引领地位

一、基于贸易增量的中国在"一带一路"中的引领地位实证分析

（一）地位指数分析

1. 2015年全球各经济体地位指数分析

（1）总体角度。

从总体角度进行分析（见图4.1），2015年在全球187个经济体中，地位指数中位数为0.0476，均值为0.0526，排名前五的经济体依次为利比亚、安哥拉、伊拉克、几内亚、刚果（民主），排名后五位的经济体依次为圣马力诺、中国香港、塞尔维亚、新加坡、爱尔兰，排名最高的利比亚地位指数为0.4562，排名最低的圣马力诺地位指数为－0.3787，大于0、小于0的经济体数量分别为116、71个，占样本经济体总数比例分别为62.0%、38.0%。中国（除港澳台地区）地位指数为0.1183，自高至低在全球排名第66位。

对于"一带一路"沿线49个经济体地位指数而言，指数均值为0.0047，中位数为－0.0052，排名最高的俄罗斯地位指数为0.3317，排名最低的塞尔维亚地位指数为－0.3473。大于0、小于0的经济体数量分别为24、25个，占"一带一路"沿线经济体总数比例分别为49.0%、51.0%。"一带一路"沿线经济体地位指数总体均值低于世界全部经济体地位指数，表明"一带一路"沿线经济体总体处于全球价值链下游。如图4.2所示，①南亚、西亚北亚、高加索地区地位指数分别为0.0742、0.0637、0.0880，处于较高水平，位于价值链上游；②中东欧、中亚、东南亚地位指数分别为－0.0731、－0.0100、－0.0485，处于较低水平，位于价值链下游。

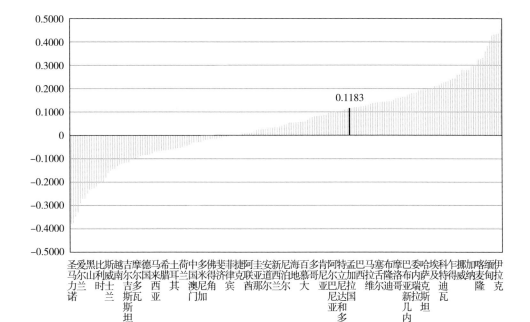

图 4.1　2015 年全球 187 个经济体地位指数[①]

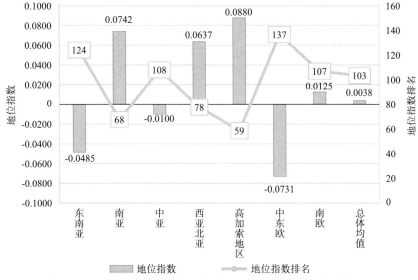

图 4.2　按地区划分的"一带一路"各经济体 2015 年地位指数均值

---

①　本章中关于 187 个样本经济体的地位指数和参与度指数排名的图示,因篇幅所限,无法一一对应列出,仅表示相对位置,可结合正文相关说明进行解读。

（2）产业角度。

在第一产业方面（见图 4.3），2015 年全球 187 个经济体中，第一产业地位指数中位数为0.1555，均值为 0.1658，排名前五的经济体依次为格陵兰岛、特立尼达和多巴哥、阿尔及利亚、玻利维亚、利比亚，排名后五的经济体依次为阿鲁巴、吉尔吉斯斯坦、圣马力诺、中国香港、开曼群岛，排名最高的格陵兰岛地位指数为 1.6929，排名最低的阿鲁巴地位指数为－1.6286，大于 0、小于 0 的经济体数量分别为 156、31 个，占样本经济体总数的比例分别为 83.4%、16.6%。中国地位指数为 0.4503，自高至低在全球排名第 26，中国第一产业在 GVC 中处于绝对上游位置，农林牧渔业以输出为主。

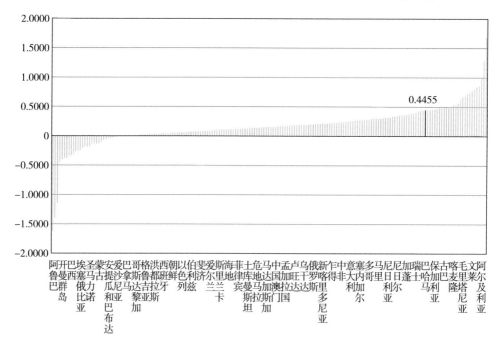

图 4.3　2015 年全球第一产业 187 个经济体地位指数

在第二产业（轻工业）方面（见图 4.4），2015 年全球 187 个经济体中，第二产业（轻工业）地位指数中位数为－0.0610，均值为－0.0008，排名前五的经济体依次为利比亚、安哥拉、阿尔及利亚、文莱、伊拉克，排名后五的经济体依次为安提瓜和巴布达、卢森堡、白俄罗斯、中国香港、越南，排名最高的利比亚地位指数为 2.3125，排名最低的安提瓜和巴布达地位指数为－0.6529，大于 0、小于 0 的经济体数量分别为 64、123 个，占经济体总数的比例分别为 34.2%、65.8%。中国地位指数为 0.0629，自高至低在全球排名第 43，中国纺织、造纸、食品饮料等轻工业在 GVC 中处于上游位置，但较第一产业而言产业位置有所下移，地位指数接近 0，贸易结构中对其他经济体的贸易贡献与其他经济体对中国的贸易贡献较为接近。

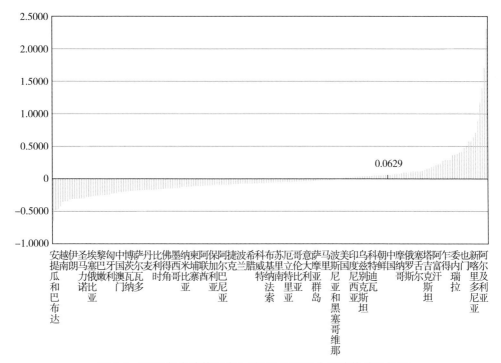

图 4.4　2015 年全球第二产业(轻工业)187 个经济体地位指数

在第二产业(重工业)方面(见图 4.5),2015 年全球 187 个经济体中,第二产业(重工业)地位指数中位数为 0.1819,均值为 0.2702,排名前五的经济体依次为阿尔及利亚、利比亚、安哥拉、文莱、伊拉克,排名后五的经济体依次为圣马力诺、中国香港、斯威士兰、黑山、坦桑尼亚,排名最高的阿尔及利亚地位指数为 2.0795,排名最低的圣马力诺地位指数为−0.3323,大于 0、小于 0 的经济体数量分别为 151、36 个,占样本经济体总数的比例分别为 81.3%、18.7%。中国地位指数为 0.6992,自高至低在全球排名第18,中国重工业在 GVC 中处于绝对上游位置,较轻工业有所上移,为重工业制造品输出大国。

在第三产业方面(见图 4.6),2015 年全球 187 个经济体中,第三产业地位指数中位数为 0.4484,均值为 0.4929,排名前五的经济体依次为阿尔及利亚、安哥拉、巴基斯坦、保加利亚、利比亚,排名后五的经济体依次为哥伦比亚、吉尔吉斯斯坦、圣马力诺、新加坡、坦桑尼亚,排名最高的阿尔及利亚地位指数为 1.6119,排名最低的哥伦比亚地位指数为−0.8638,大于 0、小于 0 的经济体数量分别为 183、4 个,占样本经济体总数的比例分别为 97.9%、2.1%。中国地位指数为 0.3489,自高至低在全球排名第 120,中国第三产业在 GVC 中处于下游位置,为餐饮、教育、金融等服务输入大国。

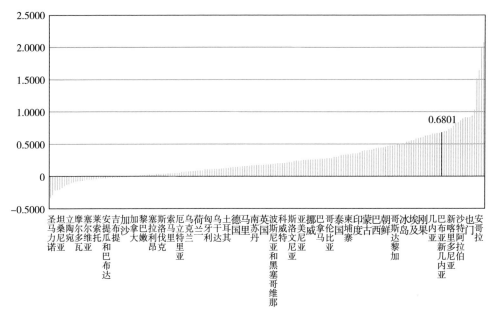

图 4.5　2015 年全球第二产业（重工业）187 个经济体地位指数

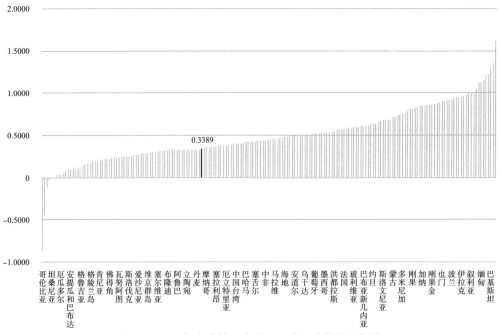

图 4.6　2015 年全球第三产业 187 个经济体地位指数

（3）细分行业分析。

2015 年中国各细分行业地位指数排名情况如图 4.7 所示,其中资源回收业地位指数排名最前,居第 1 位,建筑业排名最后,居第 146 位,排名高于全球平均水平的行业包括农业、渔业等第一产业,交通运输业、公共管理业等第三产业,以及石油、化工及非金属矿物质产品业、交通制造业、金属制品等第二产业,处于 GVC 上游供给端;排名低于全球平均水平的行业包括电力及机械设备制造业、商品批发业、建筑业、金融业,处于 GVC 下游消费端。

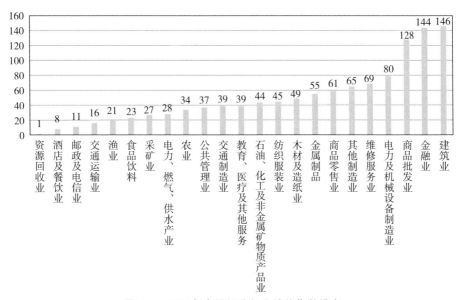

图 4.7　2015 年中国细分行业地位指数排名

在建筑业方面(见图 4.8),2015 年全球 187 个经济体中地位指数中位数为 0.1678,均值为 0.2201,排名前五的经济体依次为阿尔及利亚、缅甸、利比亚、叙利亚、文莱,排名后五的经济体依次为中国香港、越南、圣马力诺、立陶宛、斯威士兰,排名最高的阿尔及利亚地位指数为 1.9769,排名最低的中国香港地位指数为 −0.5391,大于 0、小于 0 的经济体数量分别为 149、38 个,占样本经济体总数比例分别为 79.7％、20.3％。中国地位指数为 0.0148,自高至低在全球排名第 146,中国建筑业在 GVC 中处于绝对下游位置,为建筑服务、建材等输入大国,建筑建材业在制造业中为技术门槛相对较低、劳动密集性较强的产业。中国建筑业在 GVC 中处于下游消费端,反映了当前中国制造业经济结构及贸易结构偏向,体现了中国经济结构转型、趋于对外吸收部分劳动密集型商品及服务的贸易业态,与中国在 GVC 双环流模型中对部分经济基础相对薄弱环节的发展中经济体的角色定位相契合,有利于发挥"一带一路"的节点作用。

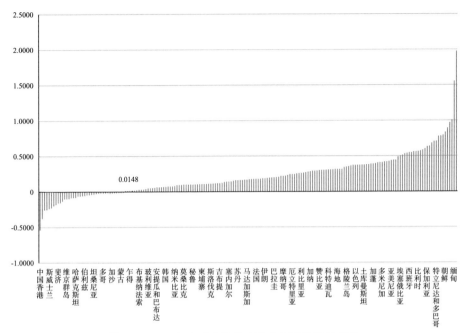

图 4.8　2015 年全球建筑业 187 个经济体地位指数

在交通制造业方面(见图 4.9),2015 年全球 187 个经济体中地位指数中位数为
−0.1583,均值为−0.0821,排名前五的经济体依次为利比亚、阿尔及利亚、安哥拉、文
莱、缅甸,排名后五的经济体依次为埃塞俄比亚、阿鲁巴、卢森堡、匈牙利、斯洛伐克,排
名最高的利比亚地位指数为 2.3360,排名最低的埃塞俄比亚地位指数为−0.7925,大
于 0、小于 0 的经济体数量分别为 47、140 个,占样本经济体总数的比例分别为 25.1%、
74.9%。中国地位指数为 0.0431,自高至低在全球排名第 39,中国交通制造业在 GVC
中处于上游位置,为运输设备输出大国,运输设备制造业增加值水平体现了国家的现
代化建设实力,为基建领域重要支持性产业,中国在交通制造业 GVC 中处于上游地
位,符合中国制造业向高端化、现代化转型的发展定位,将为"一带一路"沿线经济体基
础设施建设提供强劲支持。

在金融业方面(见图 4.10),2015 年全球 187 个经济体中地位指数中位数为
−0.1583,均值为−0.0821,排名前五的经济体依次为阿尔及利亚、安哥拉、利比亚、保
加利亚、沙特,排名后五的经济体依次为乌克兰、新加坡、安提瓜和巴布达、吉尔吉斯斯
坦、爱尔兰,排名最高的阿尔及利亚地位指数为 8.3613,排名最低的乌克兰地位指数为
−0.0462,大于 0、小于 0 的经济体数量分别为 186、1 个,占样本经济体总数的比例分
别为 99.5%、0.5%。中国地位指数为 0.4900,自高至低在全球排名第 144,中国金融业
在 GVC 中处于绝对下游位置,为金融服务输入大国,体现了中国在服务业 GVC 上对
发达经济体以消费进口为主导的贸易特征,与 GVC 双环流模型中对发达经济体的贸
易特性相契合,有利于发挥"一带一路"的节点作用。

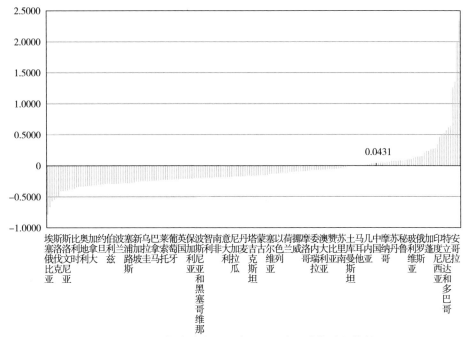

图 4.9　2015 年全球交通制造业 187 个经济体地位指数

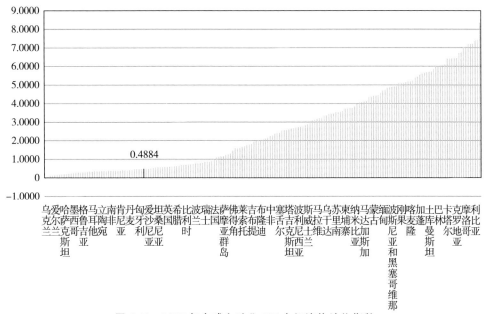

图 4.10　2015 年全球金融业 187 个经济体地位指数

2. 1990—2015 年全球各经济体地位指数变动

（1）总体角度。

从全球总体角度看，第三产业地位指数较高，第二产业（轻工业）、第一产业地位指数较低,1990—2015年,全球各产业地位指数均呈缓慢上升态势,其中第三产业上升幅度较大,第二产业(轻工业)、第一产业上升幅度较小,基本保持稳定(见图4.11)。从全球平均水平来看,第三产业为主的服务业中本国经济增加值占据较高水平,而第二产业(轻工业)、第一产业对外依赖程度较高。

从典型细分产业角度,金融业地位指数处于较高水平,交通制造业地位指数较低(见图4.12)。金融业经济增加值以内生增加为主,交通制造业则更多依赖全球价值链,与三类产业地位指数水平反映的情况保持一致。

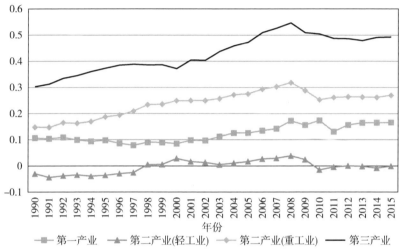

图4.11 1990—2015年全球187个经济体地位指数分产业变动

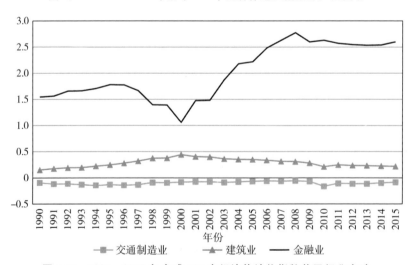

图4.12 1990—2015年全球187个经济体地位指数若干行业变动

(2)"一带一路"沿线经济体。

对"一带一路"沿线经济体而言,各经济体地位指数在1990—2000年、2002—2008

年经历了两轮上升态势,2008 年后有所下降,但趋于稳定,与全球地位指数变动趋势一致。"一带一路"沿线经济体地位指数总体低于全球均值,其中高加索地区、南亚地区、西亚北亚地区地位指数高于全球均值,中东欧、东南亚、中亚地区低于全球均值。高加索地区地位指数最高,1990—2015 年从 −0.1704 上升至 0.1250,处于全球价值链上游;中东欧地区地位指数最低,1990—2015 年由 −0.0792 变动至 −0.0749,长期低于全球平均水平,处于全球价值链下游(见图 4.13、表 4.1)。

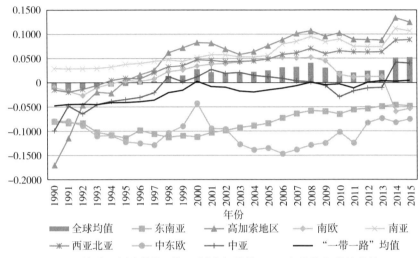

图 4.13 按地区划分的"一带一路"各经济体 2015 年地位指数均值情况

表 4.1 地位指数指标"一带一路"中东欧地区及总体均值与全球均值对比情况

年份	中东欧	总体均值	全球均值	全球均值(中东欧)	全球均值(总体均值)	年份	中东欧	总体均值	全球均值	全球均值(中东欧)	全球均值(总体均值)
1990	−0.0792	−0.0474	−0.0143	0.0649	0.0331	2003	−0.1273	−0.0175	0.0197	0.1470	0.0371
1991	−0.0792	−0.0448	−0.0145	0.0647	0.0303	2004	−0.1386	−0.0192	0.0225	0.1611	0.0417
1992	−0.0888	−0.0442	−0.0125	0.0764	0.0318	2005	−0.1348	−0.0150	0.0254	0.1603	0.0404
1993	−0.1101	−0.0450	−0.0083	0.1018	0.0367	2006	−0.1466	−0.0112	0.0318	0.1784	0.0430
1994	−0.1087	−0.0411	−0.0082	0.1004	0.0329	2007	−0.1382	−0.0062	0.0329	0.1711	0.0391
1995	−0.1227	−0.0409	−0.0069	0.1158	0.0340	2008	−0.1286	0.0007	0.0408	0.1694	0.0401
1996	−0.1253	−0.0394	−0.0041	0.1212	0.0352	2009	−0.1245	−0.0043	0.0307	0.1552	0.0350
1997	−0.1287	−0.0360	0.0032	0.1319	0.0392	2010	−0.1018	−0.0028	0.0238	0.1256	0.0266
1998	−0.1035	−0.0206	0.0139	0.1174	0.0345	2011	−0.1243	−0.0109	0.0208	0.1451	0.0317
1999	−0.0896	−0.0154	0.0150	0.1046	0.0305	2012	−0.0825	0.0007	0.0245	0.1070	0.0238
2000	−0.0425	0.0029	0.0276	0.0701	0.0247	2013	−0.0731	0.0038	0.0253	0.0984	0.0215
2001	−0.0940	−0.0082	0.0216	0.1156	0.0298	2014	−0.0820	0.0028	0.0514	0.1333	0.0486
2002	−0.0955	−0.0095	0.0203	0.1158	0.0298	2015	−0.0749	0.0047	0.0526	0.1275	0.0479

从分产业角度看(见图 4.14),第三产业地位指数处于较高水平,第二产业(轻工业)、第一产业水平较低,1990—2015 年,各产业地位指数均呈增长态势,其中第三产业增长幅度较大,第一产业、第二产业(轻工业)增幅较小,与全球各产业地位指数情况类似。

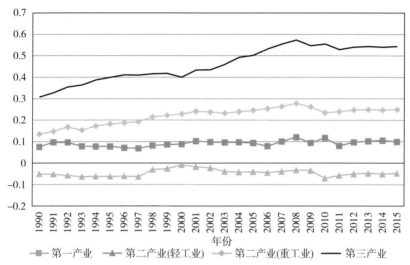

图 4.14　1990—2015 年"一带一路"沿线 49 个经济体地位指数分产业变动

从产业排名角度看(见图 4.15),第一产业排名较低且呈下降趋势,第二、三产业排名处于中游且呈上升趋势,其中第三产业排名最高,排名上升最快,表明"一带一路"沿线经济体第一产业更多地承担下游消费者角色,第二、三产业处于全球平均水平,第三产业上游供给者角色日趋显著。

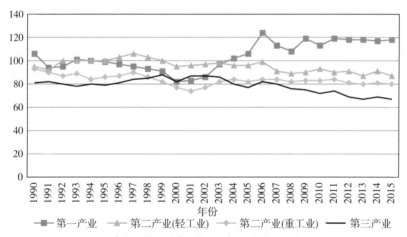

图 4.15　1990—2015 年"一带一路"沿线 49 个经济体地位指数分产业排名变动

从细分行业角度看(见图 4.16),金融业地位指数处于较高水平且呈上升趋势,交通制造业处于较低水平且保持稳定,与全球地位指数变动类似。

在细分行业排名方面(见图 4.17),交通制造业、建筑业、金融业排名均呈上升态势,金融业排名最高,交通制造业排名最低,与分产业分析情况类似。

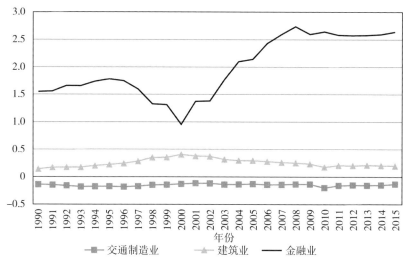

图 4.16　1990—2015 年"一带一路"沿线 49 个经济体地位指数若干行业变动

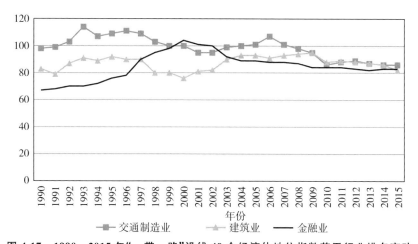

图 4.17　1990—2015 年"一带一路"沿线 49 个经济体地位指数若干行业排名变动

(3) 中国角度。

对中国而言,地位指数长期高于"一带一路"沿线经济体均值及全球均值,1990—2004 年呈下降趋势,2004—2009 年经历一轮上升趋势,2010 年地位指数有所下降,2011—2015 年又逐渐上升。近年来,中国与全球其他经济体地位指数的差距有所缩小,但仍保持在较高水平上。在排名方面(见图 4.18),中国地位指数排名基本保持在 30—110,"一带一路"沿线经济体排名均值则保持在 103—112,中国地位指数排名明显靠前,稳定处于全球价值链上游。

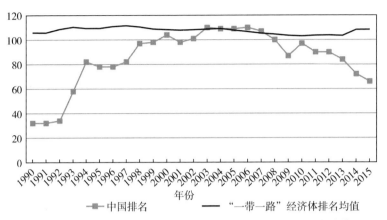

图 4.18　1990—2015 年中国在全球价值链中地位指数排名变动情况

对分产业进行分析(见图 4.19),中国第二产业(重工业)及第一产业地位指数较高,第二产业(轻工业)地位指数较低,除轻工业保持稳定,各产业 1990—2015 年地位指数均呈上升态势。

在分产业排名变动方面(见图 4.20),第三产业排名最低,呈缓慢下降态势但趋于稳定,第一产业、第二产业(重工业)排名较高,且保持稳定。中国第三产业地位指数排名显著低于"一带一路"沿线经济体平均水平及全球平均水平,第二产业(重工业)排名显著高于"一带一路"沿线经济体平均水平及全球平均水平,表明中国更多地扮演重工业产品供给方、第三产业服务及轻工业产品消费方角色,产业地位与"一带一路"沿线经济体呈互补态势。

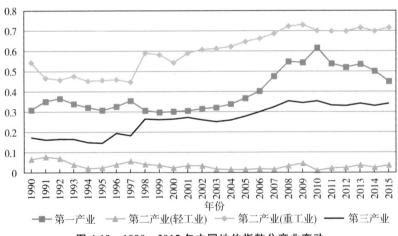

图 4.19　1990—2015 年中国地位指数分产业变动

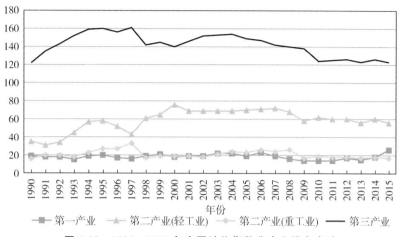

图 4.20　1990—2015 年中国地位指数分产业排名变动

　　从细分行业角度看(见图 4.21),中国金融业地位指数较高且呈上升态势,交通制造业、建筑业地位指数较低且保持稳定。

　　从细分行业排名角度看(见图 4.22),金融业及建筑业排名较低且保持稳定,交通制造业排名较高且保持稳定,表明中国在金融业等高端服务业、建筑业等低端服务业方面处于下游消费端,在交通制造业代表的高端产业方面处于上游供给端,与区分三类产业的地位指数情况类似。对于金融业等高端服务业、建筑业等低端服务业而言,中国处于 GVC 下游消费端,而在交通制造业等中高端制造业方面,中国更多地担任上游供给方角色,与中国向发展水平较低的发展中经济体进口低端商品出口中高端商品、向发达经济体出口中高端商品、进口中高端服务的 GVC 双环流模型相契合,有助于中国作为节点性角色拉动"一带一路"沿线贸易循环。

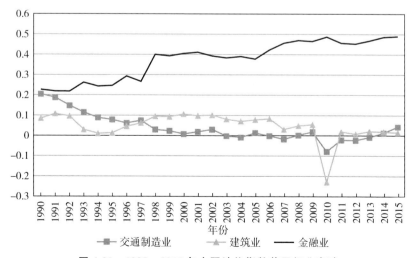

图 4.21　1990—2015 年中国地位指数若干行业变动

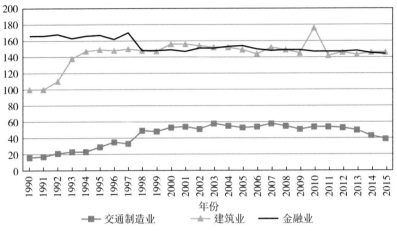

图 4.22　1990—2015 年中国地位指数若干行业排名变动

（二）参与度指数分析

1. 2015 年全球各经济体参与度指数分析

（1）总体角度。

从总体角度进行分析，2015 年全球 187 个经济体中，排名前五的经济体依次是卢森堡、刚果、斯洛伐克、比利时、塞尔维亚，排名后五的经济体依次是特立尼达和多巴哥、巴拉圭、海地、阿富汗、乌兹别克斯坦。全球 187 个经济体的参与度中位数为 0.4790，均值为 0.4984。中国参与度表现一般。如图 4.23 所示，2015 年中国参与度指数为 0.4154，自高至低在全球 187 个经济体中排名第 130，排名靠后。

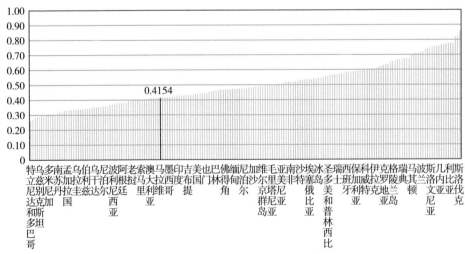

图 4.23　2015 年全球 187 个经济体参与度指数

对于"一带一路"沿线 49 个经济体地位指数而言，总体参与度指数均值为 0.5543，中位数为 0.5458。排名最高的斯洛伐克参与度指数为 0.8211，在全球排名第 3。排名最低的阿富汗参与度指数为 0.2872,在全球排名第 184。总体来看,49 个经济体参与度指数数值和排名较为分散,"一带一路"沿线经济体参与度均值与全球参与度均值相差不大。

我们将 49 个经济体划分为七个地区,分别是东南亚地区、高加索地区、南欧地区、南亚地区、西亚北亚地区、中东欧地区、中亚地区。根据可获得数据计算,东南亚地区有 6 个经济体,2015 年参与度指数均值为 0.5395,参与度排名均值为 75;高加索地区有 3 个经济体,参与度指数均值为 0.4578,参与度排名均值为 107,;南欧地区有 9 个经济体,参与度指数均值为 0.6252,参与度排名均值为 41;南亚地区有 5 个经济体,参与度指数均值为 0.3810,参与度排名均值为 144;西亚北亚地区有 11 个经济体,参与度均值为 0.4674,参与度排名均值为 102;中东欧地区有 13 个经济体,参与度指数均值为 0.6839,参与度排名均值为 25;中亚地区有 2 个经济体,参与度指数均值为 0.4929,参与度排名均值为 89。

由图 4.24 可知,南欧、中东欧地区的参与度指数较高,在全球产业价值链中参与程度较高;南亚地区参与度指数较低,在全球产业价值链中处于末端水平,参与程度较低。另外,中国参与度指数为 0.4154,相对于"一带一路"沿线经济体均值来说指数较低,七个地区中除南亚其余地区参与度指数均值均超过中国。

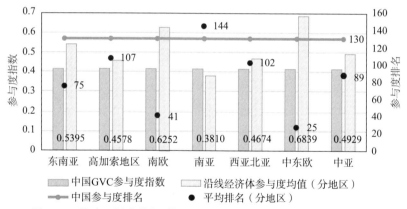

图 4.24　按地区划分的"一带一路"沿线各经济体 2015 年参与度指数

(2)产业角度。

在第一产业方面(见图 4.25),2015 年全球 187 个经济体中,第一产业参与度指数中位数为 0.5210,均值为 0.6749,排名前五的经济体依次为格陵兰岛、安哥拉、利比亚、阿尔及利亚、塞舌尔,排名后五的经济体依次为缅甸、也门、阿根廷、墨西哥、朝鲜,排名最高的格陵兰参与度指数为 5.2684,排名最低的朝鲜参与度指数为 0.1352。中国的参与度指数为 0.6947,在全球 187 个经济体中排名第 56,领先于全球均值,可以看出,2015 年中国在全球第一产业价值链中参与程度较高,在 187 个经济体中,中国排名进入了前 30%。

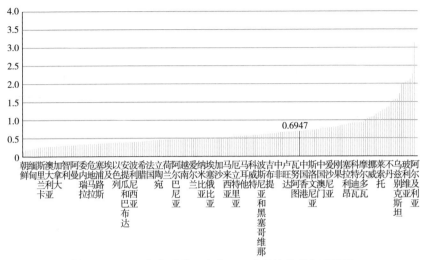

图 4.25　2015 年全球第一产业 187 个经济体参与度指数

第二产业（轻工业）方面（见图 4.26），2015 年全球 187 个经济体中，第二产业（轻工业）参与度指数值为 0.6091，中位数为 0.4218。在 187 个经济体中，排名前五的经济体依次为利比亚、安哥拉、文莱、阿尔及利亚、土库曼斯坦，排名后五位的经济体依次为伊朗、苏丹、苏丹、缅甸、巴拉圭。另外，中国在第二产业（轻工业）的参与度指数为 0.2834，参与度排名第 166，排名十分靠后，参与度很低。

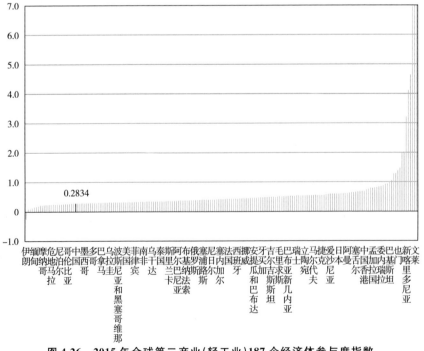

图 4.26　2015 年全球第二产业（轻工业）187 个经济体参与度指数

在第二产业(重工业)方面(见图 4.27),2015 年全球 187 个经济体中,参与度指数均值为 6.2297,中位数为 1.1116,由于第二产业(重工业)参与度指数前十名经济体数值过大,对均值影响程度强,因此中位数指标更具参考价值。在 188 个经济体中,排名前五的经济体依次是阿尔及利亚、韩国、利比亚、沙特、阿曼,排名后五的经济体依次是伊朗、苏丹、苏丹、摩纳哥、列支敦士登。另外,中国参与度指数为 5.3812,参与度指数自高至低在全球 187 个经济体中排名第 29,排名进入了前 16%,因此,在重工业方面,中国在全球的参与程度很高。

在第三产业方面(见图 4.28),2015 年全球 187 个经济体中,第三产业参与度中位数为 1.5975,均值为 18.1466。由于排名前十的经济体参与度指数数值过大,对均值有较大程度的影响,因此中位数指标更具参考价值。第三产业参与度排名前五的经济体依次是哥伦比亚、乌兹别克斯坦、委内瑞拉、新西兰、乌克兰,排名后五的经济体依次是阿尔及利亚、保加利亚、利比亚、中国香港、阿联酋。另外,中国的参与度指数为 34.7794,自高至低在全球排名第 25,可以看出中国在第三产业的参与度处于较高水平,处于全球 187 个经济体的 14% 以内。

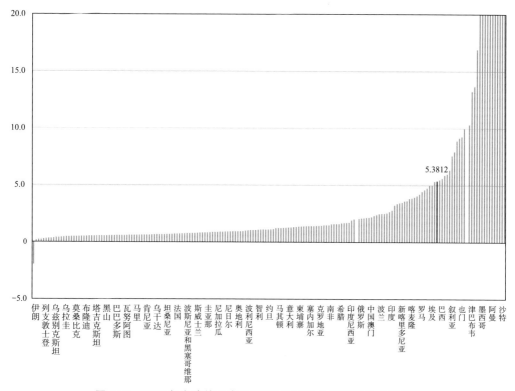

图 4.27　2015 年全球第二产业(重工业)188 个经济体参与度指数

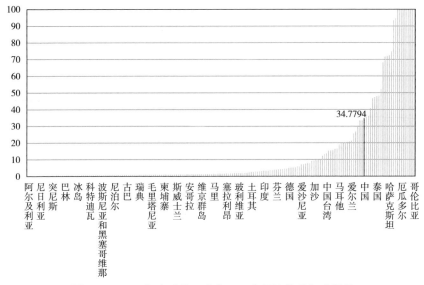

图 4.28　2015 年全球第三产业 188 个经济体参与度指数

（3）细分行业分析。

图 4.29 显示了 2015 年中国各细分行业参与度排名情况，其中中国资源回收产业地位指数排名最前，名列第 1，其他制造业排名最后，名列第 179，排名高于全球平均水平的行业包括农业、渔业等第一产业，交通运输业，教育、医疗及其他服务业，酒店及餐饮业等第三产业，对全球贸易贡献度较高；排名低于全球平均水平的行业包括石油、化工及非金属矿物质产品业，金属制品业，交通制造业等第二产业，以及金融业、食品饮料业等第三产业，对全球贸易贡献度较低。

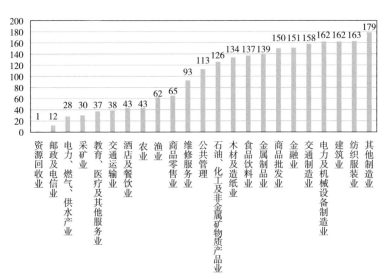

图 4.29　2015 年中国各细分行业参与度排名

在对三大产业进行参与度指数分析的基础上,下文将选取若干典型行业具体分析。

在建筑业方面(见图 4.30),2015 年全球 187 个经济体中参与度指数中位数为 0.5334,均值为 0.6832,排名前五的经济体依次为阿尔及利亚、缅甸、叙利亚、利比亚、文莱,排名后五的经济体依次为乍得、苏丹、澳大利亚、南苏丹、乌兹别克斯坦。中国在建筑业的参与度指数为 0.3055,自高至低在全球 187 个经济体中排名第 162,参与程度不高。

在交通制造业方面(见图 4.31),2015 年全球 187 个经济体中参与度指数中位数为 0.5046,均值为 0.6606,排名前五的经济体依次为利比亚、阿尔及利亚、安哥拉、文莱、刚果,排名后五的经济体依次为苏丹、南苏丹、格鲁吉亚、摩纳哥、列支敦士登,中国的参与度指数为 0.3429,自高至低在全球排名第 158,从全球的视角来看参与程度并不算高,排名在末端。

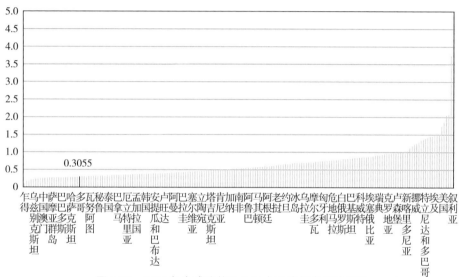

图 4.30　2015 年全球建筑业 187 个经济体参与度指数

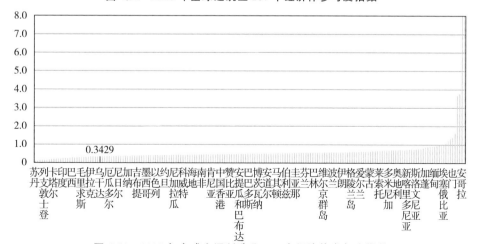

图 4.31　2015 年全球交通制造业 187 个经济体参与度指数

在金融业方面(见图 4.32),2015 年全球 187 个经济体中参与度指数中位数为 7.6092,均值为 150.3346,由于排名前十的经济体参与度指数过大,对均值有较大程度的影响,因此中位数指标更具参考价值。排名前五的经济体依次为阿尔及利亚、安哥拉、利比亚、保加利亚、阿联酋,排名后五的经济体依次为安提瓜和巴布达、巴拉圭、厄瓜多尔、乌兹别克斯坦、墨西哥,中国的参与度指数为 0.7849,自高至低在全球排名第 151,中国金融业在全球的参与程度并不高,排名相对落后。

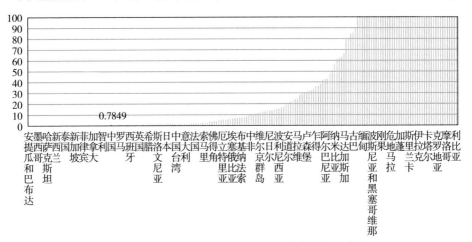

图 4.32　2015 年全球金融业 187 个经济体参与度指数

2. 1990—2015 年全球各经济体参与度指数变动

(1) 总体及中国角度。

从全产业角度看(见图 4.33),1990—2011 年全球及中国参与度呈现总体上升的趋势,2011—2015 年全球及中国参与度均有所下滑,中国参与度水平长期低于全球均值,变动趋势与全球均值保持一致,表明全球化程度 1990—2011 年呈逐渐增强趋势,2011 年后有所下降,与新全球化背景下的新国际贸易趋势相吻合;中国对其他经济体的贸易依赖程度小于全球均值,贸易风险相对较低。

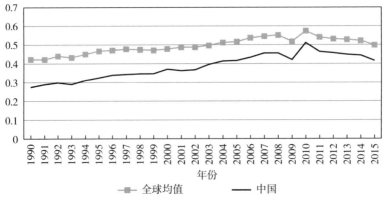

图 4.33　1990—2015 年全球 187 个经济体参与度均值及中国参与度变动

从第一产业角度看(见图 4.34),1990—2015 年中国第一产业参与度呈现总体上升的趋势,1990—2007 年中国的参与度指数与全球参与度均值基本持平,从 2007 年开始中国参与度指数逐渐领先于全球均值,上升幅度较大。可以看出,在以农林牧渔为主的第一产业中,中国所发挥的作用逐渐加强。

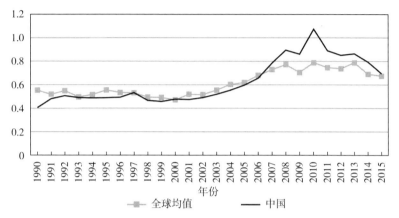

图 4.34　1990—2015 年第一产业全球 187 个经济体参与度均值及中国参与度变动

从第二产业(轻工业)角度看(见图 4.35),1990—2015 年中国第二产业(轻工业)参与度呈现稳定的态势,总体稳定在 0.2—0.4 的水平,长期落后于全球 188 个经济体总体均值。可以看出,中国在轻工业的参与度不如第一产业,在全球不占据重要地位。

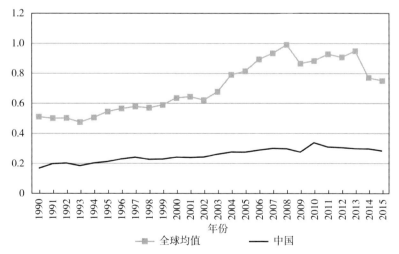

图 4.35　1990—2015 年第二产业(轻工业)全球 187 个经济体参与度均值及中国参与度变动

从第二产业(重工业)角度来看(见图4.36),1990—1997年中国参与度不高,落后于全球平均水平,但自1997年后,中国重工业参与程度有了飞速的上涨。可以看出随着中国不断地发展,中国在重工业中的参与度越来越高,逐渐占据重要地位。

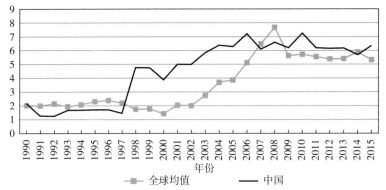

图4.36　1990—2015年第二产业(重工业)全球187个经济体参与度均值及中国参与度变动

由于第三产业参与度全球排名前十的经济体数值过大,这里我们采用全球中位数指标来衡量全球平均水平,由图4.37可知,中国第三产业参与度长期呈现稳定并缓慢上升的态势,落后于全球平均水平。

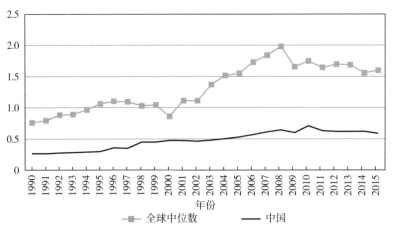

图4.37　1990—2015年第三产业全球187个经济体参与度中位数及中国参与度变动

(2)"一带一路"沿线经济体。

从全产业角度看(见图4.38),对"一带一路"沿线经济体而言,各地区参与度变动趋势与全球参与度均值、中国参与度变动趋势基本一致,中东欧在"一带一路"沿线经济体中参与度长期保持明显领先,南欧地区1990年参与度较低,于2006年后增长较为迅猛,于"一带一路"沿线经济体中保持上游,南亚地区参与度长期较低。"一带一路"沿线经济体参与度平均水平高于全球均值水平,中国 1990—2015 年参与度仅较南亚地区而言保持领先优势,较"一带一路"沿线其他地区均较低,经济对外贸依赖程度较弱,贸易风险较低。

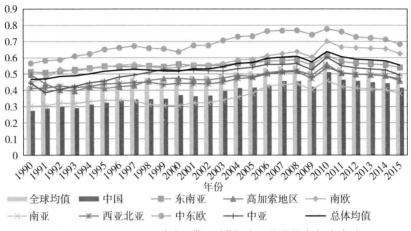

图 4.38　1990—2015 年"一带一路"各地区及中国参与度变动

　　从第一产业角度来看(见图 4.39),对"一带一路"沿线经济体而言,西亚北亚地区参与度从 1990—2002 年一直领先于其他地区,此后参与度逐渐被其他地区所超越;中亚地区参与度一直呈缓慢上升的态势,从 2003 年开始参与度指数跃居第一,领先于其他地区;"一带一路"其余地区参与度呈现稳中上升趋势,波动幅度不大。总体来看,大部分"一带一路"地区在第一产业的参与度落后于全球均值。另外,由图可知,中国在以农林牧渔为主的第一产业中,参与程度较高,参与程度长期领先于大部分"一带一路"沿线经济体。

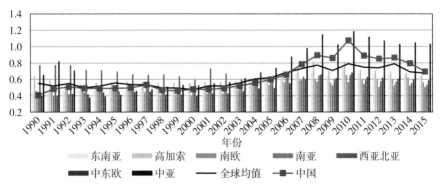

图 4.39　第一产业 1990—2015 年"一带一路"各地区及中国参与度变动

　　从第二产业(轻工业)角度来看(见图 4.40),对"一带一路"沿线经济体而言,西亚北亚地区参与度从 1990—2002 年一直领先于其他地区,呈现稳定的态势;中亚地区参与度从 1990 年开始逐步上升,自 2003 年起超越西亚北亚地区,成为"一带一路"各地区中参与度最高的地区。总体来看,除西亚北亚、中亚地区,其余大部分"一带一路"地区在第二产业(轻工业)的参与度落后于全球均值。另外,对比"一带一路"沿线经济体,中国在第二产业(轻工业)的参与度很低。

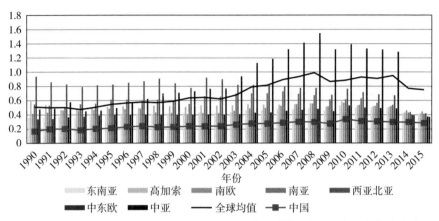

图 4.40　第二产业(轻工业)1990—2015 年"一带一路"各地区及中国参与度变动

从第二产业(重工业)角度来看(见图 4.41),对"一带一路"沿线经济体而言,西亚北亚地区参与度从 1990—2013 年一直领先于其他地区;南亚地区参与度从 2000 年开始逐步上升,之后保持相对稳定。总体来看,除西亚北亚地区参与度较为领先、中亚地区参与度较为落后,其余大部分"一带一路"地区在第二产业(重工业)的参与度与全球均值变化幅度相似,与全球均值相差不大。另外,中国在第二产业(重工业)的参与度很高,领先于大多数"一带一路"地区。

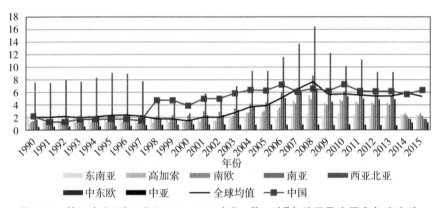

图 4.41　第二产业(重工业)1990—2015 年"一带一路"各地区及中国参与度变动

从第三产业角度来看(见图 4.42),对"一带一路"沿线经济体而言,西亚北亚、南欧、中东欧等地区从 1990—1997 年普遍呈现下降的态势,并在此后一直保持低谷,直至 2003 年起开始大幅回升;高加索地区 2002 年以前参与度指数相对稳定并处于低位,自 2002 年开始大幅提升;总体来看,南欧、西亚北亚、高加索地区在第三产业的参与度最为领先。另外,绝大部分"一带一路"地区在第三产业的参与度均远超全球中位数以及中国参与度。

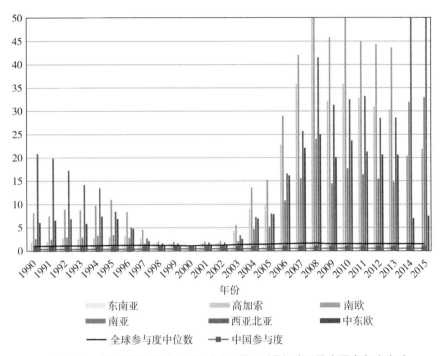

图4.42 第三产业1990—2015年"一带一路"各地区及中国参与度变动

（三）地位/参与度指数变动对比分析

1.产业分析

（1）第一产业。就地位指数而言（见图4.43），全球地位指数均值略领先于"一带一路"沿线经济体,但两者差距不大,而中国地位指数远超"一带一路"沿线经济体以及全球均值。就参与度指数而言,中国、全球经济体均值、"一带一路"沿线经济体均值差别不大,呈现稳中有升的态势。自1990年起,中国参与度逐渐上升并超越全球均值以及"一带一路"沿线经济体均值。据此我们可以判断,虽然中国以及"一带一路"沿线经济体在以农林牧渔为主的第一产业参与程度差距不大,但相对来说,中国明显处于该产业链的上游,相对于境外对中国输入的附加值而言,中国对境外输出了更多产品附加值,中国在第一产业具有重要地位,远远领先于大多数"一带一路"沿线经济体。

（2）第二产业（轻工业）。就地位指数而言（见图4.44）,"一带一路"沿线经济体地位指数均值长期低于全球地位均值,和全球均值呈现同趋势运动;中国在第二产业的地位指数随时间推移有逐渐下降的趋势,但下降幅度不大,并且在大多数年份均领先于全球均值;另外,中国地位指数远超"一带一路"沿线经济体。就参与度指数而言,"一带一路"沿线经济体参与度指数均值较为稳定,低于全球均值,高于中国参与度指

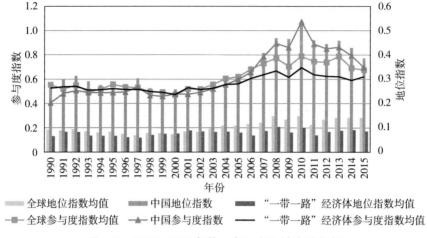

图 4.43　1990—2015 年第一产业地位/参与度指数

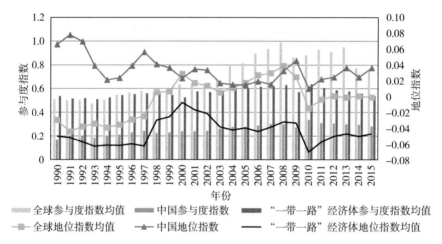

图 4.44　1990—2015 年第二产业—轻工业地位/参与度指数

数;中国参与度指数较平稳,但数值不大,长期低于全球均值及"一带一路"沿线经济体均值。据此我们可以判断,"一带一路"沿线经济体在全球第二产业(轻工业)中参与程度相对较高,但处于产业链下游,多从事附加值不高的产业加工。中国在第二产业(轻工业)的参与度虽然不高,但在产业链中处于中上游水平,多从事附加值更高的产业加工。

　　(3) 第二产业(重工业)。就地位指数而言(见图 4.45),"一带一路"沿线经济体地位指数均值与全球均值差别不大,地位指数水平在 0.2—0.3 浮动,呈现稳中缓慢上升的态势;中国的地位指数远超"一带一路"沿线经济体与全球均值,呈上升趋势,自 2007 年起稳定在 0.7 左右。就参与度指数而言,"一带一路"沿线经济体经历了一轮回落之后逐步上升,在大多数年份均超过全球均值;中国参与度指数在 1997 年之前较小,1998 年大幅上升,超过了"一带一路"沿线经济体,自此之后一直呈现稳中缓慢上升的态势,领先于大部分"一带一路"沿线经济体。据此我们判断,"一带一路"沿线经济体在第二产业(重工业)中无论是参与度还是产业地位均与全球均值持平,表现并不突出。中国在第二产业(重工业)中占据重要地位,在该产业中参与程度很高,同时处于产业链上游,从事高附加值的产业行为。

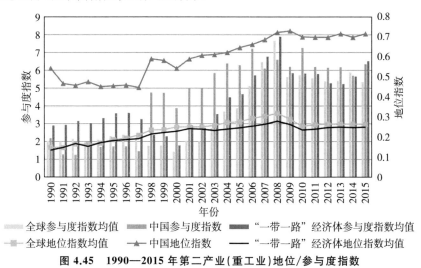

图 4.45　1990—2015 年第二产业(重工业)地位/参与度指数

（4）第三产业。就地位指数而言（见图 4.46）,"一带一路"沿线经济体地位指数均值略领先于全球均值,两者呈现同趋势运动;中国地位指数相对较低。就参与度指数而言,"一带一路"沿线经济体参与度略领先于全球平均参与度,均呈现稳中上升的趋势,两者差别不大;中国参与程度较低,且一直保持稳定。据此我们判断,"一带一路"沿线经济体在第三产业链中处于中游位置,参与程度相对中国而言较高。中国在第三产业中扮演消费者角色,处于第三产业链的下游位置,且参与程度很低,不占据全球重要地位。

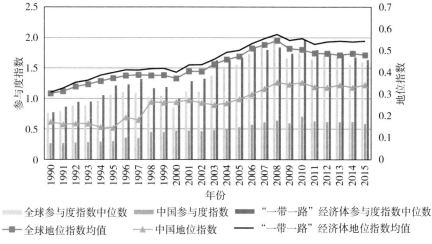

图 4.46　1990—2015 年第三产业地位/参与度指数

2. 细分行业分析

（1）交通制造业。就地位指数而言（见图 4.47），"一带一路"沿线经济体地位指数相对很低，远落后于中国地位指数和全球均值，且长期以来呈现较为稳定的态势；中国地位指数长期以来呈现逐步下降的态势，但均高于全球平均水平以及"一带一路"沿线经济体。就参与度指数而言，"一带一路"沿线经济体参与度较为稳定，自 1994 年起逐渐落后于全球平均水平；中国参与度相对低于"一带一路"沿线经济体以及全球平均水平，且呈现一个相对稳定的态势。据此我们判断，就交通制造业来看，"一带一路"沿线经济体虽然参与度不低，但在整个行业价值链中处于下游地位，多从事低附加值劳动，对行业贡献不大，来自国外的贡献较多。中国虽然参与程度不如"一带一路"沿线经济体，但处于行业价值链的上游地位，多从事高附加值劳动，对行业的贡献较多，在该行业占据较为重要的位置。

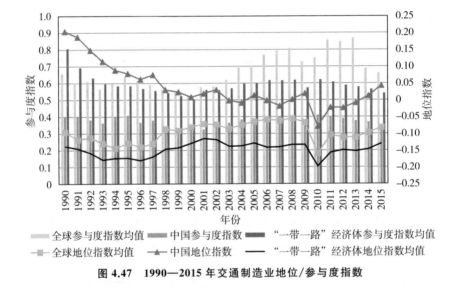

图 4.47　1990—2015 年交通制造业地位/参与度指数

（2）建筑业。就地位指数而言（见图 4.48），"一带一路"沿线经济体地位指数略小于全球均值，与全球均值呈现同趋势变动；中国的地位指数相对较低，处于建筑业价值链的下游水平。就参与度指数而言，"一带一路"沿线经济体与全球参与度指数均较为接近，1990—2000 年逐步上升，在 2000 年以后略有下降；中国的参与度指数较为稳定，长期处于低位，低于"一带一路"沿线经济体均值和全球均值。据此我们判断，就以建材、装修为主的建筑业来看，中国参与程度并不高，长期扮演消费者的角色，建筑业中来自境外的价值贡献量较大，处于价值链的下游水平；"一带一路"沿线经济体无论在参与度还是地位方面均处于全球中间水平。

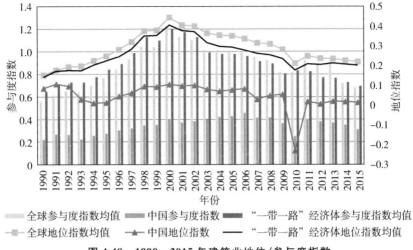

图 4.48　1990—2015 年建筑业地位/参与度指数

（3）金融业。就地位指数而言（见图 4.49），"一带一路"沿线经济体地位指数与全球地位指数均值数值十分接近，趋势一致，在 2000 年经历了一次回落，之后开始逐步上升；另外，中国在金融业的地位指数长期处于低位并保持稳定的态势，低于"一带一路"沿线经济体均值以及全球均值。就参与度指数而言，"一带一路"沿线经济体均值远低于全球均值且长期稳定不变；中国的参与度指数低于"一带一路"沿线经济体均值，1997 年之后有缓慢上升但长期还是相对保持稳定。据此我们判断，在金融中介、商业活动等金融服务性行业中，中国并不占据重要地位，参与程度很低，处于价值链末端，该行业中大部分附加价值来自境外，中国扮演一个消费者角色。另外，"一带一路"沿线经济体处于该行业价值链中游，但总体参与程度不高，仍然不占据重要地位。

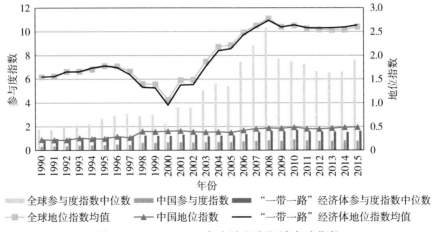

图 4.49　1990—2015 年金融业地位/参与度指数

（四）基于双环流通道的模型验证

本小节将从双环流四类通道入手,通过对中国及贸易紧密经济体的地位指数变动情况进行对比,针对不同行业特点,探究中国与其他贸易伙伴的贸易结构特征,对GVC双环流模型进行验证。我们发现,对于低GDP贸易经济体而言,中国在建筑业等低端制造产业领域处于下游位置,在交通制造业等中高端制造产业领域处于上游位置;对于高GDP贸易经济体而言,中国在交通制造业等制造产业领域处于上游位置,在金融业等服务类产业领域处于下游位置。总体而言,中国地位指数排名在全球平均水平附近,在GVC贸易循环中能够发挥节点性作用。

1. 进口端——低GDP经济体

我们以排除数据缺失样本后的全球169个经济体人均GDP中位数为节点,将样本经济体划分为84个低GDP和85个高GDP经济体两个组别,针对不同类型经济体地位指数排名与中国的差异探究贸易特点。

从进口端角度看(见图4.50和图4.51),对低GDP经济体而言,中国建筑业地位指数排在150名左右,低于低GDP经济体平均地位指数100名上下的排名,表明中国对低GDP贸易合作伙伴的进口模式以低端制造业为主。

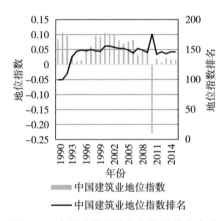

图 4.50　中国建筑业地位指数及排名变动

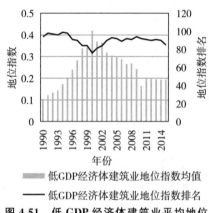

图 4.51　低 GDP 经济体建筑业平均地位
指数及排名变动

2. 出口端——低GDP经济体

从出口端角度看(见图4.52和图4.53),对低GDP经济体而言,中国交通制造业地位指数排名多在40—60,高于低GDP经济体平均地位指数多在60—80的排名,表明中国对低GDP贸易合作伙伴的出口模式以中高端制造业为主。

3. 出口端——高GDP经济体

从出口端角度看(见图4.54和图4.55),中国交通制造业地位指数排名主要在

40—60,高于高 GDP 贸易紧密经济体平均地位指数 80 左右的排名,表明中国对高 GDP 贸易合作伙伴的出口模式以工业制造业为主。

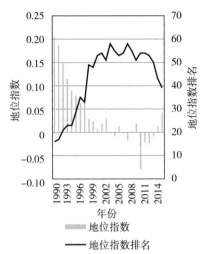

图 4.52　中国交通制造业地位指数及
　　　　　排名变动

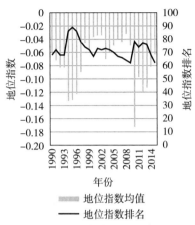

图 4.53　低 GDP 经济体交通制造业平均地位
　　　　　指数及排名变动

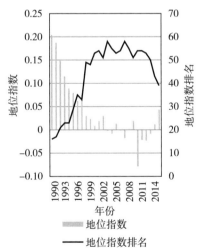

图 4.54　中国交通制造业地位指数及
　　　　　排名变动

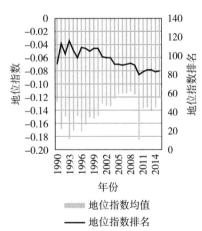

图 4.55　高 GDP 经济体交通制造业平均地位
　　　　　指数及排名变动

4. 进口端——高 GDP 经济体

从进口端角度看(见图 4.56 和图 4.57),对高 GDP 经济体而言,中国金融业地位指数排名在 150 左右,低于高 GDP 经济体平均地位指数多在 90—100 的排名,表明中国对高 GDP 贸易合作伙伴的进口模式以金融业等服务业为主。

图 4.56　中国金融业地位指数及
排名

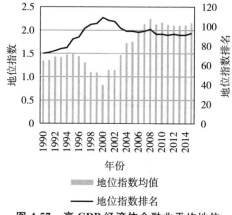

图 4.57　高 GDP 经济体金融业平均地位
指数及排名

二、基于贸易结合度的中国全球贸易引领地位实证分析

(一)研究思路

在中国处于"双环流"节点地位的背景下,中国作为全球贸易过程中的中心环节,对发达经济体及经济实力较弱的发展中经济体均有能力承担贸易协调职能,并发挥促进贸易各个环节顺畅流通、促进贸易进出口各流程稳步发展的重要作用。在此情况下,发达经济体能够经由与中国的贸易联系进一步打通与落后发展中经济体的贸易通道,建立高端制造业及服务业的输出渠道,而落后发展中经济体也将经由中国的贸易过程打开发达经济体市场,建立资源型产品的输出方式。因此,与中国保持紧密的贸易渠道及贸易联动关系能够成为加速各方贸易循环的有力突破口,中国与"一带一路"沿线经济体建成自由贸易区后,"一带一路"沿线各经济体的 GDP 增长率将有一定程度提高。因此,我们提出假设一:

H1:各经济体与中国的贸易越紧密,经济发展水平越高。

此外,对外直接投资作为国际贸易投资环节的重要沟通点与交汇点,很大程度上代表了商品服务贸易流动的流动能力与流动效率,进而成为促进国际贸易产品线及商品线稳步发展的重要衡量指标。对外直接投资能力与投资资源的提升与丰富、投资效率的增强,也将成为提升贸易对经济贡献的有力渠道与方式。对于处在节点地位的中国而言,全球各经济体与中国广泛而深入的直接投资渠道的构建,能够有力地提升各经济体对中国的贸易合作伙伴关系构建,从而提升中国对其贸易产业的驱动性力量与拉升力量,进而达到促进全球贸易产业循环、提升经济发展水平的目的。因此,我们提出假设二:

H2:中国对被投资经济体的直接投资额越高,被投资经济体经济发展水平越高。

（二）研究设计

为了检验假设 H1、H2,我们构造模型:

$$\text{Growth}_{i,t} = \beta_0 + \beta_1 \text{TI}_{i,t-1} + \beta_2 \text{INV}_{i,t-1} + \varepsilon_{i,t}$$

其中,为排除内生性的影响,贸易紧密度指数及直接投资额均采用滞后一期的数据。变量度量方面,使用人均 GDP 增速衡量某经济体的经济发展水平,并使用贸易结合度衡量其他经济体与中国贸易的紧密程度,贸易结合度(紧密度)指数(TI)是 1947 年由经济学家布朗提出,后经过小岛清(1958)等人的研究得到完善,并明确了其统计学和经济学上的意义。

贸易结合度是一个比较综合性的指标,用来衡量两个经济体在贸易方面的相互依存度。贸易结合度是指一经济体对某一贸易伙伴的出口占该经济体出口总额的比例,与该贸易伙伴进口总额占世界进口总额的比例之比。如果 $\text{TI}_{ij} \geqslant 1$,说明 i 经济体和 j 经济体在贸易上存在着密切的关系;如果 $\text{TI}_{ij} \leqslant 1$,则说明 i 经济体和 j 经济体在贸易上关系较为疏远。其数值越大,表明两经济体在贸易方面的联系越紧密。贸易结合度的计算为:

$$\text{TI}_{ij} = \frac{X_{ij}/X_i}{M_j/M_w}$$

其中,X_{ij} 为 i 经济体对 j 经济体的出口,X_i 代表 i 经济体的出口总额,而 X_{ij}/X_i 表示 i 经济体对 j 经济体的出口占 i 经济体的出口总额的比率;M_j 为 j 经济体的进口总额,M_w 为世界进口总额,M_j/M_w 表示 j 经济体的进口总额占世界进口总额的比率,它实际代表 j 经济体的进口能力。j 经济体在本章中仅代表中国。

有关变量定义如表 4.2 所示:

表 4.2　变量说明

变量类型	变量符号	变量说明
被解释变量	Growth	经济增速指标:人均 GDP 增速
解释变量	TI	与中国的贸易结合度
	INV	投资指标:受中国直接投资额
控制变量	Year	年份变量
	Country	经济体虚拟变量

本部分数据均来自 Euro 数据库,为剔除异常值的影响,我们对所有连续变量均进行 1%—99% 的缩尾处理,并对控制年份和国家影响的固定效应回归进行检验。

（三）检验结果分析

1. 贸易结合度分析

从全球角度进行分析（见图 4.58），2015 年全球 187 个经济体中，与中国贸易结合度中位数为 0.0267，均值为 0.1067，排名前五的经济体依次为中国香港、蒙古、韩国、刚果（金）、阿曼，排名后五的经济体依次为圭亚那、苏丹、特立尼达和多巴哥、叙利亚、塞尔维亚，排名最高的中国香港与中国内地贸易结合度为 1.7033，排名最低的圭亚那与中国贸易结合度为 0.00037，大于 1、小于 1 的经济体数量分别为 2、185 个，占样本经济体总数比例分别为 1.1%、98.9%。与中国贸易结合度较高的经济体中，中国香港、蒙古、韩国的经济发展均高度依赖与中国内地的经贸往来，中国与刚果（金）及阿曼的经济和文化联系也十分密切，与中国经济往来密切的新加坡、埃塞俄比亚、朝鲜、安哥拉、马来西亚五国也排入前十名，统计结果符合实际情况。

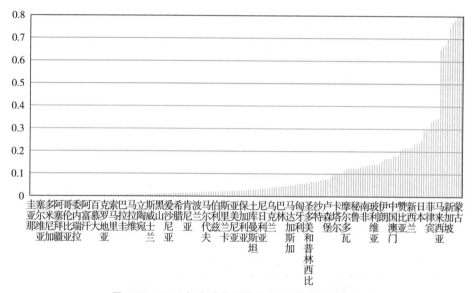

图 4.58　2015 年全球各经济体与中国贸易结合度

从全球其他经济体与中国的贸易结合度变化角度看（见图 4.59），1990—2005 年，全球其他经济体与中国贸易结合度均值呈上升趋势，2006 年后有所下降，与参与度变动情况类似，基本反映了中国对其他经济体的贸易依赖程度，也反映了中国产业发展从粗放发展到贸易学习再到自主发展、产业升级的变动历程。

从区分地区角度来看（见图 4.60），"一带一路"沿线经济体中，东南亚、中亚与中国的贸易结合度最高，2015 年东南亚均值高达 0.3965，南欧及高加索地区与中国的贸易结合度最低。从实际情况看，受地理因素影响，中国东南沿海地区作为中国重要贸易出海口与世界贸易贯通，中国长期保持与新加坡、马来西亚等东南亚各个经济体的紧密贸易往来，而传统丝绸之路为中国与中亚经济体的长期贸易联系提供良好通道，巴

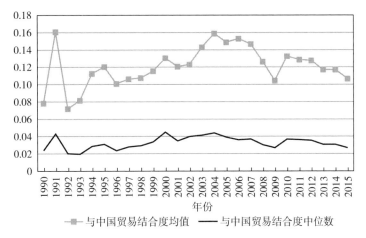

图 4.59　1990—2015 年全球各经济体与中国贸易结合度均值/中位数

基斯坦、吉尔吉斯斯坦、塔吉克斯坦等中亚经济体在经贸联系上也紧密依赖中国;南欧地区及高加索地区距离中国地理位置较远,海上贸易通道、陆路贸易通道均较长,长期难以产生有效贸易联系,因此较"一带一路"沿线其他经济体而言与中国贸易往来较少。贸易结合度统计结果与实际情况相契合。

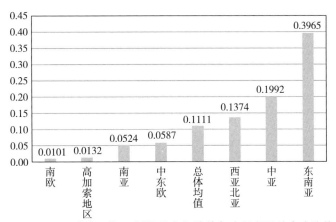

图 4.60　2015 年"一带一路"沿线各经济体与中国贸易结合度均值

从时间变动上来看(见图 4.61),1990—2005 年,"一带一路"沿线各经济体与中国贸易结合度呈上升趋势,2006 年后有所下降,与全球总体情况相一致。

2. 回归结果分析

表 4.3 报告了模型回归结果。第(1)至第(3)列分别表示经济增速对贸易结合度及直接投资额的分次回归结果。第(1)列 Growth 的系数为 0.122,在 1% 的显著性水平下显著;第(3)列 Growth 的系数为 0.131,在 1% 的显著性水平下显著;表明特定经济体与中国的贸易结合度越高,其经济增速越高,研究假设 H1 得到验证。模型的 R^2 达到 25% 以上,表明模型的总体解释能力较强。

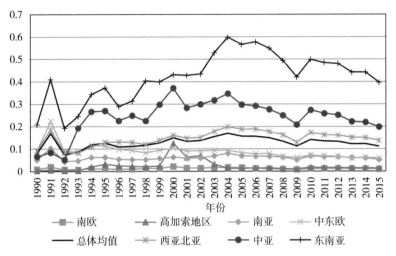

图 4.61　1990—2015 年"一带一路"沿线各经济体与中国贸易结合度均值变动

表 4.3　贸易结合度、直接投资额与经济增长

解释变量	(1) Growth	(2) Growth	(3) Growth
TI	0.122***		0.131***
	(2.584)		(2.598)
INV		1.51e−08	1.11e−08
		(0.462)	(0.351)
Constant	0.0564***	0.0647***	0.0537***
	(12.39)	(15.76)	(9.300)
Year	YES	YES	YES
Country	YES	YES	YES
Observations	1 788	1 504	1 452
R²	0.292	0.251	0.265

注:*、**、***分别表示在 10%、5%、1%水平下显著。

（四）检验结论

本部分检验结果表明,全球各经济体与中国的贸易结合度的增强能够对自身经济增长带来正向影响,中国作为全球贸易价值双环流的中枢,能够发挥全球贸易节点作用,拉动不同层次经济体深度参与贸易循环,并作用于各经济体的经济增长。本部分研究结论进一步对中国在"一带一路"及全球贸易中发挥的重要作用进行了验证,表明中国作为"一带一路"的倡导者与核心参与方,通过与沿线各经济体进行贸易往来与深度经济合作,将对推动沿线经济体经济增长产生积极作用。

第五章 双环流下"一带一路"国际合作的贸易效应研究[①]

一、全球价值链与贸易引力模型

在国际贸易的实证研究中,最常使用的即是本章所使用的贸易引力模型。贸易引力模型也是经济学实证模型中最为成功的一个,因为它将国际经济合作中巨大的变异性与经济因素相结合,并为这种变异性提供了很好的拟合和预测。国际贸易引力模型最初来自物理学中物体之间的牛顿万有引力定律,而丁伯根(Tinbergen)和波贺农(Poyhonen)最早将这一物理学定律应用于经济学中的贸易研究。国家 i 的商品受吸引出口到国家 j,这一潜力的大小与国家 i 的供给能力(GDP$_i$)和国家 j 的需求大小(GDP$_j$)成正比,同时这一商品流动潜力还随着二者之间距离的增加而下降。这是最初借鉴物理学万有引力定律并将其应用于经济学进行的类比。根据拟合效果,以往研究常使用对数线性关系,在这种设定下该模型可以拟合贸易流变异性的 $80\% - 90\%$,因而随后很多学者将引力模型进行推广,将更多因素例如是否处于经贸合作区、是否是邻国、是否有共同语言等经济距离、文化距离、技术距离和政治距离等代理变量加入引力模型(盛斌和廖明中,2004;赵雨霖和林光华,2008;罗来军等,2014;),实证研究影响双边贸易流潜力的机制。

国外学者的研究较多是从理论角度出发,为引力模型寻找微观经济基础。Bergstrand(1989)构建了一个包含两个行业、两种要素的国际贸易一般均衡模型,模型中包括进口国和出口国的人口、收入,该模型与 H-O 产业内贸易模型和 Helpman & Krugman(1985)、Markusen(1997)等的垂直一体化分工模型相一致。通过构建这个一般均衡模型拓展了引力模型的微观基础。Deardorff(1998)构建了两个模型,主要是区分了是否存在贸易摩擦,在无贸易摩擦时,假设对相同产品进行贸易,在偏好相同

---

① 第五章和第六章节选自易天的博士论文《一带一路:全球价值链视角下国际经贸合作研究》。

或者供给与需求不相关时,引力模型能够很好地拟合贸易流;在存在贸易摩擦时,假设各国生产不同的产品,无论是柯布—道格拉斯偏好或者是 CES 偏好下,贸易流都随着距离的增加而下降。从这两种情况可以看出,使用引力模型进行实证研究是能够进行较为准确的预测和拟合的,但由于该模型的变化多种多样,因而使用时应谨慎。Evenett & Keller(2002)从 H-O 模型、规模报酬递增、要素禀赋理论出发,验证这三种理论是否能够为引力模型提供基础和支撑,结果表明要素禀赋和规模报酬递增分别解释了国际专业化分工和贸易量的变异性。

国内学者则主要使用贸易引力模型进行实证分析。谭秀杰和周茂荣(2015)结合随机前沿与引力模型,对中国与"海上丝绸之路"沿线经济体间的出口进行了实证检验,结果表明出口方、进口方的人均 GDP、人口总量都显著地促进了贸易出口水平的提高,但贸易双方的海运距离则表现出显著的负向影响。罗来军等(2014)将贸易的方向性引入模型中,分为总量贸易模型和有方向性的流量贸易模型两种,实证检验结果表明地理距离仍显著影响国际贸易,此外,文化趋同有利于促进双边贸易,同时技术差距并不对贸易形成阻碍,两国之间的技术互补性事实上能够促进双边贸易的提升。周念利(2010)则使用引力模型研究了中国的双边服务贸易问题,他认为进行贸易双方的经济规模、发展水平、地理距离和是否使用共同语言都对中国服务出口存在显著影响,同时主要贸易伙伴对中国设置的非关税壁垒较高,影响了中国的服务贸易出口。刘海云和聂飞(2015)使用随机前沿引力模型,测算了金砖国家体系下中国的出口效率,结果发现关税、自由贸易协定、APEC 合作机制等因素都显著地影响了中国出口效率,但区位因素却对此不存在显著影响。蒋冠宏和蒋殿春(2012)同样使用引力模型,但应用于对外投资的实证研究,使用中国对 95 个经济体的对外直接投资数据研究了 OFDI(对外直接投资)的区位选择问题,结果表明中国投资于发达经济体的 FDI(外商直接投资)主要具有战略资产寻求动机,而投资于发展中经济体的 FDI 则主要是出于市场寻求和技术输出动机。

综上所述,已有学者使用引力模型进行了各方面的实证检验,但随着国际分工的深入发展,全球片断化生产对全球经济的影响日渐增加,已有文献还未将全球价值链的理论纳入引力模型的实证研究。在全球生产中,价值链上的不同参与程度反映着经济体间融入全球化生产的程度差距。这一差距代表着两个经济体在全球价值链意义上的距离因素。因而本章使用中国对世界 60 个经济体的出口数据,以各经济体与中国的全球价值链参与度差距作为研究对象,研究这种在全球价值链上的距离对一国贸易潜力的影响作用。

二、双环流下"一带一路"国际合作贸易效应实证检验

(一)模型设定

借鉴 Matyas(1997)指出的贸易引力模型的基准形式,本章实证部分的基准模型为:

$$\ln \text{EXP}_{ijt} = \alpha_i + \gamma_j + \lambda_t + \beta_1 \ln \text{GDP}_{it} + \beta_2 \ln \text{GDP}_{jt} + \beta_3 \text{DIST}_{ij} + \mu_{ijt} \qquad (1)$$

其中，EXP_{ijt} 表示经济体 i 出口到经济体 j 的商品价值，α_i 表示出口经济体 i 的固定效应，γ_j 表示进口经济体 j 的固定效应，λ_t 表示时间效应。PGDP_{it} 表示出口方 i 的 GDP 水平，PGDP_{jt} 表示进口方 j 的 GDP 水平，DIST_{ij} 表示两个经济体之间的距离，本章中该距离为两个经济体在全球价值链上的距离因素，用两个经济体的全球价值链参与度差值的绝对值表示。

（二）数据说明

本部分使用的数据主要来自 UN Comtrade、EORA 和世界银行三个数据库。其中各经济体出口数据来自 UN Comtrade，GDP 数据来自世界银行数据库，全球价值链参与度数据则是根据 EORA 世界投入产出数据库计算得到。表 5.1 列出了主要变量的描述性统计情况，lnexp 表示各经济体对中国的总出口额的对数值，lngdp 表示各出口方 GDP 水平的对数值，lngdpchn 表示中国 GDP 水平的对数值，abspavschn 则表示某一经济体全球价值链参与度与中国差距的绝对值。下一部分将使用这些数据进行实证研究。

表 5.1　实证研究变量描述性统计

变量	观测值	均值	标准差	最小值	最大值
lnexp	1 020	6.875015	2.463120	−0.91629	12.317100
lngdp	1 037	26.132370	1.692470	22.03160	30.339070
lngdpchn	1 037	28.743500	0.467835	28.03649	29.533130
abspavschn	1 037	0.177848	0.119442	0	0.485138

（三）实证检验结果

根据前文式（1）进行实证检验，结果如表 5.2 所示。实证部分共构建了四个模型，四个模型均为固定效应模型。模型（1）是不包含时间效应的基准模型，模型中各经济体与中国全球价值链参与度差距的系数为−1.725，表示某一经济体与中国的参与度差距越大，则出口额越小，因而以参与度差距为代表的全球价值链距离因素对某一经济体出口存在着负向影响，同时出口方、进口方的 GDP 水平均对出口存在着显著的正向影响。模型（2）则是在模型（1）的基础上加入了时间效应，可以看到参与度差距项的系数仍显著为负。

模型（3）、（4）是在基准模型的基础上加入了是否为发达经济体的虚拟变量，虚拟变量以与参与度差距乘积的形式（developed×abspavschn）加入模型中。可以看到无论是不包含时间效应的模型（3）还是包含时间效应的模型（4），参与度差距与交乘项这两项的系数均是显著的，且参与度差距的系数仍为负数，而参与度差距与虚拟变量交乘项系数为正，这表明与中国参与度差距越小，越有利于某一经济体出口水平的提升，同时参与度差距的缩小对发展中经济体而言更有利于其出口提升。这也从实证角度印证了前文双环流的范式,中国处于其他发展中经济体和发达经济体的中间位置,起到枢纽作用,通过促进发展中经济体更多参与国际分工,从而促进全球经济发展。

表 5.2　全球价值链参与度对出口影响的分析

解释变量	lnexp			
	固定效应 模型 1 (1)	固定效应 模型 2 (2)	固定效应 模型 3 (3)	固定效应 模型 4 (4)
lngdp	1.141 ***	0.956 ***	1.153 ***	0.960 ***
	(0.179)	(0.182)	(0.179)	(0.181)
lngdpchn	1.846 ***	1.810 ***	1.832 ***	1.791 ***
	(0.0718)	(0.0854)	(0.0720)	(0.0853)
abspavschn	−1.725 **	−1.008 *	−2.054 ***	−1.402 *
	(0.744)	(0.761)	(0.759)	(0.770)
developed×abspavschn			0.671 **	0.888 ***
			(0.321)	(0.314)
Constant	−75.65 ***	−69.86 ***	−75.55 ***	−69.42 ***
	(3.100)	(3.452)	(3.095)	(3.443)
时间效应		是		是
样本数	1 020	1 020	1 020	1 020
R^2	0.845	0.856	0.846	0.857

注:*、**、*** 分别表示在 10%、5%、1% 水平下显著。

三、小结

"一带一路"沿线经济体众多,各经济体经济发展状况和产业结构水平差异很大,而中国作为最大的发展中经济体,无论是从经济发展、产业结构,还是从国际贸易、全球分工参与来看,都处于其他发展中经济体和发达经济体之间的位置,也就是处于全球的中间位置,能够很好地充当中间节点,促进更多经济体融入全球生产中去,从而解决各经济体经济发展的问题。

从全球价值链角度看,各经济体在全球价值链上的参与度差距越小,越有利于双方进行国际贸易。本章实证研究发现全球价值链上的参与度差异越小,越能够促进该国的出口提升,尤其是对发展中经济体而言,这种促进效应的影响更大。由于中国处于全球价值链参与度的中间位置,因而与其他各经济体的参与度差距都相对较小,从而有利于与世界各经济体进行经济合作,减少边缘经济体的存在,将全球片断化生产覆盖到更广阔的经济体,为全球经济发展提供动力。

第六章 双环流下"一带一路"国际合作的经济效应研究

"一带一路"倡议将更多国家纳入国际分工,使这些国家更加深入地参与国际化生产,这一过程可以带来技术和人力资本的提升,进而影响劳动力工资水平和收入结构改善等多个方面,从而提高社会整体福利。本章将设定模型,并具体从实证角度验证双环流下"一带一路"国际合作的经济效应。

一、国际合作经济效应理论基础

对国际合作的理论研究由来已久,从最早亚当·斯密的绝对优势理论、大卫·李嘉图的相对优势理论,到后来赫克歇尔和俄林的 H-O 理论都从不同角度说明了各国进行贸易的条件,同时也论证了贸易能够使参与国的福利得到改善。然而随着全球化的逐步推进,离岸外包、跨国外包等将生产阶段片断化、重新布局的现象越来越普遍。运输费用的降低、技术水平的提升都使得公司能够在全球范围内进行生产布局,并从中获利。然而这种现象却给一些工业化国家带来了恐慌,进而引起了咨询机构、政治家、经济学家的广泛探讨。外包等片断化生产方式究竟给参与各方带来怎样的影响,这一问题值得进行深入的实证检验。

国际化的片断化生产可以带来价格更低的产品从而提升消费者福利,然而这可能伴随着对劳动力需求的减少和高低技能劳动力收入的增加。Milberg & Winkler (2013)认为在这个过程中对劳动力需求有四个方面的效应,即替代效应、规模效应、效率效应和盈利效应。其中替代效应是由于片断化生产中很多生产工序被转移到成本更为低廉的国家进行,因而对一国的劳动力需求产生了替代的作用;效率效应意味着更少的劳动力生产相同的产品;规模效应则来自中间品成本降低从而最终品价格降低而带来的消费者需求提升;盈利效应则是考虑到实行外包的公司为了保持其自身在最终品上的垄断地位从而控制中间品供应市场带来的对劳动力更多的需求。四个方面的影响效应各不相同,本章将研究在中间品贸易越来越成为国际贸易的重要组成部分的背景下,附加值、中间品出口、片断化生产对一国的劳动力需求将产生怎样的影响。

以往相关文献主要是从生产外包角度研究一国将某些生产环节外包对该国劳动力市场的影响。Amiti & Wei(2004)研究了英国的服务和材料外包对劳动力雇佣的影响,使用了 1995—2001 年 78 个部门的数据研究发现服务外包没有显著降低英国劳动力需求增长的效应。同时他们还使用美国的制造业数据进行了外包与生产效率和劳动力雇佣关系的影响研究,结果表明材料和服务外包都能够促进生产效率的提升,具体而言服务外包能够给生产效率带来 11%—13% 的提升,材料外包则带来 3%—6% 的提升;关于对劳动力雇佣的影响,作者发现由外包带来的需求增长完全抵消了对劳动力雇佣的负向影响。Hijzen & Swaim(2007)使用了 1995—2000 年 17 个 OECD 高收入国家的数据,与 Amiti & Wei(2004)相似,作者发现外包对国内劳动力雇佣不存在负向影响,反而有轻微的正向作用。具体而言行业间外包降低了生产中的劳动强度,但并未影响行业的劳动力雇佣情况;行业内外包不影响劳动强度,但是给整个行业的劳动力雇佣带来了正向影响。他们认为外包获得的效率提升完全抵消了由此带来的任何可能的工作机会的减少。Milberg & Winkler(2013)使用 1998—2006 年美国行业数据估计了外包对其劳动力需求的影响,结果表明服务和材料外包对劳动力雇佣存在负向影响,这一发现与 Amiti & Wei(2004)相反。Milberg 和 Winkler 认为 Amiti 和 Wei 指出的外包对国内劳动力雇佣不存在负向影响的原因可能是来自间接的效应:外国较低中间投入成本带来了国内产出价格的下降,从而刺激了消费者需求,最终更高的需求带来了劳动力需求的上升,即规模效应。

同时全球片断化生产不仅仅影响劳动力需求,同时还对国内劳动力雇佣的技能结构产生影响。Feenstra & Hanson(1996)发现外包带来了高技能劳动力工资 31%—51% 的上升。相似的,Strauss-Kahn(2003)发现 1977—1993 年,跨国外包带来了低技能工人收入在总体工资收入中占比的下降,尤其是在制造业中这种效应更为明显。1977—1985 年,外包使得非技能工人的收入下降了 11%—15%;而后一阶段(1985—1993)这种负向作用更为明显,使得非技能工人的收入相较于低技能工人下降了25%。Hijzen et al.(2005)研究了英国跨国外包对其不同技能劳动力结构(高技能、中技能和低技能)的影响,结果表明跨国外包是影响一国劳动力技能结构变化的重要基础因素,外包对非技能工人的需求有较强的负向影响。已有文献从外包角度研究作为生产阶段外包的来源国,其国内劳动力需求的总量和结构会由此受到怎样的影响。本章将从中间品贸易和附加值的角度研究全球片断化生产对一国劳动力需求的影响,从而实证检验双环流下"一带一路"能够给沿线经济体甚至全球经济体带来怎样的经济效应,尤其是对劳动力需求的影响。

二、附加值贸易与劳动力需求

(一)全球片断化生产的深入发展

全球价值链发展逐步深入,国际贸易越来越成为全球片断化生产的一部分,越来越多的商品是世界制造,因而按照以往贸易总量的方式衡量分析国际贸易发展将存在较大偏差,本部分将采用 OECD-TiVa 数据库,从附加值角度分析在全球片断化生产背景下总贸易、中间品、最终品贸易的发展动态。本研究选取 OECD-TiVa 数据库中统计的 61 个国家,从三个角度具体展开。

表 6.1 整理了 OECD-TiVa 数据库中 61 个国家总出口中的国内附加值变动情况,以及 1995—2000 年、2000—2005 年、2005—2010 年三个时间段复合年均增速情况,其中中国数据后括号内表示当年数据值在 61 个国家中所占位次。首先,分析中国在研究期间内总出口附加值变动情况。1995 年中国总出口国内附加值在研究国家中仅排在 11 名,仅占第一名美国的 14.5%,其后每年排名逐步快速上升,到 2010 年上升至仅次于美国,排在第 2 名,占美国的 76.9%。同时,从复合年均增速看,1995—2000年、2000—2005 年、2005—2010 年这三个时间段中国排名都很靠前,分别为第 4 名、第1 名和第 2 名,始终保持着两位数的增速,2000—2005 年增速达到 23.41%,2005—2010 年为 17.62%,排在印度(18.12%)之后,位列第 2。其次,各国在三个时间段内的平均增速分别为 3.83%、11.72%、8.40%,可以看出 2000 年以后全球贸易中各国总出口国内附加值开始快速上升。最后,表 6.1 中复合年均增速三列中加黑数据表示该时段内增速小于平均增速,而国家中标黑的表示三个时间段内有两个增速小于平均增速。标黑国家共有 33 个,有一半以上国家复合年均增速较低。

表 6.1　总出口附加值变动趋势

	总出口国内附加值(百万美元)				复合年均增速(%)		
	1995 年	2000 年	2005 年	2010 年	1995—2000 年	2000—2005 年	2005—2010 年
中国	98 986.9 (11)	174 023.9 (8)	498 237.2 (4)	1 121 410.8 (2)	11.95 (4)	23.41 (1)	17.62 (2)
澳大利亚	64 383.6	75 502.1	130 539.5	235 604.8	**3.24**	11.57	12.54
奥地利	61 434.3	60 002.6	94 757.3	116 514.3	**−0.47**	9.57	**4.22**
比利时	90 426.5	77 560.2	120 410.4	143 576.9	**−3.02**	9.20	**3.58**
加拿大	154 801.4	225 918.2	309 181.9	343 915.9	**7.85**	**6.48**	**2.15**
智利	17 352.7	17 552.7	37 396.5	66 214.3	**0.23**	16.33	12.10
捷克	19 140.0	21 830.0	47 865.2	73 787.2	**2.67**	17.00	9.04
丹麦	46 416.8	46 211.7	73 191.2	87 002.3	**−0.09**	9.63	**3.52**
爱沙尼亚	1 431.9	2 326.9	5 304.2	7 522.5	10.20	17.92	**7.24**
芬兰	35 073.6	36 296.9	53 567.2	63 150.9	**0.69**	8.10	**3.35**
法国	279 014.0	275 334.6	409 762.3	472 452.2	**−0.27**	8.28	**2.89**
德国	462 582.7	433 193.5	755 616.0	940 754.7	**−1.30**	11.77	**4.48**
希腊	18 912.6	22 238.6	41 213.2	46 336.2	**3.29**	13.13	**2.37**
匈牙利	14 048.4	16 426.9	36 915.4	48 459.1	**3.18**	17.58	**5.59**
冰岛	2003.1	2 187.6	3 582.0	4 730.4	**1.78**	10.37	**5.72**
爱尔兰	29 279.1	47 385.3	89 069.0	114 641.5	10.11	13.45	**5.18**

（续表）

	总出口国内附加值（百万美元）				复合年均增速（%）		
	1995 年	2000 年	2005 年	2010 年	1995— 2000 年	2000— 2005 年	2005— 2010 年
以色列	20 913.5	35 753.6	39 951.2	60 607.4	11.32	2.24	8.69
意大利	239 130.6	233 622.6	356 997.7	406 477.5	−0.46	8.85	2.63
日本	455 675.6	476 567.1	581 723.1	727 881.9	0.90	4.07	4.58
韩国	117 086.3	144 218.1	221 789.3	321 654.8	4.26	8.99	7.72
拉脱维亚	1 346.5	2 059.2	4 685.3	7 513.3	8.87	17.87	9.91
卢森堡	11 877.5	12 884.0	24 626.0	35 512.0	1.64	13.83	7.60
墨西哥	63 054.5	117 775.9	153 654.1	192 924.5	13.31	5.46	4.66
荷兰	128 813.8	118 042.1	182 327.0	228 759.6	−1.73	9.08	4.64
新西兰	14 953.9	14 384.8	26 264.6	35 846.7	−0.77	12.80	6.42
挪威	43 788.8	64 031.1	109 418.6	134 700.6	7.90	11.31	4.25
波兰	25 964.4	33 586.3	75 261.3	126 592.5	5.28	17.51	10.96
葡萄牙	22 564.1	23 206.4	35 485.7	47 104.6	0.56	8.87	5.83
斯洛伐克	6 836.1	7 892.8	18 807.3	32 190.9	2.92	18.96	11.35
斯洛文尼亚	6 967.6	6 745.1	12 874.1	15 941.8	−0.65	13.80	4.37
西班牙	107 391.3	123 884.2	211 842.3	282 866.7	2.90	11.33	5.95
瑞典	72 723.6	77 939.4	117 894.4	144 618.2	1.39	8.63	4.17
瑞士	93 625.6	88 787.9	132 626.2	214 351.0	−1.06	8.36	10.08
土耳其	35 541.7	44 382.2	78 965.2	113 039.1	4.54	12.21	7.44
英国	257 640.7	303 519.4	447 804.4	508 539.5	3.33	8.09	2.58
美国	682 615.1	896 266.7	1 044 757.9	1 458 041.4	5.60	3.11	6.89
阿根廷	23 417.1	29 053.2	39 558.3	69 092.2	4.41	6.37	11.80
巴西	51 218.9	55 836.5	117 424.5	207 491.3	1.74	16.03	12.06
文莱	2 375.2	3 569.9	6 125.4	9 215.0	8.49	11.40	8.51
保加利亚	4 630.3	4 206.8	7 747.9	16 306.4	−1.90	12.99	16.05
缅甸	895.3	1 149.6	2 318.9	3 790.1	5.13	15.07	10.32
哥伦比亚	10 769.1	14 186.3	21 113.6	41 279.9	5.67	8.28	14.35
哥斯达黎加	3 402.2	5 612.1	6 858.2	9 975.6	10.53	4.09	7.78
克罗地亚	4 300.9	5 395.0	11 192.4	14 745.5	4.64	15.71	5.67
塞浦路斯	3 435.5	3 701.6	5 773.7	7 242.3	1.50	9.30	4.64
印度	35 739.0	51 002.0	130 690.7	300 551.5	7.37	20.71	18.12
印度尼西亚	50 919.3	54 534.0	80 258.7	153 985.6	1.38	8.04	13.92
立陶宛	1 473.2	2 764.6	6 029.1	11 276.2	13.42	16.88	13.34
马来西亚	46 397.4	60 249.0	87 172.7	134 609.5	5.36	7.67	9.08
马耳他	1 400.2	1 572.6	2 252.0	3 443.0	2.35	7.45	8.86
摩洛哥	7 350.3	7 919.1	14 447.9	22 334.8	1.50	12.78	9.10
秘鲁	5 773.8	7 264.0	16 564.3	33 001.0	4.70	17.92	14.78
菲律宾	17 984.4	21 057.2	25 519.3	50 165.2	3.21	3.92	14.47
罗马尼亚	7 136.6	7 623.4	19 476.9	36 157.4	1.33	20.64	13.17
俄罗斯	79 733.8	93 511.3	231 822.7	386 993.2	3.24	19.91	10.79

(续表)

	总出口国内附加值(百万美元)				复合年均增速(%)		
	1995 年	2000 年	2005 年	2010 年	1995—2000 年	2000—2005 年	2005—2010 年
沙特	51 137.5	79 297.5	176 716.3	245 679.3	9.17	17.38	**6.81**
新加坡	50 057.1	54 939.7	78 406.5	137 286.4	**1.88**	**7.37**	11.85
南非	29 663.2	30 242.9	53 843.4	84 348.0	**0.39**	12.23	9.39
泰国	51 093.8	49 504.0	73 636.7	135 589.7	**−0.63**	8.27	12.99
突尼斯	5 858.8	6 309.6	10 319.3	14 760.0	**1.49**	10.34	**7.42**
越南	5 463.8	12 151.5	24 793.7	48 912.4	17.33	15.33	14.56
				平均增速	3.83	11.72	8.40

资料来源:根据 OECD-TiVa 数据整理计算得到。

以总出口中的国内附加值变动衡量的国际贸易能够较为准确地反映各国参与国际贸易的情况变化,但全球片断化生产更多表现为中间品贸易的快速发展,因而图 6.1 选取了中国、南非、印度、菲律宾和美国、德国、日本、韩国,整理了它们中间品贸易在总贸易中占比的变化情况。可以看出除了南非,其他国家中间品出口在总出口中占比逐渐上升(OECD-TiVa 数据库中 61 个国家也基本呈现逐渐上升的趋势,限于篇幅,正文中不再具体列出),而南非在 2003 年之后中间品出口占比也逐年上升,因此近年来中间品贸易在国际贸易中扮演着越来越重要的角色,这与 Hummels *et al.*(2001)的测算一致,中间品贸易已经占到全球贸易的 1/3,且呈现不断上升趋势。这也印证了全球片断化生产的不断发展。

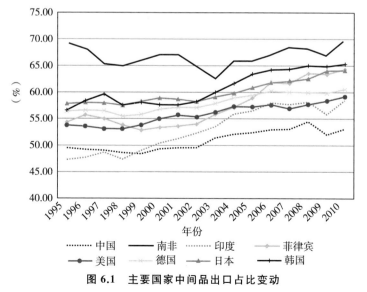

图 6.1　主要国家中间品出口占比变动

资料来源:根据 OECD-TiVa 数据整理计算得到。

　　具体到各国的情况来看(见表 6.2),俄罗斯、南非等中间品出口占比较高,均超过 60%,而中国 1995 年中间品出口在总出口中占 49.51%,逐步上升至 2010 年的 53.10%,虽然在各个国家中占比仍处于较低水平,但由于中国总出口以及总出口国内附加值已经是大体量的水平,所以在全球中间品贸易中的参与度很高,能够起到承接发展中国家和发达国家经贸合作的枢纽作用。

表 6.2　主要国家中间品贸易占比情况　　　　　　　　　单位:%

	1995 年	2000 年	2005 年	2010 年
中国	49.51	49.32	52.38	53.10
南非	69.18	66.94	65.92	69.64
印度	47.29	50.42	56.49	58.49
俄罗斯	71.29	80.20	82.55	79.29
巴西	59.13	55.39	56.58	65.18
泰国	47.45	50.96	55.49	56.73
印度尼西亚	63.87	65.49	66.17	69.73
菲律宾	54.33	53.35	58.87	64.33
美国	53.78	54.97	57.23	59.18
英国	57.90	59.60	62.33	62.46
法国	53.55	53.44	55.95	55.03
德国	56.38	56.78	59.47	60.61
日本	57.83	58.92	60.84	64.10
韩国	56.57	57.63	63.40	65.31

资料来源:根据 OECD-TiVa 数据整理计算得到。

　　各国都在积极参与中间品贸易,尤其是发展中国家,在全球贸易中占比越来越高,而出口中附加值比例影响着一国参与国际贸易能够为该国带来的经济效应。附加值越高,处于全球价值链的越上游位置,越能够带动国内劳动力的就业以及改善收入水平。表 6.3 展示了 OECD-TiVa 数据库中 61 个国家按照中间品、最终品分类的出口中附加值比例情况,第三行是中国历年来附加值占比情况,后面所列国家是按照 2010 年各国人均 GDP 从高到低顺序排列的。首先,每个国家不管是中间品出口还是最终品出口的附加值比例都与该国人均 GDP 水平没有直接的相关关系,而是与该国生产、贸易结构等其他方面的结构相关,以石油出口为主的沙特,其中间品出口附加值比例在 2010 年高达 86.3%,而最终品出口附加值比例 2010 年仅有 9.8%,是所有 61 个国家中最低的。其次,各国中间品出口附加值比例变动情况不存在明显一致的规律,但最终品出口附加值比例大多呈现下降趋势。最后,中国中间品出口附加值 2000 年以后显著上升,但最终品出口附加值则表现出下降趋势,2010 年中国中间品和最终品出口附加值比例水平相近,分别为 35.3% 和 32.7%。

表 6.3 各国出口附加值占比情况 单位:%

	中间品出口附加值占比				最终品出口附加值占比			
	1995 年	2000 年	2005 年	2010 年	1995 年	2000 年	2005 年	2010 年
中国	32.7	29.9	31.8	35.3	36.3	34.2	30.8	32.7
卢森堡	35.5	28.4	27.1	25.0	23.5	18.5	18.2	17.5
挪威	59.6	66.6	67.2	66.8	20.5	17.2	16.9	15.4
瑞士	46.0	44.9	42.7	46.4	36.4	34.0	31.6	31.7
丹麦	41.2	42.3	44.1	42.7	35.7	31.6	28.2	27.2
瑞典	45.0	43.1	43.8	45.3	28.8	27.8	27.2	25.9
澳大利亚	56.3	53.6	60.3	66.0	31.8	30.7	27.7	21.2
荷兰	43.6	44.8	48.2	47.3	29.7	25.1	23.9	23.1
爱尔兰	34.2	33.9	34.9	34.1	27.4	23.4	23.3	22.3
美国	47.7	48.1	49.9	51.4	40.9	39.3	37.1	35.3
加拿大	48.6	44.6	49.8	52.7	27.2	28.6	26.8	23.8
奥地利	41.5	41.7	41.7	42.5	37.2	33.6	32.0	31.3
新加坡	31.9	33.5	38.5	37.1	26.1	21.2	21.7	21.7
芬兰	49.2	44.6	44.4	45.9	26.8	24.8	23.9	22.3
日本	54.5	54.5	53.8	55.6	39.9	38.1	35.1	31.7
比利时	41.2	40.0	43.5	44.3	27.8	25.7	25.4	25.1
德国	48.1	45.5	46.9	46.5	37.1	34.4	31.8	30.2
冰岛	39.7	39.3	38.6	41.1	41.5	36.4	32.4	27.7
法国	44.4	41.3	42.9	41.9	38.5	35.9	33.7	34.4
英国	47.7	49.4	52.2	49.7	34.1	32.6	30.8	29.3
意大利	40.5	39.9	41.8	41.0	42.4	40.2	36.2	34.2
文莱	82.5	88.8	88.9	86.4	10.2	5.9	6.5	9.1
新西兰	40.6	40.2	40.9	42.4	42.6	37.6	43.3	41.3
塞浦路斯	33.1	32.9	35.9	37.8	46.0	45.0	42.2	40.7
西班牙	37.5	35.4	37.0	39.6	43.4	38.9	36.8	35.6
以色列	38.6	39.7	39.6	43.1	39.1	39.6	34.6	33.5
希腊	33.9	31.7	37.2	39.1	49.9	44.4	41.5	39.2
斯洛文尼亚	34.9	34.2	35.6	37.8	32.8	29.3	26.6	27.4
葡萄牙	33.9	32.5	34.3	35.3	38.9	37.5	34.1	33.3
韩国	43.4	39.8	41.9	38.9	34.3	30.6	25.2	21.9
马耳他	20.0	21.8	27.5	33.3	30.0	24.8	27.2	27.4
捷克	40.3	35.0	33.1	32.1	29.3	26.4	24.5	24.1
沙特	86.1	87.7	87.3	86.3	9.7	8.7	9.0	9.8
斯洛伐克	39.8	33.8	32.6	32.1	28.4	22.1	20.3	22.2
爱沙尼亚	32.7	31.2	33.5	39.9	30.6	24.3	23.8	27.3
克罗地亚	35.9	31.1	27.4	26.9	43.4	48.4	51.8	53.4
匈牙利	33.4	23.8	28.0	29.3	36.6	24.7	24.1	22.1
智利	62.0	54.4	62.3	65.9	23.9	23.9	18.8	16.3

单位：% （续表）

	中间品出口附加值占比				最终品出口附加值占比			
	1995 年	2000 年	2005 年	2010 年	1995 年	2000 年	2005 年	2010 年
波兰	46.8	38.1	39.4	39.2	37.2	38.1	32.4	29.6
立陶宛	40.6	41.9	44.2	44.4	34.8	36.1	37.6	32.3
拉脱维亚	46.7	49.3	49.1	47.9	30.7	23.9	24.3	25.8
巴西	54.3	49.1	49.9	58.3	37.9	39.5	38.4	31.2
俄罗斯	62.3	65.4	72.0	69.2	24.0	16.4	15.0	17.8
土耳其	38.9	33.0	31.3	35.3	52.2	54.1	47.8	42.1
阿根廷	45.6	49.5	47.7	45.7	48.7	44.2	39.1	41.4
马来西亚	42.2	33.2	33.1	36.8	27.4	19.1	21.0	21.6
墨西哥	43.5	37.7	40.1	41.6	29.2	28.0	26.9	24.0
罗马尼亚	44.3	46.7	42.7	45.7	34.6	30.4	29.4	32.4
哥斯达黎加	38.1	34.8	34.8	39.0	39.9	38.7	36.6	33.7
南非	60.0	55.0	53.1	57.1	26.9	27.3	27.5	25.0
保加利亚	41.8	35.0	33.5	33.8	28.2	31.0	34.5	30.2
哥伦比亚	60.2	62.1	57.7	69.1	31.4	28.7	30.2	22.9
泰国	34.6	33.3	34.2	35.0	41.2	34.8	29.0	28.5
秘鲁	66.3	63.9	66.7	72.5	23.8	25.4	21.0	15.7
突尼斯	33.3	34.9	35.2	36.7	42.1	40.7	36.6	32.9
印度尼西亚	56.9	55.0	56.0	62.5	31.2	28.1	27.9	26.4
摩洛哥	25.2	26.4	28.8	33.8	56.0	48.8	46.8	42.6
菲律宾	37.5	34.8	35.2	46.0	32.7	32.2	26.9	26.5
印度	42.5	44.0	45.9	44.6	48.2	44.7	36.7	33.1
越南	40.5	40.2	38.6	34.2	37.9	32.6	30.5	31.1
缅甸	49.5	23.7	20.7	23.8	37.7	39.3	37.1	38.8

资料来源：根据 OECD-TiVa 数据整理计算得到。

经过前述数据分析，可以看出近年来全球贸易发展具备一定的结构性特征，首先，以出口国内附加值为代表的国际贸易增长迅速，蓬勃发展；其次，国际贸易中，中间品贸易占比越来越高，对国际贸易格局影响逐步增大；最后，最终品出口附加值占比逐年下降，中间品出口附加值占比变动各国各不相同。在这个过程中，中国出口国内附加值 2010 年达到世界第二，且保持着两位数的年均增速，中间品贸易占比及附加值占比也快速提升，这也为"一带一路"倡议推进国际合作提供了一系列的借鉴和参考。

（二）中国各类型劳动力收入变动分析

此部分使用世界投入产出数据库（WIOD）的社会经济账户数据（SEA），根据该数据库最新的 2014 年数据分析 43 个国家各行业的劳动力收入状况，从而更进一步探究全球价值链上附加值中各部门的收入分配情况。WIOD 数据库将劳动力按照技能水平分为三类，分别为高技能劳动力、中技能劳动力和低技能劳动力。不同技能水平的劳动力在不同行业的收入情况也各不相同。

如图 6.2 所示,以中国为例,从单位时间收入情况看,高技能劳动力每小时收入最高,同时从 1995 年到 2009 年,这部分劳动力的收入增长最快。从分行业情况看,农业中不同教育水平的劳动力收入都表现出增长的趋势,与总体情况一致,但与总体不一致的是农业领域中低技能劳动力收入增长最快。具体来看,农业中的低技能劳动力收入与总体行业平均水平相同,2009 年均为 7.1 元/小时,但农业中的中技能和高技能劳动力的收入水平远远低于总体中相应劳动力的收入水平,其中农业中的中技能劳动力收入为 7.9 元/小时,总体为 11.2 元/小时,农业高技能劳动力收入为 10.1 元/小时,而总体为 19.5 元/小时。农业各类型劳动力收入在 1995—2004 年间未有明显增长,甚至在某些年份中出现了下降的趋势。2004 年之后各类劳动力收入开始增长,但低技能劳动力每小时收入增长最快,从 1995 年的 2.1 元/小时增长到 2009 年的 7.1 元/小时,增长了 2.4 倍。总体来看,高技能劳动力每小时收入增长最快,从 1995 年的 4.5 元/小时增长到 2009 年的 19.5 元/小时,增长了 3.3 倍。

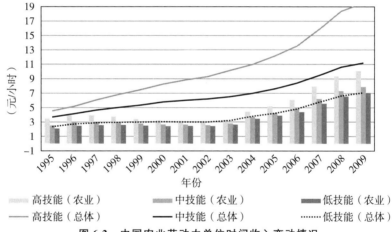

图 6.2 中国农业劳动力单位时间收入变动情况

资料来源:根据 WIOD-SEA 数据整理计算得到。

从各类劳动力工作时间占比上看,简单选取中国总体、农业、第二产业的服装纺织和运输设备、第三产业的零售和教育进行对比分析。从总体来看,中国低技能劳动力工作时长所占比例最高,但 1995—2009 年该比例下降明显,从 72.4% 下降到了 62.1%,中技能劳动力工作时间占比提升较多,2009 年为 31.4%。从分行业情况看,农业低技能劳动力占比极高,远远高于经济总体的平均水平。虽然有所下降,但 2009 年仍占 94.3%,高技能劳动力占比非常低,且还有下降趋势,仅占不到 0.1%。第二产业选择轻工业的服装纺织和重工业的运输设备进行对比。服装纺织行业低技能劳动力工作时长占比先下降,在 2003 年开始上升,2009 年至 68.2%,高技能劳动力工作时长占比变化不大,中技能劳动力占比与低技能变动趋势相反,2009 年至 30.4%。

而运输设备则呈现不同的规律,中技能劳动力工作时长占比最高,2009 年达到 49.3%,低技能占比仅次于中技能,为 43.3%,而高技能相较于服装纺织占比较高,为 7.3%。第三产业选择零售和教育进行对比,这两个部门中高技能工作时长占比都是最高,2009 年零售业达到 67.2%,教育达到 52.9%,低技能劳动力工作时长占比都较低,零售和教育分别为 10.0% 和 7.9%。

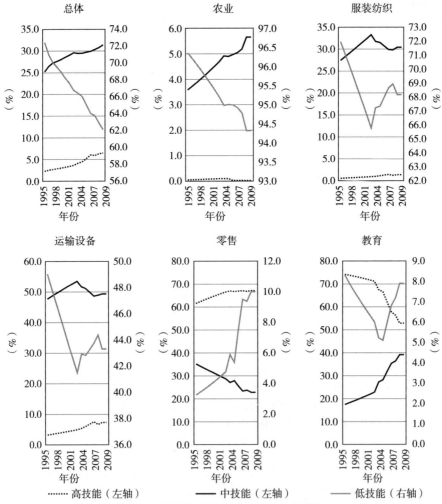

图 6.3　分行业劳动力工作时长占比情况
资料来源:根据 WIOD-SEA 数据整理计算得到。

　　本章主要研究中间品贸易、附加值等对各类劳动力收入的影响,因而接下来具体研究总收入中各类劳动力收入占比情况。从中国经济总体各劳动力占比来看(见表 6.4),高技能劳动力收入占比近几年逐步提升,但仍居于最低水平,2009 年仅为 13.7%,低技能劳动力收入占比逐步下降,2009 年至 47.9%。

表 6.4　各类型劳动力收入占比变动趋势　　　　　　　　　单位：%

年份	高技能	中技能	低技能
1995	3.8	34.1	62.1
1996	4.1	34.9	61.0
1997	4.7	36.7	58.6
1998	5.3	38.2	56.5
1999	6.0	39.8	54.2
2000	6.6	41.5	51.8
2001	7.4	42.8	49.8
2002	8.1	44.0	47.9
2003	9.3	43.0	47.7
2004	9.7	40.7	49.6
2005	11.2	40.1	48.7
2006	12.7	39.2	48.1
2007	12.5	38.4	49.1
2008	13.4	38.0	48.6
2009	13.7	38.3	47.9

资料来源：根据 WIOD-SEA 数据整理计算得到。

从具体行业来看，各个行业劳动力收入结构存在较大差异。总体看来，如表 6.5 和表 6.6 所示，高技能劳动力收入占比最高的是第三产业的邮电、金融中介、教育等行业，而占比最低的则是农业，占比在 0.1% 以下。第二产业中，化学制品、光电设备、运输设备、电气水等重工业中高技能劳动力收入占比相对较高。农业在研究样本期间内，高技能劳动力收入占比 1995 年已处于极低水平(0.1%)并逐年下降。第二产业各个行业的高技能劳动力收入占比在 1995—2009 年间都呈现逐年上升的趋势。具体而言，采矿业从 1995 年的 1.5% 上升至 2009 年的 5.6%，这一占比在第二产业中仍处于较低位置；食品饮料烟草、基本金属制造分别从 1995 年的 2.3%、2.6% 上升至 2009 年的 6.1%、6.7%；纺织服装在第二产业中高技能劳动力收入占比最低，从 1995 年的 0.8% 上升至 2009 年的 2.1%；造纸印刷和橡胶塑料的高技能劳动力收入占比也较低，分别从 1995 年均为 1.5% 上升至 2009 年的 4.0% 和 3.9%；化学制品高技能劳动力收入占比相对较高，从 1995 年的 4.2% 上升至 2009 年的 10.7%；设备制造(包括机械设备、光电设备、运输设备)高技能劳动力收入占比较高，分别从 1995 年的 3.4%、4.8%、4.2% 上升至 2009 年的 8.7%、12.1%、10.6%；电气水是第二产业中高技能劳动力收入占比最高的行业，从 1995 年的 7.2% 上升至 2009 年的 21.7%；建筑行业高技能占比较低，从 1995 年的 2.1% 上升至 2009 年的 4.8%。

这表明在研究样本期间内，第二产业的劳动力收入结构有了明显提升，这也伴随着该行业附加值的增长,同时产业内部各行业高技能劳动力收入占比的相对状况并未发生变化,1995年占比最低的纺织服装在2009年仍然最低,相反电气水始终处于最高水平。

表6.5 高技能劳动力收入占比(第一、第二产业) 单位:%

年份	农业	采矿	食品饮料烟草	纺织服装	造纸印刷	化学制品	橡胶塑料	基本金属制造	机械设备	光电设备	运输设备	电气水	建筑
1995	0.1	1.5	2.3	0.8	1.5	4.2	1.5	2.6	3.4	4.8	4.2	7.2	2.1
1996	0.1	1.6	2.5	0.9	1.6	4.5	1.6	2.8	3.6	5.2	4.5	7.7	2.3
1997	0.1	1.7	2.7	0.9	1.7	4.8	1.7	3.0	3.9	5.5	4.8	8.1	2.5
1998	0.1	1.8	2.9	1.0	1.9	5.2	1.8	3.2	4.1	5.9	5.2	8.6	2.6
1999	0.1	1.9	3.1	1.1	2.0	5.5	2.0	3.4	4.4	6.3	5.5	9.2	2.8
2000	0.1	2.1	3.3	1.1	2.1	5.9	2.1	3.6	4.7	6.7	5.9	9.7	3.0
2001	0.1	2.2	3.5	1.2	2.3	6.3	2.3	3.9	5.1	7.2	6.3	10.3	3.2
2002	0.1	2.4	3.8	1.3	2.5	6.7	2.4	4.2	5.4	7.6	6.7	10.9	3.5
2003	0.1	4.4	4.1	1.4	2.7	7.3	2.7	4.6	5.9	8.4	7.3	11.5	4.6
2004	0.1	4.3	4.7	1.7	3.1	8.4	3.1	5.2	6.8	9.5	8.3	10.8	5.1
2005	0	5.2	5.5	1.9	3.6	9.6	3.5	6.0	7.8	10.9	9.6	17.0	4.7
2006	0	6.1	6.2	2.2	4.0	10.9	4.0	6.8	8.8	12.3	10.8	22.7	4.3
2007	0	5.8	6.1	1.9	3.6	9.7	3.6	6.1	7.9	11.0	9.7	22.0	4.2
2008	0	5.6	6.1	2.1	4.0	10.7	3.9	6.7	8.7	12.1	10.6	21.7	4.8
2009	0	5.6	6.1	2.1	4.0	10.7	3.9	6.7	8.7	12.1	10.6	21.7	4.8

资料来源:根据 WIOD-SEA 数据整理计算得到。

第三产业的高技能劳动力收入占比平均来看在三次产业中最高。酒店餐饮异于其他第三产业的部门,高技能劳动力收入占比较低,从1995年的1.3%上升至2009年的5.1%。零售业、批发贸易、房地产在第三产业中高技能劳动力收入相对较少,分别从1995年的3.9%、7.3%、7.6%上升至2009年的15.0%、25.8%、13.6%,相较于其他行业,房地产的高技能劳动力收入增长较少,该行业的劳动力收入结构优化程度低于其他行业。邮电、金融中介、并购租赁、公共管理与社会保障、教育、卫生等行业在1995年高技能劳动力收入占比即为两位数,2009年均有不同程度的提升,分别为44.6%、32.3%、33.2%、28.0%、49.4%、28.5%。

综上所述,除了农业,三次产业的高技能劳动力收入均呈现显著的上升趋势,在研究期间内各行业劳动力收入结构有了显著的优化提升,占比最高的教育、邮电行业高技能劳动力收入占比超过了40%。

表 6.6　高技能劳动力收入占比(第三产业)　　　　　　　　单位:%

年份	批发贸易	零售业	酒店餐饮	邮电	金融中介	房地产	并购租赁	公共管理与社会保障	教育	卫生
1995	7.3	3.9	1.3	20.3	11.3	7.6	14.8	11.7	20.3	13.0
1996	7.9	4.3	1.5	21.5	11.9	8.2	16.0	12.6	21.5	13.9
1997	8.6	4.6	1.6	22.8	12.6	8.9	17.3	13.5	22.6	14.8
1998	9.2	5.0	1.7	24.0	13.2	9.6	18.6	14.5	23.8	15.8
1999	9.9	5.4	1.9	25.3	13.9	10.4	19.9	15.4	24.9	16.7
2000	10.6	5.8	2.0	26.6	14.6	11.2	21.3	16.4	26.1	17.7
2001	11.4	6.2	2.2	27.9	15.3	12.0	22.7	17.5	27.3	18.7
2002	12.1	6.6	2.4	29.3	16.1	12.9	24.2	18.5	28.6	19.8
2003	15.1	8.3	2.3	30.3	21.3	12.9	30.6	19.7	34.1	19.2
2004	14.0	7.7	3.9	31.0	25.5	14.9	26.9	23.7	35.7	19.5
2005	19.5	11.0	4.7	35.4	27.6	15.0	30.1	25.8	40.2	23.8
2006	24.3	14.0	5.6	39.5	29.3	15.1	33.3	27.9	44.7	28.1
2007	24.3	14.0	4.0	42.0	27.9	15.3	31.3	25.6	46.4	26.7
2008	25.8	15.0	5.1	44.6	32.3	13.6	33.2	28.0	49.4	28.5
2009	25.8	15.0	5.1	44.6	32.3	13.6	33.2	28.0	49.4	28.5

资料来源:根据 WIOD-SEA 数据整理计算得到。

中技能劳动力收入大体表现为先上升后下降的趋势,样本期末水平较期初略有上升。具体来看,如表 6.7 和表 6.8 所示,农业在中技能劳动力收入占比中仍然最低,从1995 年的 4.3% 上升至 2009 年的 6.3%。第二产业中,除了纺织服装,其余行业的中技能劳动力收入水平 1995 年在 40% 左右,2009 年均略有上升,但仍处于 45% 左右。电气水占比最高,2009 年为 60.3%,纺织服装由 1995 年的 29.6% 上升至 2009 年的33.7%,是第二产业中技能劳动力收入占比最少的行业。

表 6.7　中技能劳动力收入占比(第一、第二产业)　　　　　　单位:%

年份	农业	采矿	食品饮料烟草	纺织服装	造纸印刷	化学制品	橡胶塑料	基本金属制造	机械设备	光电设备	运输设备	电气水	建筑
1995	4.3	40.4	40.1	29.6	39.3	46.6	35.4	40.8	43.1	45.3	48.1	56.9	37.2
1996	4.4	41.5	41.2	30.5	40.4	47.7	36.4	41.8	44.2	46.4	49.3	57.9	38.2
1997	4.5	42.7	42.3	31.4	41.5	48.8	37.4	42.9	45.3	47.5	50.4	58.9	39.2
1998	4.6	43.8	43.4	32.3	42.6	49.9	38.4	44.0	46.4	48.5	51.5	59.9	40.3
1999	4.6	44.9	44.5	33.2	43.7	51.0	39.5	45.2	47.5	49.6	52.6	60.8	41.3
2000	4.7	46.0	45.6	34.2	44.8	52.1	40.6	46.3	48.6	50.7	53.7	61.6	42.4
2001	4.8	47.2	46.7	35.2	46.0	53.1	41.6	47.4	49.7	51.7	54.8	62.5	43.5
2002	4.9	48.3	47.8	36.2	47.1	54.2	42.7	48.5	50.8	52.7	55.8	63.2	44.6

单位:%　（续表）

年份	农业	采矿	食品饮料烟草	纺织服装	造纸印刷	化学制品	橡胶塑料	基本金属制造	机械设备	光电设备	运输设备	电气水	建筑
2003	5.2	45.1	46.0	34.7	45.3	52.1	41.0	46.6	48.8	50.6	53.7	63.6	43.4
2004	5.2	37.9	45.7	34.6	45.1	51.6	40.8	46.3	48.4	50.1	53.2	63.5	40.8
2005	5.4	44.1	44.6	33.8	44.0	50.2	39.9	45.1	47.1	48.6	51.8	62.1	43.9
2006	5.5	49.7	43.5	33.0	43.0	48.8	38.9	44.0	45.9	47.2	50.3	60.5	46.8
2007	5.8	48.5	43.7	33.1	43.2	49.2	39.1	44.2	46.2	47.7	50.8	60.8	43.8
2008	6.3	48.4	44.3	33.7	43.9	49.7	39.7	44.8	46.7	48.1	51.2	60.3	42.6
2009	6.3	48.4	44.3	33.7	43.9	49.7	39.7	44.8	46.7	48.1	51.2	60.3	42.6

资料来源:根据 WIOD-SEA 数据整理计算得到。

第三产业的中技能劳动力收入占比在 1995 年绝大多数在 50％以上,研究期间内略有下降。并购租赁、房地产占比最低,1995 年分别为 44.9％、49.6％,2009 年分别下降为 35.5％、44.2％。1995 年金融中介、教育行业最高,分别为 86.7％、70.7％,2009 年下降至 66.5％、44.9％。零售业、酒店餐饮中技能劳动力收入异于其他行业,略有上升,分别由 1995 年的 61.2％、50.8％上升至 2009 年的 67.6％、62.0％,零售业在 2009 年各行业中占比最高。2009 年各行业中技能劳动力收入占比相对水平与 1995 年相比发生变化,零售业取代金融中介,成为最高。

表 6.8　中技能劳动力收入占比(第三产业)　　　　单位:%

年份	批发贸易	零售业	酒店餐饮	邮电	金融中介	房地产	并购租赁	公共管理社会保障	教育	卫生
1995	57.9	61.2	50.8	64.6	86.7	49.6	44.9	60.3	70.7	67.7
1996	59.1	62.6	52.3	64.6	86.2	50.8	45.8	61.1	70.4	68.1
1997	60.2	63.9	53.8	64.5	85.8	51.9	46.6	61.8	70.0	68.5
1998	61.2	65.1	55.3	64.3	85.2	53.0	47.4	62.5	69.5	68.8
1999	62.1	66.3	56.7	64.0	84.7	54.1	48.0	63.0	69.0	69.0
2000	63.0	67.4	58.2	63.7	84.1	55.0	48.6	63.5	68.3	69.1
2001	63.8	68.4	59.6	63.2	83.5	56.0	49.1	63.9	67.6	69.1
2002	64.6	69.2	60.9	62.7	82.9	56.8	49.5	64.1	66.9	69.1
2003	63.9	69.6	60.0	61.8	77.7	59.7	51.1	62.7	62.1	70.8
2004	63.6	68.9	58.3	59.9	69.6	59.3	53.3	59.7	60.5	70.0
2005	61.8	68.6	60.9	56.0	69.8	54.6	47.8	56.3	55.4	66.6
2006	60.0	68.1	63.2	52.3	69.6	49.9	42.4	53.0	50.3	63.2
2007	59.3	67.4	62.8	49.8	70.9	47.2	37.6	53.8	48.3	64.7
2008	59.1	67.6	62.0	48.1	66.5	44.2	35.5	51.5	44.9	63.2
2009	59.1	67.6	62.0	48.1	66.5	44.2	35.5	51.5	44.9	63.2

资料来源:根据 WIOD-SEA 数据整理计算得到。

低技能劳动力收入占比呈现下降趋势,其中第一、二产业低技能收入占比较高。具体来看,如表6.9和表6.10所示,农业从1995年的95.6%略微下降到2009年的93.7%,但仍占极大比例,同时也是各行业中低技能劳动力收入占比最高的行业,结合前文农业低技能劳动力工作时长占比下降,可知农业中低技能劳动力单位时间收入上升,但总体无论是从工作时间还是收入上来看,占比仍是劳动力中最多的部分,且远高于其他技能劳动力,因而农业领域的劳动力结构还有很大的升级优化空间。第二产业低技能劳动力收入占比稍低于第一产业,其中纺织服装、橡胶塑料、建筑占比最高,但在研究期间内均有下降,从1995年均占60%以上(分别为69.6%、63.1%、60.7%),降至2009年的64.1%、56.3%、52.6%。其中纺织服装下降最少,占比仍在60%以上。第二产业其余行业2009年低技能劳动力收入占比大多数在45%,电气水行业最低,仅占17.9%。

表6.9　低技能劳动力收入占比(第一、第二产业)　　　　　　　　　单位:%

年份	农业	采矿	食品饮料烟草	纺织服装	造纸印刷	化学制品	橡胶塑料	基本金属制造	机械设备	光电设备	运输设备	电气水	建筑
1995	95.6	58.1	57.6	69.6	59.2	49.2	63.1	56.7	53.6	49.9	47.6	35.9	60.7
1996	95.5	56.9	56.3	68.7	58.0	47.8	62.0	55.4	52.2	48.5	46.2	34.4	59.5
1997	95.4	55.7	55.0	67.7	56.8	46.4	60.9	54.1	50.9	47.0	44.8	32.9	58.3
1998	95.3	54.4	53.7	66.7	55.6	44.9	59.7	52.8	49.5	45.6	43.3	31.5	57.1
1999	95.2	53.1	52.4	65.7	54.3	43.5	58.5	51.4	48.1	44.1	41.9	30.0	55.8
2000	95.2	51.9	51.1	64.7	53.0	42.0	57.3	50.1	46.7	42.6	40.4	28.6	54.6
2001	95.1	50.6	49.8	63.6	51.7	40.6	56.1	48.7	45.3	41.1	39.0	27.3	53.3
2002	95.0	49.3	48.4	62.5	50.4	39.1	54.8	47.4	43.8	39.7	37.5	25.9	51.9
2003	94.7	50.4	49.9	63.9	52.0	40.5	56.4	45.3	41.0	41.0	39.0	24.9	52.0
2004	94.6	57.7	49.6	63.8	51.9	40.0	56.1	48.5	44.9	40.4	38.5	25.7	54.1
2005	94.6	50.7	50.0	64.3	52.4	40.2	56.6	48.9	45.1	40.5	38.7	20.9	51.4
2006	94.4	44.2	50.4	64.8	52.9	40.3	57.1	47.6	45.5	40.5	38.4	16.8	48.9
2007	94.2	45.7	50.8	65.0	53.2	41.1	57.4	49.7	46.0	41.3	39.6	17.1	52.0
2008	93.7	46.0	49.6	64.1	52.1	39.6	56.3	48.5	44.6	39.8	38.2	17.9	52.6
2009	93.7	46.0	49.6	64.1	52.1	39.6	56.3	48.5	44.6	39.8	38.2	17.9	52.6

资料来源:根据WIOD-SEA数据整理计算得到。

第三产业的低技能劳动力收入占比在三次产业中最低,多数行业均呈现下降趋势,但房地产、并购租赁略有不同,在2005年低技能收入占比明显回升,2009年分别占42.2%、31.3%。从各行业相对占比大小来看,酒店餐饮、房地产、并购租赁行业占比较高,与第二产业平均水平相近,2009年分别为32.9%、42.2%、31.3%,其余行业占比均在20%以下。金融中介、教育占比最低,2009年分别为1.2%、5.7%。

表 6.10   低技能劳动力收入占比(第三产业)   单位:%

年份	批发贸易	零售业	酒店餐饮	邮电	金融中介	房地产	并购租赁	公共管理与社会保障	教育	卫生
1995	34.8	34.8	47.9	15.1	2.0	42.8	40.2	28.0	8.9	19.3
1996	33.0	33.2	46.2	13.9	1.8	41.0	38.2	26.3	8.1	17.9
1997	31.3	31.5	44.6	12.7	1.7	39.2	36.1	24.6	7.4	16.6
1998	29.6	29.9	43.0	11.7	1.5	37.3	34.0	23.0	6.7	15.4
1999	27.9	28.4	41.4	10.7	1.4	35.5	32.0	21.5	6.1	14.3
2000	26.4	26.9	39.8	9.7	1.3	33.7	30.1	20.1	5.5	13.2
2001	24.8	25.4	38.2	8.9	1.1	32.0	28.2	18.7	5.0	12.1
2002	23.3	24.0	36.7	8.1	1.0	30.3	26.3	17.3	4.5	11.2
2003	21.0	22.1	37.7	7.9	1.0	27.5	18.3	17.6	3.9	10.1
2004	22.4	23.4	37.8	9.0	4.9	25.8	19.8	16.6	3.8	10.5
2005	18.7	20.4	34.3	8.6	2.7	30.4	22.1	17.9	4.4	9.6
2006	15.8	17.9	31.2	8.2	1.1	35.0	24.3	19.1	5.0	8.7
2007	16.4	18.5	33.2	8.2	1.2	37.5	31.1	20.6	5.3	8.6
2008	15.2	17.4	32.9	7.3	1.2	42.2	31.3	20.5	5.7	8.3
2009	15.2	17.4	32.9	7.3	1.2	42.2	31.3	20.5	5.7	8.3

资料来源:根据 WIOD-SEA 数据整理计算得到。

总体来看,各行业的劳动力收入结构有明显的优化升级趋势,即高技能劳动力收入占比提升,低技能劳动力占比逐年下降,但农业仍是所有行业中劳动力结构最有待改善的行业,其低技能劳动力仍是劳动力要素投入中最主要的部分,这也意味着中国农业的附加值目前仍处于较低水平,有很大的提升空间。第二产业中的以设备制造为代表的高端制造业劳动力技能水平较高,但纺织服装等轻工业,仍较多进行原材料加工、代工等附加值较低的生产。第三产业是高技能收入占比最高、低技能收入占比最低的行业,尤其以金融中介、教育、邮电为代表。因此,从劳动力的收入结构也侧面反映中国在各产业发展中的状态,农业最为滞后,轻工业附加值较低,重工业已经在逐步提升的路径上,第三产业较为发达。

(三)世界主要国家劳动力收入变动对比分析

前一小节从劳动力的工作时长、收入等方面分析比较了中国各行业的发展状况,本小节主要关注世界其他主要发达国家劳动力收入是什么样的结构,以及中国处于何种位置。对这一问题的深入分析,有助于从劳动力要素投入和产出的视角认清中国所处的位置,为后面的实证分析进行铺垫。

本小节仍然使用世界投入产出数据库的社会经济账户数据,选取巴西、印度尼西亚、印度、墨西哥、俄罗斯等主要发展中国家,以及美国、德国、英国、日本、韩国等主要发达国家作为研究对象,对比分析其各类型劳动力收入占比的变动情况。

如表6.11所示,除了墨西哥,其他各国在研究期间高技能劳动力收入占比均有不同程度的上升。墨西哥在2004年之前高技能收入占比在29.0%左右的水平小幅波动,2004年之后其高技能收入占比逐步下降,2009年为25.7%。同时发展中国家的高技能劳动力收入占比显著低于发达国家,发展中国家的巴西最高,2009年占比为34.3%,而发达国家韩国最高,2009年占比为60.9%,远远高于发展中国家水平。中国在1995年高技能劳动力收入占比仅为3.8%,是所选取国家中占比最低的,随后15年有了显著提升,至2009年为13.7%,上升了2.59倍,增速远高于其他国家。

表6.11 各国高技能劳动收入占比变动情况 单位:%

年份	中国	巴西	印度尼西亚	印度	墨西哥	俄罗斯	美国	德国	英国	日本	韩国
1995	3.8	29.4	15.1	17.7	29.6	22.5	40.7	32.3	32.6	29.2	44.1
1996	4.1	29.8	14.4	17.6	29.2	22.6	41.1	32.3	33.6	29.5	46.2
1997	4.7	30.1	13.9	18.2	29.0	22.6	41.9	32.4	35.2	30.1	47.6
1998	5.3	30.5	14.2	19.2	29.1	22.6	43.0	34.6	37.3	31.1	50.9
1999	6.0	30.9	13.2	19.6	29.2	23.6	42.9	33.9	38.7	31.8	51.6
2000	6.6	31.3	17.4	21.6	29.1	24.2	44.6	34.0	40.6	32.6	51.4
2001	7.4	31.7	17.6	23.0	29.1	25.1	45.3	34.5	41.2	33.9	55.0
2002	8.1	32.1	17.4	24.7	29.3	25.9	45.2	35.8	42.1	35.2	56.9
2003	9.3	32.2	18.2	26.2	29.5	26.7	45.7	38.2	42.0	35.8	57.5
2004	9.7	32.3	18.5	27.3	29.4	27.0	47.4	38.9	41.7	36.5	57.9
2005	11.2	32.4	23.7	27.3	27.2	27.8	47.7	38.3	42.2	37.2	60.3
2006	12.7	32.9	26.6	27.3	25.6	27.8	48.8	38.4	43.2	37.2	60.5
2007	12.5	33.4	29.3	27.3	25.8	27.8	48.9	38.5	44.3	37.2	60.7
2008	13.4	33.8	28.8	27.3	25.7	27.8	50.0	39.5	45.3	37.2	60.7
2009	13.7	34.3	29.4	27.3	25.7	27.8	50.7	40.9	45.9	37.2	60.9

资料来源:根据WIOD-SEA数据整理计算得到。

如表6.12所示,大多数国家的中技能劳动力收入占比都保持在原本水平左右,墨西哥则表现出明显的上升,从1995年的47.9%上升至2009年的60.1%,印度尼西亚在2004年以后明显下降,2009年为24.4%。结合前述分析,墨西哥在研究期间,中技能劳动力收入替代了高技能劳动力,而印度尼西亚恰好相反,高技能劳动力收入占比提升了14.3%,替代了中低技能劳动力。发展中国家和发达国家在中技能劳动力收入情况上没有明显区别。中国的此部分劳动力收入占比在所选国家中处于中间水平,低于占比较高的俄罗斯(68.5%)、墨西哥(60.1%),高于占比较低的印度尼西亚(24.4%)、韩国(33.1%),2009年占比为38.3%。

表 6.12　各国中技能劳动收入占比变动情况　　　　　　　　　　　单位:%

年份	中国	巴西	印度尼西亚	印度	墨西哥	俄罗斯	美国	德国	英国	日本	韩国
1995	34.1	31.2	29.9	36.2	47.9	71.6	52.8	57.5	39.7	58.2	40.5
1996	34.9	31.7	29.6	36.9	49.4	71.5	52.7	57.8	39.7	58.6	40.1
1997	36.7	32.3	31.0	38.0	50.7	71.6	51.5	57.9	41.1	58.8	39.6
1998	38.2	32.8	30.9	39.2	50.7	71.6	51.2	56.1	40.7	58.8	38.0
1999	39.8	33.3	30.1	40.1	50.7	70.8	51.2	56.3	40.1	58.6	37.5
2000	41.5	33.9	29.1	39.5	51.0	70.4	49.7	55.9	39.1	58.8	38.1
2001	42.8	34.4	29.0	38.5	52.5	69.9	49.2	55.3	38.5	58.4	36.2
2002	44.0	34.9	30.9	37.6	52.9	69.3	49.0	54.3	38.5	57.7	35.4
2003	43.0	35.8	32.0	36.8	53.4	68.9	48.4	52.0	40.1	57.9	35.2
2004	40.7	36.7	33.1	36.0	54.2	69.1	47.3	52.4	41.3	57.4	35.5
2005	40.1	37.5	29.2	36.0	56.3	68.5	47.1	51.9	41.3	57.0	33.6
2006	39.2	38.1	27.2	36.0	59.4	68.5	46.0	51.9	40.7	57.0	33.4
2007	38.4	38.7	25.2	36.0	59.6	68.5	46.2	52.3	39.6	57.0	33.3
2008	38.0	39.3	25.1	36.0	60.1	68.5	45.4	52.0	38.9	57.0	33.3
2009	38.3	40.0	24.4	36.0	60.1	68.5	45.0	51.0	39.2	57.0	33.1

资料来源:根据 WIOD-SEA 数据整理计算得到。

　　如表 6.13 所示,与高技能劳动力占比变动情况相反,各国低技能劳动力收入占比逐渐下降,但多数发展中国家占比明显高于发达国家,俄罗斯较为例外,是所有国家中低技能劳动力收入占比最低的国家,2009 年仅为 3.7%。2009 年发达国家除了英国(14.9%),低技能劳动力收入占比均在 10% 以下。中国占比最高,1995 年为 62.1%,经过数十年发展,下降明显,2009 年占比为 47.9%,比印度尼西亚(46.2%)仅高 1.7%。

表 6.13　各国低技能劳动收入占比变动情况　　　　　　　　　　　单位:%

年份	中国	巴西	印度尼西亚	印度	墨西哥	俄罗斯	美国	德国	英国	日本	韩国
1995	62.1	39.5	54.9	46.1	22.5	5.9	6.5	10.1	27.7	12.6	15.4
1996	61.0	38.5	55.9	45.5	21.4	5.9	6.2	9.9	26.6	11.9	13.7
1997	58.6	37.6	55.1	43.9	20.3	5.8	6.7	9.7	23.7	11.1	12.7
1998	56.5	36.7	54.9	41.7	20.2	5.9	5.8	9.3	22.0	10.1	11.1
1999	54.2	35.7	56.7	40.3	20.1	5.7	5.9	9.9	21.1	9.6	11.0
2000	51.8	34.8	53.5	39.0	19.8	5.5	5.7	10.1	20.3	8.6	10.5
2001	49.8	33.9	53.5	38.6	18.4	5.0	5.6	10.2	20.3	7.7	8.8
2002	47.9	33.0	51.7	37.7	17.8	4.8	5.8	9.9	19.4	7.1	7.7
2003	47.7	32.0	49.7	37.0	17.1	4.4	5.9	9.8	17.9	6.2	7.3
2004	49.6	31.0	48.4	36.7	16.5	3.9	5.3	8.6	17.0	6.1	6.6
2005	48.7	30.0	47.1	36.7	16.5	3.7	5.2	9.8	16.5	5.8	6.1

年份	中国	巴西	印度尼西亚	印度	墨西哥	俄罗斯	美国	德国	英国	日本	韩国
2006	48.1	29.0	46.2	36.7	15.0	3.7	5.1	9.6	16.1	5.8	6.1
2007	49.1	27.9	45.6	36.7	14.7	3.7	5.0	9.3	16.1	5.8	6.0
2008	48.6	26.8	46.1	36.7	14.2	3.7	4.6	8.6	15.8	5.8	6.0
2009	47.9	25.7	46.2	36.7	14.2	3.7	4.4	8.1	14.9	5.8	6.0

资料来源:根据 WIOD-SEA 数据整理计算得到。

综合来看,中国在所有国家中劳动力技能结构还相对落后,但研究样本的 15 年期间,中国的劳动力结构有大幅改善,低技能劳动力收入占比显著下降,高技能劳动力收入占比明显提升,虽然仍处于较为弱势的位置,但在这 15 年的迅速发展提升过程中积累了大量经验,因此中国主动提出"一带一路"倡议,与世界各国尤其是在上一轮全球化中被边缘化的国家分享经验。

本部分从中间品、附加值贸易和劳动力结构两方面对比分析了各国的发展变动趋势,研究样本期内各国不同技能劳动力收入结构有了显著的优化提升,同时中间品贸易在国际贸易中也扮演着越来越重要的角色,结合前文理论,中间品贸易的发展也伴随着全球片断化生产的深入发展,这种趋势对各国国内经济,尤其是劳动力、生产效率产生着深远影响,而这种影响在不同技能劳动力之间是否存在异质性将是本章接下来研究的问题。"一带一路"倡议是基于当前全球价值双环流的模型提出的,那么处于中间位置的中国通过与发达经济体、发展中经济体进行不同类型的贸易而形成的双环流对参与各方能够带来怎样的经济效应,这也是研究这一问题的关键。

三、双环流下"一带一路"的经济效应检验

（一）模型设定

本部分将构建模型,实证检验目前这种贸易模式对各国经济发展的影响。具体来说,检验随着全球片断化生产的深入,中间品出口、附加值比例的提升对各国就业、效率以及不同劳动力收入存在着怎样的影响。

假设生产中仅有劳动力和资本两种要素投入,按照柯布-道格拉斯生产函数形式,总产出为:

$$Y = AK^{\alpha}L^{\beta} \tag{1}$$

根据均衡条件,劳动力的报酬（工资）和资本的报酬（利息）分别等于劳动力和资本的边际产出,分别记为 W 和 R,公式为:

$$W = \alpha AK^{\beta}L^{\alpha-1} \tag{2}$$

$$R = \beta AK^{\beta-1}L^{\alpha} \tag{3}$$

在开放经济中,一国总产出还会受到国际因素的影响,本部分主要研究国际贸易中的中间品、附加值因素的经济效应,参考 Amiti & Wei(2004)将参数 A 设为受中间

品出口比例(inters)、中间品出口国内附加值比例(idva)、最终品出口国内附加值比例(fdva)影响,此处使用的代表全球片断化生产的指标均为比例指标,因而参数 A 的计算公式为:

$$A = A_0 \lambda_1 \text{inters} \lambda_2 \text{idva} \lambda_3 \text{fdva} \tag{4}$$

将式(1)—(4)整理并两边同时取对数可得:

$$\ln L = \alpha_0 + \alpha_1 \text{inters} + \alpha_2 \text{idva} + \alpha_3 \text{fdva} + \alpha_4 \ln Y \tag{5}$$

本部分实证检验使用 OECD-SEA、WIOD-TiVa 数据库数据,使用各国在 1995—2009 年中间品出口比例(inters)、中间品出口国内附加值比例(idva)、最终品出口国内附加值比例(fdva)、总产出(go)的面板数据检验全球片断化生产的经济效应,包括对劳动力雇佣总时长(h)、劳动生产效率(productivity)的影响研究。同时在进一步的实证研究中,检验对高中低技能劳动力单位时长工资收入(wph)的不同影响。待估方程为:

$$\ln h_{it} = \alpha_0 + \alpha_1 \text{inters}_{it} + \alpha_2 \text{idva}_{it} + \alpha_3 \text{fdva}_{it} + \alpha_4 \ln go_{it} \tag{6}$$

$$\ln \text{productivity}_{it} = \alpha_0 + \alpha_1 \text{inters}_{it} + \alpha_2 \text{idva}_{it} + \alpha_3 \text{fdva}_{it} + \alpha_4 \ln go_{it} \tag{7}$$

$$\ln \text{wph}_{it} = \alpha_0 + \alpha_1 \ln \text{inters}_{it} + \alpha_2 \ln \text{idva}_{it} + \alpha_3 \ln \text{fdva}_{it} + \alpha_4 \ln go_{it} \tag{8}$$

(二)数据说明

实证部分主要使用 OECD-SEA、WIOD-TiVa 两个数据库,根据数据库中的国家进行数据匹配,选取中间品出口比例(inters)、中间品出口国内附加值比例(idva)、最终品出口国内附加值比例(fdva)、总产出(go)作为自变量。根据数据库原始数据计算得到劳动力雇佣总时长(h)、劳动生产效率(productivity)、高中低技能劳动力单位时长工资收入(wph)作为关注的因变量进行实证研究。这些变量的描述性统计结果如表 6.14 所示。

表 6.14 实证变量的描述性统计

变量	观测值	均值	标准差	最小值	最大值
lnh	600	14.202	3.072	8.269	23.121
lnproductivity	600	−0.024	0.063	−0.715	0.000
lnwphhs	600	3.207	2.084	−2.700	10.891
lnwphms	600	2.658	2.076	−3.076	9.606
lnwphls	600	2.341	2.066	−3.293	8.966
inters	600	0.571	0.072	0.367	0.826
idva	600	41.496	8.787	20.000	72.000
fdva	600	31.593	7.299	14.900	56.600
lngo	600	14.178	3.107	7.553	23.121

(三)基准实证检验

1. 对工作时长的影响

本小节研究中间品附加值贸易对该国劳动力总雇佣时长的影响,根据公式(6)进行回归。表 6.15 中列出了四个回归模型,模型(1)、(2)是混合面板模型,其中模型(2)则是包含时间效应的模型;模型(3)、(4)是固定效应模型,其中模型(4)包含时间效应。

此部分回归估计中,主要关注中间品出口比例、中间品国内附加值比例、最终品出口国内附加值比例对一国劳动力雇佣总时长的影响。可以看出四个模型中,关注的三个自变量对劳动力雇佣总时长的影响都很显著,而且影响较为稳健。以模型(4)的结果为例,在控制了一国总产出(go)的情况下,中间品出口国内附加值比例的增加能够提升一国雇佣劳动力的时间,而最终品出口国内附加值比例提升则会降低一国国内的劳动力需求。Milberg & Winkler(2013)提出的盈利效应在中间品出口方面有所表现,中间品出口附加值比例的上升意味着进行国际片断化生产的公司保持了其自身在所生产产品方面的垄断地位,控制了上游供应市场,因而带来对劳动力更多的需求。同时中间品出口比例的提升反而会导致劳动力雇佣的下降,这表现出了 Milberg & Winkler(2013)指出的片断化生产对劳动力的替代效应。控制变量总产出则对一国国内劳动力需求存在正向影响,总产出越高对劳动力需求也越高。

表 6.15　中间品附加值贸易对劳动总时长的影响

解释变量	$\ln h$			
	混合面板模型		固定效应模型	
	(1)	(2)	(3)	(4)
idva	0.00583**	0.00481**	0.00637***	0.00602***
	(0.00240)	(0.00210)	(0.00137)	(0.00139)
fdva	−0.00784**	−0.00860***	−0.01320***	−0.01330***
	(0.00307)	(0.00310)	(0.00195)	(0.00197)
inters	−0.907**	−0.791**	−1.194***	−1.244***
	(0.434)	(0.394)	(0.241)	(0.247)
lngo	0.974***	0.979***	0.948***	0.946***
	(0.01080)	(0.00930)	(0.00288)	(0.00387)
Constant	0.910***	0.878***	1.591***	1.676***
	(0.304)	(0.281)	(0.162)	(0.169)
时间效应		是		是
样本数	600	600	600	600
R^2			0.997	0.997

注:括号内数据为稳健标准误, *** $p<0.01$, ** $p<0.05$, * $p<0.1$。

2. 对劳动生产率的影响

一国参与国际贸易除了会对该国国内劳动力需求产生显著影响,还会通过产品、合作等多种渠道影响劳动生产率。本小节将根据公式(7)进行实证研究,探究中间品附加值贸易对一国劳动生产率的影响作用。与前文相似,我们同样构建四个模型,如表 6.16 所示,所关注变量都十分显著,且系数表现稳健。以模型(4)为例,控制了时间效应,中间品出口比例越高,劳动生产率越高;中间品出口国内附加值比例的上升则会对劳动生产率带来负向影响,最终品出口国内附加值比例提升则有利于劳动生产率的提高。

表 6.16 中间品附加值贸易对劳动生产率的影响

解释变量	lnproductivity			
	混合面板模型		固定效应模型	
	（1）	（2）	（3）	（4）
idva	−0.00584 **	−0.00482 **	−0.00639 ***	−0.00603 ***
	(0.00240)	(0.00210)	(0.00137)	(0.00139)
fdva	0.00786 **	0.00861 ***	0.01330 ***	0.01330 ***
	(0.00308)	(0.00311)	(0.00195)	(0.00197)
inters	0.909 **	0.792 **	1.196 ***	1.246 ***
	(0.435)	(0.395)	(0.241)	(0.247)
lngo	0.0256 **	0.0214 **	0.0516 ***	0.0542 ***
	(0.01080)	(0.00930)	(0.00288)	(0.00387)
		(0.0151)		(0.00935)
Constant	−0.911 ***	−0.879 ***	−1.593 ***	−1.677 ***
	(0.305)	(0.282)	(0.161)	(0.169)
时间效应		是		是
样本数	600	600	600	600
R^2			0.384	0.397

注:括号内数据为稳健标准误,*** $p<0.01$, ** $p<0.05$, * $p<0.1$。

（四）进一步研究

前文从总体上研究了中间品附加值贸易的发展对一国劳动力的影响作用,本小节将进一步研究,探寻一国参与国际贸易对本国不同技能水平劳动力收入情况的影响,即关注贸易对劳动力的结构影响效应。根据公式（8）进行估计,因变量分别为高技能劳动力单位时长工资收入（wphhs）、中技能劳动力单位时长工资收入（wphms）、低技能劳动力单位时长工资收入（wphls）,每个技能水平的因变量分别进行混合面板和固定效应模型估计,共有 6 个模型（见表 6.17）。可以看出对高技能劳动力而言,产出的增加能够显著提升其单位时长收入,中间品出口比例与最终品出口的国内附加值比例都不存在显著影响,但中间品出口国内附加值比例能够显著提升其收入状况。对中技能劳动力而言,产出同样对其收入存在显著的正向影响,同时中间品出口比例的提升也能够提升其中技能劳动力的收入水平,与高技能劳动力不同,最终品出口国内附加值比例的提升也能够改善中技能劳动力收入状况,但中间品出口国内附加值比例则不存在显著影响。对低技能劳动力而言,与高、中技能劳动力相同,产出增加能够显著提升其单位时间的收入水平,同时与中技能劳动力相同,中间品出口比例、最终品出口国内附加值比例的提升均能够带来其收入水平的提升,但中间品出口国内附加值比例则不存在显著影响。

表 6.17　中间品附加值贸易对各技能水平劳动力收入的影响

解释变量	高技能		中技能		低技能	
	混合面板	固定效应	混合面板	固定效应	混合面板	固定效应
	(1)	(2)	(3)	(4)	(5)	(6)
lngo	1.000***	1.027***	0.964***	0.992***	1.000***	1.034***
	(0.0359)	(0.0130)	(0.0412)	(0.0138)	(0.0400)	(0.0157)
inters	−0.704	−0.375	1.357	1.702*	1.922	2.329**
	(1.750)	(0.830)	(1.876)	(0.881)	(2.385)	(1.002)
idva	0.0107	0.0110**	0.00143	0.00171	0.000148	0.000506
	(0.00819)	(0.00468)	(0.00789)	(0.00497)	(0.00959)	(0.00565)
fdva	0.0077	0.0106	0.0193	0.0225***	0.0228	0.0265***
	(0.01320)	(0.00662)	(0.01500)	(0.00703)	(0.01980)	(0.00800)
Constant	−11.17***	−11.83***	−12.36***	−13.04***	−13.54***	−14.37***
	(1.411)	(0.568)	(1.603)	(0.603)	(1.988)	(0.686)
时间效应	是	是	是	是	是	是
样本数	600	600	600	600	600	600
R^2		0.959		0.950		0.941

注:括号内数据为稳健标准误,*** $p<0.01$,** $p<0.05$,* $p<0.1$。

四、小结

根据本章实证研究,伴随着全球片断化生产的中间品贸易及附加值贸易的发展能够给一国经济带来极大的促进作用,本章主要研究了其对劳动力在总量和结构上的影响。

"一带一路"倡议是中国主动作为,将更多国家尤其是广大发展中国家纳入国际经济合作中。中国处于中间环节,通过从发展中国家大量进口中间品,一方面使得发展中国家逐渐深入地加入世界经济活动中,另一方面也发挥了中间品贸易对一国经济的促进作用。正如本章实证检验结果所示,通过参与中间品贸易,提升中间品出口比例,首先,能够显著提升发展中国家的劳动生产率,带动这些国家实现经济效率的改善,为它们的经济发展提供新的可持续动力;其次,能够显著提高中低技能劳动力收入水平,而这部分劳动力大多是一国人口中收入较低的群体,从而能够改善该国收入结构,减少贫困人口数量,降低基尼系数,为经济进一步发展创造更加稳定的社会环境。

从附加值贸易角度看,各国出口中的国内附加值总量快速增长,"一带一路"倡议除了通过发展中间品贸易为广大发展中国家谋福利,在出口附加值方面的提升也同样具有显著的经济效应。在中间品出口国内附加值方面,附加值比例的提升能够从盈利效应角度带动一国国内劳动力的需求,解决国内就业问题;同时能够显著提升一国高技能劳动力收入水平,这部分劳动力是一国经济创新发展的主要动力来源,收入水平的提升为高技能劳动力进行创新发展提供了有效激励,因而也为经济发展提供了强劲动力。在最终品出口国内附加值方面,附加值比例的提升能够显著提升劳动生产率,与中间品附加值通过不同渠道,促进一国生产与经济效率的提升;同时也能够提升中低技能劳动力收入水平,改善一国收入结构。

总而言之,"一带一路"倡议将更多发展中国家纳入国际合作中,进行全球片断化生产,能够为发展中国家带来创新升级、就业提升、收入结构改善等多方面的经济效应。因而"一带一路"倡议的进一步推进不仅能够给发展中国家带来经济总量上的增长,还能够从就业、收入等结构因素方面改善经济运行状况,提升各国综合实力,是实现"人类命运共同体"理念的有效途径。

第二部分

"一带一路"与基础设施建设

第七章 全球基础设施建设与其经济增长的前、后置关系[①]

一、全球基础设施投资情况

(一)数据来源

本章就1991—2014年包括中国在内的全球187个经济体和"一带一路"沿线72个经济体的基础设施数据进行描述统计。考虑到基础设施投资是一个多维的概念,主要包含通信、交通和能源等领域。一般情况下,这些单独的指标难以代表基础设施的整体水平。基于此,本章使用多维度的数据来对基础设施投资情况进行描述统计。基础设施数据的选择分为三个领域:电力能源领域,以"每千人电力消耗量"为刻画依据,数据来自国际能源机构统计数据库(IEA Statistics);通信领域,1991—2000年以"每千人所拥有的固定电话线路"为刻画依据,2001年开始加入"每千人使用宽带的人数"这一数据,数据来自《世界电信/ICT发展报告》和世界银行数据库(WDI);交通领域,以"每千人拥有的铁路里程"为刻画依据,数据来自世界银行数据库(WDI)。

(二)"一带一路"沿线经济体基础投资情况

基于"一带一路"沿线经济体样本的数据,本节对1991、2000、2001、2005和2014年72个经济体的基础设施存量情况进行了比较,具体如表7.1至表7.4所示。

根据表7.1中72个经济体在1991、2000、2001、2005、2014年的每年每千人电力消耗量的数据,可以得到三个方面的结论。

(1)整体来看,"一带一路"沿线经济体的电力消耗量在1991—2000年大幅增长,2001—2014年增幅较小,2000年相比1991年均值增幅达15.10%,2014年相比2005年均值增幅仅为9.49%,可以看出"一带一路"沿线经济体在电力能源方面的消耗增长逐渐放缓。

(2)从纵向的时间维度来看,"一带一路"沿线经济体1991—2014年在电力能源

① 作者为张辉,北京大学经济学院教授;闫强明,北京大学经济学院博士;李宁静,北京大学软件与微电子学院硕士。

方面有很大增长,72 个经济体每年每千人电力消耗量均值从 2 885 973.99 千瓦时增长至 4 135 079.73 千瓦时,增长率达 43.28%。

(3)从横向的地域间对比来看,每千人电力消耗量最大的经济体为巴林,但其2014 年相比 2005 年消耗量反而有所下降。巴林从国土面积上来看属于"小国",但从人均 GDP 来看则位于中东产油国前列。巴林油气资源丰富,20 世纪 70 年代末开始推行经济多元化发展,目前已经成为海湾地区金融中心之一,贸易旅游等产业较为发达,这也可以解释为何巴林这样的"小国"在电力消耗方面反而位居前列。每千人电力消耗量最小的经济体为埃塞俄比亚(除去数据缺失经济体),但其电力消耗量在持续增长。非洲经济体间的电力发展很不均衡,很多经济体存在电力供应问题;埃塞俄比亚就属于其中电力供应质量较差的经济体,有基本的电力系统却停电频繁。埃塞俄比亚拥有丰富的水能,其水力资源技术可开发量达 45 000 兆瓦,在非洲排名第二,但全国水电装机容量仅有 2 090 兆瓦,水电利用率不足 5%。2015 年,埃塞俄比亚电力系统总装机容量 2 278 兆瓦,用电人口仅占全国人口的 75%,仍处于供不应求状况。1991—2014 年,72 个经济体电力消耗的标准差经历了先上升后下降的趋势,极差也随之减少。

表 7.1 "一带一路"沿线 72 个经济体的电力消耗情况　　单位:千瓦时/千人

	1991 年	2000 年	2001 年	2005 年	2014 年
阿富汗	0.00	0.00	0.00	0.00	0.00
阿尔巴尼亚	418 453.59	1 449 647.41	1 351 230.80	1 722 072.85	2 309 366.50
阿联酋	8 015 122.64	12 232 620.43	12 048 591.23	12 303 141.65	11 263 531.92
亚美尼亚	2 689 679.00	1 297 568.27	1 269 235.62	1 521 504.84	1 965 783.73
阿塞拜疆	2 631 137.40	2 040 479.09	2 106 470.07	2 388 388.73	2 202 393.92
孟加拉国	48 966.48	101 488.63	111 694.26	170 681.25	310 391.23
保加利亚	4 361 144.52	3 673 606.87	3 859 090.02	4 165 180.39	4 708 927.46
巴林	14 214 392.91	20 014 625.03	20 130 485.46	21 325 553.78	19 592 231.95
波斯尼亚和黑塞哥维那	2 104 948.69	2 021 925.79	2 059 775.93	2 379 460.17	3 365 673.94
白俄罗斯	4 426 034.92	2 996 309.48	3 009 402.48	3 245 372.09	3 679 978.84
文莱	4 472 836.25	7 544 089.71	7 179 882.22	8 462 090.38	10 242 795.80
不丹	0.00	0.00	0.00	0.00	0.00
捷克	5 256 302.08	5 703 816.74	5 892 172.60	6 357 421.09	6 258 891.04
埃及	678 627.71	961 949.07	1 013 254.25	1 241 342.77	1 657 768.72
爱沙尼亚	5 617 063.58	4 540 492.56	4 680 447.95	5 531 545.83	6 732 367.47
埃塞俄比亚	21 838.14	22 648.94	26 440.94	33 365.01	69 715.77
格鲁吉亚	2 696 705.89	1 452 821.22	1 449 252.23	1 784 964.20	2 688 489.40
克罗地亚	2 712 416.85	2 855 851.78	2 898 648.65	3 475 911.75	3 714 382.99
匈牙利	3 223 918.87	3 309 283.71	3 426 722.90	3 771 364.61	3 965 958.23

单位：千瓦时/千人　（续表）

	1991 年	2000 年	2001 年	2005 年	2014 年
印度尼西亚	177 931.51	390 374.55	411 316.20	499 716.09	811 900.18
印度	291 953.81	394 963.81	395 104.76	469 453.92	805 599.19
伊朗	999 832.96	1 534 615.98	1 628 119.80	2 060 086.19	2 985 687.28
伊拉克	1 092 922.67	1 237 406.70	1 238 472.48	833 850.89	1 305 687.47
以色列	3 981 208.32	6 323 103.83	6 400 217.43	6 572 199.54	6 600 898.28
约旦	902 373.91	1 294 499.65	1 330 128.80	1 592 548.69	1 888 116.95
哈萨克斯坦	5 641 834.59	3 169 523.34	3 512 035.50	4 012 073.92	5 599 904.31
吉尔吉斯斯坦	2 322 340.71	1 696 064.02	1 445 875.72	1 374 307.52	1 941 221.83
柬埔寨	0.00	32 750.86	36 524.97	66 766.13	271 433.24
韩国	2 588 848.08	5 906 959.33	6 309 203.40	7 796 314.67	10 496 513.67
科威特	4 956 620.97	14 027 612.46	14 471 722.40	17 028 291.47	15 213 419.87
老挝	0.00	0.00	0.00	0.00	0.00
黎巴嫩	1 017 271.08	2 985 442.76	2 946 552.22	2 810 738.90	2 892 770.47
斯里兰卡	159 771.18	296 756.90	292 599.88	403 654.57	531 269.56
立陶宛	4 022 532.66	2 516 905.10	2 695 906.27	3 187 031.08	3 821 145.17
拉脱维亚	3 285 317.45	2 082 321.39	2 213 360.60	2 777 381.98	3 507 404.52
摩洛哥	370 408.93	489 087.88	523 921.87	633 103.62	901 128.45
摩尔多瓦	3 438 444.92	1 638 095.70	1 804 507.39	2 047 737.71	1 386 234.44
马达加斯加	0.00	0.00	0.00	0.00	0.00
马尔代夫	0.00	0.00	0.00	0.00	0.00
马其顿	2 708 069.32	2 895 589.24	2 800 999.78	3 374 311.74	3 496 999.99
缅甸	41 563.33	76 276.49	69 250.24	75 573.48	216 777.61
黑山	0.00	0.00	0.00	6 314 905.23	4 612 341.39
蒙古	1 340 446.31	1 053 625.62	1 071 173.53	1 251 956.31	2 017 513.62
马来西亚	1 265 606.64	2 748 084.07	2 759 536.55	2 877 230.96	4 596 331.94
尼泊尔	37 516.13	59 306.91	64 978.66	77 378.23	139 143.68
新西兰	8 842 379.33	9 384 348.19	9 417 343.13	9 673 673.77	9 026 321.04
阿曼	2 154 431.55	3 201 952.74	3 436 048.75	3 923 912.57	6 553 519.70
巴基斯坦	297 316.67	372 399.49	378 188.25	463 057.33	471 041.57
巴拿马	877 860.13	1 266 521.62	1 289 128.60	1 455 052.07	2 062 763.54
菲律宾	353 858.37	499 348.85	518 883.28	576 649.55	699 205.07
波兰	3 088 228.94	3 256 180.46	3 260 033.26	3 437 324.00	3 971 799.76
卡塔尔	8 986 832.58	14 353 323.75	15 006 014.08	15 467 189.60	15 309 429.38
罗马尼亚	2 521 003.84	1 987 660.19	2 066 783.93	2 365 419.56	2 584 411.79
俄罗斯	6 541 171.01	5 198 416.77	5 274 377.72	5 770 112.34	6 602 657.53
沙特	4 098 749.16	5 637 557.36	5 919 095.71	6 590 281.95	9 444 215.66
新加坡	5 104 809.03	7 575 435.95	7 516 169.60	8 678 168.17	8 844 687.59

单位:千瓦时/千人 （续表）

	1991 年	2000 年	2001 年	2005 年	2014 年
塞尔维亚	4 411 480.49	4 198 715.71	4 434 370.24	3 921 906.46	4 271 744.67
斯洛伐克	5 115 122.79	4 955 907.90	5 027 452.81	4 932 803.28	5 137 073.84
斯洛文尼亚	5 087 452.47	5 777 995.65	6 006 345.19	6 917 860.47	6 727 999.30
叙利亚	700 573.28	1 064 905.36	1 144 159.10	1 503 338.88	949 586.76
泰国	791 726.61	1 447 948.94	1 504 658.51	1 914 529.62	2 539 611.19
塔吉克斯坦	3 200 132.43	2 161 608.25	2 140 308.59	2 129 212.91	1 479 777.27
土库曼斯坦	2 198 361.92	1 692 156.41	1 782 834.66	2 051 679.61	2 678 806.15
东帝汶	0.00	0.00	0.00	0.00	0.00
土耳其	965 307.94	1 652 748.26	1 613 017.95	2 013 890.14	2 854 565.85
乌克兰	4 643 265.72	2 778 437.09	2 790 534.40	3 246 035.73	3 418 585.02
乌兹别克斯坦	2 324 980.91	1 780 457.92	1 769 396.08	1 717 201.05	1 645 441.63
越南	102 004.09	295 037.16	335 345.11	579 922.10	1 439 155.55
也门	129 525.35	139 023.12	143 609.60	179 420.55	216 258.83
南非	4 131 181.25	4 587 180.89	4 326 645.17	4 663 611.19	4 228 860.73
希腊	3 253 220.69	4 586 329.87	4 719 147.22	5 297 200.03	5 062 606.42
中国	548 953.75	992 943.38	1 076 549.12	1 782 312.15	3 927 044.50
总和	184 702 335.31	215 913 132.60	219 830 746.13	249 267 739.33	272 915 262.37
均值	2 885 973.99	3 321 740.50	3 382 011.48	3 776 783.93	4 135 079.73
极大值	14 214 392.91	20 014 625.03	20 130 485.46	21 325 553.78	19 592 231.95
极小值	21 838.14	22 648.94	26 440.94	33 365.01	69 715.77
极差	14 192 554.76	19 991 976.09	20 104 044.51	21 292 188.76	19 522 516.18
标准差	2 652 281.00	3 770 860.61	3 825 473.33	4 091 097.01	3 907 983.98

注:有关极差、标准差及均值的计算,考虑到结果的合理性,均排除了数据结果为0(即数据缺失)的经济体。

根据表 7.2 中 72 个经济体在 1991 年、2000 年、2001 年、2005 和 2014 年的每年每千人拥有的固定电话线路数据,可以得到三方面的结论。

(1)整体来看,"一带一路"沿线经济体的固定电话线路在 1991—2000 年大幅增长,2005—2014 年呈下降趋势。与 1991 年相比,2000 年大多数经济体的增幅超过 50%,2014 年相比 2005 年大多数经济体都出现负增长,可以看出随着移动电话和互联网的发展,"一带一路"沿线经济体在固定电话方面的发展逐渐停滞。

(2)从纵向的时间维度来看,"一带一路"沿线经济体 1991—2000 年在通信领域有很大增长,72 个经济体每年每千人拥有的固定电话线路总和从 7 357.31 增长至 12 023.69,增长率达 63.43%。

(3)从横向的地域间对比来看,每千人拥有固定电话线路最多的经济体一直在变化,从 1991 年的新西兰,2000 年和 2001 年的韩国、2005 年的希腊到 2014 年的韩国;

拥有电话线路最少的经济体一直为东帝汶。新西兰作为发达经济体，第三产业不断发展，境内通信设施完善。韩国通信行业非常发达，固定电话市场开放，推行竞争，但韩国电信公司KT的市场占有率仍然高达90.3％，处于垄断地位。1991—2014年，72个经济体拥有固定电话线路的极差不断增长，但标准差呈现先增长后下降的趋势。

表7.2　"一带一路"沿线72个经济体的固定电话情况　　单位：电话线路/千人

	1991 年	2000 年	2001 年	2005 年	2014 年
阿富汗	2.93	1.41	1.36	0.00	3.26
阿尔巴尼亚	12.00	46.20	60.10	87.28	74.00
阿联酋	229.30	337.07	336.17	298.12	222.65
亚美尼亚	162.90	173.40	173.68	197.15	191.95
阿塞拜疆	84.58	98.70	105.52	127.78	188.70
孟加拉国	2.01	3.71	4.19	7.48	6.15
保加利亚	252.19	360.20	363.83	324.08	253.48
巴林	197.36	255.86	248.81	220.03	211.80
波斯尼亚和黑塞哥维那	0.00	203.42	218.34	249.72	221.63
白俄罗斯	162.93	275.70	288.54	339.82	485.01
文莱	147.89	242.62	260.80	228.08	169.29
不丹	4.67	25.06	30.22	50.74	31.12
捷克	165.29	377.71	377.35	314.48	186.39
埃及	31.65	82.91	99.62	144.84	75.74
爱沙尼亚	214.30	382.70	373.22	333.59	317.26
埃塞俄比亚	2.68	3.51	4.17	8.01	8.50
格鲁吉亚	102.76	107.25	121.53	127.41	253.85
克罗地亚	185.71	384.59	400.51	428.93	367.27
匈牙利	108.79	371.50	367.02	338.32	303.15
印度尼西亚	7.12	31.89	34.06	60.17	103.73
印度	6.55	31.12	36.37	44.52	21.30
伊朗	42.74	143.93	162.98	289.93	374.36
伊拉克	37.19	28.36	27.53	40.73	56.02
以色列	367.00	494.54	494.81	444.65	438.12
约旦	74.95	130.05	136.50	119.86	50.03
哈萨克斯坦	88.22	125.84	133.22	179.77	262.14
吉尔吉斯斯坦	74.70	75.90	77.83	87.34	78.79
柬埔寨	0.41	2.53	2.69	2.47	23.43
韩国	336.05	562.52	557.99	508.26	595.44
科威特	160.98	245.02	238.52	219.83	141.98

单位:电话线路/千人 (续表)

	1991 年	2000 年	2001 年	2005 年	2014 年
老挝	1.66	7.59	9.62	15.68	133.56
黎巴嫩	146.96	178.03	186.44	159.21	194.47
斯里兰卡	7.18	40.72	43.45	62.35	126.36
立陶宛	220.07	339.48	332.70	243.74	195.03
拉脱维亚	243.11	309.80	307.74	328.20	195.97
摩洛哥	19.78	49.63	41.05	44.52	74.28
摩尔多瓦	113.33	142.14	158.19	246.72	351.96
马达加斯加	3.05	3.49	3.60	5.05	10.57
马尔代夫	34.38	89.58	98.05	108.53	64.14
马其顿	144.65	247.21	260.77	255.33	181.93
缅甸	2.01	5.60	6.04	10.04	9.81
黑山	0.00	0.00	0.00	277.57	264.94
蒙古	30.88	49.01	51.38	61.76	79.24
马来西亚	97.11	197.60	196.84	168.93	146.09
尼泊尔	3.49	11.51	12.60	19.16	29.77
新西兰	433.26	474.59	466.62	418.23	406.47
阿曼	61.83	101.16	102.95	105.16	95.56
巴基斯坦	9.77	21.23	22.14	33.09	26.46
巴拿马	90.34	140.48	122.55	139.77	149.87
菲律宾	10.21	39.42	41.81	39.24	30.90
波兰	93.20	285.40	297.54	309.80	254.63
卡塔尔	199.25	269.82	273.69	250.12	184.13
罗马尼亚	104.70	174.16	184.49	198.21	210.72
俄罗斯	150.07	218.52	227.67	278.60	268.22
沙特	87.59	147.17	154.75	155.69	123.33
新加坡	355.18	496.66	484.06	410.27	361.91
塞尔维亚	0.00	0.00	0.00	307.37	373.28
斯洛伐克	143.26	315.14	288.81	222.02	168.43
斯洛文尼亚	228.77	394.76	403.01	509.63	370.83
叙利亚	39.19	102.33	108.80	159.80	165.06
泰国	27.16	89.68	95.91	107.30	84.64
塔吉克斯坦	47.53	35.32	36.07	41.17	52.41
土库曼斯坦	62.91	80.95	85.16	83.85	117.65
东帝汶	0.00	0.00	0.00	2.34	3.09
土耳其	148.45	291.18	294.92	280.15	165.21
乌克兰	142.11	212.34	219.45	247.51	246.40
乌兹别克斯坦	69.31	66.66	66.26	68.86	85.51

单位:电话线路/千人　（续表）

	1991 年	2000 年	2001 年	2005 年	2014 年
越南	1.95	31.44	37.32	110.12	72.67
也门	10.57	19.79	23.42	44.76	46.80
南非	91.12	110.64	108.20	101.50	68.65
希腊	408.92	515.09	509.20	571.62	477.98
中国	7.14	113.11	140.05	265.86	178.96
总和	7 357.31	12 023.69	12 240.78	13 292.20	12 564.42
均值	108.20	174.26	177.40	187.21	174.51
极大值	433.26	562.52	557.99	571.62	595.44
极小值	0.41	1.41	1.36	2.34	3.09
极差	432.84	561.11	556.63	569.28	592.35
标准差	106.71	151.10	149.32	140.57	134.65

注:有关极差、标准差及均值的计算,考虑到结果的合理性,均排除了数据结果为 0(即数据缺失)的经济体。

根据表 7.3 中 72 个经济体在 2001、2005、2014 年的每年每千人中宽带用户数量,可以得到三方面的结论。

(1) 整体来看,"一带一路"沿线经济体的宽带用户量在 2001—2005 年大幅增长,增加了 5 倍左右,2005—2014 年增幅相对较小,增加了 4 倍左右。由于宽带在 2000年之后才开始在全球范围内布局,宽带在近几年一直保持一个相对高速的发展。

(2) 从纵向的时间维度来看,"一带一路"沿线经济体 2001—2014 年在电力能源方面有很大增长,72 个经济体每年每千人中宽带使用者数量均值从 8.04 户增长至113.85 户,增加了 13.17 倍。

(3) 从横向的地域间对比来看,每千人中宽带用户量最大的经济体为韩国,在2001、2005、2014 年三年内一直保持用户量最大。韩国接入因特网比较早,网络建设起步也比较早,韩国特别重视建设优质网络,一直给予财政和政策上的大力支持。目前,韩国是全世界宽带互联网最为普及的经济体,将近九成的家庭都接入了宽带互联网。用户量最小的经济体为伊拉克,2005 年之后才开始正式布局宽带建设,直到 2010年千人用户量才突破 0.01 数量级,连年的战乱是伊拉克基础设施建设止步不前的主要原因。在"一带一路"沿线的大部分经济体中,每千人的宽带用户量都呈现了比较快速的增长,这是由于第三次科技革命使得互联网快速普及。

表 7.3　"一带一路"沿线 72 个经济体的宽带情况　　　　单位:用户数/千人

	2001 年	2005 年	2014 年
阿富汗	0.00	0.01	0.05
阿尔巴尼亚	0.00	0.09	65.28

单位:用户数/千人 （续表）

	2001 年	2005 年	2014 年
阿联酋	2.67	31.17	115.58
亚美尼亚	0.00	0.66	91.45
阿塞拜疆	0.00	0.26	199.48
孟加拉国	0.00	0.00	19.51
保加利亚	0.00	21.54	206.60
巴林	1.68	24.37	213.95
波斯尼亚和黑塞哥维那	0.02	3.53	141.81
白俄罗斯	0.00	0.16	288.40
文莱	5.59	22.09	71.50
不丹	0.00	0.00	32.63
捷克	0.61	69.31	278.83
埃及	0.00	1.96	36.79
爱沙尼亚	12.88	135.23	289.00
埃塞俄比亚	0.00	0.00	4.88
格鲁吉亚	0.09	0.53	138.99
克罗地亚	0.00	26.48	230.45
匈牙利	3.08	64.55	259.79
印度尼西亚	0.07	0.48	13.45
印度	0.05	1.20	12.43
伊朗	0.01	0.00	94.63
伊拉克	0.00	0.00	0.00
以色列	7.16	186.20	272.43
约旦	0.08	4.49	46.87
哈萨克斯坦	0.00	0.20	129.34
吉尔吉斯斯坦	0.00	0.45	30.35
柬埔寨	0.00	0.07	4.29
韩国	169.25	259.19	387.76
科威特	2.52	10.89	13.80
老挝	0.00	0.05	1.64
黎巴嫩	0.00	0.00	227.98
斯里兰卡	0.02	1.05	26.47
立陶宛	0.70	71.22	266.55
拉脱维亚	1.38	27.28	247.41
摩洛哥	0.00	8.27	29.66
摩尔多瓦	0.06	2.76	147.11

单位:用户数/千人　（续表）

	2001 年	2005 年	2014 年
马达加斯加	0.00	0.00	1.05
马尔代夫	0.00	10.96	56.44
马其顿	0.00	5.95	167.94
缅甸	0.00	0.00	0.00
黑山	0.00	12.45	167.11
蒙古	0.02	0.71	68.45
马来西亚	0.17	18.69	101.40
尼泊尔	0.00	0.00	8.91
新西兰	4.42	77.65	309.80
阿曼	0.00	5.25	45.09
巴基斯坦	0.00	0.09	10.85
巴拿马	2.49	5.22	78.98
菲律宾	0.13	1.43	28.97
波兰	0.31	24.74	189.27
卡塔尔	0.00	31.19	99.05
罗马尼亚	0.27	17.05	185.57
俄罗斯	0.00	11.04	175.13
沙特	0.67	2.75	103.24
新加坡	37.53	145.97	267.17
塞尔维亚	0.00	4.07	155.67
斯洛伐克	0.00	33.67	218.41
斯洛文尼亚	2.76	98.31	267.79
叙利亚	0.00	0.15	22.80
泰国	0.03	8.47	80.92
塔吉克斯坦	0.00	0.00	0.73
土库曼斯坦	0.00	0.00	0.43
东帝汶	0.00	0.02	0.89
土耳其	0.17	23.47	116.91
乌克兰	0.00	2.76	92.94
乌兹别克斯坦	0.00	0.32	27.98
越南	0.00	2.47	64.84
也门	0.00	0.07	13.62
南非	0.00	3.43	32.11
希腊	0.00	1.45	28.36
中国	0.26	28.33	143.84

单位:用户数/千人　（续表）

	2001 年	2005 年	2014 年
总和	257.15	1 553.87	7 969.80
均值	8.04	25.47	113.85
极大值	169.25	259.19	387.76
极小值	0.01	0.01	0.05
极差	169.24	259.18	387.71
标准差	30.21	48.50	100.27

注:有关极差、标准差及均值的计算,考虑到结果的合理性,均排除了数据结果为 0(即数据缺失)的经济体。

根据表 7.4 中 72 个经济体在 1991、2000、2001、2005 和 2014 年每千人拥有的铁路里程数据,可以得到两方面的结论。

(1)从纵向的时间维度来看,"一带一路"沿线经济体 1991—2004 年在交通领域尤其是铁路领域的发展较为缓慢。71 个经济体中有多个经济体缺失数据,其中大部分由于这些经济体还未发展铁路,比如也门、马达加斯加、尼泊尔等,或由于经济落后或地理条件限制,铁路建设基本靠外部援建。其余经济体每千人铁路里程的增长也较为缓慢,1991—2014 年大部分经济体增长不超过 10%。

(2)从横向的地域间对比来看,"一带一路"沿线经济体铁路的发展差距较大。新西兰和拉脱维亚的数据较为领先,这两个经济体工业发达,比如拉脱维亚在 1995—2007 年 10 年左右的时间,工业产值增加了近三倍,带动了基础设施的发展。有近半数经济体每千人拥有的铁路里程一直呈负增长,大部分因为铁路建设的速度跟不上人口增长的速度。仅有少数经济体如保加利亚、爱沙尼亚、伊朗、以色列等增长较为明显,这些经济体在"一带一路"沿线经济体中经济水平相对发达,居民收入水平不断增长,城市化水平相对较高,吸引外商在交通运输方面进行投资。

总体来看,"一带一路"沿线 72 个经济体在基础设施中固定电话(通信领域)和宽带(通信领域)的发展快于电力能源方面,以铁路为代表的交通领域发展最为迟缓。电力消耗和铁路建设方面,这 72 个经济体间都存在很大差距,由此可以看出"一带一路"沿线经济体在发展程度上存在非常大的差别,很多经济体基础设施建设落后,但这些差距的存在也意味着巨大的机遇。

表 7.4　"一带一路"沿线 72 个经济体的铁路情况　　　　单位:千米/千人

	1991 年	2000 年	2001 年	2005 年	2014 年
阿富汗	0.00	0.00	0.00	0.00	0.00
阿尔巴尼亚	0.21	0.14	0.15	0.15	0.15
阿联酋	0.00	0.00	0.00	0.00	0.00

单位:千米/千人　（续表）

	1991 年	2000 年	2001 年	2005 年	2014 年
亚美尼亚	0.24	0.27	0.23	0.25	0.24
阿塞拜疆	0.00	0.26	0.26	0.25	0.22
孟加拉国	0.03	0.02	0.02	0.02	0.02
保加利亚	0.50	0.53	0.54	0.54	0.56
巴林	0.00	0.00	0.00	0.00	0.00
波斯尼亚和黑塞哥维那	0.00	0.27	0.29	0.26	0.29
白俄罗斯	0.55	0.55	0.55	0.57	0.58
文莱	0.00	0.00	0.00	0.00	0.00
不丹	0.00	0.00	0.00	0.00	0.00
捷克	0.00	0.91	0.92	0.93	0.90
埃及	0.08	0.07	0.07	0.07	0.06
爱沙尼亚	0.66	0.69	0.70	0.71	0.77
埃塞俄比亚	0.02	0.00	0.00	0.00	0.00
格鲁吉亚	0.00	0.35	0.36	0.00	0.39
克罗地亚	0.65	0.62	0.61	0.61	0.61
匈牙利	0.74	0.78	0.74	0.79	0.80
印度尼西亚	0.03	0.00	0.00	0.00	0.02
印度	0.07	0.06	0.06	0.06	0.05
伊朗	0.08	0.10	0.00	0.10	0.11
伊拉克	0.00	0.00	0.00	0.00	0.06
以色列	0.12	0.00	0.10	0.13	0.15
约旦	0.08	0.06	0.06	0.05	0.06
哈萨克斯坦	0.88	0.91	0.00	0.94	0.85
吉尔吉斯斯坦	0.00	0.00	0.00	0.00	0.07
柬埔寨	0.06	0.05	0.00	0.05	0.00
韩国	0.07	0.07	0.07	0.07	0.07
科威特	0.00	0.00	0.00	0.00	0.00
老挝	0.00	0.00	0.00	0.00	0.00
黎巴嫩	0.00	0.00	0.00	0.00	0.00
斯里兰卡	0.08	0.00	0.00	0.00	0.00
立陶宛	0.54	0.54	0.00	0.53	0.60
拉脱维亚	0.90	0.98	0.99	1.06	0.93

单位:千米/千人 （续表）

	1991 年	2000 年	2001 年	2005 年	2014 年
摩洛哥	0.07	0.07	0.07	0.06	0.06
摩尔多瓦	0.00	0.00	0.00	0.30	0.33
马达加斯加	0.00	0.00	0.00	0.00	0.00
马尔代夫	0.00	0.00	0.00	0.00	0.00
马其顿	0.35	0.34	0.34	0.34	0.34
缅甸	0.08	0.00	0.00	0.00	0.00
黑山	0.00	0.00	0.00	0.00	0.00
蒙古	0.87	0.75	0.00	0.72	0.62
马来西亚	0.09	0.07	0.07	0.06	0.07
尼泊尔	0.00	0.00	0.00	0.00	0.00
新西兰	1.12	0.00	0.00	0.00	0.00
阿曼	0.00	0.00	0.00	0.00	0.00
巴基斯坦	0.08	0.06	0.06	0.05	0.05
巴拿马	0.00	0.00	0.00	0.00	0.00
菲律宾	0.01	0.01	0.01	0.00	0.00
波兰	0.68	0.59	0.53	0.51	0.50
卡塔尔	0.00	0.00	0.00	0.00	0.00
罗马尼亚	0.49	0.51	0.51	0.51	0.54
俄罗斯	0.58	0.59	0.59	0.60	0.59
沙特	0.06	0.05	0.07	0.04	0.05
新加坡	0.00	0.00	0.00	0.00	0.00
塞尔维亚	0.57	0.54	0.52	0.55	0.53
斯洛伐克	0.00	0.68	0.68	0.68	0.67
斯洛文尼亚	0.60	0.60	0.62	0.61	0.59
叙利亚	0.19	0.11	0.11	0.15	0.11
泰国	0.07	0.07	0.06	0.00	0.08
塔吉克斯坦	0.00	0.00	0.00	0.09	0.07
土库曼斯坦	0.00	0.00	0.00	0.53	0.57
东帝汶	0.00	0.00	0.00	0.00	0.00
土耳其	0.15	0.14	0.14	0.13	0.13
乌克兰	0.44	0.45	0.46	0.47	0.48
乌兹别克斯坦	0.00	0.15	0.00	0.15	0.14
越南	0.04	0.00	0.00	0.03	0.04

单位:千米/千人　（续表）

	1991 年	2000 年	2001 年	2005 年	2014 年
也门	0.00	0.00	0.00	0.00	0.00
南非	0.57	0.50	0.50	0.42	0.38
希腊	0.24	0.21	0.22	0.23	0.21
中国	0.05	0.05	0.05	0.05	0.05
总和	13.97	14.79	12.30	15.43	15.74
均值	0.32	0.35	0.33	0.35	0.33
极大值	1.12	0.98	0.99	1.06	0.93
极小值	0.01	0.01	0.01	0.02	0.02
极差	1.11	0.98	0.98	1.04	0.91
标准差	0.31	0.29	0.28	0.29	0.28

注:有关极差、标准差及均值的计算,考虑到结果的合理性,均排除了数据结果为 0(即数据缺失)的经济体。

二、基础设施投资存量数据的估计测算

基础设施是国民经济发展的基础,也是经济发展水平进程中重要的物质保障和推动力。目前学界普遍认可的基础设施测量的数据分为两种,一种是货币计量方式,另一种是实物计量方式。基于货币资产测度的主要目的是明确以美元计价条件下,各国的基础设施存量大体是在怎样的一个水平。但该测度方式由于样本有限,并大都属于发达经济体序列,对中国的对比借鉴意义有限。而基于实物资产测度是通过实物资产的通用性、可比性和数据的广泛性,来对世界各经济体的基础设施投资存量大小关系进行测度分析。由于本研究是基于基础设施投资规模的国际比较,并且考虑到数据的代表性、可比性和易获得性,故我们采用实物资产估算基础设施投资存量的方法。

但实物测度基础设施投资存量也面临一些挑战。就国外文献看来,部分学者对基础设施投资存量的测算集中在了单一的指标或部门,比如(Röller and Waverman,2001)。但事实上,基础设施投资是一个多维的概念,主要包含通信、交通和能源等领域。在一般情况下,这些单独的指标都难以代表基础设施的整体水平。例如,一个经济体有非常良好的电信网路,但其交通基础设施或能源供应领域却非常弱,如果单纯使用某一特定指标来衡量基础设施投资则可能得到误导性的结论。为了克服单一指标的缺点,国内外学者对多维度数据的利用进行了研究。张军等(2007)通过多维度的数据,在实物层面对基础设施投资数据使用主成分分析法(PCA)进行了测算分析。Calderon(2015)以通信、能源、交通三方面基础设施作为代表,通过主成分分析法,对88 个经济体实物数据进行了估算测度,并估计了各实物指标在构成"人均基础设施投资存量指数"时所占的比例。

为了综合比较各经济体基础设施投资情况,我们借鉴 Calderon(2015)的研究方法,利用主成分分析法建立一个基础设施投资存量的综合性指数,并基于前人关于基础设施产出影响的研究,将基础设施估算分为通信、电力能源和交通运输三个领域。由于 20 世纪 90 年代以来通信领域技术的快速发展和新技术逐渐普及,2000 年后衡量基础设施的维度扩展到了互联网领域。考虑到通信领域基础设施维度的拓展,以及数据的可得性和代表性,本章将分 1991—2000 年不包含宽带数据的第一阶段,以及 2001—2014 年包含宽带数据的第二阶段,并分别对其进行主成分分析。

(一)基础设施总量指数估计

1. 第一阶段基础设施总量指数估计

对 1991—2000 年 51 个经济体基础投资数据进行主成分分析,第一个主成分占总体方差的 87.52%,是衡量这三个基础设施服务领域的基础设施总量综合指数,包括以下变量:

(1)通信领域:"固定电话线路总长",数据来自《世界电信/ICT 发展报告》和世界银行数据库,该变量与第一个主成分之间的相关系数为 0.942。

(2)电力能源领域:"年电力消耗总量",数据来自国际能源机构统计数据库(IEA Statistics),该变量与第一个主成分之间的相关系数为 0.982。

(3)交通运输领域:"铁路总里程",数据来自世界银行数据库(WDI),该变量与第一个主成分之间的相关系数为 0.880。

由此,第一阶段的"基础设施总量综合指数"的计算方式为:

$$GINFR_{it} = 0.359 \times GTEL_{it} + 0.374 \times GPW_{it} + 0.335 \times GTR_{it}$$

其中,$GINFR_{it}$ 是基础设施总量综合指数,$GTEL_{it}$ 是固定电话线路总长,GPW_{it} 是年电力消耗总量,GTR_{it} 是铁路总里程。测算结果如图 7.1 所示。

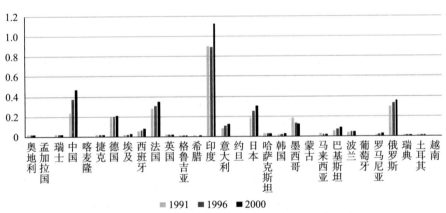

图 7.1　1991—2000 年全球代表经济体基础设施总量综合指数

2. 第二阶段基础设施总量指数估计

对 2001—2014 年 51 个经济体基础投资数据进行主成分分析,第一个主成分占总体方差的 74.68%，是衡量这三个基础设施服务领域的综合基础设施指数，包括以下变量：

（1）通信领域："固定电话线路总长"，该变量与第一个主成分之间的相关系数为 0.906；"宽带普及人数"，数据来自世界银行数据库（WDI），该变量与第一个主成分之间的相关系数为 0.691。

（2）电力能源领域："年电力消耗总量"，该变量与第一个主成分之间的相关系数为 0.976。

（3）交通运输领域："铁路总里程"，该变量与第一个主成分之间的相关系数为 0.858。

由此，第二阶段的"基础设施总量综合指数"的计算方式为：

$$\text{GINFR}_{it} = 0.303 \times \text{GTEL}_{it} + 0.231 \times \text{GTB}_{it} + 0.327 \times \text{GPW}_{it} + 0.287 \times \text{GTR}_{it}$$

其中，GINFR_{it} 是基础设施总量综合指数，GTEL_{it} 是固定电话线路总长，GTB_{it} 是宽带普及人数，GPW_{it} 是年电力消耗总量，GTR_{it} 是铁路总里程。测算结果如图 7.2 所示。

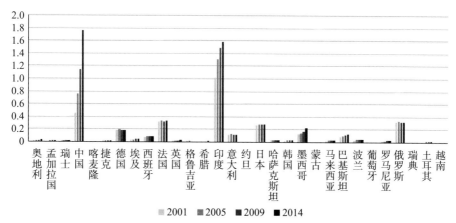

图 7.2　2001—2014 年全球代表经济体基础设施总量综合指数

（二）人均基础设施标准化指数估计

1. 第一阶段人均基础设施标准化指数估计

对 1991—2000 年 51 个经济体 Z-Score 标准化处理后的基础投资数据进行主成分分析，第一个主成分占总体方差的 75.23%，是衡量这三个基础设施服务领域的综合基础设施指数，包括以下变量：

（1）通信领域："每千人所拥有的固定电话线路"，数据来自《世界电信/ICT 发展报告》和世界银行数据库，该变量与第一个主成分之间的相关系数为 0.875。

（2）电力能源领域："年人均电力消耗量"，数据来自国际能源机构统计数据库（IEA Statistics），该变量与第一个主成分之间的相关系数为 0.963。

（3）交通运输领域："人均铁路里程"，数据来自世界银行数据库（WDI），该变量与第一个主成分之间的相关系数为 0.750。

由此，第一阶段的"人均基础设施投资存量指数"的计算方式为：

$$\text{INFR}_{it} = 0.388 \times \text{ZTEL}_{it} + 0.427 \times \text{ZPW}_{it} + 0.332 \times \text{ZTR}_{it}$$

其中，INFR_{it} 是人均基础设施投资存量指数，ZTEL_{it} 是 Z-Score 标准化处理后的每千人拥有的固定电话线路，ZPW_{it} 是 Z-Score 标准化处理后的年人均电力消耗量，ZTR_{it} 是 Z-Score 标准化处理后的人均铁路里程。测算结果如图 7.3 所示。

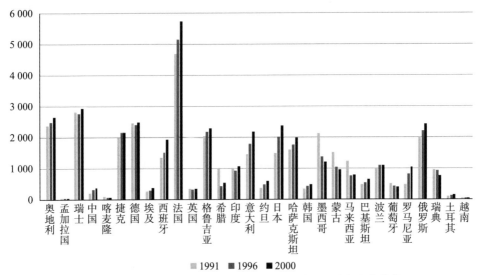

图 7.3　1991—2000 年全球代表经济体人均基础设施标准化指数

2. 第二阶段人均基础设施标准化指数估计

对 2001—2014 年 51 个经济体 Z-Score 标准化处理后的基础投资数据进行主成分分析，第一个主成分占总体方差的 69.67%，是衡量这三个基础设施服务领域的综合基础设施指数，包括以下变量：

（1）通信领域："每千人所拥有的固定电话线路"，该变量与第一个主成分之间的相关系数为 0.890；"每千人使用宽带的人数"，数据来自世界银行数据库（WDI），该变量与第一个主成分之间的相关系数为 0.886；

（2）电力能源领域："年人均电力消耗量"，该变量与第一个主成分之间的相关系数为 0.929；

（3）交通运输领域："人均铁路里程"，该变量与第一个主成分之间的相关系数为 0.588。

由此第二阶段的"人均基础设施投资存量指数"的计算方式为：

$$\text{INFR}_{it} = 0.320 \times \text{ZTEL}_{it} + 0.318 \times \text{ZTB}_{it} + 0.333 \times \text{ZPW}_{it} + 0.211 \times \text{ZTR}_{it}$$

其中，INFR_{it} 是人均基础设施投资存量指数，ZTEL_{it} 是 Z-Score 标准化处理后的每千人拥有的固定电话线路,ZTB$_{it}$ 是 Z-Score 标准化处理后的每千人使用宽带的人数(宽带渗透率),ZPW$_{it}$ 是 Z-Score 标准化处理后的年人均电力消耗量,ZTR$_{it}$ 是 *Z-Score* 标准化处理后的人均铁路里程。测算结果如图 7.4 所示。

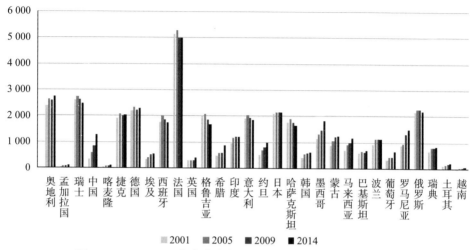

图 7.4　2001—2014 年全球代表经济体人均基础设施标准化指数

（三）全球样本综合基础设施建设情况

基于实物资产测度方法,本小节分别选取 1991、2000、2001 与 2014 年四个时间截面年份的全球样本数据进行基础设施存量值的测算和分析。结果如图 7.5 至图 7.8 所示。

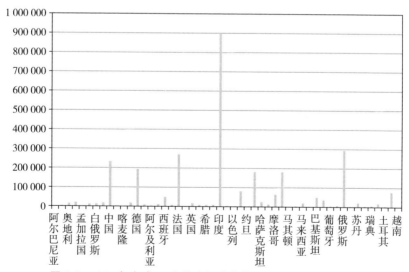

图 7.5　1991 年全球 51 个代表经济体基础设施存量指数估算

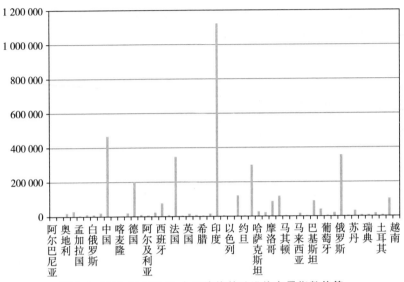

图 7.6　2000 年全球 51 个经济体基础设施存量指数估算

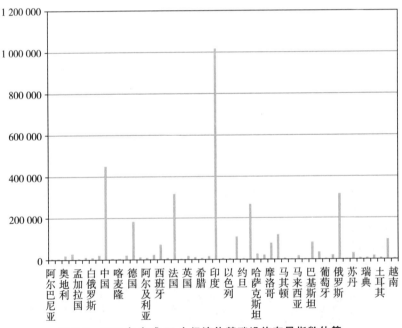

图 7.7　2001 年全球 51 个经济体基础设施存量指数估算

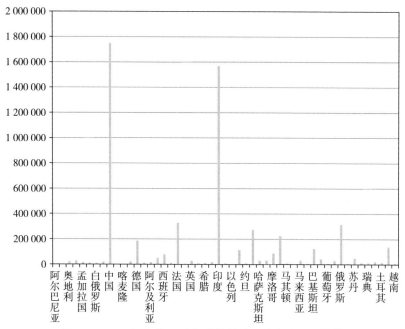

图 7.8　2014 年全球 51 个经济体基础设施存量指数估算

从时间序列纵向对比看,中国的基础设施投资存量自 1991 年以来增长迅速。在 1991 年的时间截面上,印度最为领先,在全球 51 个样本经济体中,基础设施建设存量的水平列于首位,同时中国与它的差距将近 3 倍;然而,在 2014 年,中国已反超印度,成为基础设施存量规模最大的经济体。对中国和印度而言,由于人口基数大,对基础设施的需要相对较大,加上中印近几年在基础设施投资上的加大,使得两个经济体在总量上远超其他经济体。

从自身纵向比较和相互横向比较,可以较为直观地发现两个方面的规律(见图 7.9)。一方面,1991—2000 年,中国基础设施投资存量虽然有所增长,但总体呈现的规律较为平稳;2001—2014 年,中国基础设施投资存量出现了较大幅度的跃升。另一方面,与全球 51 个样本经济体对比,中国位于印度、俄罗斯、法国之后,但是在 2001 年之后,中国的基建存量大幅增长,在 2014 年时,超过印度、俄罗斯、法国等成为基础设施建设投资存量最大的经济体。

而后,我们同时做了人均基础设施投资存量的测算,并与全球 51 个样本经济体进行对比(见图 7.10)。由于中国目前仍然处于发展中经济体的水平,虽然 1991—2014 年中国人均基础设施投资存量保持高速增长,但是在 1991、2000、2001、2014 年四个时间节点上,中国的人均基础设施投资存量仍然处于较低水平,法国位列第一远超中国,中国与英国、摩洛哥等其他发达经济体差距也相对较大,需要未来持续加大基础设施投资。

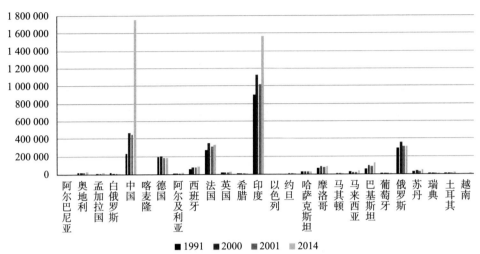

■ 1991 ■ 2000 ■ 2001 ■ 2014

图 7.9　全球基础设施存量指数估算

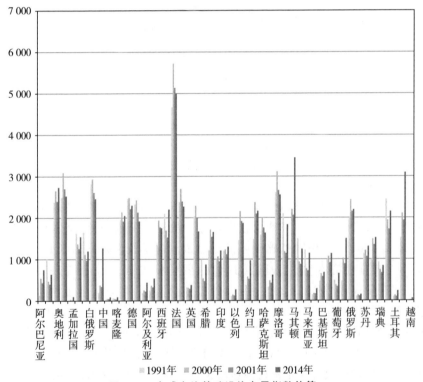

■ 1991年 ■ 2000年 ■ 2001年 ■ 2014年

图 7.10　全球人均基础设施存量指数估算

（四）"一带一路"样本综合基础设施建设情况

根据对"一带一路"沿线经济体的数据搜集和整理，我们得到了 1991—2014 年 24 个经济体的基础设施投资存量指数，与全球样本一样，本小节采用实物资产测度的基础设施投资存量指数来作为接下来研究的度量指标。

基于实物资产测度方法,本小节分别对 1991、2000、2001 与 2014 年四个时间截面年份的基础设施存量值进行了测算。结果如图 7.11 至图 7.14 所示。

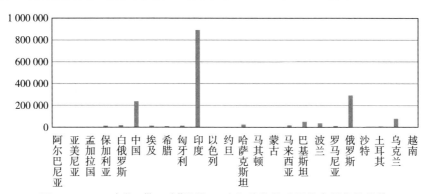

图 7.11 1991 年"一带一路"沿线 24 个经济体基础设施存量指数估算

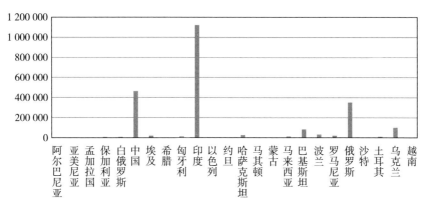

图 7.12 2000 年"一带一路"沿线 24 个经济体基础设施存量指数估算

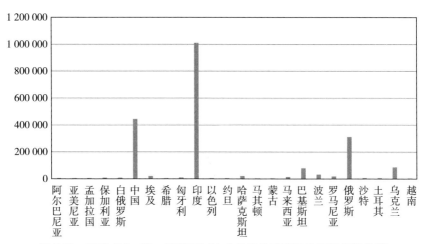

图 7.13 2001 年"一带一路"沿线 24 个经济体基础设施存量指数估算

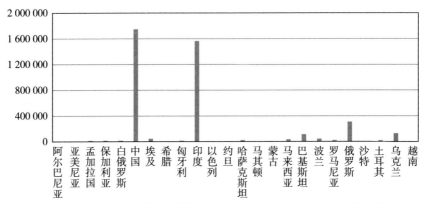

图 7.14　2014 年"一带一路"沿线 24 个经济体基础设施存量指数估算

　　从时间序列纵向对比看,中国的基础设施投资存量自 1991 年以来,展现稳定的增长趋势。在 1991 年的时间截面上,印度最为领先,在 24 个经济体中,基础设施建设存量的水平列于首位,同时中国与它的差距将近 3 倍;在 2014 年,中国已反超印度,居于基础设施存量规模首位。考虑到人口在时间序列层面上的变动,高速人口增长的发展中经济体如印度,其人均层面的基础设施存量规模实质上在不断萎缩,因此对基础设施建设投资的需求极为强烈。

　　从自身纵向比较和相互横向比较,可以较为直观地发现两个方面的规律(见图 7.15)。一方面,1991—2000 年,中国基础设施投资存量虽然有所增长,但总体呈现的规律较为平稳。2001—2014 年,中国基础设施投资存量出现了较大幅度的跃升。另一方面,从与"一带一路"沿线经济体对比情况来看,在 24 个经济体中,1991 年中国的基础设施投资存量还处于俄罗斯和印度之后,随着改革开放,2000 年后中国基础设施投资存量水平不断跃升,直到 2014 年总量位居第一。

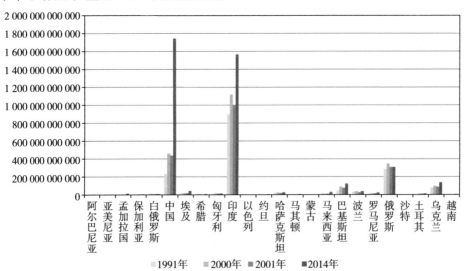

图 7.15　"一带一路"沿线 24 个经济体基础设施存量指数估算

　　而后，我们同时做了人均基础设施投资存量的测算，并与部分"一带一路"沿线经济体进行了对比。由于中国仍然处在发展中国家阶段，且总人口数位居世界第一，因此得到的人均值排名靠后，具体数量关系如图 7.16 所示，中国人均基础设施存量一直处于落后地位，直到 2014 年上升至第 8 名。

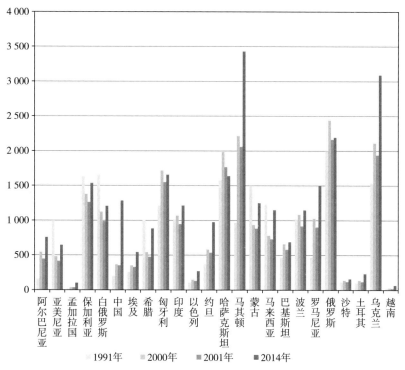

图 7.16　"一带一路"沿线 24 个经济体人均基础设施存量指数估算

　　至此，我们已从实物角度对全球样本经济体和"一带一路"沿线经济体基础设施存量进行测算与说明，可以发现全球范围内，不管是发达经济体还是发展中经济体，在时间的变迁中，其基础设施的绝对数量都有很大的增长，但是在人均基础设施存量上发展中经济体相较发达经济体处于较低水平。然而，各经济体对基础设施建设存量的需求具有异质性，因此，接下来，我们还将结合各经济体的经济发展水平，对各经济体基础设施建设相对于其经济发展水平的相对超前、滞后关系做相应的探究。

三、基础设施投资与经济发展水平的协同关系分析

（一）象限图法

　　对于两变量超前、协同滞后关系的研究和识别，目前主要的方法是针对时间序列数据的回归分析，这一种分析模式在金融市场领域运用较多。这种时间序列比对方法客观上有助于解释两变量的相互关系，但更多的是使用的计算数值特征来进行解读相关关系,逻辑较为繁复,结果也不直观。陈明星等(2010)提出了象限法来分析判断超前、协同、滞后关系。该方法逻辑相对简明,分析展现形式直观,也兼具了定量度量的优点。因此我们采用象限法来对经济发展水平与基础设施投资的超前、协同及滞后关系进行国际对比。

象限图法,顾名思义就是使用笛卡尔坐标系,将 X 和 Y 轴分割的区域称为象限。通过原点,以 X 和 Y 轴为划分的依据,分割形成四个象限,使用 X 和 Y 轴来代表希望度量关系的两个变量。具体方法和步骤如下。

(1) 选择 1995—2013 年多个经济体的两个指标:人均 GDP($AGDP_{it}$)和人均基础设施投资存量指数($INFR_{it}$)。

(2) 对 $AGDP_{it}$ 和 $INFR_{it}$ 两个指标进行 Z-Score 标准化处理,分别对应生成两个新变量:$ZAGDP_{it}$ 和 $ZINFR_{it}$。标准化处理的目的在于消除两个变量之间的单位量纲影响,同时将笛卡尔坐标系的原点移动到样本数据集平均中心的位置,这一点对于模型的判别和分析随时间进展的动态演变尤为关键。

这里标准化的方法采用 Z-Score 标准化法,也就是标准差标准化法,即为:

$$Z = \frac{(x_i - \bar{x})}{s}$$

$$\bar{x} = \sum \frac{x}{n}$$

在该式中,i 是样本的观测值($1, 2, \cdots\cdots n$);$\bar{x}$ 是 x_i 的平均值,s 是样本标准差,其中:

$$s = \sqrt{\frac{\sum (x_i - \bar{x})^2}{(n-1)}}$$

(3) 使用经过标准化处理的新序列,以 $ZINFR_{it}$ 为 X 轴,以 $ZAGDP_{it}$ 为 Y 轴,不同经济体的数据不尽相同,因此会形成点集($ZINFR_{it}$, $ZAGDP_{it}$),依此即可在坐标轴上绘制出对应的散点图。

完成以上数个步骤之后,通过处理完成的数据即可对二者关系进行判别。判别的原则做以下规定和解释:

原则 I:构造指标 $ZINFR_{it} - ZAGDP_{it}$,并判断此指标的符号。$ZINFR_{it}$ 表示该经济体样本点偏离 ZINFR 指标总样本中心位置的程度。$ZAGDP_{it}$ 表示该国家样本点偏离 ZAGDP 指标总样本中心位置的程度。因此,该指标符号的正负性实质上就代表了一个经济体的两个指标共同偏离样本中心的协同程度,也就是协同性。换而言之,当某一个经济体的数据经过标准化处理后,映射到象限图上时,如果指标 $ZINFR_{it} - ZAGDP_{it} < 0$,那么坐标点($ZINFR_{it}$, $ZAGDP_{it}$)(见图 7.17)就会落入左上半区(II 区),该经济体也就是基础设施投资滞后类型。但如果指标 $ZINFR_{it} - ZAGDP_{it} > 0$,那么坐标点($ZINFR_{it}$, $ZAGDP_{it}$)就会落入右下区域(I 区),该经济体也就是基础设施投资超前类型。显然,当 $ZINFR_{it} - ZAGDP_{it} = 0$ 时,坐标点($ZINFR_{it}$,$ZAGDP_{it}$)就正好落在坐标轴里的 $y=x$ 这条直线上,此时基础设施投资与经济发展水平的协调程度与国际水平对比起来,则是完全协调状态。

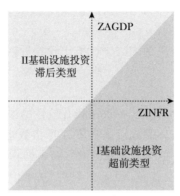

图 7.17　基础设施投资与经济发展水平关系划分图示

原则Ⅱ:衡量 $|ZINFR_{it} - ZAGDP_{it}|$ 的大小。这是两个指标差的绝对值,表征的意思实际上是样本点($ZINFR_{it}$,$ZAGDP_{it}$)中的两元素偏离各自样本中心的协同程度,数值的划分参照陈明星等(2010)的标准。若 $0 \leqslant |ZINFR_{it} - ZAGDP_{it}| \leqslant 0.1$,则说明基础设施投资与经济发展水平的关系处于基本协调状态;若 $0.1 \leqslant |ZINFR_{it} - ZAGDP_{it}| < 0.5$,则基础设施投资与经济发展水平的关系属于轻微偏离级别;若 $0.5 \leqslant |ZINFR_{it} - ZAGDP_{it}| \leqslant 1$,则属于中度偏离;若 $|ZINFR_{it} - ZAGDP_{it}| > 1$,则基础设施投资与经济发展水平的关系为高度偏离。

因此,根据上述两方面的原则,可以将基础设施投资和经济发展水平协调关系划分为 7 种类型:IC:基础设施投资高度超前;IB:基础设施投资中度超前;IA:基础设施投资轻微超前;O:基础设施投资协调;IIA:基础设施投资轻微滞后;IIB:基础设施投资中度滞后;IIC:基础设施投资高度滞后。

基础设施投资对经济发展水平进程起到了重要的支持作用,不同经济发展水平阶段所对应的基础设施投资程度也相应有所不同。接下来从两个角度来对经济发展水平与基础设施投资的协同关系进行对比。一个角度是从时间截面的角度进行特定时点的全样本对比研究;另一个角度则是在跨时段(1991—2014)数据的基础上,筛选一定国土面积以上,以中国某一特定时点的人均 GDP 为标准,以与中国人均 GDP 相近为原则在不同年份筛选多个经济体数据,来进行结合对比。第一个角度的对比由于样本量完整,因此称为"全样本经济体对比";第二个角度则由于对各个经济体的国土面积进行了筛选,样本量相对较小,因此称为"部分样本经济体对比"。

两种方法对数据的处理不同,样本不同,因而优劣也存在不同。第一种方法的好处在于,通过同时间节点对大样本经济体的测度,可以在世界范围内对比中国的基础设施投资与经济发展水平之间的协同关系随时间演进的变化。与此同时,也可以就基础设施投资存量和经济发展水平两者在世界范围内的大小关系进行单独性和结合性的对比工作。但第一种方法的缺点在于比较对象的国土面积悬殊,部分经济体数据与中国的对比就存在一定争议。第二种方法的优点和缺点和第一种方法刚好相反。其优点在于,通过筛选样本,使其更有针对性;但其缺点在于样本量相对较小,单个经济体数据变化的影响较大。

因此,我们使用象限法对两种方法进行了比较分析,将结果进行比对并互为参照,使得研究结果更有意义。

(二) 全样本经济体对比

根据象限图法和数据的可比性、一致性和有效性的原则,我们对 1991—2014 年包括中国在内的全球 51 个经济体基础设施投资存量指数进行了测算,对各经济体人均 GDP 进行了搜集。由于宽带在基础设施建设方面占据重要地位,但是 2001 年及之后宽带才开始在全球范围内广泛普及,因此在 1991—2000 年期间,我们只采用铁路、固定电话、电力对基础设施进行衡量分析,在 2001—2014 年对加入宽带的基础设施进行衡量分析。

综上,我们决定在全样本的前提下,对 1991、2000、2001、2005 和 2014 年世界各经济体经济增长水平与基础设施投资存量之间的协调关系进行度量比较,表 7.5 只对中国的指标数据进行报告。

表 7.5　与全球样本经济体比较下中国基础设施投资存量与经济增长水平的协调关系

年份	1991	2000	2001	2005	2014
$ZINFR_{it}$	−1.1359	−1.0169	1.4459	0.2631	0.1138
$ZAGDP_{it}$	−0.7875	−0.7743	−0.7775	−0.8073	−0.6336
$ZINFR_{it} - ZAGDP_{it}$	−0.3483	−0.2426	2.2234	1.0703	0.7473
协调关系类型	IIA	IIA	IC	IC	IB

从指标的正负性角度来看:1991、2000 年中国的基础设施投资相对于经济增长是轻微滞后的,2001 年加入宽带数据指标后出现了高度超前,2005 年继续延续高度超前的趋势,2014 年又呈现中度超前的状态。2000 年偏离程度比 1991 年有轻微降低,2001 年加入宽带指标后偏离程度大幅增加,之后一直回缓,到 2014 年又降到中度偏离的程度。总体而言,中国的基础设施投资情况都在呈现明显的改善趋势。

为了更为直观地展现全球样本经济体基础设施投资存量指数与经济增长水平协调关系的相互比较,我们绘制了图 7.18,以更清晰地展现全球样本经济体所处的相对位置和中国的协调程度变化,由于经济体数量较多,图中仅标注中国的相对位置。

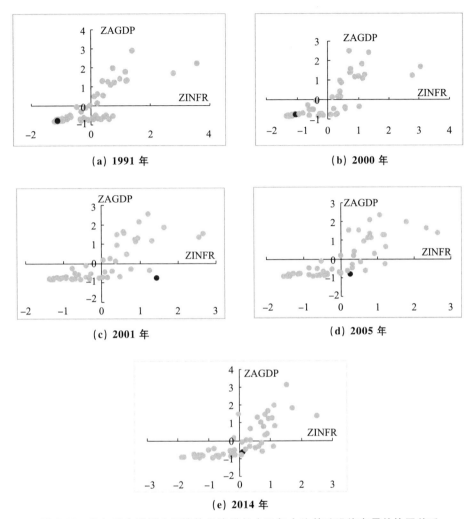

图 7.18　各年度全球样本经济体经济增长水平与人均基础设施存量的协同关系

在图 7.18 的五幅图中,每一个点都代表了该经济体当年的经济增长水平率与人均基础设施投资存量的关系,黑色圆点标注的则是中国在其中的位置。从图中可以得出以下几方面的结论:

(1) 改革开放后,中国经济各方面指标都获得了长足的发展,经济增长水平和基础设施投资存量也得到了显著的提升。1991、2000 年中国坐标点($ZINFR_{it}$,$ZAGDP_{it}$)处于第三象限较低水平,2001 年由于宽带数据的加入,中国宽带设施的加速布局使得中国在全球样本经济体里的基础设施建设水平相对较高,此后 2005、2014 年($ZINFR_{it}$,$ZAGDP_{it}$)逐渐向原点趋近,这意味着中国的基础设施建设与经济的发展逐渐呈现相对协调的状态。由于中国人口总量巨大以及改革开放初期经济发展基础相对薄弱,这样的增长速度是相当可观的。

（2）从全球 51 个样本经济体的象限图点在各年份的整体形态特征上来看,基础设施投资与经济增长水平表现为正相关关系。从逻辑上来看,两者的正相关性主要体现在两者的相互关系上:经济的发展使得经济体有更多的资金投入基础设施建设上;基础设施建设的加大也带动了上下游及该行业的发展。

（3）从图像上来看,可以发现中国 1991、2000 年基础设施建设投资相对经济发展是相对滞后的,而 2001 年加入宽带指标后,由于中国宽带投入相对全球其他经济体较大,使得基础设施建设相对经济发展呈现高度超前的状态。2005、2014 年随着经济的发展和基础设施建设的加大投入,使得两者越来越呈现协调的趋势,但是基础设施投资也一直是相对超前的状态。总的来看,1991—2014 年,中国基础设施投资相对经济增长水平而言,是由相对滞后变为相对超前并逐渐走向协调趋势。

（三）"一带一路"沿线经济体样本对比

全样本虽然在数据丰裕程度上有优势,但在比较的时候也存在不公平的地方。"一带一路"沿线经济体的经济增长水平进程与基础设施投资的关系与大国（地区）进程相比,应该会有所不同。所以中国基础设施投资与经济增长水平的国际对比,除了在全样本进行纵览式的对比,还需要对"一带一路"沿线经济体进行更有参照性的小范围比较。因此本节将筛选部分"一带一路"沿线经济体进行部分对比,以得到更细致的结论。

考虑到样本的充足性和对象的可比性,我们选用了 25 个"一带一路"沿线经济体进行了对比。与全样本比较相似,这一部分也将中国的 $ZINFR_{it}-ZAGDP_{it}$ 指标计算结果以表格形式展现如表 7.6 所示。

表 7.6　中国与"一带一路"沿线经济体部分样本比较下中国基础设施投资存量与经济增长水平的协调关系

年份	1991	2000	2001	2005	2014
$ZINFR_{it}$	−1.085	−0.8348	−0.5908	−0.1404	−0.0754
$ZAGDP_{it}$	−0.6609	−0.4797	−0.4738	−0.5855	−0.2124
$ZINFR_{it}-ZAGDP_{it}$	−0.4237	−0.3551	−0.1169	0.4451	0.1370
协调关系类型	IIA	IIA	IIA	IA	IA

从指标的正负性角度来看,1991、2000 和 2001 年中国的基础设施投资相对于经济增长是相对滞后的,2005 年和 2014 年是轻微超前状态,2005 年的偏离程度增加,2014 年的偏离程度相对于 2005 年有所回缓。总体而言,中国的基础设施投资情况都在轻度级别波动,2014 年后接近协调状态。

为了更为直观地展现"一带一路"沿线经济体基础设施投资存量指数与经济增长水平协调关系的相互比较,我们绘制了图 7.19,以更清晰地展现"一带一路"沿线经济体所处的相对位置和中国的协调程度变化,由于经济体数量较多,图中仅标注中国的相对位置。

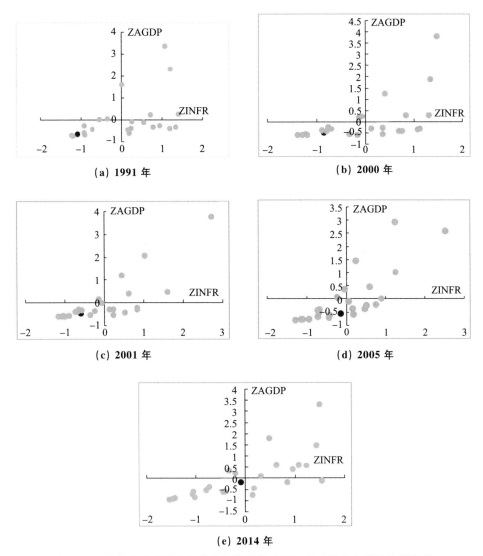

图 7.19　各年度全球样本经济体经济增长水平与基础设施存量的协调关系

图 7.19 的五幅图中,每一个点都代表了该经济体当年的经济增长水平率与人均基础设施投资存量的关系,黑色圆点标注的则是中国在其中的位置。从中我们可以得出以下几方面的结论:

（1）改革开放后,中国经济各方面指标都获得了长足的发展,经济增长水平和基础设施投资存量也得到了显著的提升。从 1991 年中国坐标点（$ZINFR_{it}$，$ZAGDP_{it}$）在第三象限较低水平,上升到 2014 年中国坐标点接近象限图原点。考虑到中国巨大的人口总量和改革开放初期薄弱的经济发展基础,这样的增长提升极为显著。

（2）从"一带一路"沿线 25 个经济体的象限图点在各年份的整体形态特征上来

看,基础设施投资与经济增长水平表现为正相关。基础设施投资与经济增长水平具有双向正效应。

（3）从图像上来看,可以发现中国 2005、2014 年的象限点分布在Ⅰ区,也从图像上直观反映了与其他 24 个经济体数据对比下,中国基础设施投资相对经济增长水平而言,是相对超前的。总的来看,1991—2014 年,中国基础设施投资相对经济增长水平而言,是由相对滞后变为相对超前。

（四）"一带一路"沿线经济体与全球样本经济体对比

根据"一带一路"沿线经济体样本和全球样本的对比可以得出以下结论：

（1）在"一带一路"沿线经济体样本中,中国基础设施投资与经济发展水平之间的协同关系呈现一个越来越靠近原点的趋势,而在与全球样本对比时,中国的协同关系在 2001 年左右呈现高度超前的状态。相比于全球水平,在"一带一路"沿线经济体样本对比中,中国对基础设施建设的投资是更加协调的。这表明,"一带一路"沿线经济体相较于全球样本经济体来说,基础设施投入的人均绝对规模更大,但支撑经济发展水平所需要的基础设施投资更大。而中国一向注重基础设施建设的投资,亚非拉地区经济体希望借助中国的帮助来提高其基础设施建设的水平,这也是"一带一路"倡议提出的重要意义。

（2）在引入宽带指标之后,各经济体基础设施存量水平的相对位置出现较大变化,导致全球样本经济体中的协调性呈现较为明显的转折。而"一带一路"沿线经济体样本的协调性并未出现显著变化。以中国为例,考虑宽带指标后,基础设施投资与经济发展水平的关系在全球水平上从轻微滞后转为高度超前,而在"一带一路"沿线经济体水平上协同关系从轻微滞后转为轻微超前。这既说明了中国在宽带设施的高渗透率拉高了其基础设施建设的相对水平,也体现了"一带一路"沿线经济体的经济发展对支撑起互联网等先进技术的基础设施有更大的需求。

（3）无论是"一带一路"沿线经济体样本还是全球样本,基础设施投资与经济增长水平率都呈现正相关关系。这体现了一个双向影响的关系：经济发展水平越高,越有足够的资金支持基础设施建设的投资,而基础设施建设投资的加大,也为经济发展提供了极大的便利和促进,所以两者呈现正相关关系。

四、基础设施建设与经济增长

（一）基础设施建设对经济拉动作用的机制分析

根据前三部分内容,我们已经了解各经济体综合基础设施存量的相对高低,并通过分析其与经济发展的相对超前、滞后关系,了解各经济体在过去 20 年来的基础设施发展状况。然而,基础设施发展水平将如何决定其对当地经济未来的走向呢？基础设施相对超前是否意味着对经济利好呢？其中的作用机制是什么？本部分主要通过梳理学者的观点,得出基础设施建设对经济拉动的相关机制作用。

事实上,早期西方也是通过公共事业与公共工程建设,即建设航道、水运、港口的方式,对外开展贸易,实现财富的迅速积累。因此,基础设施建设对经济的拉动作用及其机制研究一直都是学者关注的重点。截至目前,关于基础设施建设对经济的作用及其机制研究不外乎三种,即超前论、同步论和滞后论。

超前论的代表学者为 Rosenstein-Rodan(1943),其提出经济增长的重要来源是相对超前的基础设施建设,而基础设施部门可通过筹集大量不可分割的社会分摊资金(类似政府运用财政资金)来组建,此外,由于基础设施建设前期投入大、产出回报高,需配合经济增长预测有计划性地进行投资与建设,否则相对滞后的基础设施建设可能导致电力供给不足、道路不便,进而限制生产部门扩大生产,拖累经济增速。Ahmed(1976)提出对于大部分发展中经济体而言,基础设施建设的滞后将影响社会经济发展。Glover & Simon(1975)提出对于不发达经济体,制约经济发展最核心的因素为基础设施建设。Rostow(1990)通过梳理人类社会发展的六个阶段,阐明了工业化发展的起飞阶段需要重视基础设施建设。关于具体的机制作用方面,学者主要从劳动力成本、贸易成本控制等两个角度进行说明。Petty(2006)以荷兰为例验证了交通工具专业化程度的提高有助于降低运费成本和劳动力成本,进而提高运输效率。Smith(2009)也在其《国富论》中提及,交通基础设施建设有助于完善区域分工,从而推动区域经济发展。

同步论认为资源是有限的,因此投资决策需从投资效益出发,在有限的资本与资源条件下,均匀地发展各种产业。一方面通过基础设施建设部门的优先发展,带动对其他产业的投资;另一方面通过生产部门优先发展(经济相对于基础设施建设超前)引致投资需求,从而使投资效益最大化,两方面并驾齐驱,共同推升基础设施建设水平及经济发展水平,该思想的代表学者为艾伯特·赫希曼(Albert Hirshman)。

滞后论认为一国经济体需对工业、农业等生产性部门进行大规模投资,直到突破经济增长水平的门槛时,投资基础设施建设等才具有促进价值。其描述的现象多发生于穷困的发展中国家,这些国家因为市场容量过小,所以投资不足,从而造成贫困恶性循环。该理论的支持者为罗格纳·纳克斯(Ragnar Nurkse)、H.B.钱纳里(H.B.Chenery)和尼克拉斯·廷伯根(Nikolaas Tinbergen)。

三种理论中,超前论获得较高的认可。Aschauer(1989)观察到 1973 年前后美国生产率下降的情形,通过美国 1945—1985 年时间序列的数据,建立 C-D 生产函数,发现道路等基础设施对经济增长具有拉动作用。在具体的作用机制方面,巴顿(1984)认为有两种作用机制,即直接的运输投入效应和间接的乘数效应。世界银行测算表明,基础设施存量每增长 1%,GDP 相应增长 1%。Donaldson(2017)用印度 1861—1930年的铁路数据,证实前置的基础设施建设可通过降低贸易成本,从而带动地区经济增长。

关于基础建设投资对经济发展的拉动机制,一般分为直接影响与间接影响两种。

直接影响认为基础设施建设投资需要大量水泥、钢筋等原材料,这将促进建材及建筑类等直接相关行业的发展,同时创造了区域的就业机会,从而在整体上带动了区域经济的增长;间接影响认为,基础设施建设不仅带动直接与建筑相关产业的增长,更通过乘数效应,带动其他行业的增长。关于基础设施存量对经济发展的拉动机制,主要分为两种:一种是从运输成本控制的视角,认为充分的交通基础设施布局,可以缩短通勤时间,减少运输成本,从而使得逐利的资本向资源成本低的区域进行集聚,而空间上资源与资本的集聚,有助于提高当地贸易活跃度,带动该地区经济的增长。另一种是从区位禀赋的角度出发,认为交通基础设施通过增加区位条件的优势,降低原有土地资源禀赋对当地经济增长的决定性作用,创造更好的投资环境,引致增量投资,从而带动当地经济增长。

总体上看,大多数研究证明,基础设施投资可对区域经济增长产生拉动的作用。基于现有研究,我们利用本章第二部分测算的基础设施总量综合指数,分别建立1991—2000 年和 2001—2014 年全球动态面板数据,测算基础设施建设对经济增长的影响。

(二)基础设施建设对经济增长的影响

我们基于 Barro & Sala-i-Martin(1991)和 Islam(1995)宏观经济增长模型,借鉴郑世林等(2014)的方法,构建了全球人均实际 GDP 增长率与人均基础设施指数、人均收入水平、控制变量和双固定效应的面板数据模型,基本计量模型为:

$$growth_{i,t} = \alpha_0 + \lambda_1 \ln AINFR_{i,t} + \lambda_2 \ln AINFR_{i,t-1} +$$

$$\beta_1 \ln AGDP_{i,t-1} + \sum_{j=2}^{n} \beta_j X_{i,t} + \mu_i + \delta_i + \varepsilon_{i,t}$$

此处,$X_{i,t} = [open_{i,t}, gfi_{i,t}, govc_{i,t}, popgr_{i,t}, r\&d_{i,t}]$。其中,$i$ 为国家,t 为年份,μ_i 和 δ_i 分别为控制地区和时间固定效应,α_0 为常数项;$growth_{i,t}$ 表示实际人均 GDP 的增长率;$\ln AINFR_{i,t}$ 表示人均基础设施指数的自然对数;$\ln AINFR_{i,t-1}$ 表示人均基础设施指数滞后一期的自然对数;$\ln AGDP_{i,t-1}$ 表示人均实际 GDP 滞后一期的自然对数。X 包含 5 个控制变量,即 open 为经济开放程度,表示各国融入世界经济的程度;gfi 表示固定资产形成占 GDP 的比例;govc 表示政府消费支出占 GDP 的比例;popgr 表示人口增长率;r&d 表示 R&D 经费内部支出占 GDP 比例,用来控制技术进步的影响。$\varepsilon_{i,t}$ 为随机误差项。

首先,假设 $\varepsilon_{i,t}$ 服从独立同分布,利用传统静态模型方法估计静态模型。然后,允许经济增速具有可持续性,在模型中引入滞后一期的经济增长变量,估计动态模型。考虑到 2001 年后引入了宽带变量,人均基础设施建设综合指数在 2001 年前后的测算基础不同,所以我们不仅对 1991—2014 年面板数据做了实证分析,还分别以 1991—2000 年和 2001—2014 年,分两个阶段对基础设施对经济增长的影响进行了测算,实证结果如表 7.7 所示。

表 7.7　基础设施对经济增长的影响

解释变量	1991—2014 年		1991—2000 年		2001—2014 年	
	静态模型 (1)	动态模型 (2)	静态模型 (3)	动态模型 (4)	静态模型 (5)	动态模型 (6)
$growth_{i,t-1}$		0.465***		0.314***		0.146***
		(0.025)		(0.039)		(0.034)
$lnAINFR_{i,t}$	12.682***	10.463***	21.970***	15.029***	11.541***	11.931***
	(1.959)	(1.713)	(3.126)	(3.029)	(1.790)	(1.770)
$lnAINFR_{i,t-1}$	−12.041***	−10.023***	−18.937***	−13.672***	−8.974***	−9.321***
	(1.858)	(1.629)	(2.716)	(2.606)	(1.855)	(1.833)
$lnAGDP_{i,t-1}$	−3.610***	−4.508***	−30.045***	−27.416***	−9.461***	−9.065***
	(0.744)	(0.651)	(2.019)	(1.903)	(0.868)	(0.861)
open	−0.001	0.017***	−0.014	0.019	0.042***	0.039***
	(0.008)	(0.007)	(0.015)	(0.015)	(0.008)	(0.008)
gfi	0.320***	0.125***	0.412***	0.224***	0.300***	0.252***
	(0.030)	(0.028)	(0.057)	(0.058)	(0.029)	(0.031)
govc	−0.314***	−0.167***	−0.673***	−0.461***	−0.431***	−0.384***
	(0.059)	(0.052)	(0.121)	(0.115)	(0.056)	(0.056)
popgr	−1.4148***	−0.8955***	−1.809***	−1.440***	−1.428***	−1.256***
	(0.2962)	(0.2599)	(0.509)	(0.476)	(0.314)	(0.313)
r&d	0.6704***	0.3507**	2.058***	1.575***	−0.383	−0.281
	(0.2164)	(0.1895)	(0.313)	(0.297)	(0.350)	(0.346)

注:①括号内为标准误;②*、**和***分别表示10%、5%和1%显著性水平;③各回归模型包含常数项和虚拟变量,为节省篇幅,表中并未报告回归结果。

　　从控制变量来看,人均 GDP 的滞后项对经济增长具有显著的负向影响;固定资产形成占 GDP 的比例越高,经济增长越快;各国经济开放程度对经济增长也有积极的影响,但是对于模型(2)、模型(5)和模型(6)的影响显著,对于模型(1)、模型(3)和模型(4)的影响不显著;政府消费支出占 GDP 比例与经济增长呈现显著的负向关系;人口增长率对经济增长具有显著的负向影响,这意味着人口增长越快的地区,经济增长相对趋缓;2000 年之前,R&D 经费内部支出占 GDP 的比例对经济增长有显著的正向促进作用,2000 年以后,R&D 经费内部支出对经济增长的影响并不显著。

　　实证结果显示,对于基础设施综合指数变量,无论静态模型还是动态模型,各阶段当期人均基础设施对经济增长的系数 λ_1 在 1% 的显著水平上均大于 0,说明当期基础设施建设对经济增长具有正向的拉动作用;滞后一期的人均基础设施对经济增长的系数 λ_2 在 1% 的显著性水平上均小于 0,说明前期人均基础设施对经济增长具有消极影响;对于所有模型,$|\lambda_1| > |\lambda_2|$,说明基础设施对经济增长的正向影响要大于负向

影响。并且，由于 lnAINFR 是人均基础设施存量指标，故当期人均基础设施存量必大于该指标的前一期，即 $lnAINFR_{i,t} > lnAINFR_{i,t-1}$，所以基础设施对经济增长的综合影响是正向的，即基础设施建设可以显著地推动经济增长。

分阶段来看，1991—2000 年，静态模型 λ_1 为 21.970，即人均基础设施综合指数相对变化 1% 可引起经济增长绝对变化 21.970%；动态模型 λ_1 为 15.029，即人均基础设施综合指数相对变化 1% 可引起经济增长绝对变化 15.029%；2001—2014 年，静态模型 λ_1 为 11.541，动态模型 λ_1 为 11.931。可见，1991—2000 年当期人均基础设施对经济增长的促进作用要大于 2000 年以后。此外，1991—2000 年，静态模型 $\lambda_1 + \lambda_2$ 为 3.033，动态模型 $\lambda_1 + \lambda_2$ 为 1.357；2001—2014 年，静态模型 $\lambda_1 + \lambda_2$ 为 2.567，动态模型 $\lambda_1 + \lambda_2$ 为 2.610。从静态角度分析，1991—2000 年基础设施对经济增长的综合促进作用要大于 2000 年以后的时期；但从动态角度分析，随着宽带指标的加入，基础设施对经济增长的综合正向影响有加大的趋势，即随着互联网等技术的普及，综合基础设施建设对经济增长的促进作用越来越大。

第八章 "一带一路"沿线基础
设施的区域分析[①]

一、亚洲地区

(一)东南亚地区

东南亚地区包括中南半岛和马来群岛,是世界交通的十字路口。"一带一路"沿线的东南亚地区涵盖印度尼西亚、新加坡、文莱、柬埔寨、老挝、缅甸、泰国、东帝汶、越南、菲律宾、马来西亚等11个经济体,截止到2018年底,其人口总计约6.39亿,GDP总量达到2.58万亿美元,进出口总额共计约2.3万亿美元。该地区与中国毗邻,经济结构相似,资源互补,文化通融,在"一带一路"中的地位举足轻重,是中国与沿线经济体开展经贸合作的主要区域。2016年,中国与东南亚地区的贸易额为4 554.4亿美元,占中国与沿线经济体贸易总额的47.8%,仅次于与欧盟和美国的贸易额。中国已成为该地区多个经济体的第一大贸易伙伴。东南亚地区拥有较多新兴经济体,2014年以来,除了泰国和新加坡,其他经济体经济增长强劲,增长比值保持在5%以上。该地区制造业较发达,印度尼西亚、菲律宾、越南、泰国等集中在服装、农产品加工等低端产业,新加坡、马来西亚则集中于电子制造加工,属于高端产业。东南亚地区是中资企业走出去的起点,截止到2018年8月,我国已在上述6个国家设立投资企业达4 138家。

东南亚地区整体稳定,但因民族众多,且跨境而居、交通不便、缺乏沟通,加之部分经济体处在政治经济转型过程中,其内部安全问题显现出来。该地区曾是多个域外大国的角逐区域,日本在此有数十年的经营,印度也在逐步渗透,美国将其视为战略要冲。在该区域内,中国与柬埔寨、缅甸等国关系密切,与印度尼西亚存在一些历史遗留问题,中国文化在此有着较为深厚的积淀,对多方经济联动有一定的促进作用。

---

① 作者为闫强明,北京大学经济学院博士;薛紫臣,北京大学软件与微电子学院硕士。

1. 东南亚地区电力发展情况

相比于"一带一路"沿线经济体的指标(见表 8.1),在 1991、2005、2014 年,东南亚 11 个经济体的电力均值分别是"一带一路"沿线经济体均值的 0.53、0.70、0.80 倍,说明在 1991 年是东南亚国家电力消耗的低谷时段,此后比例逐年升高。3 个时点的数值还表示,东南亚地区对电力的需求呈递增趋势,尤其是 2005 年增幅明显。其中,越南在 2005 年的增长比值最高为 4.69,菲律宾最低为 0.63;时至 2014 年,柬埔寨增长比值达到 3.07,新加坡最小为 0.02。

表 8.1 东南亚地区电力发展情况

	1991 年 (千瓦时/千人)	2005 年 (千瓦时/千人)	2014 年 (千瓦时/千人)	2005 年相较于 1991 年增长比值	2014 年相较于 2005 年增长比值
印度尼西亚	177 931.51	499 716.09	811 900.18	1.81	0.62
新加坡	5 104 809.03	8 678 168.17	8 844 687.59	0.70	0.02
文莱	4 472 836.25	8 462 090.38	10 242 795.80	0.89	0.21
柬埔寨	0.00	66 766.13	271 433.24	0.00	3.07
老挝	0.00	0.00	0.00	0.00	0.00
缅甸	41 563.33	75 573.48	216 777.61	0.82	1.87
泰国	791 726.61	1 914 529.62	2 539 611.19	1.42	0.33
东帝汶	0.00	0.00	0.00	0.00	0.00
越南	102 004.09	579 922.10	1 439 155.55	4.69	1.48
菲律宾	353 858.37	576 649.55	699 205.07	0.63	0.21
马来西亚	1 265 606.64	2 877 230.96	4 596 331.94	1.27	0.60
总和	12 310 335.84	23 730 646.49	29 661 898.17	0.93	0.25
均值	1 538 791.98	2 636 738.50	3 295 766.46	0.71	0.25
极大值	5 104 809.03	8 678 168.17	10 242 795.80	0.70	0.18
极小值	41 563.33	66 766.13	216 777.61	0.61	2.25
极差	5 063 245.70	8 611 402.04	10 026 018.19	0.70	0.16
标准差	1 988 236.50	3 486 019.73	3 812 815.14	0.75	0.09
沿线经济体均值	2 885 973.99	3 776 783.93	4 135 079.73	0.31	0.09
区域均值与沿线经 济体均值比值	0.53	0.70	0.80	0.31	0.14

注:有关极差、标准差及均值的计算,考虑到结果的合理性,均排除了数据缺失的经济体(数值为 0 代表数据缺失)。本章后表同此操作,不再赘述。

2. 东南亚地区铁路发展情况

相比于"一带一路"沿线经济体的指标(见表 8.2),在 1991、2005、2014 年,东南亚

11 个经济体的铁路发展指标的均值分别是"一带一路"沿线经济体均值的 0.17、0.14、0.16 倍,该地区均值远低于"一带一路"沿线经济体均值,2005 年较 1991 年有所下降,基本都是负增长,其后出现需求反弹。至 2014 年,马来西亚、越南的增长比值大于零,显示微弱优势,尚有建设铁路设施的发展空间。

表 8.2　东南亚地区铁路发展情况

	1991 年 (千米/千人)	2005 年 (千米/千人)	2014 年 (千米/千人)	2005 年相较于 1991 年增长比值	2014 年相较于 2005 年增长比值
印度尼西亚	0.03	0.00	0.02	−1.00	0.00
新加坡	0.00	0.00	0.00	0.00	0.00
文莱	0.00	0.00	0.00	0.00	0.00
柬埔寨	0.06	0.05	0.00	−0.24	−1.00
老挝	0.00	0.00	0.00	0.00	0.00
缅甸	0.08	0.00	0.00	−1.00	0.00
泰国	0.07	0.00	0.08	−1.00	0.00
东帝汶	0.00	0.00	0.00	0.00	0.00
越南	0.04	0.03	0.04	−0.23	0.08
菲律宾	0.01	0.00	0.00	−1.00	0.00
马来西亚	0.09	0.06	0.07	−0.28	0.15
总和	0.38	0.15	0.21	−0.62	0.41
均值	0.05	0.05	0.05	−0.10	0.06
极大值	0.09	0.06	0.08	−0.28	0.21
极小值	0.01	0.03	0.02	3.30	−0.43
极差	0.08	0.03	0.06	−0.61	0.85
标准差	0.03	0.02	0.03	−0.46	1.13
沿线经济体均值	0.32	0.35	0.33	0.08	−0.06
区域均值与沿线经济体均值比值	0.17	0.14	0.16	−0.17	0.13

3. 东南亚地区固定电话发展情况

相比于"一带一路"沿线经济体的指标(见表 8.3),在 1991、2005、2014 年,东南亚 11 个经济体的人均电话线路拥有量均值分别是"一带一路"沿线经济体均值的 0.60、0.56、0.59 倍,说明在该时段中,东南亚国家电话线拥有量接近沿线均值的 60%,保持较平稳状态。至 2005 年,老挝的增长比值在该地区最为明显,高达 8.43。紧随其后的印度尼西亚、柬埔寨、缅甸、泰国、菲律宾也有蓬勃的发展。2014 年,除了柬埔寨、老挝分别以 8.49、7.52 的比值处于高增长状态,其他经济体仅有小幅增长甚至下降。

表 8.3　东南亚地区固定电话发展情况

	1991 年(电话 线路/千人)	2005 年(电话 线路/千人)	2014 年(电话 线路/千人)	2005 年相较于 1991 年增长比值	2014 年相较于 2005 年增长比值
印度尼西亚	7.12	60.17	103.73	7.45	0.72
新加坡	355.18	410.27	361.91	0.16	−0.12
文莱	147.89	228.08	169.29	0.54	−0.26
柬埔寨	0.41	2.47	23.43	4.96	8.49
老挝	1.66	15.68	133.56	8.43	7.52
缅甸	2.01	10.04	9.81	4.00	−0.02
泰国	27.16	107.30	84.64	2.95	−0.21
东帝汶	0.00	2.34	3.09	0.00	0.32
越南	1.95	110.12	72.67	55.53	−0.34
菲律宾	10.21	39.24	30.90	2.84	−0.21
马来西亚	97.11	168.93	146.09	0.74	−0.14
总和	650.70	1 154.64	1 139.12	0.77	−0.01
均值	65.07	104.97	103.56	0.61	−0.01
极大值	355.18	410.27	361.91	0.16	−0.12
极小值	0.41	2.34	3.09	4.66	0.32
极差	354.76	407.93	358.82	0.15	−0.12
标准差	113.54	125.23	102.80	0.10	−0.18
沿线经济体均值	108.20	187.21	174.51	0.73	−0.07
区域均值与沿线经 济体均值比值	0.60	0.56	0.59	−0.07	0.06

4. 东南亚地区宽带发展情况

相比于"一带一路"沿线经济体的指标(见表 8.4),在 2001、2005、2014 年,东南亚 11 个经济体的宽带发展指标均值分别是""一带一路""沿线经济体均值的 0.90、0.78、0.56 倍,说明在该时间范围内,该地区的宽带使用的普遍性处于略低于"一带一路"沿线经济体均值的状态。然而,泰国宽带在 2001—2005 年这 5 年间的增长比值达到 281.33,其后是马来西亚和菲律宾。2005—2014 年,柬埔寨宽带使用人数的增长比值达到 60.29,而东帝汶、老挝的增长比值也都在 30 以上,可谓是东南亚宽带发展的冲刺期。同时,个别经济体的宽带使用人数增长比值有下降趋势,比如新加坡、文莱、泰国、马来西亚等,说明这 4 个经济体的宽带发展状况逐渐趋于成熟。此外,东南亚各经济体在宽带高速发展的同时,每千人的宽带用户数的极差由 37.50 增长至 266.28,且有持续升高的趋势。

表 8.4 东南亚地区宽带发展情况

	2001 年 （用户数/千人）	2005 年 （用户数/千人）	2014 年 （用户数/千人）	2005 年相较于 2001 年增长比值	2014 年相较于 2005 年增长比值
印度尼西亚	0.07	0.48	13.45	5.86	27.02
新加坡	37.53	145.97	267.17	2.89	0.83
文莱	5.59	22.09	71.50	2.95	2.24
柬埔寨	0.00	0.07	4.29	0.00	60.29
老挝	0.00	0.05	1.64	0.00	31.80
缅甸	0.00	0.00	0.00	0.00	0.00
泰国	0.03	8.47	80.92	281.33	8.55
东帝汶	0.00	0.02	0.89	0.00	43.50
越南	0.00	2.47	64.84	0.00	25.25
菲律宾	0.13	1.43	28.97	10.00	19.26
马来西亚	0.17	18.69	101.40	108.94	4.43
总和	43.52	199.74	635.07	3.59	2.18
均值	7.25	19.97	63.51	1.75	2.18
极大值	37.53	145.97	267.17	2.89	0.83
极小值	0.03	0.02	0.89	−0.33	43.50
极差	37.50	145.95	266.28	2.89	0.82
标准差	14.99	45.01	80.44	2.00	0.79
沿线经济体均值	8.04	25.47	113.85	2.17	3.47
区域均值与沿线经 济体均值比值	0.90	0.78	0.56	−0.13	−0.29

5. 小结

在电力方面，东南亚 11 个经济体的电力消耗水平较低，电力及电网设备对外有极高的依赖度，内部缺乏有实力的设备制造商和工程总承包商。中国"一带一路"倡议在东南亚的落地实施，将帮助该地区经济发展提速，由此带来的人均用电量也会明显提升。

在铁路方面，相关基础建设在推进"一带一路"倡议中起到了服务保障作用。泛亚铁路是覆盖东南亚地区的高铁网络，规划中的高铁网络有 3 条取得了较大进展，包括雅万高铁、中老铁路、中泰铁路等项目。这 3 条铁路项目价值总体超过 200 亿美元，更多的海外基础设施项目仍在规划筹备中。因此，深化中国与东南亚有关经济体在铁路基础设施建设方面的合作，将加快泛亚铁路网的建设进程，为实现交通设施的互联互通提供了先决条件。

在电信方面，该地区通信发展水平相对落后，宽带普及率、移动通信普及率普遍较低,有广阔的发展空间。因区域内岛屿众多,所以中国需积极参与相关海缆建设,增加海缆权益储备,加速海陆缆的协同发展,寻找更优路径。比如尝试建设穿境巴基斯坦陆缆与海缆且形成对接,可绕过马六甲海峡,既减少路由总长又增强了安全性。目前,中国电信集团公司计划重点推进 4 大先导性重点项目,包括中老泰陆缆直连通道、中巴信息走廊、丝路光缆、中缅孟印通道。

在宽带方面,2016 年 11 月,我国卫星通信领域的生力军北京星空年代通信技术有限公司与亚太地区重要通信卫星企业泰星公司(Thaicom)签署协议,租用其即将在2018 年底发射的高通量 Ka 频段宽带卫星 90% 的带宽资源,它将提供带宽容量高达70Gbps 的移动卫星通信服务,相当于每秒 53Gbps 的吞吐量,并覆盖东南亚和东北亚的大片地区,而该地区恰好集中了"一带一路"沿线最具有战略地位的经济体,比如韩国和日本。

（二）南亚地区

"一带一路"沿线的南亚地区包括印度、尼泊尔、孟加拉国、斯里兰卡、马尔代夫、不丹、巴基斯坦等 7 个经济体,即南次大陆 5 国、大陆架上的斯里兰卡、海洋地壳上的马尔代夫。该地区居住的人口超过世界的 20%,是人口最多和密度最大的区域,也是最为贫瘠的地区之一。2018 年南亚 7 个经济体总人口约为 17.526 亿,占世界总人口的23.7%。该地区国内生产总值为 3.442 万亿美元,占全世界总量的 4.06%,人均 GDP为 1 960 美元,经济增长率达 7.1%,仍是全球经济增速最快的地区之一,保持着强劲增长的态势。作为南亚地区大国的印度,随着税制改革的推进、"废钞令"影响的逐步消散、外资的大规模进入以及国内需求的扩大等,经济持续反弹,对南亚地区经济保持高增长起到了巨大的推动作用。中国是南亚地区主要的贸易伙伴和外资来源地,已成为印度、巴基斯坦、斯里兰卡、孟加拉国等个经济体最大的贸易伙伴。2017 年前十个月,中国与南亚地区进出口贸易额达到 1 028.3 亿美元,同比增长 13.9%。南亚地区已成为中国重要的海外工程承包市场之一,截至 2017 年 10 月,累计签订合同金额达 1 926.1 亿美元,实现营业额为 1 319.7 亿美元,中国对南亚地区直接投资存量达108.17 亿美元。

该地区地缘关系较为复杂,各经济体在地域面积、人口、宗教、发展方向上差异较大,其中印度与巴基斯坦之间时有摩擦,尤以印度对地缘控制力更强,导致该地区政治稳定性较为脆弱。中国与巴基斯坦历来友好,并将瓜达尔港作为在南亚地区的战略支撑点;中国与尼泊尔、斯里兰卡的关系在稳定的基础上逐步推进;中印间虽存在领土争议,印度国内对"一带一路"倡议也存在不同声音,但时任印度外交秘书的苏杰生先生,在 2016 年第一届瑞辛纳对话(Raisina Dialogue)中曾比较系统地阐述了印度对区域互联互通的看法,有关谈话间接反映了印度对"一带一路"地缘政治的忧思。他说"基于不同战略利益的互联互通倡议正在亚洲大陆浮现",应该指的是俄罗斯的欧亚经济联盟、中国的"一带一路"倡议、日本的"亚洲基础设施建设计划"和美国的"新丝绸之路计划"。他称,"印度不能对其他国家将互联互通作为影响未来选择的做法熟视无睹。在亚洲仍缺乏共同安全架构的情况下,这将导致不必要的竞争。互联互通应该有助于缓解该地区国家间竞争,而不是加剧竞争""如果我们寻求一个多极世界,那么目前正确的做法就是创造一个多极的亚洲。只有通过未来互联互通的开放磋商才能促进这一目标的实现"。

"一带一路"倡议在南亚地区有三种推进类型:一是全方位推进型,比如中巴经济走廊里面包含瓜达尔港、卡西姆港燃煤电站、喀喇昆仑公路二期改扩建工程等项目;二是重大项目推进型,比如斯里兰卡的科伦坡港口城项目;三是民营企业推进型,比如小米、华为等中国企业在印度市场占据较大份额。但是,基础设施不足将导致投资风险系数加大,这或许是"一带一路"倡议在南亚地区推进过程中的隐患,因此,基础设施建设仍需放在首位。

1. 南亚地区电力发展情况

相比于"一带一路"沿线经济体的指标(见表 8.5),在 1991、2005、2014 年,南亚 7 个经济体的电力指标均值分别是"一带一路"沿线经济体均值的 0.06、0.08、0.11 倍,说明在 2014 年是南亚地区电力消耗的高峰期,即便如此,也是远低于"一带一路"沿线经济体均值。这 3 个时点的数值显示南亚地区对电力的需求呈稳步递增趋势。其中,孟加拉国 2005 年的增长比值最高为 2.49,巴基斯坦最低为 0.56;至 2014 年,各经济体增长比值差异不大,孟加拉国为 0.82,巴基斯坦最低仅为 0.02。

表 8.5 南亚地区电力发展情况

	1991 年（千瓦时/千人）	2005 年（千瓦时/千人）	2014 年（千瓦时/千人）	2005 年相较于1991 年增长比值	2014 年相较于2005 年增长比值
印度	291 953.81	469 453.92	805 599.19	0.61	0.72
尼泊尔	37 516.13	77 378.23	139 143.68	1.06	0.80
孟加拉国	48 966.48	170 681.25	310 391.23	2.49	0.82
斯里兰卡	159 771.18	403 654.57	531 269.56	1.53	0.32
马尔代夫	0.00	0.00	0.00	0.00	0.00
不丹	0.00	0.00	0.00	0.00	0.00
巴基斯坦	297 316.67	463 057.33	471 041.57	0.56	0.02
总和	835 524.27	1 584 225.31	2 257 445.22	0.90	0.42
均值	167 104.85	316 845.06	451 489.04	0.90	0.42
极大值	297 316.67	469 453.92	805 599.19	0.58	0.72
极小值	37 516.13	77 378.23	139 143.68	1.06	0.80
极差	259 800.54	392 075.69	666 455.51	0.51	0.70
标准差	125 843.23	180 908.55	249 804.65	0.44	0.38

	1991 年 （千瓦时/千人）	2005 年 （千瓦时/千人）	2014 年 （千瓦时/千人）	2005 年相较于 1991 年增长比值	2014 年相较于 2005 年增长比值
沿线经济体均值	2 885 973.99	3 776 783.93	4 135 079.73	0.31	0.09
区域均值与沿线经济体均值比值	0.06	0.08	0.11	0.45	0.30

2. 南亚地区铁路发展情况

相比于"一带一路"沿线经济体的指标（见表 8.6），在 1991、2005、2014 年，南亚 7 个经济体的人均铁路发展指标均值分别是"一带一路"沿线经济体均值的 0.20、0.12、0.12 倍，该地区铁路人均拥有量低于"一带一路"沿线经济体均值。在此期间，虽然南亚各经济体均为负增长，但总体呈上升趋势。其中巴基斯坦从－0.36 上升到－0.03，增幅最大，区域内铁路发展速度在稳步加快。

表 8.6　南亚地区铁路发展情况

	1991 年 （千米/千人）	2005 年 （千米/千人）	2014 年 （千米/千人）	2005 年相较于 1991 年增长比值	2014 年相较于 2005 年增长比值
印度	0.07	0.06	0.05	－0.21	－0.08
尼泊尔	0.00	0.00	0.00	0.00	0.00
孟加拉国	0.03	0.02	0.02	－0.21	－0.11
斯里兰卡	0.08	0.08	0.08	－1.00	0.00
马尔代夫	0.00	0.00	0.00	0.00	0.00
不丹	0.00	0.00	0.00	0.00	0.00
巴基斯坦	0.08	0.05	0.05	－0.36	－0.03
总和	0.26	0.13	0.12	－0.51	－0.06
均值	0.06	0.04	0.04	－0.35	－0.06
极大值	0.08	0.06	0.05	－0.34	－0.08
极小值	0.03	0.02	0.02	－0.21	－0.11
极差	0.06	0.04	0.03	－0.40	－0.07
标准差	0.03	0.02	0.02	－0.29	－0.03
沿线经济体均值	0.32	0.35	0.33	0.08	－0.06
区域均值与沿线经济体均值比值	0.20	0.12	0.12	－0.40	0.00

3. 南亚地区固定电话线路发展情况

相比于"一带一路"沿线经济体的指标（见表 8.7），在 1991、2005、2014 年，南亚 7 个经济体的人均电话线路拥有量均值分别是"一带一路"沿线经济体均值的 0.09、

0.25、0.25 倍,表明在该时间区间中,南亚地区电话线拥有量均值与沿线经济体均值的比值由 0.09 上升至 0.25,并维持较稳定状态。2005 年较于 1991 年,不丹的增长比值高达 9.86。2014 年较于 2005 年,除了尼泊尔和斯里兰卡的增长比值为正数,其他经济体负增长趋势显著。

表 8.7　南亚地区固定电话线路发展情况

	1991 年(电话线路/千人)	2005 年(电话线路/千人)	2014 年(电话线路/千人)	2005 年相较于1991 年增长比值	2014 年相较于2005 年增长比值
印度	6.55	44.52	21.30	5.79	−0.52
尼泊尔	3.49	19.16	29.77	4.48	0.55
孟加拉国	2.01	7.48	6.15	2.71	−0.18
斯里兰卡	7.18	62.35	126.36	7.69	1.03
马尔代夫	34.38	108.53	64.14	2.16	−0.41
不丹	4.67	50.74	31.12	9.86	−0.39
巴基斯坦	9.77	33.09	26.46	2.39	−0.20
总和	68.07	325.87	305.29	3.79	−0.06
均值	9.72	46.55	43.61	3.79	−0.06
极大值	34.38	108.53	126.36	2.16	0.16
极小值	2.01	7.48	6.15	2.71	−0.18
极差	32.36	101.05	120.21	2.12	0.19
标准差	11.17	33.09	40.44	1.96	0.22
沿线经济体均值	108.20	187.21	174.51	0.73	−0.07
区域均值与沿线经济体均值比值	0.09	0.25	0.25	1.77	0.01

4. 南亚地区宽带发展情况

相比于"一带一路"沿线经济体的指标(见表 8.8),在 2001、2005、2014 年,南亚 7 个经济体的宽带发展指标均值分别是"一带一路"沿线经济体均值的 0、0.13、0.21 倍,该地区宽带的人均拥有量远低于沿线经济体均值。2001—2005 年,斯里兰卡的增长比值最为突出,达到 51.50 倍。巴基斯坦作为后起之秀,2005—2014 年,其增长比值骤增至 120 倍,该地区对宽带建设的需求潜力较大。

表 8.8　南亚地区宽带发展情况

	2001 年(用户数/千人)	2005 年(用户数/千人)	2014 年(用户数/千人)	2005 年相较于2001 年增长比值	2014 年相较于2005 年增长比值
印度	0.05	1.20	12.43	23.00	9.36
尼泊尔	0.00	0.00	8.91	0.00	0.00

（续表）

	2001 年 （用户数/千人）	2005 年 （用户数/千人）	2014 年 （用户数/千人）	2005 年相较于 2001 年增长比值	2014 年相较于 2005 年增长比值
孟加拉国	0.00	0.00	19.51	0.00	0.00
斯里兰卡	0.02	1.05	26.47	51.50	24.21
马尔代夫	0.00	10.96	56.44	0.00	4.15
不丹	0.00	0.00	32.63	0.00	0.00
巴基斯坦	0.00	0.09	10.85	0.00	119.56
总和	0.07	13.30	167.24	189.00	11.57
均值	0.04	3.33	23.89	94.00	6.19
极大值	0.05	10.96	56.44	218.20	4.15
极小值	0.02	0.09	8.91	3.50	98.00
极差	0.03	10.87	47.53	361.33	3.37
标准差	0.02	4.67	16.77	219.22	2.59
沿线经济体均值	8.04	25.47	113.85	2.17	3.47
区域均值与沿线经 济体均值比值	0.00	0.13	0.21	28.97	0.61

5. 小结

在电力方面,南亚地区的电力设施基础薄弱,但近年来增长比值基本与世界均值持平。中国在该地区以中巴经济走廊项目(即巴基斯坦的默拉直流输电项目)为龙头,逐渐延展行业脉络。目前中国在巴基斯坦已有 12 个相关项目开工在建,建成后将为巴基斯坦提供约 1 100 万千瓦时电量。其中,卡西姆 1 320 兆瓦煤电站在 2015 年 5 月正式开工;2016 年 4 月融资后,信德省塔尔煤电一体化项目上马;同时,"一带一路"沿线首个水电大型投资建设项目卡洛特水电站已经开始,项目总投资约 16.5 亿美元,是巴基斯坦第五大水电站。对于印度、尼泊尔等水资源丰沛的经济体,中国将电力基础建设的重点放在水电项目的开发上。此外,南亚多国政府因电力短缺而大力支持新能源项目,这将为中国电力行业新能源发展、光伏企业全球战略布局提供较为有利的机遇。

在铁路方面,随着铁路等基础建设的不断推进,南亚大通道已提升至重要层面,这有助于将中国境内的"一带一路"和孟中印缅经济走廊进行对接,形成环喜马拉雅经济合作带。南亚国际班列计划是利用中国与南亚通道沿线现有的交通基础设施,采用公铁联运分三段运输:第一段是利用青藏铁路并连接到全国的铁路网;第二段长约 564千米,是日喀则至吉隆口岸的柏油公路;第三段长约 164 千米,是吉隆至加德满都的公路。尽管该工程极度依赖天气因素,但官方承诺道路改善措施已列入计划,包括修建从日喀则到吉隆口岸的边境铁路。

在电信方面,南亚地区通信发展水平比较落后,对中国既是机遇也是挑战。中巴信息走廊经过 11 年的建设,将在 2018 年得到实质性进展。该项目以巴基斯坦为核心,连接阿富汗,并介入 SMW5 海缆通道。受当地政局和地理因素影响,项目实施步履维艰。2017 年一条通道业已完成,第二条通道尚在建设中。该项目将形成主备线路,从而真正实现连通,成为正式上线业务。此外,中巴跨境光缆项目于 2016 年 5 月开始实施,工期时长计划为 27 个月,运行后将有力地促进中巴走廊的互联互通。

在宽带方面,南亚地区人口多、经济发展快,是"一带一路"倡议推进的重要地区。而我国的西藏分别与尼泊尔、不丹、印度、缅甸、克什米尔等地接壤,是通向南亚地区的咽喉要道。目前,西藏已实现移动信号全覆盖,宽带覆盖率达 85%,这为中国继续推动南亚大通道的宽带建设安扎了大本营。

据西班牙埃菲社 2018 年 1 月 11 日报道,尼泊尔电信部门发言人普拉蒂巴·维迪雅表示,现在尼泊尔仅通过一个点与中国连接,但这个数字可能会在未来有所增加。

（三）中亚地区

"一带一路"沿线的中亚地区包括乌兹别克斯坦、哈萨克斯坦、吉尔吉斯斯坦、塔吉克斯坦、土库曼斯坦、阿富汗等 6 个经济体,它位于欧亚大陆东西端与南北方的十字路口,是东西方文明的桥梁。该区域深居内陆,由草原、沙漠、高原及山地组成,东部接壤中国,西北方毗邻俄罗斯,西边面朝里海,西南和南方分别是伊朗和巴基斯坦。近代以来,中亚地区始终是俄罗斯、英国、美国和伊斯兰世界的地缘政治碰撞对冲区域,深受四方势力的影响。随着中国"一带一路"倡议在该地区的影响逐步扩大,中亚地区对中国也有着迫切的地缘政治和经济利益诉求。比如,在安全领域,中亚地区可依托与中俄的联合在中国与俄罗斯中间形成一个"战略减震器"。中亚地区尤以阿富汗的位置具有特殊性,它位于帕米尔高原和伊朗高原间的高原宽谷地带,与中国境内塔什库尔干沙漠接壤,东西走向长达 300 多千米的瓦罕走廊是连接中阿的唯一通道。阿富汗先天地缘上四通八达的优越位置,本应具有内外经济对接辐射的有利条件,但这里却矛盾冲突不断。要解决阿富汗问题,根源在于美国的中亚政策是否会调整,对于中国来说,"一带"绕过阿富汗可能是当前不得已的办法,美国的逐步退出或许会加快域内其他势力的安全布局和经济布局。对于中俄而言,联手整合中亚是双方均认可的最大公约数,为此,"一带"与欧亚联盟的对接正在加快进度。

1. 中亚地区电力发展情况

相比于"一带一路"沿线经济体的指标（见表 8.9）,在 1991 年、2005 年、2014 年,中亚 6 个经济体的电力指标均值分别是"一带一路"沿线经济体均值的 1.09、0.60、0.65 倍,1991 年是该地区电力消耗的高峰期,之后大致处于沿线均值的 2/3。3 个时点的数值显示中亚地区对电力的需求是先降后升,但幅度不大。2005 年相较于 1991 年,该区域主要经济体电力消耗均为负增长比值;2014 年相较于 2005 年,除了乌兹别克斯坦、塔吉克斯坦的增长比值依然为负,其他经济体电力消耗均处于正增长态势。

表 8.9 中亚地区电力发展情况

	1991 年 (千瓦时/千人)	2005 年 (千瓦时/千人)	2014 年 (千瓦时/千人)	2005 年相较于 1991 年增长比值	2014 年相较于 2005 年增长比值
乌兹别克斯坦	2 324 980.91	1 717 201.05	1 645 441.63	−0.26	−0.04
哈萨克斯坦	5 641 834.59	4 012 073.92	5 599 904.31	−0.29	0.40
吉尔吉斯斯坦	2 322 340.71	1 374 307.52	1 941 221.83	−0.41	0.41
塔吉克斯坦	3 200 132.43	2 129 212.91	1 479 777.27	−0.33	−0.31
土库曼斯坦	2 198 361.92	2 051 679.61	2 678 806.15	−0.07	0.31
阿富汗	0.00	0.00	0.00	0.00	0.00
总和	15 687 650.56	11 284 475.01	13 345 151.19	−0.28	0.18
均值	3 137 530.11	2 256 895.00	2 669 030.24	−0.28	0.18
极大值	5 641 834.59	4 012 073.92	5 599 904.31	−0.29	0.40
极小值	2 198 361.92	1 374 307.52	1 479 777.27	−0.37	0.08
极差	3 443 472.68	2 637 766.40	4 120 127.04	−0.23	0.56
标准差	1 456 216.58	1 025 828.85	1 701 608.04	−0.30	0.66
沿线经济体均值	2 885 973.99	3 776 783.93	4 135 079.73	0.31	0.09
区域均值与沿线经 济体均值比值	1.09	0.60	0.65	−0.45	0.08

2. 中亚地区铁路发展情况

该区域 1991 年数据缺失较为严重。但从 2005 年和 2014 年的数据中可以了解到（见表 8.10），中亚地区的均值分别是"一带一路"沿线经济体均值的 1.22 倍和 1.04 倍。在这 2 个时点上，本区域均值均高于沿线经济体均值，但增长比值处于下降趋势。2014 年的增长比值中除了土库曼斯坦为正值，其余经济体均为负增长比值。考虑到这一地区曾经受苏联解体的影响，地缘政治关系错综复杂，加之纬度高、气温低，铁路基础建设可能存在较大风险。

表 8.10 中亚地区铁路发展情况

	1991 年 (千米/千人)	2005 年 (千米/千人)	2014 年 (千米/千人)	2005 年相较于 1991 年增长比值	2014 年相较于 2005 年增长比值
乌兹别克斯坦	0.00	0.15	0.14	0.00	−0.11
哈萨克斯坦	0.88	0.94	0.85	0.07	−0.09
吉尔吉斯斯坦	0.00	0.00	0.07	0.00	0.00
塔吉克斯坦	0.00	0.09	0.07	0.00	−0.17
土库曼斯坦	0.00	0.53	0.57	0.00	0.07

（续表）

	1991 年 （千米/千人）	2005 年 （千米/千人）	2014 年 （千米/千人）	2005 年相较于 1991 年增长比值	2014 年相较于 2005 年增长比值
阿富汗	0.00	0.00	0.00	0.00	0.00
总和	0.88	1.71	1.71	0.95	0.00
均值	0.00	0.43	0.34	−0.51	−0.20
极大值	0.00	0.94	0.85	0.00	−0.09
极小值	0.00	0.15	0.07	0.00	−0.53
极差	0.00	0.78	0.78	0.00	0.00
标准差	0.00	0.39	0.35	0.00	−0.10
沿线经济体均值	0.32	0.35	0.33	0.08	−0.06
区域均值与沿线经 济体均值比值	0.00	1.22	1.04	−0.55	−0.15

3. 中亚地区固定电话发展情况

相比于"一带一路"沿线经济体的指标（见表 8.11），在 1991、2005、2014 年，中亚 6 个经济体的人均电话线拥有量均值分别是"一带一路"沿线经济体均值的 0.53、0.49、0.57 倍。在此区间内，两者的比值经历小幅下降后有所回升，并维持相对平稳状态。对比 2005 年与 1991 年，哈萨克斯坦的增长比值最高可达 1.04。2014 年相对于 2005 年，除了吉尔吉斯斯坦的增长比值为−0.1，其他经济体均为正增长比值。

表 8.11 中亚地区固定电话发展情况

	1991 年（电话 线路/千人）	2005 年（电话 线路/千人）	2014 年（电话 线路/千人）	2005 年相较于 1991 年增长比值	2014 年相较于 2005 年增长比值
乌兹别克斯坦	69.31	68.86	85.51	−0.01	0.24
哈萨克斯坦	88.22	179.77	262.14	1.04	0.46
吉尔吉斯斯坦	74.70	87.34	78.79	0.17	−0.10
塔吉克斯坦	47.53	41.17	52.41	−0.13	0.27
土库曼斯坦	62.91	83.85	117.65	0.33	0.40
阿富汗	2.93	0.00	3.26	−1.00	0.00
总和	345.61	460.99	599.77	0.33	0.30
均值	57.60	92.20	99.96	0.60	0.08
极大值	88.22	179.77	262.14	1.04	0.46
极小值	2.93	41.17	3.26	13.03	−0.92
极差	85.29	138.59	258.89	0.62	0.87

（续表）

	1991 年（电话线路/千人）	2005 年（电话线路/千人）	2014 年（电话线路/千人）	2005 年相较于1991 年增长比值	2014 年相较于2005 年增长比值
标准差	29.95	52.22	88.19	0.74	0.69
沿线经济体均值	108.20	187.21	174.51	0.73	−0.07
区域均值与沿线经济体均值比值	0.53	0.49	0.57	−0.07	0.16

4. 中亚地区宽带发展情况

中亚地区 2001 年宽带发展指标均值数据缺失。在 2005 年和 2014 年（见表 8.12），中亚 6 个经济体的宽带发展指标均值分别是"一带一路"沿线经济体均值的 0.01、0.28 倍，可以看出 10 年的时间跨度里，中亚地区经历了宽带建设从无到有的过程。但与"一带一路"沿线经济体均值相比仍需稳步跟进。其中，哈萨克斯坦的增长最快，2014 年的增长比值是 2005 年的 645.70 倍；阿富汗的增长比值也在 4 倍左右。从中不难看出，尽管增长普遍较慢，但涨势依然强劲。

表 8.12 中亚地区宽带发展情况

	2001 年（用户数/千人）	2005 年（用户数/千人）	2014 年（用户数/千人）	2005 年相较于2001 年增长比值	2014 年相较于2005 年增长比值
乌兹别克斯坦	0.00	0.32	27.98	0.00	86.44
哈萨克斯坦	0.00	0.20	129.34	0.00	645.70
吉尔吉斯斯坦	0.00	0.45	30.35	0.00	66.44
塔吉克斯坦	0.00	0.00	0.73	0.00	0.00
土库曼斯坦	0.00	0.00	0.43	0.00	0.00
阿富汗	0.00	0.01	0.05	0.00	4.00
总和	0.00	0.98	188.88	0.00	191.73
均值	0.00	0.25	31.48	0.00	127.49
极大值	0.00	0.45	129.34	0.00	286.42
极小值	0.00	0.01	0.05	0.00	4.00
极差	0.00	0.44	129.29	0.00	292.84
标准差	0.00	0.19	49.98	0.00	266.26
沿线经济体均值	8.04	25.47	113.85	2.17	3.47
区域均值与沿线经济体均值比值	0.00	0.01	0.28	0.00	27.75

5. 小结

在电力方面,中亚6个经济体电力设施建设正处在扩张期。从装机容量看,哈萨克斯坦和乌兹别克斯坦分别达到19 000MW和12 000MW,而吉尔吉斯斯坦、土库曼斯坦、塔吉克斯坦3个经济体的装机总量距离12 000MW有一定差距。在电源项目方面,中国承建范围涉及水电、火电、风电、核电及新能源等各领域,如哈萨克斯坦的"巴丹莎风电项目"是目前最大的新能源项目;投资于塔吉克斯坦的"杜尚别2号热电厂"是塔吉克斯坦最大的热电厂。乌兹别克斯坦安格连电厂工程位于塔什干市东偏南130千米,中国在该国的第一个火电厂施工项目是在此建设一台150兆瓦燃煤火力发电机组。该工程为哈尔滨电气国际工程有限责任公司与乌兹别克斯坦国家能源股份有限公司(UZBEKENERGO)于2012年9月26日签订的火力发电总承包项目。合同于2013年12月31日正式生效,合同工期36个月,质保期2年。

在铁路方面,一是哈土伊铁路项目,2007年土库曼斯坦、哈萨克斯坦、伊朗三方签署了建设乌津(哈萨克斯坦)—格济尔卡亚—别列克特(土库曼斯坦)—艾特列克—戈尔甘(伊朗)铁路的政府间协议。随后3方各自展开本国境内铁路的建设工作。2014年12月,哈土伊铁路全线投入运营。二是中哈乌土伊铁路,将中亚铁路网与伊朗铁路网相连的捷詹—萨拉赫斯—马什哈德铁路于1992年5月便已开始修建。三是安卡拉—伊斯坦布尔高铁,全长533千米。2006年由中国铁道建筑总公司和中国机械进出口总公司组成的联合体击败欧美等多家公司,成功中标安伊高铁二期项目。该项目覆盖路段全长158千米,设计时速为250千米,合同金额为12.7亿美元,2014年7月25日正式举行开通仪式。安伊高铁是中国与土耳其建交40年来最大的工程合作项目,也是中国企业在北约国家收获的第一单高铁项目。截至2016年,安伊高铁项目已安全商业运营两年,并于8月10日完全移交给土耳其铁路总局。四是"安格连—帕普"工程,是目前中国企业在乌兹别克斯坦承建的最大工程,也是共建"一带一路"互联互通合作的典范性项目,被列为乌兹别克斯坦的"总统一号工程"。特别是有着"中亚第一长隧道"之称的卡姆奇克隧道段,既是安帕铁路线上的焦点,也是乌兹别克斯坦铁路网全线的咽喉。总之,中国—中亚—西亚国际运输走廊下的现有铁路运输项目普遍存在成本较高、转运复杂、路线曲折、效率较低等弊端。上述项目正在欧亚运输中发挥着各自的作用,其后几年它们将扩充运力,致力于提高运营效率。五是"瓦赫达特—亚湾"铁路项目,瓦亚铁路是中国铁建股份有限公司首次在塔吉克斯坦承揽的工程项目,也是中国铁路施工企业首次进入中亚铁路市场。瓦亚铁路全长48.65千米,总投资逾7 200万美元。2015年5月15日开工建设,主要工程量包括隧道3座、桥梁5座。2016年3月7日,"瓦赫达特—亚湾"铁路(简称瓦亚铁路)项目1号隧道顺利贯通。1号隧道全长2千米,是该项目3条隧道任务中最长的一条,也是最后贯通的一条。2016年8月24日,正式建成通车。

在电信方面,2017 年 11 月,中国电信与吉尔吉斯斯坦、塔吉克斯坦和阿富汗等经济体完成了"丝路光缆合作协议"的签署,并启动了"丝路光缆项目"。它标志着"一带一路"沿线数字丝绸之路的关键工程取得了阶段性进展。2017 年 9 月 25 日,中国电信与阿富汗电信在阿富汗驻华大使馆签署了"丝路光缆合作协议"和"中国电信阿富汗电信战略合作协议",据此双方将启动经瓦罕走廊的双边跨境陆地光缆的可行性研究,并探讨在通信和信息服务、增值业务、云计算及垂直应用等领域合作的可能性。瓦罕走廊长约 400 千米,中方侧约 100 千米,阿方侧长约 300 千米,平均海拔 4 000 米以上,自然条件比较恶劣,光缆建设和维护的难度很大。中阿双方将根据实地技术勘察情况,借助中国电信在高海拔和寒冷地区建设和维护光缆的实践经验,规划未来瓦罕走廊跨境光缆的具体建设施工计划。鉴于阿富汗位于"亚洲心脏",地缘位置关键,对周边地区有较强的网络辐射效应,这一点对中国至关重要。

在宽带方面,"一带一路"沿线中亚地区的移动宽带普及率较低。中国在 4G 移动网络建设、5G 网络标准研发制定方面具有技术优势,且智能手机的生产量已经连续多年位居世界第一,这将有利于促进中亚地区移动宽带普及率的提升。多年来,中国电信的合作项目本着"分享权益"的原则,不仅让合作方共赢,也惠及当地民生。在哈萨克斯坦,大部分村镇位置偏远,无法接入光纤宽带。该国政府推出"数字哈萨克斯坦"项目,旨在进一步提升全国特别是农村及偏远地区的通信基础设施水平。项目采用 PPP 模式,中国电信联手丝路基金通过光宽带连接城镇,提高了偏远乡村的网络覆盖率,为这里的教育、医疗卫生等引进新信息技术。该项目已纳入中哈产能合作清单。

(四)西亚地区

"一带一路"沿线的西亚地区包括伊朗、伊拉克、以色列、约旦、亚美尼亚、阿塞拜疆、格鲁吉亚、科威特、黎巴嫩、叙利亚、卡塔尔、沙特、阿联酋、巴林、阿曼、也门、土耳其、巴勒斯坦等 18 个经济体。西亚位于阿拉伯海、红海、地中海、黑海和内陆湖泊里海之间,它联系欧洲、亚洲、非洲、印度洋和大西洋,故被称为"五海三洲之地"。西亚既是陆路"丝绸之路经济带"的重要组成部分,同时也拥有多个"海上丝绸之路"沿线的港口,是"一带一路"中"带"与"路"的交汇之地。目前,中国已顺次超越韩国、美国、日本,成为仅次于欧盟的西亚第二大货物贸易伙伴。西亚地处海陆空交通枢纽地带,战略地位相当重要。在资源方面,一是石油储量极其丰富,约占世界石油总储量的 50% 以上。西亚地区的石油储量大、油质好、易开采,这为"一带一路"建设中合作双方的能源供给和需求带来极大的便利。二是劳动力资源不足,每年从其他地区涌入大量员工,使西亚地区成为世界重要的劳务市场,"一带一路"倡议为该地区劳动力资源的流动提供了有利条件。在人口方面,西亚地区是第二次世界大战后人口增长最快的地区之一,但依然是世界人口最稀疏的地区之一,仅为 22 人/平方千米。这里人口分布极不均衡,地中海沿岸、两河平原人口稠密,而沙漠地区人烟稀少。在环境方面,西亚地处气候干旱、水资源匮乏的地区,且以高原地形为主,对"一带一路"沿线基础设施建设的推进缺少天然的地理优势。

西亚地区是世界格局中最动荡的地区之一,正在经历 21 世纪以来最深刻的变革。一是美俄关系调整。俄罗斯摸准美国推行战略重心东移的"底牌",出兵叙利亚,成为当前解决地区难题不可或缺的一方,西亚地区"美退俄进"的态势已逐渐显现。特朗普总统执政后,美国的地区政策、与俄罗斯关系均出现调整。二是沙伊全线对峙。沙特和伊朗是西亚大国,分别代表阿拉伯和波斯两大民族,又分别是伊斯兰逊尼派和什叶派领袖,双方博弈既具意识形态色彩,更是对地区控制权的争夺。两国在伊拉克、叙利亚、也门、黎巴嫩等冲突中各挺一派,这种"代理战"加剧了地区紧张局势、加速了伊斯兰世界的分裂。三是国家关系重组。在上述两大态势影响下,以色列、沙特、土耳其、埃及等美国在该地区盟友出现离心倾向,转而产生投奔俄罗斯的念头。埃及、沙特、阿联酋、土耳其等走近以色列,其中埃及、土耳其两国对叙利亚政权立场"翻盘"。由于地区秩序和国家间关系正处在解构中寻找平衡,格局重构易引发地缘政治冲突,从而给"一带一路"倡议带来难以确定的政治风险。四是热点问题发酵。叙利亚、伊拉克、利比亚、伊朗、也门等伊斯兰世界发展形势将对海湾局势造成冲击,对双边贸易、投资、工程承包等合作均构成风险。此外,海湾国家同属王权统治,处于工业化前期,受欧美影响较大,"一带一路"倡议的落实可能面临内外因素的共同制约。更为重要的是宗教文化冲突。在海湾地区,伊斯兰教占绝对主导地位。作为世界主要宗教和文化价值体系,伊斯兰教对该地区国家社会经济生活影响深远。

互联互通是"一带一路"倡议的基础性工程,旨在将沿线经济体以陆、海、空立体交互的方式"编织"成四通八达的"三维互通网络"。西亚地区资金充裕、资源优渥,各方对基础设施建设的完善怀有强烈的渴望,而中国在自身发展过程中所积累的丰富经验和成熟的施工技术正可为其发展引航助力。

1. 西亚地区电力发展情况

相比于"一带一路"沿线经济体的指标(见表 8.13),在 1991、2005、2014 年 3 个时点,西亚 18 个经济体的电力指标均值分别是"一带一路"沿线经济体均值的 1.23、1.56、1.48 倍,整体高于沿线经济体均值,其发展趋势先经历小幅增长后稍有下降。数值表明,西亚地区对电力的需求正在递增,增速先快后慢。其中,科威特 2005 年的增长比值最高,为 2.44;亚美尼亚最低,为 -0.43。此外格鲁吉亚、阿塞拜疆、伊拉克均有不同程度的降低,但降幅不大,或与海湾战争及中东安定因素相关。2005—2014 年,阿曼增长比值为 0.67,叙利亚为 -0.37,另外阿塞拜疆、科威特、卡塔尔、阿联酋和巴林等也均略有下降。

表 8.13　西亚地区电力发展情况

	1991 年 （千瓦时/千人）	2005 年 （千瓦时/千人）	2014 年 （千瓦时/千人）	2005 年相较于 1991 年增长比值	2014 年相较于 2005 年增长比值
伊朗	999 832.96	2 060 086.19	2 985 687.28	1.06	0.45
伊拉克	1 092 922.67	833 850.89	1 305 687.47	−0.24	0.57
以色列	3 981 208.32	6 572 199.54	6 600 898.28	0.65	0.00
约旦	902 373.91	1 592 548.69	1 888 116.95	0.76	0.19
亚美尼亚	2 689 679.00	1 521 504.84	1 965 783.73	−0.43	0.29
阿塞拜疆	2 631 137.40	2 388 388.73	2 202 393.92	−0.09	−0.08
格鲁吉亚	2 696 705.89	1 784 964.20	2 688 489.40	−0.34	0.51
科威特	4 956 620.97	17 028 291.47	15 213 419.87	2.44	−0.11
黎巴嫩	1 017 271.08	2 810 738.90	2 892 770.47	1.76	0.03
叙利亚	700 573.28	1 503 338.88	949 586.76	1.15	−0.37
卡塔尔	8 986 832.58	15 467 189.60	15 309 429.38	0.72	−0.01
沙特	4 098 749.16	6 590 281.95	9 444 215.66	0.61	0.43
阿联酋	8 015 122.64	12 303 141.65	11 263 531.92	0.53	−0.08
巴林	14 214 392.91	21 325 553.78	19 592 231.95	0.50	−0.08
阿曼	2 154 431.55	3 923 912.57	6 553 519.70	0.82	0.67
也门	129 525.35	179 420.55	216 258.83	0.39	0.21
土耳其	965 307.94	2 013 890.14	2 854 565.85	1.09	0.42
巴勒斯坦	—	—	—		
总和	60 232 687.61	99 899 302.56	103 926 587.42	0.66	0.04
均值	3 543 099.27	5 876 429.56	6 113 328.67	0.66	0.04
极大值	14 214 392.91	21 325 553.78	19 592 231.95	0.50	−0.08
极小值	129 525.35	179 420.55	216 258.83	0.39	0.21
极差	14 084 867.56	21 146 133.23	19 375 973.12	0.50	−0.08
标准差	3 728 400.29	6 534 733.52	5 939 896.26	0.75	−0.09
沿线经济体均值	2 885 973.99	3 776 783.93	4 135 079.73	0.31	0.09
区域均值与沿线经济体均值比值	1.23	1.56	1.48	0.27	−0.05

2. 西亚地区铁路发展情况

相比于"一带一路"沿线经济体的指标（见表 8.14），在 1991、2005、2014 年，西亚 18 个经济体的铁路发展指标均值分别是"一带一路"沿线经济体均值的 0.40、0.39、

0.46 倍,均在沿线经济体均值的一半以下。其中,2005 年有 4 个经济体增长比值为负,伊朗、以色列、亚美尼亚为正增长。至 2014 年,亚美尼亚、阿塞拜疆、叙利亚等地均为负增长。而约旦达到 0.13 的正增长,表明该地区对铁路的需求可能在小幅增长。

表 8.14　西亚地区铁路发展情况

	1991 年 (千米/千人)	2005 年 (千米/千人)	2014 年 (千米/千人)	2005 年相较于 1991 年增长比值	2014 年相较于 2005 年增长比值
伊朗	0.08	0.10	0.11	0.20	0.08
伊拉克	0.00	0.00	0.06	0.00	0.00
以色列	0.12	0.13	0.15	0.12	0.12
约旦	0.08	0.05	0.06	−0.34	0.13
亚美尼亚	0.24	0.25	0.24	0.02	−0.01
阿塞拜疆	0.00	0.25	0.22	0.00	−0.14
格鲁吉亚	0.00	0.00	0.39	0.00	0.00
科威特	0.00	0.00	0.00	0.00	0.00
黎巴嫩	0.00	0.00	0.00	0.00	0.00
叙利亚	0.19	0.15	0.11	−0.21	−0.25
卡塔尔	0.00	0.00	0.00	0.00	0.00
沙特	0.06	0.04	0.05	−0.28	0.08
阿联酋	0.00	0.00	0.00	0.00	0.00
巴林	0.00	0.00	0.00	0.00	0.00
阿曼	0.00	0.00	0.00	0.00	0.00
也门	0.00	0.00	0.00	0.00	0.00
土耳其	0.15	0.13	0.13	−0.17	0.02
巴勒斯坦	0.00	0.00	0.00	0.00	0.00
总和	0.92	1.10	1.51	0.20	0.37
均值	0.13	0.14	0.15	0.05	0.10
极大值	0.24	0.25	0.39	0.05	0.54
极小值	0.06	0.04	0.05	−0.28	0.08
极差	0.18	0.21	0.34	0.16	0.64
标准差	0.08	0.09	0.11	0.13	0.23
沿线经济体均值	0.32	0.35	0.33	0.08	−0.06
区域均值与沿线经济体均值比值	0.40	0.39	0.46	−0.03	0.18

3. 西亚地区固定电话发展情况

相比于"一带一路"沿线经济体的指标(见表 8.15),在 1991、2005、2014 年,西亚 18 个经济体的人均电话线路拥有量均值分别是"一带一路"沿线经济体均值的 1.17、1.02、1.05 倍,均高于沿线经济体均值。其中,2005 年相较于 1991 年增长比值最高的为伊朗,达到 5.78。其次是叙利亚,比值为 3.08。其他经济体均为正增长。2014 年相较于 2005 年,以色列、约旦、亚美尼亚等 10 个经济体均为负增长,西亚地区大多数经济体对固定电话的需求,已呈明显下滑趋势。只有格鲁吉亚出现较高的正增长,可以说其对固定电话的需求仍存在上涨空间。

表 8.15 西亚地区固定电话发展情况

	1991 年(电话线路/千人)	2005 年(电话线路/千人)	2014 年(电话线路/千人)	2005 年相较于1991 年增长比值	2014 年相较于2005 年增长比值
伊朗	42.74	289.93	374.36	5.78	0.29
伊拉克	37.19	40.73	56.02	0.10	0.38
以色列	367.00	444.65	438.12	0.21	−0.01
约旦	74.95	119.86	50.03	0.60	−0.58
亚美尼亚	162.90	197.15	191.95	0.21	−0.03
阿塞拜疆	84.58	127.78	188.70	0.51	0.48
格鲁吉亚	102.76	127.41	253.85	0.24	0.99
科威特	160.98	219.83	141.98	0.37	−0.35
黎巴嫩	146.96	159.21	194.47	0.08	0.22
叙利亚	39.19	159.80	165.06	3.08	0.03
卡塔尔	199.25	250.12	184.13	0.26	−0.26
沙特	87.59	155.69	123.33	0.78	−0.21
阿联酋	229.30	298.12	222.65	0.30	−0.25
巴林	197.36	220.03	211.80	0.11	−0.04
阿曼	61.83	105.16	95.56	0.70	−0.09
也门	10.57	44.76	46.80	3.23	0.05
土耳其	148.45	280.15	165.21	0.89	−0.41
巴勒斯坦	0.00	0.00	0.00	0.00	0.00
总和	2 153.61	3 240.36	3 104.01	0.50	−0.04
均值	126.68	190.61	182.59	0.50	−0.04
极大值	367.00	444.65	438.12	0.21	−0.01
极小值	10.57	40.73	46.80	2.85	0.15

（续表）

	1991 年(电话 线路/千人)	2005 年(电话 线路/千人)	2014 年(电话 线路/千人)	2005 年相较于 1991 年增长比值	2014 年相较于 2005 年增长比值
极差	356.42	403.92	391.31	0.13	−0.03
标准差	89.74	101.99	104.66	0.14	0.03
沿线经济体均值	108.20	187.21	174.51	0.73	−0.07
区域均值与沿线经 济体均值比值	1.17	1.02	1.05	−0.13	0.03

4. 西亚地区宽带发展情况

相比于"一带一路"沿线经济体的指标(见表 8.16),在 2001、2005、2014 年,西亚地区的宽带发展指标均值分别是"一带一路"沿线经济体均值的 0.21、0.90、1.00 倍,数据显示西亚地区在逐步扩充宽带的平均使用量,至 2014 年已达到沿线经济体的均值,其发展趋于成熟。2005 年相较于 2001 年,土耳其对宽带的需求突飞猛进,增长比值高达 137.06,2014 年回归正常,约为 2005 年的 4 倍;阿塞拜疆对宽带的需求量在 2005—2014 年增长了 766.23 倍,在西亚地区名列前茅。数据还显示该地区对宽带的需求参差不齐,有些地方甚至相距悬殊,但或多或少均有增长余地。

表 8.16 西亚地区宽带发展情况

	2001 年 (用户数/千人)	2005 年 (用户数/千人)	2014 年 (用户数/千人)	2005 年相较于 2001 年增长比值	2014 年相较于 2005 年增长比值
伊朗	0.01	0.00	94.63	−1.00	—
伊拉克	0.00	0.00	0.00	0.00	—
以色列	7.16	186.20	272.43	25.01	0.46
约旦	0.08	4.49	46.87	55.13	9.44
亚美尼亚	0.00	0.66	91.45	—	137.56
阿塞拜疆	0.00	0.26	199.48	—	766.23
格鲁吉亚	0.09	0.53	138.99	4.89	261.25
科威特	2.52	10.89	13.80	3.32	0.27
黎巴嫩	0.00	0.00	227.98	0.00	—
叙利亚	0.00	0.15	22.80	—	151.00
卡塔尔	0.00	31.19	99.05	—	2.18
沙特	0.67	2.75	103.24	3.10	36.54
阿联酋	2.67	31.17	115.58	10.67	2.71
巴林	1.68	24.37	213.95	13.51	7.78

（续表）

	2001 年 （用户数/千人）	2005 年 （用户数/千人）	2014 年 （用户数/千人）	2005 年相较于 2001 年增长比值	2014 年相较于 2005 年增长比值
阿曼	0.00	5.25	45.09	—	7.59
也门	0.00	0.07	13.62	—	193.57
土耳其	0.17	23.47	116.91	137.06	3.98
巴勒斯坦	0.00	0.00	0.00	0.00	0.00
总和	15.05	321.45	1 815.87	20.36	4.65
均值	1.67	22.96	113.49	12.73	3.94
极大值	7.16	186.20	272.43	25.01	0.46
极小值	0.01	0.07	13.62	6.00	193.57
极差	7.15	186.13	258.81	25.03	0.39
标准差	2.25	47.09	79.55	19.96	0.69
沿线经济体均值	8.04	25.47	113.85	2.17	3.47
区域均值与沿线经济体均值比值	0.21	0.90	1.00	3.33	0.11

5. 小结

在电力方面,西亚地区的能源转型迫在眉睫,正面临较大的投资体量。目前的在建工程有:2016 年由山东电建三公司执行的阿曼萨拉拉独立电站二期项目及由中国石油管道局承揽的莱苏特储油设施终端改造项目。此外,在阿曼还有 2 个燃气联合循环电站项目,分别位于伊卜利和苏哈尔,装机容量分别为 1 509 兆瓦和 1 710 兆瓦,预计分别于 2019 年第一、二季度投放市场,合计供应电量将占阿曼主要集成系统的30％。在沙特,中国石油化工集团公司承接的首个海外炼化项目延布炼厂项目已投产近 3 年,该项目既符合沙特经济优化和能源产业升级的发展战略,也契合中国在“一带一路”倡议下互利合作的发展思路;在伊朗,2007 年 6 月 29 日,中国水电建设集团公司与中国建设银行正式签署了《伊朗塔里干大坝及水电站工程项目出口信贷再融资协议》。2009 年,伊朗塔里干水电站工程荣获我国首个国际工程鲁班奖。该工程的竣工将大力促进伊朗北部德黑兰和加兹温等地的农业用水、发电、防洪和养殖等诸多领域的发展。

在铁路方面,目前,“海合会”(海湾阿拉伯国家合作委员会)拟效仿欧洲高速铁路模式,打造贯穿地区、沟通各国的铁路干线,包括科威特—沙特—巴林线、巴林—多哈线、沙特—阿布扎比和艾因线、马斯喀特—沙哈线等,总里程达 2 117 千米,总投资约154 亿美元,预计于 2020 年完工。另外,由中铁十八局集团参与援建的沙特南北铁路CTW200 标、麦加轻轨、麦加—麦地那圣城高铁以及由中国企业参与承建并于 2016 年

2月开工的德黑兰—马什哈德铁路电气化改造项目都在陆续推进当中。

在电信方面,提升该地区的通信基础设施水平是中国电信当下的主要使命之一,从根本上实现区域互联互通,降低民众使用互联网、手机的门槛,缩小"数字鸿沟",则是中国电信国际化发展的更大目标。为了落实"一带一路"倡议,中国电信秉承"不封闭、不狭隘,精诚合作,以全球化的眼光和胸怀,造福沿线国家"的理念,脚踏实地、身体力行地建设和推广电信的普及,只有竭诚合作,方能赢得信任,建立牢固长久的伙伴关系。

在宽带方面,依据国际电信联盟发布的《2016年宽带状况报告》,截至2016年底,家庭互联网普及率最高的10个经济体全部位于亚洲或中东地区。卡塔尔和阿联酋分别以96%和95%的家庭宽带普及率位居第二和第三。西亚地区一些经济体国富民闲,对宽带建设的需求与日俱增。中国可通过帮扶共建,促进信息通信网络的互联互通、互惠互赢。

（五）东北亚地区

位于"一带一路"沿线的东北亚地区有韩国、蒙古和中国3个经济体。该地区位于亚洲东北部,居民以东亚蒙古人种为主,集中生活在东北亚的沿海平原地区。若以语言来划分民族,主要有汉、满、蒙、朝鲜族及少量的俄罗斯族等。东北亚地区是亚洲经济与文化最发达的区域,与欧盟、北美一起并列为当今世界最发达的三大区域。该地区人口高度集中,经济结构梯次明显,资源禀赋各具特点且互补性强,生产要素十分丰富,对全球格局起着非常重要的作用,是"一带一路"倡议的战略桥头堡。

以前东北亚各经济体分属美国和俄罗斯两大派系,长期的对峙状态,使之成为世界矛盾最集中的地区之一。冷战结束后,各经济体的竞争焦点从政治军事领域转向经济领域。促进经济发展、增强综合国力、提高人民生活水平成为各经济体的基本国策。经济利益的升级,淡化了意识形态的对立,经济的内在联系要求各经济体加强合作,最大限度地发掘区域经济发展的凝聚力。该区域既有经济发达经济体,也有新兴的工业化经济体,还有发展中经济体,各经济体发展水平有别,经济结构梯次清晰,资源禀赋各有所长,互补性强,合作空间较大。20世纪90年代以来,东北亚各经济体之间的经济、技术、贸易合作迅速起步,相互理解和加深协作成为各经济体共同的希冀。

随着经济全球化进程的加速推进,以地缘关系为基础的区域性经济合作日趋增强,在亚洲乃至全球经济发展中的地位举足轻重。2018年东北亚地区以全球23%的人口实现了全球25%的GDP占比,人均GDP更是高于全球平均水平。以韩国为例,为实现国内经济的"第二次飞跃",韩国希望扩大与区域内周边经济体的经济合作与交流。中国在改革开放的进程中,与朝鲜半岛区域的经济合作始终保持积极务实的态度。1988年中国政府为深化与这一区域的合作,决定将辽东半岛、山东半岛和秦皇岛等划为环渤海经济圈。蒙古地处中俄之间,属于典型的内陆国家,其经济主要依靠畜牧业,矿产资源也非常丰富。习近平总书记提出将丝绸之路经济带同俄罗斯跨欧亚大铁路、蒙古国草原之路倡议进行对接,打造中蒙俄经济走廊,加快铁路、公路互通互联,势必会给蒙古带来长足的发展。

1. 东北亚地区电力发展情况

对于"一带一路"沿线经济体的指标(见表8.17),在1991、2005、2014年,东北亚3个经济体的电力指标均值分别是"一带一路"沿线经济体均值的0.52、0.96、1.33倍,从低于沿线经济体均值,到逐渐接近并超过,东北亚3个经济体付出了若干年的努力。该数值体现了东北亚地区对电力建设的需求处在稳步递增阶段。其中,中国2005年相较于1991年的增长比值最高达到2.25,其次是韩国,电力增长与中韩两国的经济崛起密不可分。至2014年,中国增速放缓,增长比值降为1.20,韩国增速也在减缓,但蒙古明显增长,从侧面反映东北亚地区经济发展速度整体较快,在前期大幅增长后逐渐放慢增长势头,向成熟稳定期过渡。

表 8.17   东北亚地区电力发展情况

	1991 年 (千瓦时/千人)	2005 年 (千瓦时/千人)	2014 年 (千瓦时/千人)	2005 年相较于 1991 年增长比值	2014 年相较于 2005 年增长比值
韩国	2 588 848.08	7 796 314.67	10 496 513.67	2.01	0.35
蒙古	1 340 446.31	1 251 956.31	2 017 513.62	−0.07	0.61
中国	548 953.75	1 782 312.15	3 927 044.50	2.25	1.20
总和	4 478 248.14	10 830 583.13	16 441 071.79	1.42	0.52
均值	1 492 749.38	3 610 194.38	5 480 357.26	1.42	0.52
极大值	2 588 848.08	7 796 314.67	10 496 513.67	2.01	0.35
极小值	548 953.75	1 251 956.31	2 017 513.62	1.28	0.61
极差	2 039 894.32	6 544 358.37	8 479 000.05	2.21	0.30
标准差	1 028 440.27	3 634 972.03	4 447 802.37	2.53	0.22
沿线经济体均值	2 885 973.99	3 776 783.93	4 135 079.73	0.31	0.09
区域均值与沿线经济体均值比值	0.52	0.96	1.33	0.85	0.39

2. 东北亚地区铁路发展情况

对于"一带一路"沿线经济体的指标(见表8.18),在1991年、2005年、2014年,东北亚3个经济体的铁路发展指标均值分别为"一带一路"沿线经济体均值的1.01、0.79、0.76倍,呈现减缓趋势,且与沿线经济体均值差距渐大,显然,东北亚地区对铁路的需求量已近饱和,只有中国在1991—2014年保持着稳定而微弱的正增长。韩国在2005—2014年的十年间出现增长反弹,增长比值为0.03,接近中国。而蒙古境内多戈壁石砾,加之气象条件较差,且因游牧民族本身具有逐水而居、可持续轮换使用不同草场的生活习惯,导致国内民众对铁路需求度较低。

表 8.18　东北亚地区铁路发展情况

	1991 年 （千米/千人）	2005 年 （千米/千人）	2014 年 （千米/千人）	2005 年相较于 1991 年增长比值	2014 年相较于 2005 年增长比值
韩国	0.07	0.07	0.07	−0.01	0.03
蒙古	0.87	0.72	0.62	−0.17	−0.13
中国	0.05	0.05	0.05	0.03	0.03
总和	0.98	0.83	0.74	−0.15	−0.11
均值	0.33	0.28	0.25	−0.15	−0.11
极大值	0.87	0.72	0.62	−0.17	−0.13
极小值	0.05	0.05	0.05	0.03	0.03
极差	0.82	0.67	0.57	−0.18	−0.14
标准差	0.47	0.38	0.33	−0.19	−0.14
沿线经济体均值	0.32	0.35	0.33	0.08	−0.06
区域均值与沿线经 济体均值比值	1.01	0.79	0.76	−0.21	−0.05

3. 东北亚地区固定电话发展情况

对于"一带一路"沿线经济体的指标（见表 8.19），在 1991、2005、2014 年，东北亚 3 个经济体的人均电话线路拥有量均值分别是"一带一路"沿线经济体均值的 1.15、1.49、1.63 倍，呈现明显增长势头。数值显示东北亚地区对固定电话的需求处于稳步递增走势。其中，中国在 1991—2005 年的增长比值达到 36.22，其次是蒙古。在东北亚地区的经济崛起过程中，固定电话基础建设功不可没。2005—2014 年，中国增长比值出现负值，韩国和蒙古均为正值，但都出现增长速度减缓趋势，说明东北亚地区经济发展日趋成熟稳定，电信行业更新换代的周期缩短，固定电话已逐渐被数字移动通信设备所取代。

表 8.19　东北亚地区固定电话发展情况

	1991 年（电话 线路/千人）	2005 年（电话 线路/千人）	2014 年（电话 线路/千人）	2005 年相较于 1991 年增长比值	2014 年相较于 2005 年增长比值
韩国	336.05	508.26	595.44	0.51	0.17
蒙古	30.88	61.76	79.24	1.00	0.28
中国	7.14	265.86	178.96	36.22	−0.33
总和	374.07	835.88	853.64	1.23	0.02
均值	124.69	278.63	284.55	1.23	0.02
极大值	336.05	508.26	595.44	0.51	0.17

（续表）

	1991年（电话线路/千人）	2005年（电话线路/千人）	2014年（电话线路/千人）	2005年相较于1991年增长比值	2014年相较于2005年增长比值
极小值	7.14	61.76	79.24	7.65	0.28
极差	328.91	446.50	516.19	0.36	0.16
标准差	183.43	223.52	273.82	0.22	0.23
沿线经济体均值	108.20	187.21	174.51	0.73	−0.07
区域均值与沿线经济体均值比值	1.15	1.49	1.63	0.29	0.10

4. 东北亚地区宽带发展情况

对于"一带一路"沿线经济体的指标（见表8.20），在2001、2005、2014年，东北亚3个经济体的宽带发展指标均值分别是"一带一路"沿线经济体均值的7.03、3.77、1.76倍，经历建设初期的突飞猛进后，理性回归到沿线经济体平均水平。2005年相较于2001年的增长比值，中国为107.96，蒙古为34.5，韩国仅为0.53；2014年相较于2005年，除了蒙古出现95.41倍的大幅增速，中、韩两个经济体的家庭对于宽带的需求增长已经在减速，宽带建设接近瓶颈期。

表8.20　东北亚地区宽带发展情况

	2001年（用户数/千人）	2005年（用户数/千人）	2014年（用户数/千人）	2005年相较于2001年增长比值	2014年相较于2005年增长比值
韩国	169.25	259.19	387.76	0.53	0.50
蒙古	0.02	0.71	68.45	34.50	95.41
中国	0.26	28.33	143.84	107.96	4.08
总和	169.53	288.23	600.05	0.70	1.08
均值	56.51	96.08	200.02	0.70	1.08
极大值	169.25	259.19	387.76	0.53	0.50
极小值	0.02	0.71	68.45	34.50	95.41
极差	169.23	258.48	319.31	0.53	0.24
标准差	97.64	141.93	166.90	0.45	0.18
沿线经济体均值	8.04	25.47	113.85	2.17	3.47
区域均值与沿线经济体均值比值	7.03	3.77	1.76	−0.46	−0.53

5. 小结

作为世界上最大的洲，亚洲人口约有40多亿，共包括有48个经济体，其中45个位于"一带一路"沿线，几乎涵盖了整个亚细亚地区。

在电力方面,中国承揽了蒙古风能发电工程,即蒙古 50MW 巨龙山风能发电项目,以及蒙古火电工程,即蒙古额尔登特铜矿电厂扩建项目。2017 年 10 月 26 日,中国能建黑龙江火电一公司蒙古额尔登特铜矿热电厂 3 号机组及 5 号机组并网一次成功,机组相关实验参数优良。截至 2017 年 7 月,韩国已设立的 8 个自由经济区,大都位于西海岸且面向中国的黄海沿线。依托中韩沿海的互联互通合作区,双方将共同促进能源管道等方面基础设施建设,努力打造成连接中韩两国的国际能源通道。

在铁路方面,基础设施互联互通是"一带一路"的优先领域,也是中韩经济合作的重点之一,中韩两国在推进区域基础设施建设上发挥着自己的优势。在高铁领域,尽管中国起步较晚,但现已发展成为高铁强国。韩国在车辆、隧道、高铁建设监理及高铁运营等方面具有独特的竞争优势,这为韩国高铁产业进入中国市场,或中韩两国企业强强联手共同合作参与第三方基础设施项目招标提供了新机遇。中国的发展与韩国息息相关,特别是在中欧交通网络的建设方面。"一带一路"助力新亚欧大陆桥的推进,使韩国多了一个通往欧洲的新选择,韩国产品通过船只运送到中国江苏省连云港,再经"中亚"出口班列(简称"连新亚"班列)定期货运铁路运抵阿拉木图。中国在 2015 年 2 月 25 日正式开通的这一铁路线是中国"一带一路"建设的重要成果之一,对韩国更是有着特殊的意义。

此外,中国的东北亚铁路集团承担图们—珲春—长岭子地方口岸铁路的建设和运营。1996 年 10 月 30 日,中俄珲卡(中国珲春—俄罗斯卡梅绍瓦娅)口岸铁路完成接轨(俄方段由金环股份有限公司投资建设),2000 年 2 月 25 日首次实现国际联运过货,2001 年 10 月正式通过海关总署验收,是国务院批准的国家一级客、货口岸铁路,是吉林省和沈阳铁路局管内对俄的铁路口岸,也是全国地方口岸铁路。

在电信方面,中国移动积极推动中国主导的 4G 标准 TD－LTE 在"一带一路"沿线经济体落地已有 21 个经济体部署了 39 张 TD－LTE 商用网络。中国移动通过自建或合作的模式,在东北亚、中亚、南亚和东南亚建设了 8 条跨境陆地光缆,传输能力达到 6 270G。其中,蒙古电信市场未来具有巨大的发展潜力,主要驱动因素包括多媒体娱乐、远程教育、远程医疗、视频监控、智能农业等应用。

在宽带方面,根据国际电信联盟发布的《2016 年宽带状况报告》,韩国名列全球家庭宽带普及率之首,该国 98.8% 的家庭已经接入互联网。据至顶网 ZDnet 报道,2018 年 5 月韩国 SK 有线(SK 电信子公司)宣布,将正式开始部署 2.5Gbps 有线宽带,理论峰值下载速率可达 320MB/s。蒙古地广人稀,全国约 300 万人口,每平方千米仅 1.9 人。由于首都乌兰巴托集中了全国 25% 的人口,其他区域的人口更加稀疏,且大多为游牧人口。蒙古的家庭宽带渗透率非常低,全国 85 万家庭中只有 15 万家庭接入宽带。目前其主要运营商是 Unitel,Unitel 推出的基于 WTTx(无线宽带到户)解决方案的"蒙古包宽带",是其为推动蒙古 ICT 发展的重要进步。无线宽带更为经济实用,具有性能良好、部署便捷等优点,有助于快速提升国家宽带的渗透率。

针对东北亚地区极度差异的两国,中国需采取不同的措施。对于韩国,积极寻求技术支持。至 2018 年 5 月,中国的百兆宽带理论峰值下载速率只有 12.5MB/s,从百兆升级到千兆宽带,现有设备不支持,路由器、光猫、网卡和网线都需要升级。在技术层面,中国应诚心向韩国"问道取经"。作为传统友邦蒙古,中国将尽力扶植、支持、共商、援建,打造良好口碑,提升该国宽带渗透率,让游牧民族切实分享到互联互通的发展红利。

(六)亚洲地区小结

亚洲地区在基建方面,整体水平落后于世界均值。近些年,一些东南亚国家发展迅猛,南亚国家也在稳步提升,中亚发展缓慢,西亚资源丰富,但囿于地缘稳定性较差,发展停滞甚至倒退,中国与韩国的发展势头最为突出,是亚洲经济的生力军。《亚洲竞争力 2018 年度报告》显示,亚洲整体竞争力增强,主要经济体经济形势表现趋稳向好、稳中有升的特点。而"一带一路"倡议的实施,对亚洲区域经济一体化的发展起到了重要的作用。从广义上来看,"一带一路"是开放的区域一体化,是各方自愿参加的区域一体化,是共建、共商和共享的区域一体化,通过沿线经济体的互惠贸易和相互投资,促进亚洲区域大市场的形成。另外,亚洲区域经济一体化不仅需要制度规则"软件",也需要基础设施建设这一"硬件"。任何地区的经济一体化进程都离不开贸易、投资和基础设施的相互配合。"一带一路"倡议的实施,能促进亚洲区域贸易、投资和基础设施的增长,夯实亚洲区域经济一体化的物质基础,而"一带一路"倡议实施带来的红利,稳定了亚洲区域经济一体化的社会基础。更重要的是,"一带一路"倡议所提出的共建、共商和共享原则与人类命运共同体理念为亚洲经济一体化发展方向提供了崭新的视角和指导思想。当前,亚洲区域经济一体化进程正处于关键时刻。在全球化退潮、区域化受挫的国际新形势下,亚洲区域经济一体化进程却独树一帜,在逆势中前进。中国—东盟自由贸易区升级、上海合作组织扩员、RCEP(区域全面经济伙伴关系协定)加快谈判等正在推动亚洲区域经济一体化进程,促进亚洲区域统一大市场的形成。

毫无疑问,中国地缘文化在亚洲地区的影响力可追溯千年,强大的体量和不断蓬勃发展的竞争力使周边国家对中国产生些许戒备之心,此外物理空间的布局在互联网时代很难做到完美的优化,也是不可小觑的地缘问题。因此中国更需注重对邻国文化、宗教、习俗的尊崇与理解。

二、欧洲地区

(一)南欧地区

"一带一路"沿线的南欧地区包括罗马尼亚、保加利亚、克罗地亚、阿尔巴尼亚、波斯尼亚和黑塞哥维那、塞尔维亚、斯洛文尼亚、黑山、马其顿、希腊等 10 个经济体。该地区又称地中海欧洲,隔海与亚、非两洲相望,与西亚、北非往来密切。来自南欧的拉丁语族、北欧的日耳曼语族、东欧的斯拉夫语族,共同组成欧陆的三大主流地缘力量,此外,阿尔巴尼亚等经济体则以伊斯兰教为主。南欧地理条件优越,北依阿尔卑斯山脉,东濒黑海,南临地中海,西滨大西洋,特殊的地理位置使其成为欧洲联系外界的交通中心。该地区大多数经济体以地中海气候为主,降雨稀少,天气炎热,自然资源较为匮乏,以重金属和非金属矿物为主要矿产资源。经济方面,南欧除少数发达经济体,地区经济发展基本均衡。

欧洲最早的文明中心是在地中海北缘的南欧地区,这里是欧洲文明的起源地。然而,来自北欧的日耳曼人成了南欧文明的终结者。日耳曼族系和斯拉夫族系之间的矛盾经年存在。中国的"一带一路"倡议深入南欧,无疑是两大文明的交汇融通,来自东亚的古老国度以和平来交友,以共赢为方针,共促基建外交,为南欧地区的再次复兴尽绵薄之力。

1. 南欧地区电力发展情况

相比于"一带一路"沿线经济体的指标(见表 8.21),在 1991、2005、2014 年,南欧 10 个经济体的电力指标均值分别是"一带一路"沿线经济体均值的 1.06、1.06、0.99 倍,基本代表了世界电力的平均发展水平,是该地区电力行业发展成熟的标志。2005 年的数据显示,阿尔巴尼亚的增速最快,增长比值为 3.12。而罗马尼亚、保加利亚、塞尔维亚等 3 个经济体为负增长;2005—2014 年,波黑的增速相对最快,增长比值达到 0.41,表明该地区在战争过后经过休养生息,慢慢恢复正常发展。

表 8.21 南欧地区电力发展情况

	1991 年 (千瓦时/千人)	2005 年 (千瓦时/千人)	2014 年 (千瓦时/千人)	2005 年相较于 1991 年增长比值	2014 年相较于 2005 年增长比值
罗马尼亚	2 521 003.84	2 365 419.56	2 584 411.79	−0.06	0.09
保加利亚	4 361 144.52	4 165 180.39	4 708 927.46	−0.04	0.13
克罗地亚	2 712 416.85	3 475 911.75	3 714 382.99	0.28	0.07
阿尔巴尼亚	418 453.59	1 722 072.85	2 309 366.50	3.12	0.34
波斯尼亚和黑塞哥维那	2 104 948.69	2 379 460.17	3 365 673.94	0.13	0.41
塞尔维亚	4 411 480.49	3 921 906.46	4 271 744.67	−0.11	0.09
斯洛文尼亚	5 087 452.47	6 917 860.47	6 727 999.10	0.36	−0.03
黑山	0.00	6 314 905.23	4 612 341.39	0.00	−0.27
马其顿	2 708 069.32	3 374 311.74	3 496 999.99	0.25	0.04
希腊	3 253 220.69	5 297 200.03	5 062 606.42	0.63	−0.04
总和	27 578 190.45	39 934 228.64	40 854 454.45	0.45	0.02
均值	3 064 243.38	3 993 422.86	4 085 445.44	0.30	0.02
极大值	5 087 452.47	6 917 860.47	6 727 999.30	0.36	−0.03
极小值	418 453.59	1 722 072.85	2 309 366.50	3.12	0.34

（续表）

	1991 年 （千瓦时/千人）	2005 年 （千瓦时/千人）	2014 年 （千瓦时/千人）	2005 年相较于 1991 年增长比值	2014 年相较于 2005 年增长比值
极差	4 668 998.88	5 195 787.62	4 418 632.80	0.11	−0.15
标准差	1 418 286.33	1 723 738.94	1 293 083.13	0.22	−0.25
沿线经济体均值	2 885 973.99	3 776 783.93	4 135 079.73	0.31	0.09
区域均值与沿线经济体均值比值	1.06	1.06	0.99	0.00	−0.07

2. 南欧地区铁路发展情况

相比于"一带一路"沿线经济体的指标（见表 8.22），在 1991 年、2005 年、2014 年，南欧 10 个经济体的铁路发展指标均值分别是"一带一路"沿线经济体均值的 1.39、1.21、1.29 倍，略高于沿线经济体均值，且具有平稳的增长趋势。1991—2005 年，克罗地亚、塞尔维亚、阿尔巴尼亚、马其顿、希腊等经济体表现为负增长比值。在 2005—2014 年，波黑表现出相对较高的增长比值。在铁路发展平均水平逐渐成熟的大环境下（2014 年相较于 2005 年的增长比值为−0.06），南欧地区保持着微弱的上升趋势。

表 8.22　南欧地区铁路发展情况

	1991 年 （千米/千人）	2005 年 （千米/千人）	2014 年 （千米/千人）	2005 年相较于 1991 年增长比值	2014 年相较于 2005 年增长比值
罗马尼亚	0.49	0.51	0.54	0.02	0.07
保加利亚	0.50	0.54	0.56	0.09	0.02
克罗地亚	0.65	0.61	0.61	−0.05	0.00
阿尔巴尼亚	0.21	0.15	0.15	−0.28	−0.01
波斯尼亚和黑塞哥维那	0.00	0.26	0.29	0.00	0.09
塞尔维亚	0.57	0.55	0.53	−0.04	−0.02
斯洛文尼亚	0.60	0.61	0.59	0.02	−0.04
黑山	0.00	0.00	0.00	0.00	0.00
马其顿	0.35	0.34	0.34	−0.03	−0.01
希腊	0.24	0.23	0.21	−0.03	−0.12
总和	3.60	3.81	3.81	0.06	0.00
均值	0.45	0.42	0.42	−0.06	0.00
极大值	0.65	0.61	0.61	−0.05	0.00
极小值	0.21	0.15	0.15	−0.28	−0.01
极差	0.44	0.47	0.47	0.06	0.01

（续表）

	1991 年 （千米/千人）	2005 年 （千米/千人）	2014 年 （千米/千人）	2005 年相较于 1991 年增长比值	2014 年相较于 2005 年增长比值
标准差	0.17	0.18	0.18	0.07	0.01
沿线经济体均值	0.32	0.35	0.33	0.08	−0.06
区域均值与沿线经济体均值比值	1.39	1.21	1.29	−0.13	0.07

3. 南欧地区固定电话发展情况

相比于"一带一路"沿线经济体的指标（见表 8.23），在 1991、2005、2014 年，南欧 10 个经济体的人均电话线路拥有量均值分别是"一带一路"沿线经济体均值的 1.77、1.71、1.60 倍，显著高于沿线经济体的均值。在 1991—2005 年，阿尔巴尼亚增速表现显著，增了 6.28 倍；保加利亚为南欧地区的最低，增长比值为 0.29。至 2014 年，该地区除了罗马尼亚、塞尔维亚为正增长比值，其他经济体基本呈现负增长比值，在沿线经济体均值呈负增长比值的背景下，该地区对固定电话的发展也出现增速下滑趋势，其原因可能是移动通信设备的迅猛发展逐渐取代了固定电话在通信行业中的固有位置。

表 8.23　南欧地区固定电话发展情况

	1991 年（电话 线路/千人）	2005 年（电话 线路/千人）	2014 年（电话 线路/千人）	2005 年相较于 1991 年增长比值	2014 年相较于 2005 年增长比值
罗马尼亚	104.70	198.21	210.72	0.89	0.06
保加利亚	252.19	324.08	253.48	0.29	−0.22
克罗地亚	185.71	428.93	367.27	1.31	−0.14
阿尔巴尼亚	12.00	87.28	74.00	6.28	−0.15
波斯尼亚和黑塞哥维那	0.00	249.72	221.63	0.00	−0.11
塞尔维亚	0.00	307.37	373.28	0.00	0.21
斯洛文尼亚	228.77	509.63	370.83	1.23	−0.27
黑山	0.00	277.57	264.94	0.00	−0.05
马其顿	144.65	255.33	181.93	0.77	−0.29
希腊	408.92	571.62	477.98	0.40	−0.16
总和	1 336.92	3 209.74	2 796.06	1.40	−0.13
均值	190.99	320.97	279.61	0.68	−0.13
极大值	408.92	571.62	477.98	0.40	−0.16
极小值	12.00	87.28	74.00	6.28	−0.15

（续表）

	1991 年（电话线路/千人）	2005 年（电话线路/千人）	2014 年（电话线路/千人）	2005 年相较于 1991 年增长比值	2014 年相较于 2005 年增长比值
极差	396.92	484.34	403.98	0.22	−0.17
标准差	125.38	145.76	117.83	0.16	−0.19
沿线经济体均值	108.20	187.21	174.51	0.73	−0.07
区域均值与沿线经济体均值比值	1.77	1.71	1.60	−0.03	−0.07

4. 南欧地区宽带发展情况

相比于"一带一路"沿线经济体的指标（见表 8.24），在 2001、2005、2014 年，南欧 10 个经济体的宽带发展指数均值分别是"一带一路"沿线经济体均值的 0.13、0.75、1.42 倍，从低于沿线经济体均值到明显超过这一数值，南欧地区经历了若干年的稳步发展过程。在 2001—2005 年，其平均增长比值远高于沿线经济体平均增长比值。峰值过后，该地区进入低速稳定的增长，其平均增长比值为世界平均增长比值的 2.15 倍。在 2001—2005 年，波黑为南欧地区宽带增长之最，增长为初期的 175.5 倍；在 2005—2014 年，阿尔巴尼亚以 724.33 倍的增长比值力拔头筹。可见，该地区一些地方仍对宽带保持较高的需求热情。

表 8.24　南欧地区宽带发展情况

	2001 年（用户数/千人）	2005 年（用户数/千人）	2014 年（用户数/千人）	2005 年相较于 2001 年增长比值	2014 年相较于 2005 年增长比值
罗马尼亚	0.27	17.05	185.57	62.15	9.88
保加利亚	0.00	21.54	206.60	0.00	8.59
克罗地亚	0.00	26.48	230.45	0.00	7.70
阿尔巴尼亚	0.00	0.09	65.28	0.00	724.33
波斯尼亚和黑塞哥维那	0.02	3.53	141.81	175.50	39.17
塞尔维亚	0.00	4.07	155.67	0.00	37.25
斯洛文尼亚	2.76	98.31	267.79	34.62	1.72
黑山	0.00	12.45	167.11	0.00	12.42
马其顿	0.00	5.95	167.94	0.00	27.23
希腊	0.00	1.45	28.36	0.00	18.56
总和	3.05	190.92	1 616.58	61.60	7.47
均值	1.02	19.09	161.66	17.78	7.47

（续表）

	2001 年 (用户数/千人)	2005 年 (用户数/千人)	2014 年 (用户数/千人)	2005 年相较于 2001 年增长比值	2014 年相较于 2005 年增长比值
极大值	2.76	98.31	267.79	34.62	1.72
极小值	0.02	0.09	28.36	3.50	314.12
极差	2.74	98.22	239.43	34.85	1.44
标准差	1.34	29.24	71.60	20.87	1.45
沿线经济体均值	8.04	25.47	113.85	2.17	3.47
区域均值与沿线经济体均值比值	0.13	0.75	1.42	4.92	0.89

5. 小结

在电力方面,中国机械设备工程股份有限公司承接了塞尔维亚火电项目——塞尔维亚 KOSTOLAC—B 电站二期工程,合同于 2015 年 5 月 25 日正式生效。罗马尼亚电力资源相对充裕,据其国家统计局数据显示,2016 年罗马尼亚总发电量为 696.9 亿千瓦时,同比增长 0.4%。同时,保加利亚政府也在大力发展能源项目,除计划新建的大型火电站,还在推进贝列内核电项目和科兹洛杜伊新增 7 号核电机组项目。由此可见,南欧地区电力资源丰沛,加之相关政府持积极态度,为我国协助南欧地区电力基建的内通外达提供了先决条件。

在铁路方面,中国土木工程集团有限公司在 2016 年底成功中标塞尔维亚铁路 G 汇合点——拉科维查—莱斯尼克段铁路大修项目。在罗马尼亚,目前尚在使用的铁路总长约为 10 774 千米,其中电气化铁路长约 4 030 千米。泛欧洲 4 号、9 号铁路通过罗马尼亚境内,四通八达到相邻国家。鉴于其他经济体在铁路方面已建设得相当完善,配套设施也实用周详,中国可通过对其已有铁路系统进行维护、扩建、改良和大修以支持援建,从而提升中国企业的参与度、增强彼此信任感、打造良好的国际好口碑。

在电信方面,罗马尼亚电信将增加宽带接入量作为该领域优先发展的重点以提高电信网络性能,同时增加终端用户的选择权。当前,罗马尼亚政府正在大力发展 4G 网络,并对主要运营商发放 4G 牌照,逐步扩大 4G 的网络覆盖范围。我国 4G 网络通信技术的发展日趋成熟,位居世界前列。基于"一带一路"项目,中国电信企业将在沿线经济体兴建电信基础设施并提供网络服务,特别是推广 5G 标准,实现"数字丝绸之路"。截至 2019 年 4 月,中国企业已在 34 个经济体参与了 52 个 5G 项目。

在宽带方面,保加利亚的移动网络建设近年来发展较快,2016 年互联网普及率已达 63.5%,宽带普及率为 62.8%。2016 年保加利亚企业使用互联网和宽带的比例为 91.3%。南欧地区的宽带普及率和使用率的节节攀升,给网络基础设施建设带来一定的合作潜力。网络基础设施建设是"一带一路"沿线经济体经济社会发展的助推器,中国在光缆通信设施、网络通信服务器制造等领域已形成具有全球竞争力的生产服务整体格局,初步具备为"一带一路"沿线经济体优化升级网络基础设施的坚强实力。

(二)东欧地区

"一带一路"沿线的东欧地区包括乌克兰、白俄罗斯、俄罗斯、摩尔多瓦、爱沙尼亚、拉脱维亚、立陶宛等 7 个经济体。一般将德国—奥地利—意大利以东至亚欧洲际分界线的区域视作东欧地区,地貌特征单一,以平原为主。该地区属温带大陆性气候,自然资源丰富,集中分布于东欧平原。东欧地区经济发展程度差异悬殊,普遍大幅落后于欧洲其他地区。这里的居民多为欧罗巴人种,属斯拉夫人体系,信奉东正教者居多。20 世纪 90 年代东欧剧变和苏联解体后,部分国家分别加入欧盟和北约,随之而来的是政治格局发生了三大变化,一是地缘政治版图缩小,但独立的主权国家增多;二是对外关系和对外政策的重心西移,但存在明显差异;三是双边或多边合作加强,但各国间矛盾突出。英国地缘政治家哈尔福德·约翰·麦金德曾谈到,谁控制了东欧谁就控制了心脏地带,谁控制了心脏地带谁就控制了世界岛,谁控制了世界岛谁就控制了世界!他的"陆权论"认为,随着陆上交通工具的发展,欧亚大陆的"心脏地带"将成为最核心的战略区域。

1. 东欧地区电力发展情况

相比于"一带一路"沿线经济体的指标(见表 8.25),在 1991、2005、2014 年,东欧 7 个经济体的电力指标均值分别是"一带一路"沿线经济体均值的 1.58、0.98、1.01 倍,呈现发展增速递减趋势。期间,2005 年相较于 1991 年,该地区电力需求有所下降,7 个经济体的增长比值均为负值,该现象与 20 世纪 90 年代苏联解体后各国重建经济格局不无关系。2005—2014 年此增长比值稍有回升,仅摩尔多瓦为负增长,比值为 −0.32,其他经济体增速趋同。

表 8.25　东欧地区电力发展情况

	1991 年 (千瓦时/千人)	2005 年 (千瓦时/千人)	2014 年 (千瓦时/千人)	2005 年相较于 1991 年增长比值	2014 年相较于 2005 年增长比值
乌克兰	4 643 265.72	3 246 035.73	3 418 585.02	−0.30	0.05
白俄罗斯	4 426 034.92	3 245 372.09	3 679 978.84	−0.27	0.13
俄罗斯	6 541 171.01	5 770 112.34	6 602 657.53	−0.12	0.14
摩尔多瓦	3 438 444.92	2 047 737.71	1 386 234.44	−0.40	−0.32
爱沙尼亚	5 617 063.58	5 531 545.83	6 732 367.47	−0.02	0.22
拉脱维亚	3 285 317.45	2 777 381.98	3 507 404.52	−0.15	0.26
立陶宛	4 022 532.66	3 187 031.08	3 821 145.17	−0.21	0.20
总和	31 973 830.26	25 805 216.75	29 148 372.99	−0.19	0.13

（续表）

	1991 年 （千瓦时/千人）	2005 年 （千瓦时/千人）	2014 年 （千瓦时/千人）	2005 年相较于 1991 年增长比值	2014 年相较于 2005 年增长比值
均值	4 567 690.04	3 686 459.54	4 164 053.28	−0.19	0.13
极大值	6 541 171.01	5 770 112.34	6 732 367.47	−0.12	0.17
极小值	3 285 317.45	2 047 737.71	1 386 234.44	−0.38	−0.32
极差	3 255 853.56	3 722 374.62	5 346 133.03	0.14	0.44
标准差	1 171 783.57	1 408 056.80	1 897 284.49	0.20	0.35
沿线经济体均值	2 885 973.99	3 776 783.93	4 135 079.73	0.31	0.09
区域均值与沿线经济体均值比值	1.58	0.98	1.01	−0.38	0.03

2. 东欧地区铁路发展情况

相比于"一带一路"沿线经济体的指标（见表 8.26），在 1991、2005、2014 年，东欧 7 个经济体的铁路发展指标均值分别是"一带一路"沿线经济体均值的 1.88、1.73、1.87 倍，明显高于沿线经济体均值，表明该地区铁路发展势头良好。表中数据的总标准差较小，区域整体性较强，分散度较低。在 1991—2005 年，各经济体增长放缓，仅立陶宛有些微负增长。此后，各经济体增长比值良莠不齐，有正有负，这与各经济体经济建设与发展战略的差异存在一定的关联性。

表 8.26 东欧地区铁路发展情况

	1991 年 （千米/千人）	2005 年 （千米/千人）	2014 年 （千米/千人）	2005 年相较于 1991 年增长比值	2014 年相较于 2005 年增长比值
乌克兰	0.44	0.47	0.48	0.07	0.02
白俄罗斯	0.55	0.57	0.58	0.04	0.01
俄罗斯	0.58	0.60	0.59	0.03	−0.01
摩尔多瓦	0.00	0.30	0.33	0.00	0.09
爱沙尼亚	0.66	0.71	0.77	0.08	0.09
拉脱维亚	0.90	1.06	0.93	0.17	−0.12
立陶宛	0.54	0.53	0.60	−0.01	0.13
总和	3.67	4.23	4.28	0.15	0.01
均值	0.61	0.60	0.61	−0.01	0.01
极大值	0.90	1.06	0.93	0.17	−0.12
极小值	0.44	0.30	0.33	−0.32	0.09
极差	0.47	0.76	0.61	0.63	−0.20

（续表）

	1991 年 （千米/千人）	2005 年 （千米/千人）	2014 年 （千米/千人）	2005 年相较于 1991 年增长比值	2014 年相较于 2005 年增长比值
标准差	0.16	0.24	0.20	0.48	−0.17
沿线经济体均值	0.32	0.35	0.33	0.08	−0.06
区域均值与沿线经 济体均值比值	1.88	1.73	1.87	−0.08	0.08

3. 东欧地区固定电话发展情况

相比于"一带一路"沿线经济体的指标（见表 8.27），在 1991、2005、2014 年，东欧 7 个经济体的人均电话线路拥有量均值分别是"一带一路"沿线经济体均值的 1.65、1.54、1.69 倍，一度领先于沿线经济体均值。1991—2005 年，该地区各经济体固定电话发展速度高低错落，差异较大。其中，白俄罗斯与摩尔多瓦以相对较快的速度实现蓬勃增长，在 2005—2014 年，两国发展速度减缓，但依旧保持 0.4 的正增长比值。其余经济体表现为负增长，该地区固定电话行业发展日趋成熟。

表 8.27　东欧地区固定电话发展情况

	1991 年（电话 线路/千人）	2005 年（电话 线路/千人）	2014 年（电话 线路/千人）	2005 年相较于 1991 年增长比值	2014 年相较于 2005 年增长比值
乌克兰	142.11	247.51	246.40	0.74	0.00
白俄罗斯	162.93	339.82	485.01	1.09	0.43
俄罗斯	150.07	278.60	268.22	0.86	−0.04
摩尔多瓦	113.33	246.72	351.96	1.18	0.43
爱沙尼亚	214.30	333.59	317.26	0.56	−0.05
拉脱维亚	243.11	328.20	195.97	0.35	−0.40
立陶宛	220.07	243.74	195.03	0.11	−0.20
总和	1 245.93	2 018.18	2 059.86	0.62	0.02
均值	177.99	288.31	294.27	0.62	0.02
极大值	243.11	339.82	485.01	0.40	0.43
极小值	113.33	243.74	195.03	1.15	−0.20
极差	129.78	96.08	289.99	−0.26	2.02
标准差	47.97	44.29	102.24	−0.08	1.31
沿线经济体均值	108.20	187.21	174.51	0.73	−0.07
区域均值与沿线经 济体均值比值	1.65	1.54	1.69	−0.06	0.09

4. 东欧地区宽带发展情况

相比于"一带一路"沿线经济体的指标(见表8.28),在2001、2005、2014年,东欧7个经济体的宽带发展均值分别是"一带一路"沿线经济体均值的0.47、1.40、1.89倍,该地区的加速增长趋势明显,宽带行业发展颇具活力。其中,立陶宛的增长比值从2001—2005年的100.74倍下降到2005—2014年的2.74倍;白俄罗斯在2014年的增长比值达到巅峰,是2005年的1801.5倍,可见南欧地区的发展水平高低有别,方差较大。

表8.28 东欧地区宽带发展情况

	2001年 (用户数/千人)	2005年 (用户数/千人)	2014年 (用户数/千人)	2005年相较于 2001年增长比值	2014年相较于 2005年增长比值
乌克兰	0.00	2.76	92.94	0.00	32.67
白俄罗斯	0.00	0.16	288.40	0.00	1 801.50
俄罗斯	0.00	11.04	175.13	0.00	14.86
摩尔多瓦	0.06	2.76	147.11	45.00	52.30
爱沙尼亚	12.88	135.23	289.00	9.50	1.14
拉脱维亚	1.38	27.28	247.41	18.77	8.07
立陶宛	0.70	71.22	266.55	100.74	2.74
总和	15.02	250.45	1 506.54	15.67	5.02
均值	3.76	35.78	215.22	8.53	5.02
极大值	12.88	135.23	289.00	9.50	1.14
极小值	0.06	0.16	92.94	1.67	579.88
极差	12.82	135.07	196.06	9.54	0.45
标准差	6.11	50.46	77.10	7.26	0.53
沿线经济体均值	8.04	25.47	113.85	2.17	3.47
区域均值与沿线经济体均值比值	0.47	1.40	1.89	2.01	0.35

5. 小结

在电力方面,由中国能建中电工程华北院自主承揽的白俄罗斯核电输出及电力联网总承包项目包括23个子项工程,覆盖白俄罗斯3个州、60%以上的国土面积。跨越地域之广、工程量之大、沟通协调之复杂,属历史之最。截至2017年5月,各子项目竣工的消息接踵传来。如此施工难度大的子项目工程能如期顺利竣工,标志着白俄罗斯核电输出及电力联网项目工程最艰难的执行阶段即将过去,在"一带一路"框架下,华北院实现了向国际化方向发展的战略跨越。此外,保加利亚计划于2020年前将9.5亿欧元投资于发电厂升级和环境项目以满足国内日益增长的电力需求。对中国企业来说,这既是机遇也是挑战。

中俄图们—珲春—马哈林诺国际铁路通道,是我国唯一由地方企业修建的国际铁路通道。项目始于 1992 年底,在 2002 年初实现单车过货,之后因种种原因俄方几次单方面暂停口岸运输,直到 2013 年才恢复使用,当年 8 月 2 日中俄珲春—马哈林诺铁路国际联运首发列车分别在俄罗斯卡梅绍娃亚铁路国境站和中国珲春铁路国际换装站举行了发车仪式和接车仪式。进入 2016 年后,经珲春铁路口岸入境货物实现大幅增长,特别是从 1 月 14 日开始,每天平均进境列车 3—4 列,标志着中俄珲春铁路口岸进入正常模式。珲春铁路口岸具有一定的地域优势,它连接着中、俄、日、韩、朝等东北亚地区陆海通道的关键节点。赖于口岸功能的不断拓展,该铁路口岸有可能成为地区发展的增长点和支撑点,对吉林省与俄罗斯滨海边疆区的经济、贸易发展起到良性带动作用。

在电信方面,由进出口银行作为主发起人成立的中国—中东欧投资合作基金,一期封闭规模为 4.35 亿美元,于 2014 年初正式运营,重点支持了中东欧 16 个经济体基础设施、电信、能源等领域的发展。该基金为离岸股权投资基金,单笔投资规模在 1 000 万—7 000 万美元,为中国电信企业拓展中东欧地区市场提供了强有力的资金支持。

"16+1"国家首脑会晤期间,我国与匈牙利政府达成共建"一带一路"高通量宽带卫星系统以及"一带一路"空间信息走廊建设与应用的合作协议。2017 年 11 月 27 日,此活动在匈牙利首都布达佩斯举行。受匈牙利政府邀请,北京星空年代通信技术有限公司董事长佘章树先生与匈牙利国家发展部部长 Miklós Seszták 先生共同签订了上述协议,星空年代将在匈牙利政府的协助下申请卫星运营牌照及轨位。星空年代公司经过多年与国内外专家的反复论证和技术积累,陆续深化"一带一路"沿线经济体在通信基础设施、产业园区、科技服务业等领域的项目合作。此次星空年代与匈牙利政府的合作,是继布局亚太地区宽带卫星网络后,在"一带一路"终点地区构建宽带卫星网络系统的重要举措,它标志着星空年代正式将高通量卫星应用业务进驻欧洲市场,进一步推动了"一带一路"沿线经济体基于宽带卫星系统提供的互联网接入以及科技服务业的快速发展。

（三）中欧地区

"一带一路"沿线的中欧地区包括捷克、波兰、斯洛伐克、匈牙利等 4 个经济体。中欧地区位于北温带气候带,西部部分地区为温带海洋性气候,东部地区为温带大陆性湿润气候。该地区地形多样,北部为波德平原;南靠阿尔卑斯山脉、喀尔巴阡山脉;东有多瑙河流域的匈牙利平原。天然资源较贫瘠,主要有森林、煤矿。因地处欧洲中央,不仅自然条件具有多样性和过渡性,其政治、经济、民族与文化也同样具有明显的多样性和过渡性。

各经济体均属发达经济体,即便经济发展的水平普遍低于北欧和西欧地区,但仍处于欧洲中等水平。该地区主要由德意志人、波兰人和奥地利人组成,主要语言为德语。中欧地区连接着东欧、西欧、南欧、北欧四个地理区域,是欧洲的交通中心。这里曾是欧洲最动荡不安的地区,先后两次成为世界大战的策源地。战争的蹂躏使中欧的经济发展一度受到重创而停滞不前。战后的几十年间,良好的机遇和本地区特有的严肃勤勉的民族精神使其迅速崛起,在欧洲事务中发挥着举足轻重的作用。

1. 中欧地区电力发展情况

相比于"一带一路"沿线经济体的指标(见表8.29),在1991、2005、2014年,中欧4个经济体的电力指标均值分别是"一带一路"沿线经济体均值的1.45、1.22、1.17倍,得益于本地区较发达的经济背景,电力发展情况优于沿线其他经济体的平均水平。在1991—2005年,其他3个经济体与"一带一路"沿线经济体平均增长比值不相上下,唯独斯洛伐克为负增长。国家分裂势必导致综合国力的整体下落,斯洛伐克国内发展迟缓甚至进入瓶颈期。经过一段时间的休养生息后初见起色,在2005—2014年增长比值为正值0.04。捷克情况则相反,分裂后发展迅猛,一度跃居四个经济体之首,但在2005—2014年其电力发展出现了负增长,比值为-0.02。

表8.29 中欧地区电力发展情况

	1991年 (千瓦时/千人)	2005年 (千瓦时/千人)	2014年 (千瓦时/千人)	2005年相较于 1991年增长比值	2014年相较于 2005年增长比值
捷克	5 256 302.08	6 357 421.09	6 258 891.04	0.21	-0.02
波兰	3 088 228.94	3 437 324.00	3 971 799.76	0.11	0.16
斯洛伐克	5 115 122.79	4 932 803.28	5 137 073.84	-0.04	0.04
匈牙利	3 223 918.87	3 771 364.61	3 965 958.23	0.17	0.05
总和	16 683 572.68	18 498 912.99	19 333 722.87	0.11	0.05
均值	4 170 893.17	4 624 728.25	4 833 430.72	0.11	0.05
极大值	5 256 302.08	6 357 421.09	6 258 891.04	0.21	-0.02
极小值	3 088 228.94	3 437 324.00	3 965 958.23	0.11	0.15
极差	2 168 073.14	2 920 097.10	2 292 932.80	0.35	-0.21
标准差	1 174 535.97	1 321 021.46	1 098 340.06	0.12	-0.17
沿线经济体均值	2 885 973.99	3 776 783.93	4 135 079.73	0.31	0.09
区域均值与沿线经济体均值比值	1.45	1.22	1.17	-0.15	-0.05

2. 中欧地区铁路发展情况

相比于"一带一路"沿线经济体的指标(见表8.30),在1991、2005、2014年,中欧4个经济体的铁路发展指标均值分别是"一带一路"沿线经济体均值的2.18、2.08、2.19倍,中欧地区的铁路人均拥有量持续保持在后者的两倍以上,充分说明该地区铁路建设发展水平领先于多数沿线经济体,基础建设工作扎实有效。由于工业化程度较高,铁路基础建设已接近饱和,多年来中欧地区人均铁路拥有量的增长比值偏低,除了匈牙利,普遍出现微弱的负增长,整体发展趋势走低。

表 8.30　中欧地区铁路发展情况

	1991 年 （千米/千人）	2005 年 （千米/千人）	2014 年 （千米/千人）	2005 年相较于 1991 年增长比值	2014 年相较于 2005 年增长比值
捷克	0.00	0.93	0.90	0.00	−0.04
波兰	0.68	0.51	0.50	−0.24	−0.03
斯洛伐克	0.00	0.68	0.67	0.00	−0.02
匈牙利	0.74	0.79	0.80	0.06	0.02
总和	1.42	2.91	2.87	1.06	−0.02
均值	0.71	0.73	0.72	0.03	−0.02
极大值	0.74	0.93	0.90	0.26	−0.04
极小值	0.68	0.51	0.50	−0.24	−0.03
极差	0.06	0.42	0.40	5.44	−0.04
标准差	0.05	0.18	0.17	2.84	−0.02
沿线经济体均值	0.32	0.35	0.33	0.08	−0.06
区域均值与沿线经济体均值比值	2.18	2.08	2.19	−0.05	0.05

3. 中欧地区固定电话发展情况

相比于"一带一路"沿线经济体的指标（见表 8.31），在 1991 年、2005 年、2014 年，中欧 4 个经济体的人均电话线路拥有量均值分别是"一带一路"沿线经济体均值的 1.18、1.58、1.31 倍，与该地区电力、铁路行业的发展同步，中欧地区的电信建设较为成熟。经历了 1991—2005 年的高速增长后，该地区整体出现负增长。以捷克为例，2014 年比 2005 年下降了 40%。近几年，中欧地区发展迟缓，各个经济体都在寻求突破之道与解决方案。中国"一带一路"倡议的提出恰逢其时，整合资源，携手邻邦，共享红利，着眼于人类共同命运，或许能为疲惫的中欧经济再度崛起提供新的视角和指导思想。

表 8.31　中欧地区固定电话发展情况

	1991 年（电话 线路/千人）	2005 年（电话 线路/千人）	2014 年（电话 线路/千人）	2005 年相较于 1991 年增长比值	2014 年相较于 2005 年增长比值
捷克	165.29	314.48	186.39	0.90	−0.41
波兰	93.20	309.80	254.63	2.32	−0.18
斯洛伐克	143.26	222.02	168.43	0.55	−0.24
匈牙利	108.79	338.32	303.15	2.11	−0.10
总和	510.53	1 184.63	912.60	1.32	−0.23
均值	127.63	296.16	228.15	1.32	−0.23

	1991 年（电话 线路/千人）	2005 年（电话 线路/千人）	2014 年（电话 线路/千人）	2005 年相较于 1991 年增长比值	2014 年相较于 2005 年增长比值
极大值	165.29	338.32	303.15	1.05	−0.10
极小值	93.20	222.02	168.43	1.38	−0.24
极差	72.09	116.30	134.72	0.61	0.16
标准差	32.68	50.98	62.28	0.56	0.22
沿线经济体均值	108.20	187.21	174.51	0.73	−0.07
区域均值与沿线经 济体均值比值	1.18	1.58	1.31	0.34	−0.17

4. 中欧地区宽带发展情况

相比于"一带一路"沿线经济体的指标（见表 8.32），在 1991、2005、2014 年，中欧 4 个经济体的宽带发展指标均值分别是"一带一路"沿线经济体均值的 0.17、1.89、2.08 倍。从 1991 年的落后地位，到 2014 年的繁荣发展，充分说明该地区对宽带建设的热切诉求，以及由此带来的广袤发展空间。时至 2005 年前后尤为明显，该地区在 2005 年宽带建设的平均增长比值为 1991 的 35 倍以上，其中，捷克的该比值高达 112.62 倍，此后各国宽带发展趋于缓和，增长比值无显著差异。

表 8.32　中欧地区宽带发展情况

	2001 年 （用户数/千人）	2005 年 （用户数/千人）	2014 年 （用户数/千人）	2005 年相较于 2001 年增长比值	2014 年相较于 2005 年增长比值
捷克	0.61	69.31	278.83	112.62	3.02
波兰	0.31	24.74	189.27	78.81	6.65
斯洛伐克	0.00	33.67	218.41	0.00	5.49
匈牙利	3.08	64.55	259.79	19.96	3.02
总和	4.00	192.27	946.30	47.07	3.92
均值	1.33	48.07	236.58	35.05	3.92
极大值	3.08	69.31	278.83	21.50	3.02
极小值	0.31	24.74	189.27	78.81	6.65
极差	2.77	44.57	89.56	15.09	1.01
标准差	1.52	22.17	40.38	13.58	0.82
沿线经济体均值	8.04	25.47	113.85	2.17	3.47
区域均值与沿线经 济体均值比值	0.17	1.89	2.08	10.37	0.10

5. 小结

在电力方面,中欧地区各个经济体正在积极致力于与中国共同推动全球能源互联网创新发展。2015 年 12 月 10—11 日,在全球能源互联网中欧技术装备研讨会上,时任国家电网董事长刘振亚指出,能源是经济社会的"血液",是"一带一路"建设的基石和动力。全球能源互联网是以特高压电网为骨干网架、全球互联的智能电网,是清洁能源在全球范围大规模开发、配置、利用的基础平台,实质就是"特高压电网＋智能电网＋清洁能源",中国现已全面掌握特高压核心技术和全套设备制造能力。欧盟提出到 2020 年欧洲各国跨国输电能力不低于本国发电装机的 10％,该目标与中国构建全球能源互联网的战略方向高度一致。

在铁路方面,2013 年 11 月在第二次中国—中东欧国家领导人会议上,中国、匈牙利和塞尔维亚三国宣布合作改造升级匈塞铁路,以改善中东欧地区的基础设施,促进中国与中东欧地区的经济合作。2014 年 12 月,中、匈、塞三国正式签署合作建设匈塞铁路谅解备忘录。2015 年 6 月,中匈两国签署关于共同推进"一带一路"建设的谅解备忘录,正式将匈塞铁路建设纳入"一带一路"框架之中。同年 12 月 23 日,匈塞铁路项目塞尔维亚段在塞第二大城市诺维萨德举行启动仪式。此旗舰项目是中国企业在欧洲参与建设的第一个铁路基础设施项目,打通了中东欧连线的关键节点。2017 年 11 月 28 日,匈塞铁路项目塞尔维亚贝尔格莱德至旧帕佐瓦段开工,中塞两国合作取得新的重大进展。

在电信及宽带方面,中东欧国家的排名处于世界较为领先位置,"一带一路"沿线经济体信息化发展不仅具有区域不平衡的特征,各经济体之间不同指标的发展状况也存在明显差异。发展的不均衡为"一带一路"沿线经济体开展广泛深入的信息化合作提供了较大的可能性。2009 年 3 月 13 日,中国华为技术有限公司为德国电信集团 T－COM 子公司斯洛伐克电信承建的斯洛伐克 FTTH 全国商用项目已成功完成首期交付。该首期项目包含 34 个站点,是德国电信集团乃至东欧迄今为止最大的 GPON FTTH 商用项目之一。FTTH 网络的建设为斯洛伐克全国范围的用户提供了更丰富和优质的新业务和服务,从项目开始到商用仅用时 5 个月。作为 IP 及光接入时代的领导者,华为具备创新的解决方案和丰富的商用经验,并能为客户提供最完善的服务,推动 FTTH 产业的发展。

(四)"一带一路"沿线欧洲地区小结

欧洲总面积约为 1 016 万平方千米,共有 45 个经济体。中国"一带一路"沿线经过中、东、南部欧洲的 21 个经济体,多数国家和地区经济较为发达。这里有老牌工业国家,发展成熟度高,经济增长平稳,但整体经济因动能不足呈现下滑趋势,迄今为止仍在探寻有效的解决之道。

面对"一带一路"构想,欧洲诸经济体从最初的旁观者到积极的参与者,已诠释了"一带一路"已不仅是最初设想中的沿线经济体概念,而是升级为一个全球性合作共赢的公共平台。正如中国国家发改委副主任宁吉喆所言,近年来中国同"一带一路"沿线经济体推动产能合作已取得了丰硕成果,建立了广泛的合作机制。"一带一路"是中国向世界提供的最大公共产品,涉及区域之广袤、合作成员之众多、治理模式之先进、操作层面之繁杂,都是前所未有的。正因为如此,"一带一路"倡议自提出至今,在国际社会经历了一个从陌生到疑惑、从争议到支持的过程,这是一个新生事物为外界接受所要经历的常态化过程。

对于中国"一带一路"项目进入欧洲大陆,东欧各经济体普遍持欢迎态度,西欧经济体则从政治上保持警惕。面对中国的参与,欧盟怀着既矛盾又复杂的心态。一方面它在资金、建设方面需要与中国合作,另一方面又顾虑中国借助基础设施建设会加大欧盟对中国经济的依赖。部分欧洲人士认为,中国在利用欧洲输出过剩的工业产能、钢铁和基建能力,进而威胁到欧洲经济体的经济利益。这样的担忧不无道理,中国在表示理解的同时也在尝试换位思考,力求实现相关方利益的最大交集、发展的最大公约数及各地缘势力的最优半径,在"一带一路"这一志同道合的命运轨道上,中国秉承的宗旨始终是互利共赢。

三、非洲地区

"一带一路"沿线的非洲地区包括埃塞俄比亚、南非、摩洛哥、马达加斯加、埃及等5个经济体。非洲位于东半球西部、欧洲以南、亚洲以西,东濒印度洋、西临大西洋,纵跨赤道南北,面积约为 3 020 万平方千米(土地面积),占全球陆地总面积的 20.4%,是世界第二大洲,同时也是人口第二大洲(约 12 亿人)。非洲大陆多为辽阔的高原,有"高原大陆"之称,平均海拔为 650 米。

非洲是世界古人类和古文明的发源地之一,公元前 4000 年便有最早的文字记载。自 1415 年葡萄牙占领休达,欧洲列国掳掠了近 95% 的非洲领土,资源长期遭受贪婪的侵略。1847 年后各殖民地陆续独立,1960 年作为非洲的独立年象征着非洲脱离强国统治,殖民时代结束。由于长期的种族冲突、热带疾病的困扰及工业化生产引发的环境破坏,非洲成为发展中经济体最为集中、世界经济发展水平最低的大陆,非洲年贸易总额约占全世界的百分之一。

从长远来看,中国"一带一路"倡议在非洲的拓展,将有望推动非盟《2063 年议程》的发展进程。因此不少非洲人士表示,中国需要非洲,非洲更需要中国。

(一)非洲地区电力发展情况

相比于"一带一路"沿线经济体的指标(见表 8.33),在 1991、2005、2014 年,非洲 5 个经济体的电力指标均值分别是"一带一路"沿线经济体均值的 0.45、0.43、0.41 倍,是"一带一路"沿线经济体中对电力消耗最小的地区,且一直低于总均值的 1/2 以下,并呈微弱下降趋势,这与非洲普遍的经济发展情况及生产生活方式有密切关联。相比 1999 年,2005 年非洲经济体均有不同程度的增长,埃及增长比值高达 0.83,南非最低,增长比值为 0.13。2005—2014 年,埃塞俄比亚增长比值为 1.09,概因其国内经济增速加快,进而拉动国民对电力建设的热情。此外,摩洛哥和埃及两个经济体对电力的需求也有所增长。该地区仅南非出现了负增长,比值为 −0.09,南非是非洲大陆工业化程度最高的国家,因此其电力基础设施建设较为完善。

表 8.33　非洲地区电力发展情况

	1991 年 (千瓦时/千人)	2005 年 (千瓦时/千人)	2014 年 (千瓦时/千人)	2005 年相较于 1991 年增长比值	2014 年相较于 2005 年增长比值
埃塞俄比亚	21 838.14	33 365.01	69 715.77	0.53	1.09
南非	4 131 181.25	4 663 611.19	4 228 860.73	0.13	−0.09
摩洛哥	370 408.93	633 103.62	901 128.45	0.71	0.42
马达加斯加	0.00	0.00	0.00	0.00	0.00
埃及	678 627.71	1 241 342.77	1 657 768.72	0.83	0.34
总和	5 202 056.04	6 571 422.59	6 857 473.67	0.26	0.04
均值	1 300 514.01	1 642 855.65	1 714 368.42	0.26	0.04
极大值	4 131 181.25	4 663 611.19	4 228 860.73	0.13	−0.09
极小值	21 838.14	33 365.01	69 715.77	0.53	1.09
极差	4 109 343.11	4 630 246.18	4 159 144.95	0.13	−0.10
标准差	1 906 089.11	2 073 341.58	1 797 416.36	0.09	−0.13
沿线经济体均值	2 885 973.99	3 776 783.93	4 135 079.73	0.31	0.09
区域均值与沿线经 济体均值比值	0.45	0.43	0.41	−0.03	−0.05

(二) 非洲地区铁路发展情况

相比于"一带一路"沿线经济体的指标(见表 8.34),在 1991 年、2005 年、2014 年,非洲 5 个经济体的铁路人均拥有量均值分别是"一带一路"沿线经济体均值的 0.57、0.52、0.50 倍,其铁路发展呈现稳中微降的趋势。2005 年相较于 1991 年、2014 年相较于 2005,5 个经济体均为负增长或零增长,表明该地区铁路发展情况不容乐观。

表 8.34　非洲地区铁路发展情况

	1991 年 (千米/千人)	2005 年 (千米/千人)	2014 年 (千米/千人)	2005 年相较于 1991 年增长比值	2014 年相较于 2005 年增长比值
埃塞俄比亚	0.02	0.00	0.00	−1.00	0.00
南非	0.57	0.42	0.38	−0.27	−0.10
摩洛哥	0.07	0.06	0.06	−0.16	−0.02
马达加斯加	0.00	0.00	0.00	0.00	0.00

（续表）

	1991 年 （千米/千人）	2005 年 （千米/千人）	2014 年 （千米/千人）	2005 年相较于 1991 年增长比值	2014 年相较于 2005 年增长比值
埃及	0.08	0.07	0.06	−0.17	−0.16
总和	0.75	0.55	0.50	−0.26	−0.10
均值	0.19	0.18	0.17	−0.01	−0.10
极大值	0.57	0.42	0.38	−0.27	−0.10
极小值	0.02	0.06	0.06	2.99	−0.09
极差	0.56	0.36	0.32	−0.36	−0.10
标准差	0.26	0.21	0.18	−0.21	−0.10
沿线经济体均值	0.32	0.35	0.33	0.08	−0.06
区域均值与沿线经济体均值比值	0.57	0.52	0.50	−0.09	−0.04

（三）非洲地区固定电话发展情况

相比于"一带一路"沿线经济体的指标（见表 8.35），在 1991、2005、2014 年，非洲 5 个经济体的人均电话线拥有量均值分别是"一带一路"沿线经济体均值的 0.27、0.32、0.27 倍，先增后降的趋势明显。在固定电话建设方面，非洲大陆起步晚、差距大，但发展空间较大。其中南非固定电话发展水平明显高于非洲其他经济体，处于领先地位。数据显示，除了埃塞俄比亚、摩洛哥、马达加斯加保持一定的正增长，其他两个经济体在 2005—2014 年均出现负增长，两个经济体的固定电话发展已过峰值，步入理性阶段。

表 8.35　非洲地区固定电话发展情况

	1991 年（电话 线路/千人）	2005 年（电话 线路/千人）	2014 年（电话 线路/千人）	2005 年相较于 1991 年增长比值	2014 年相较于 2005 年增长比值
埃塞俄比亚	2.68	8.01	8.50	2.00	0.06
南非	91.12	101.50	68.65	0.11	−0.32
摩洛哥	19.78	44.52	74.28	1.25	0.67
马达加斯加	3.05	5.05	10.57	0.65	1.09
埃及	31.65	144.84	75.74	3.58	−0.48
总和	148.28	303.92	237.73	1.05	−0.22
均值	29.66	60.78	47.55	1.05	−0.22
极大值	91.12	144.84	75.74	0.59	−0.48
极小值	2.68	5.05	8.50	0.89	0.68
极差	88.45	139.79	67.25	0.58	−0.52

（续表）

	1991 年（电话 线路/千人）	2005 年（电话 线路/千人）	2014 年（电话 线路/千人）	2005 年相较于 1991 年增长比值	2014 年相较于 2005 年增长比值
标准差	36.45	60.99	34.81	0.67	−0.43
沿线经济体均值	108.20	187.21	174.51	0.73	−0.07
区域均值与沿线经 济体均值比值	0.27	0.32	0.27	0.18	−0.16

（四）非洲地区宽带发展情况

相比于"一带一路"沿线经济体的指标（见表 8.36），在 2005 年与 2014 年（因 2001 年数据缺失），非洲 5 个经济体的宽带发展指标均值均为"一带一路"沿线经济体均值的 0.18 倍，在宽带建设方面，摩洛哥、南非和埃及等发展速度较快，增长比值分别为 2.59、8.36、17.77 倍。其他两个经济体的宽带发展潜力有待发掘和提升。

表 8.36　非洲地区宽带发展情况

	2001 年 （用户数/千人）	2005 年 （用户数/千人）	2014 年 （用户数/千人）	2005 年相较于 2001 年增长比值	2014 年相较于 2005 年增长比值
埃塞俄比亚	0.00	0.00	4.88	0.00	0.00
南非	0.00	3.43	32.11	0.00	8.36
摩洛哥	0.00	8.27	29.66	0.00	2.59
马达加斯加	0.00	0.00	1.05	0.00	0.00
埃及	0.00	1.96	36.79	0.00	17.77
总和	0.00	13.66	104.49	0.00	6.65
均值	0.00	4.55	20.90	0.00	3.59
极大值	0.00	8.27	36.79	0.00	3.45
极小值	0.00	1.96	1.05	0.00	−0.46
极差	0.00	6.31	35.74	0.00	4.66
标准差	0.00	3.30	16.62	0.00	4.04
沿线经济体均值	8.04	25.47	113.85	2.17	3.47
区域均值与沿线经 济体均值比值	0.00	0.18	0.18	0.00	0.03

（五）小结

在电力方面，中国企业在摩洛哥承建了全球最大的太阳能电站，这一项目是依托于摩洛哥独特的地中海气候而确立的，世界上其他地区无法比拟。2017 年底是项目施工的关键时刻。在瓦尔扎扎特施工现场，1430 公顷的荒漠地带，65 万块光伏镜面装置整齐铺设，巨型的熔盐罐和集热塔分布其间。规划的 4 期项目完全建成后摩洛哥有望摆脱能源困境,该项目不仅提供摩洛哥近 50% 的电力供应,超过 100 万的家庭将用上清洁能源,摩洛哥还可将富余的电能出口到欧洲去换取欧元。

在铁路方面,2014 年 5 月 11 日,中国总理李克强与肯尼亚总统肯雅塔及来自东非其他五国的总统或外长,共同见证了蒙巴萨—内罗毕铁路相关合作协议的签署,涉及金额达 38.04 亿美元。蒙内铁路连接肯尼亚与东非内陆国卢旺达、乌干达和南苏丹,正线全长 480 千米,是肯尼亚百年来建设的首条最长新铁路,工程将全部采用"中国标准"进行制造。2018 年 1 月 1 日,由中国中铁、中土集团承建并运营维护的埃塞俄比亚至吉布提标准轨距铁路(亚吉铁路)商业运营开通仪式在亚的斯亚贝巴拉布火车站举行。亚吉铁路是东非地区首条标准轨距电气化铁路,在建设期间亚吉铁路就运输了超过 10 万吨国际人道主义救援粮食,为缓解埃塞俄比亚旱灾发挥了积极作用。亚吉铁路全面开通国际、国内客货商业运营后,埃塞俄比亚至吉布提陆路交通周转时间从原来的 1 周缩短至 1 天以内。亚吉铁路是落实"一带一路"倡议和中非合作论坛约翰内斯堡峰会"十大合作计划"的早期收获,是中非"三网一化"和产能合作的标志性工程。2018 年初,南非与中国企业商讨建设莫洛托走廊铁路,连接豪登省、林波波省与姆普马兰加省。这项合同金额将达 570 亿兰特(1 兰特约合 0.5 元人民币),预计将为当地创造 1.25 万个工作岗位。南非国有运输集团与中国中车签订了 591 台机车出口的订单,分别是 359 台电力机车和 232 台内燃机车。中国中车股份有限公司将在比勒陀利亚与德班分别设立工厂,旨在为南非本土生产机车。这将有力拉动南非制造业水平,加快南非铁路系统升级换代。此外,摩洛哥地处非洲西北端,扼守直布罗陀海峡,是连接欧洲、中东和非洲庞大市场的枢纽。摩洛哥在推进公路、铁路、港口等基础设施建设中,缺乏必要的资金支援。在"一带一路"框架下,中国可依托亚投行等机构加大对摩洛哥国内相关项目的投资,鼓励更多的中国企业走进非洲。

在电信方面,南非的发展水平相对较高,电信网络基本实现数据化,数据微波和光纤电缆已成为主要媒介。南非电信公司 TELKOM 是非洲最大的电信公司,其卫星直播和网络技术在世界上竞争力较强。在埃及,由于电信行业对国民生产总值的贡献率近年有微弱上升的走势,埃及通信基础设施建设也随之逐步扩展。2016 年 10 月,埃及三大运营商完成了关于 4G 服务的谈判,正式开始提供 4G 服务。

目前共有 59 个国家和地区,因其处于地球上极度贫困且气候恶劣的非洲大陆而被现代文明所遗忘。"一带一路"沿线经过非洲 5 个国家,分别位于非洲大陆的西北、东北、东部、南部的边缘地带及岛国马达加斯加,这些国家依陆临海,既有港口优势,又富海洋资源,为"一带一路"有机会在非洲大陆落地生根提供了地理支点。当前,非洲国家正倾力发展基础设施建设,中非双方都有着强烈的合作愿望以及共同的利益诉求。中国作为世界第二大经济体拥有充足的资金和成熟的技术,非洲则依托于其丰富的人力资源和广阔的市场,两者优势互补。"一带一路"倡议不仅是中国的愿景,也契合了非洲国家自身的振兴意图。

四、拉美地区[①]

"一带一路"沿线的拉美地区目前只有巴拿马,它是中美洲和加勒比地区最重要的国家之一,政局稳定,经济发展走势良好。巴拿马运河从北至南沟通大西洋和太平洋,是南、北美洲的分界线,拥有重要的战略地位,被称为"世界桥梁"。巴拿马的服务业在国民经济中占有举足轻重的地位,此外,航运、地区金融中心、科隆自由贸易区和旅游业是巴拿马经济的四大支柱产业,多年来保持稳而快的增长。其中的科隆自由贸易区位于巴拿马运河大西洋入海口处,是仅次于香港的世界第二大自由贸易区,2016 年国内生产总值为 374.7 亿美元,外贸总额为 305.15 亿美元。巴拿马是拉美地区"太平洋联盟"的候选成员和跨太平洋战略伙伴关系协定的观察员。2017 年 6 月,巴拿马接任中美洲一体化体系轮值主席国,任期半年。

目前,中国在巴拿马投资重点集中在海运、贸易、通信、金融等领域,赴巴拿马从事投资合作的中资企业也有所增加。近年来,越来越多的中资企业到巴拿马考察学习投资兴业,驻巴拿马中资企业队伍也在日益壮大。然而中国与巴拿马两国间的工程承包和劳务合作业务较少,这将给未来中巴双方在基建领域的合作留出可观的发展空间。

(一)巴拿马电力发展情况

对于"一带一路"沿线经济体的指标(见表 8.37),在 1991、2005、2014 年,巴拿马的电力发展均值分别是"一带一路"沿线经济体均值的 0.30、0.39、0.50 倍,呈明显增长趋势。数据显示,尽管巴拿马的电力发展速度一度有所增长,但增长比值在逐渐放缓。

表 8.37　巴拿马电力发展情况

	1991 年 (千瓦时/千人)	2005 年 (千瓦时/千人)	2014 年 (千瓦时/千人)	2005 年相较于 1991 年增长比值	2014 年相较于 2005 年增长比值
巴拿马	877 860.13	1 455 052.07	2 062 763.54	0.66	0.42
沿线经济体均值	2 885 973.99	3 776 783.93	4 135 079.73	0.31	0.09
国家均值与沿线经济体均值比值	0.30	0.39	0.50	0.27	0.29

(二)巴拿马固定电话线路发展情况

相比于"一带一路"沿线经济体的指标(见表 8.38),在 1991、2005、2014 年,巴拿马的人均电话线路拥有量均值分别是"一带一路"沿线经济体均值的 0.83、0.75、0.86 倍,呈现先降后升的走势。对 3 个时间的数据分析可以了解到,尽管巴拿马对固定电话的需求有所增长,但 2005—2014 年的增长比值相较于 2005—1991 年的增长比值有所降低,巴拿马的固话行业发展动力匮乏。

[①]　本部分及第五部分"大洋洲地区",因铁路数据缺失较为严重,故主要分析电力、固定电话和宽带方面的情况。

表 8.38　巴拿马固定电话线路发展情况

	1991 年（电话 线路/千人）	2005 年（电话 线路/千人）	2014 年（电话 线路/千人）	2005 年相较于 1991 年增长比值	2014 年相较于 2005 年增长比值
巴拿马	90.34	139.77	149.87	0.55	0.07
沿线经济体均值	108.20	187.21	174.51	0.73	−0.07
国家均值与沿线经 济体均值比值	0.83	0.75	0.86	−0.11	0.15

（三）巴拿马宽带发展情况

相比于"一带一路"沿线经济体的指标（见表 8.39），在 1991、2005、2014 年，巴拿马的宽带发展指标均值分别是"一带一路"沿线经济体均值的 0.31、0.20、0.69 倍，显然巴拿马政府对于宽带的基础设施建设在持续提速中，特别是 2014 年其宽带每千人用户数达到"一带一路"沿线经济体宽带均值的一半以上。2005 年相对于 2001 年增长比值为 1.1 倍，2014 年相对于 2005 年增长比值达到 14.13 倍，表现出巴拿马对宽带建设日益旺盛的发展态势，投资空间较大。

表 8.39　巴拿马宽带发展情况

	2001 年 （用户数/千人）	2005 年 （用户数/千人）	2014 年 （用户数/千人）	2005 年相较于 2001 年增长比值	2014 年相较于 2005 年增长比值
巴拿马	2.49	5.22	78.98	1.10	14.13
沿线经济体均值	8.04	25.47	113.85	2.17	3.47
国家均值与沿线经 济体均值比值	0.31	0.20	0.69	−0.34	2.39

（四）小结

我国已与巴拿马签署了《关于共同推进丝绸之路经济带和 21 世纪海上丝绸之路建设的谅解备忘录》，这体现了我国的"一带一路"倡议联动全球，并赋予了古老丝绸之路新的生机。作为美洲大陆的战略要地，巴拿马政府官方表示希望成为"一带一路"倡议中关键的节点，同时也希望在运河、基础设施项目、港口和航线及从巴拿马城到哥斯达黎加接壤处的铁路运输项目等方面，都能在"一带一路"框架下与中国展开积极合作。2017 年 11 月 17 日，巴拿马共和国总统巴雷拉访华，并同中国签署了《关于共同推进丝绸之路经济带和 21 世纪海上丝绸之路建设的谅解备忘录》，正式宣告加入"一带一路"朋友圈。巴拿马积极拥护"一带一路"倡议，并已提出一些基建合作项目建议。据巴拿马经济财政部网站公示，2015—2019 年巴拿马政府计划公共投资总额为 194.9亿美元，2015 年和 2016 年分别执行 37.9 亿美元和 39.2 亿美元，未来 3 年投资总额将超过 115 亿美元。2017 年 12 月，中国与巴拿马签署巴铁路项目可行性研究合作协议。

巴拿马政府踊跃支持习近平总书记关于"一带一路"的全球倡议，并建议利用其独特区位优势,竭诚配合海上丝绸之路建设,同中国加强在港口、海事、航运、铁路、物流等领域的合作,共同为"一带一路"合作向拉美延伸、促进世界互联互通做出贡献。

五、大洋洲地区

有"长白云之乡"美誉的新西兰属于大洋洲,它位于太平洋西南部,领土由南岛、北岛两大岛屿组成,是高度发达的资本主义国家。世界银行将新西兰列为世界上最方便营商的国家之一,其经济成功地从以农业为主转型为具有国际竞争力的工业化自由市场经济,2018 年新西兰被联合国评为全球最清廉的国家。该国货币是新西兰元(纽元),同年国内生产总值为 2 050.25 亿美元,居世界第 51 位。

2015 年 11 月 12 日,新西兰议会完成立法程序,正式批准新西兰加入亚洲基础设施投资银行(亚投行),成为创始成员国。根据协议,新西兰向亚投行注资 1.25 亿新西兰元(约合 8 200 万美元)。

新西兰对"一带一路"倡议持欢迎态度,双方高层多次表示应加强发展战略对接,中新两国企业在基础设施建设等方面合作前景看好。2017 年 3 月李克强总理访新期间,中新双方签署了《中华人民共和国政府和新西兰政府关于加强"一带一路"倡议合作的安排备忘录》。该备忘录要求,双方将在本安排备忘录生效后的 18 个月内尽快形成具体的双边合作规划。截止到 2018 年 3 月,中国与新西兰双边贸易有了突破性进展,其进出口额达到了 268 亿纽币,中国正跃升为新西兰第一大贸易伙伴。

(一)新西兰电力发展情况

相比于"一带一路"沿线经济体的指标,在 1991、2005、2014 年,新西兰的电力指标均值分别是"一带一路"沿线经济体均值的 3.06、2.56、2.18 倍,是"一带一路"沿线经济体中电力行业发展程度最高的经济体。在本数据区间中,新西兰对电力的人均需求空前高涨,究其原因可能是新西兰以土著毛利人为原始居民,在随后的移民潮中当地居民的多元化拉动了其对电力的较高需求。虽然绝对值很高,但增长比值属于小幅稳定增长,且在 2014 年出现了小幅负增长比值。

表 8.40　新西兰电力发展情况

	1991 年 (千瓦时/千人)	2005 年 (千瓦时/千人)	2014 年 (千瓦时/千人)	2005 年相较于 1991 年增长比值	2014 年相较于 2005 年增长比值
新西兰	8 842 379.33	9 673 673.77	9 026 321.04	0.09	−0.07
沿线经济体均值	2 885 973.99	3 776 783.93	4 135 079.73	0.31	0.09
国家均值与沿线经济体均值比值	3.06	2.56	2.18	−0.16	−0.15

(二)新西兰固定电话线路发展情况

相比于"一带一路"沿线经济体的指标(见表 8.41),在 1991、2005、2014 年,新西兰的人均电话线路拥有量均值分别是"一带一路"沿线经济体均值的 4.00、2.23、2.33 倍。

新西兰作为发达经济体,境内固定电话通信设施较为完善。从 3 个节点的数据来看,新西兰国内固定电话的建设速度出现负增长比值,表明新西兰的固定电话需求正在萎缩,市场趋于行业发展的中后期。

表 8.41　新西兰固定电话线路发展情况

	1991 年(电话线路/千人)	2005 年(电话线路/千人)	2014 年(电话线路/千人)	2005 年相较于1991 年增长比值	2014 年相较于2005 年增长比值
新西兰	433.26	418.23	406.47	−0.03	−0.03
沿线经济体均值	108.20	187.21	174.51	0.73	−0.07
国家均值与沿线经济体均值比值	4.00	2.23	2.33	−0.44	0.04

（三）新西兰宽带发展情况

相比于"一带一路"沿线经济体的指标(见表 8.42),在 2001、2005、2014 年,新西兰的宽带发展指标均值分别是"一带一路"沿线经济体均值的 0.55、3.05、2.72 倍,表明该国宽带发展在 2005 年前后先增再降的轨迹。即便如此,目前新西兰的宽带发展仍明显快于"一带一路"沿线经济体的平均水平,这得益于新西兰政府对于宽带建设的不懈努力,该领域仍存在投资空间。

表 8.42　新西兰宽带发展情况

	2001 年(用户数/千人)	2005 年(用户数/千人)	2014 年(用户数/千人)	2005 年相较于2001 年增长比值	2014 年相较于2005 年增长比值
新西兰	4.42	77.65	309.80	16.57	2.99
沿线经济体均值	8.04	25.47	113.85	2.17	3.47
国家均值与沿线经济体均值比值	0.55	3.05	2.72	4.54	−0.11

（四）小结

新西兰在发展对华关系方面,始终走在西方发达国家的前列。新西兰是第一个承认中国完全市场经济地位、第一个与中国开展双边自贸协定谈判并签署协定、第一个加入亚投行的西方发达国家。中国已连续十几年成为新西兰最大的海外留学生来源地,中国赴新游客人数也连续增长,三个"第一"加两个"连续",足以证明中新两国的战略伙伴关系已基本稳固。

2016 年底联合国开发计划署拟了一份研究报告,界定了中国与南太平洋在南南合作框架下的四个重点领域:基础设施、公共卫生、应对气候变化与新能源。同"一带一路"倡议的初衷相似,联合国可持续发展计划 SDG、南南合作都是以共同发展为纽带将各国联结起来,因此报告中所提到的重点领域都与"一带一路"的重点领域不谋而合,存在广泛的交集。同时中国国内有关人士指出,海洋经济、升级贸易与投资、互联网驱动的包容性旅游产业、新疆域（例如南极）研究等领域都对"一带一路"倡议在南太平洋的实施提供了新思路。具体来讲，在气候变化大背景下的防灾减灾设施、应对海水侵入的饮水工程也可成为基础设施的一部分，拓宽了"一带一路"概念的外延。

2016 年 5 月 20 日，来自新西兰利特尔顿港的 6 个集装箱，通过铁海联运方式，结束了 18 000 余千米的旅程，抵达西安港。这意味着"西安港—新西兰利特尔顿港"，经青岛港中转，铁海直达国际多式联运新航线正式开通。该运营路线是新西兰参与"一带一路"的建设项目之一。近年来，陕西省一直在着力确立自己丝绸之路经济带国际交通商贸中心的地位，新西兰的出口产品正在陆续进入陕西，并以此为基地辐射中国西部市场。这条联运航线的开通不但最大限度地减少了中间环节，保障了产品的质量安全，并且为新西兰出口企业节省了大约 28％的物流成本。当前，中国银行、中国工商银行、中国建设银行、中远集团、中国银联、南方航空、中国航空、海尔集团、华为等企业巨头均已落户新西兰并快速拓展当地业务。它们的到来不但为新西兰企业和居民提供了高质量的产品与服务，而且对促进本地经济成长和创造就业岗位也大有裨益。

"一带一路"倡议与新西兰融入亚洲经济发展的既定国策高度契合。中国计划在未来 10 年将与"一带一路"沿线经济体的年度贸易总额推升至 2.5 万亿美元，并于 2020 年将中国对外直接投资存量提高到 2 万亿美元。"一带一路"倡议在向海外市场输出庞大闲置资金和过剩产能的同时，将会为包括新西兰在内的沿线经济体实现经济增长提供支持与助力。深化合作—合作共赢—探索新的契机，这条良性发展的链条将会在"一带一路"框架内"无阻尼运行"。

六、本章小结

中国"一带一路"沿线共包括 73 个国家和地区，途径亚洲、欧洲、非洲、拉丁美洲及大洋洲，贯穿东西，纵横南北，涵盖面积之大、涉及国家（地区）之多、帮扶面积之广、投资领域之繁前所未有，令世界瞩目。其中，在亚洲范围内中国的基础设施建设涉足领域较广，完成状况良好。该地区民族众多、宗教信仰各异、地缘关系复杂，在"一带一路"建设过程需要关注对方的宗教信仰和环境保护问题；在欧洲，大部分国家和地区普遍具有较好的工业基础，基础设施建设已近完善，中国在切磋技艺、交流经验的同时，应侧重于设施的维护和保养，从辅助性项目入手逐步靠近基建核心；在非洲，原始的地貌和低开发度的自然环境给中国"一带一路"基础设施建设的展开提供了广阔的发展空间。中国与非洲国家素有合作，彼此信任，帮扶非洲国家不仅是中非共赢，更是发展中国家间的惺惺相惜、荣辱与共。非洲土地曾饱受摧残、人民屡遭戕害，所以在援建非洲的过程中，中国应格外注重资源保养和环境维护，以免产生不必要的误解。大洋洲的新西兰、拉丁美洲的巴拿马，可以作为中国在海外远端的支点，并以此为落脚点不急不躁、稳扎稳打，为"一带一路"走进美洲、辐射整个大洋洲起到试点和示范的作用。

第九章　中南半岛基础设施联通

一、中南半岛基础设施现状

中南半岛(IndoChina Peninsula)位于中国以南,靠近中国南海和印度洋,因其处于中国南部而得名。中南半岛分布着越南、老挝、柬埔寨、泰国、缅甸五国以及马来西亚东部,这些国家和地区相互辉映,共同组成世界上国家第二多的半岛。中南半岛海运发达,半岛内重要城市大多数沿海运通道分布。众多的港口支撑起繁忙的航运线,具备海港功能的城市有海防市、岘港市、芽庄市、胡志明市、磅逊市、梭桃邑市、曼谷市、巴生市、槟城市(乔治市)、毛淡棉市、丹老市与仰光市等。中南半岛南端扼南海和马六甲海峡的咽喉,来往船只密集,成为中国沟通海上丝绸之路的重要中转站,同时也是国际航运的要道,具有非常重要的战略与地缘交通意义。

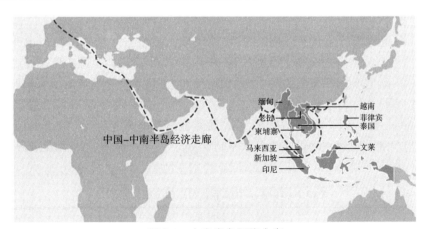

图 9.1　中南半岛经济走廊

近年来中国提出"一带一路"倡议,就是要打造陆上丝绸之路和海上丝绸之路,其中海上丝绸之路经济带的要道即位于中南半岛。随着欧亚大陆的崛起以及世界经济重心的东移,亚洲也将重新回到世界经济舞台的中央,位于亚洲中南半岛的国家其经济地位也不言而喻。近年来中南半岛国家经济保持着良好的增长势头,但由于历史原因,这些国家的基础设施存量落后,无法满足经济增长的需求,导致承接经济发展的能力有限。为了改变因为基础设施不足导致经济的"缺钙",为经济更好更快发展保驾护航,各国纷纷制订计划来加强本国的基础设施建设,2015 年 9 月中南半岛国家与东盟区域国家在老挝万象通过了《东盟互联互通总体规划 2025》(MPAC2025)。该规划主要关注五个战略领域:可持续基础设施建设、数字创新、物流、进出口管理和人员流动。东盟提出这项规划的主要目的是解决东盟地区基础设施不足的问题,在规划中,东盟提出每年至少需要 1 100 亿美元的基础设施投资在可持续基础设施建设方面,这些基础设施建设着重于一批东盟国家迫切需要的项目。MPAC2025 旨在通过基础设施建设对中南半岛国家的工业化和城镇化进行升级改造,帮助投资者进行项目的完善性设计,为实行高效可持续发展的项目规划提供良好的思路。同时,MPAC2025 助力中南半岛地区及东盟地区经济的整体发展,并给中国"一带一路"投资提供了明晰的发展合作空间。而在运输方面,物流能力的提升可以快速降低成本帮助中南半岛国家经济升级转型,物流运输发展起来后,商流、物流、人流、资金流可以自由流动,这将会极大地解决中南半岛乃至整个东盟地区贸易过程中所遇到的发展障碍。

随着中南半岛国家工业化和城市化的不断推进,基础设施的推进也在同步进行,各国的基础设施建设也伴随海外投资的引入开启了较快的发展模式。虽然交通运输、能源供应、通信等基础设施建设规模依然较小,但为了更好地与经济发展相适应,中南半岛国家的基础设施建设也在同步快速推进。为了衡量中南半岛国家基础设施的推进程度,我们用世界银行公布的全球物流绩效指数(Logistics Performance Index,LPI)的综合分数来衡量,从量化角度评价贸易、运输等基础设施投资的质量,更好地比较这些国家的基础设施发展情况。

2014 年世界银行公布了最新版的《物流绩效指数报告》,从这份报告中我们可以看出,近几年东盟国家之间往来不断加强,中南半岛内部国家之间互联互通越来越紧密。报告显示,在各国政策的引导下,除了缅甸和老挝,其余中南半岛国家都取得了较大发展,LPI 综合排名也均有提升。在这些国家中,比如柬埔寨,LPI 综合排名从 2010 年的第 129 位上升到 2014 年的第 83 位。虽然各国基础设施发展比较迅猛,但从整体上看,中南半岛国家的基础设施建设水平仍然处于一个相对落后的状态,其整体环境比较薄弱(见表 9.1)。

表 9.1　2014 年中南半岛国家物流绩效指数

	LPI 排名	LPI 分数	海关通关率	基础设施建设	国际运输	物流能力与竞争力	货物追踪	时效性
马来西亚	25	3.59	3.37	3.56	3.64	3.47	3.58	3.92
泰国	35	3.43	3.21	3.40	3.30	3.29	3.45	3.96
越南	48	3.15	2.81	3.11	3.22	3.09	3.19	3.49
柬埔寨	83	2.74	2.57	2.58	2.83	2.67	2.92	2.75

（续表）

	LPI 排名	LPI 分数	海关通关率	基础设施建设	国际运输	物流能力与竞争力	货物追踪	时效性
老挝	131	2.39	2.45	2.21	2.5	2.31	2.2	2.65
缅甸	145	2.25	1.97	2.14	2.14	2.07	2.36	2.83
中国	28	3.53	3.21	3.67	3.5	3.36	3.5	3.87

注：(1)海关通关率是指通关手续的简便性和速度；基础设施建设主要指贸易及运输相关的基础设施建设，基础设施的定义比较广泛，为了更好地量化对比，我们截取了港口、铁路、公路、通信等基础设施；国际运输指的是安排具有价格竞争力的运输；物流能力与竞争力指的是物流公司所能提供的服务，这其中包括货运代理、报关行；货物追踪是指拼箱货及货物追踪的能力；时效性是指货物是否能在预定的时间内到达目的地。

（2）LPI 是根据世界银行对于全球各国基础设施水平的调查结果制作而成。LPI 由世界银行与芬兰图尔库经济学院合作完成调查工作，通过发放问卷的方式，发放总计超过 5 000 份的问卷，总共覆盖 160 个国家和地区，在近 1 000 家国际货运代理行、快递航空公司及各地的货运公司展开。LPI 评分标准采用 5 分制，1 分为最差，5 分为最佳。

资料来源：世界银行。

（一）交通运输对比

中南半岛国家在交通运输方面普遍水运条件较好，但由于山多且地势比较险要，大部分地方公路运输相对比较落后，这种劣势甚于某些发展中国家。

就公路而言，中南半岛国家普遍较为封闭，国与国之间公路联系不紧密，国内公路密度较低，高速公路占公路的比例偏小，比如柬埔寨、老挝、缅甸这三个较贫困国家，运输以乡村公路或碎石公路比例最大，柬埔寨甚至没有一条高速公路。就铁路来看，中南半岛由于山地较多，地势险峻，铁路覆盖程度普遍较低，比如菲律宾、老挝、柬埔寨的铁路覆盖率都极低。根据世界银行相关数据显示，2012 年柬埔寨的铁路里程数仅为 665 千米，铁路年久失修和老化较为严重；老挝仅有 3.5 千米铁路，这些铁路还是由泰国投资修建，2009 年 3 月才正式通车；印度尼西亚的铁路设施陈旧，运输环境较差，而且窄轨铁路的占比很大，这将会导致运输过程中安全性较差；越南、缅甸的多数铁路以殖民地时期留下的米轨为主，这些轨道稳定性较差，极容易脱轨或失灵。在港口运输方面，中南半岛国家由于水域面积大、海岸线长、港口较多，因此普遍比公路要好，例如马来西亚的港口吞吐量较大，设施相对先进，但其余国家的港口吞吐量和港口建设都相对落后，即便靠近海洋，但大部分港口仍无法充分发挥其运力，且海港失修亟须扩建和改造。

表 9.2　2015 年中南半岛国家交通运输类基础设施建设发展情况对比

	铺设道路比例（%）	公路（千米）	铁路（千米）	航运客运量（人）	航运货运量（吨）	港口吞吐量（TEU）
马来西亚	81	18 300	2 250	8 100	90	20 866 875
泰国	—	51 537	5 327	—	—	7 372 298

（续表）

	铺设道路比例（%）	公路（千米）	铁路（千米）	航运客运量（人）	航运货运量（吨）	港口吞吐量（TEU）
柬埔寨	—	55 239	665	—	—	246 465
老挝	—	43 604	305	44	2	208 914
缅甸	46	34 377	4 000	—	—	109 219
越南	—	200 000	2 600	—	—	246 465

资料来源:世界银行。

（二）电力对比

电力是基础设施中较为重要的版块,负责为国家各种生产和生活设施提供驱动力,在中南半岛国家中,马来西亚因处于交通扼要位置,可以极大地发挥其运力获取外部能源,能源相对充足。但是在电力供应上,马来西亚只能满足国内 75% 的用电需求,仍有 1/4 的人口受着缺电少电的困扰,无法正常生产生活,因此在电站和电网建设方面存在巨大的发展潜力,其优厚的地理环境适合开发风电核电等资源。泰国、缅甸和老挝电力资源可以基本满足本国的经济和社会发展的需要,自给率较高。这是因为老挝水能资源丰富,通过水电站等设施发电,可以满足国内的基本需求并出口到国外。泰国和缅甸也可以因地制宜,通过发展符合自身条件的发电设施进行电力供应(见表 9.3)。

表 9.3 2015 年中南半岛国家电力供求对比

	越南	马来西亚	泰国	柬埔寨	老挝	缅甸
电产量(亿千瓦时)	1 002.0	1 318.5	1 484.0	43.0	136.7	59.0
耗电量(千瓦时/人)	1 073.0	4 246.0	2 316.0	130.8	340.0	110.0
通电率(%)	96.0	99.3	99.7	31.1	66.0	48.8

资料来源:BP Statistical Review of World Energy,2016。

（三）中南半岛国家基础设施水平对比

从 2016 年 9 月世界经济论坛公布的《2016—2017 年全球竞争力报告》中的基础设施质量评估看,与其他同等水平的发展中国家相比,中南半岛国家的总体基础设施质量普遍高于世界平均水平。其中,公路、铁路、港口、机场、供电设备等基础设施水平也高于世界平均水平。中南半岛国家中,马来西亚、泰国的基础设施总体质量高于或接近发达国家的平均水平,马来西亚、泰国公路质量高于或等于发达国家的平均水平,铁路质量高于或接近发达国家的平均水平。其余国家中,越南、柬埔寨普遍低于亚洲平均水平和世界平均水平。这说明,在中南半岛国家中基础设施发展也是不平衡的(见表 9.4)。

表 9.4　2015 年中南半岛国家基础设施水平

	基础设施总体水平	公路	铁路	港口	机场	供电设备
越南	2.7	2.6	2.4	2.9	3.9	3.2
马来西亚	5.6	5.7	5.0	5.7	6.0	5.8
泰国	4.8	5.0	3.1	4.4	5.8	5.5
柬埔寨	3.1	3.1	1.6	3.4	4.2	2.5
亚洲平均水平	5.7	5.7	5.4	5.4	5.8	6.4
世界平均水平	3.8	3.8	3.0	4.0	4.7	4.6

资料来源：世界银行。

二、中南半岛基础设施发展的困境

（一）中南半岛国家的融资困境

中南半岛国家为了自身发展，推进工业化、城市化和区域一体化进程，都提出了相关的政策，谋求加快基础设施建设的步伐。从中南半岛国家的基础设施建设规划看，各国和区域基础设施建设的项目融资规模较大，融资的缺口也相应较大。

根据东盟峰会提出的互联互通规划，涉及东盟地区高达 700 多项的工程和计划（见表 9.5）。这些工程和计划几乎涵盖东盟地区经济、社会、文化的各个领域。在这份规划中东盟预计在交通运输、电力、通信、金融证券、农业、旅游、科技资讯和人力资源等一系列项目中投入超过 600 亿美元，力求带动相关行业发展。其中，中南半岛区域（东盟称为大湄公河流域）在整个东盟范围内基础设施项目融资规模相对较大。根据亚洲开发银行的估计，中南半岛区域交通运输融资项目达 17 个、总额为 58.58 亿美元；能源项目达到 14 个，总额为 26.04 亿美元。

表 9.5　2010—2020 年东盟国家基础设施项目的融资需求

	交通运输项目		能源项目		合计	
	成本（百万美元）	数量	成本（百万美元）	数量	成本（百万美元）	数量
中南半岛区域	5 858	17	2 604	14	8 462	31
泛亚－东盟	—	—	7 000	1	7 000	1
东盟东部	—	—	100	1	100	1
其他	—	—	31 740	17	31 740	17
总计	5 858	17	41 444	33	47 302	50

资料来源：东盟能源中心、亚洲开发银行。

基础设施建设的特征为初期投入成本特别大，所需要的资金量也特别庞大，而中南半岛国家普遍无法负担起巨额的初期投入成本。随着"一带一路"倡议的不断推进，如何更好地解决中南半岛的融资难问题一直是决定倡议能否更好推进的主要因素。

其中最典型的例子包括中国政府为解决"一带一路"沿线经济体的融资问题特别设立的亚洲投资开发银行,为周边经济体提供金融服务,这也有助于解决基础设施投资初期启动资金的问题,并能够有效去库存,消化国内过剩产能,增加产能出口,为国内经济升级换代提供必要支持。

（二）贸易对外依存度带来的困境

为了适应世界经济一体化的要求,2001年中国和东盟携手推出建设中国—东盟自由贸易区的发展计划,使得中国与东盟各国的贸易获得了健康持续的发展。中国和东盟市场互补程度较高,因此双方对于进出口贸易的依赖程度也在日益提高。从进出口承担的角色来看,中南半岛各国乃至东盟相对中国主要处于产业链低端的地位,而中国相对处于产业链较为高端的地位。中南半岛国家对中国市场的依赖程度大于中国出口对其依赖程度。随着中国"一带一路"倡议的提出和逐步实施,中国与中南半岛国家的联系会得到进一步加强,贸易得到推进。从现有中国的贸易伙伴来看,中南半岛各国对中国的贸易依赖程度也存在着个体差异,比如越南和泰国是中国目前在中南半岛最大的贸易国,承担着中国对中南半岛地区贸易的绝大部分,而柬埔寨对中国的贸易依赖程度最低。贸易依赖程度的差别一方面是由于分工引起,另一方面也受国家之间运输方便程度的影响,这在越南和马来西亚体现得较为明显。

贸易依赖程度一定程度上影响国与国之间的关系,比如中国和泰国之间关系较好。国家之间的关系进一步影响中南半岛国家对中国市场的依赖程度,个体差异将会不同程度地影响各国支持参与"一带一路"倡议的立场,给倡议的实施带来不同程度的影响。

（三）领土争端带来的困境

中南半岛连接中国南海、马六甲海峡和印度洋,是航运重要通道,同时也是域外大国对中国实施战略围堵的重要区域,具有十分重要的地缘战略意义。

随着中国经济发展步伐的不断加快,在国际上的地位日益提升,一些国家利用中南半岛国家对中国崛起的防范心理,通过军事外交、意识形态、经济外交、制造冲突矛盾等各种手段挑拨中国与中南半岛各国的关系,达到它们扼制中国发展强大的目的,如今愈演愈烈的南海事件就是很好的例子。近年来,世界上的一些国家纷纷把目光转向中南半岛,2017年7月,柬埔寨和老挝爆发领土争端;2010年美国重返亚太相继提出"亚太再平衡"战略以及《跨太平洋伙伴关系协定》(TPP),印度实施"东向战略",日本加大对缅甸的经济援助和对越南投资等;此外,欧盟、俄罗斯也加强了与中南半岛国家的政治、经济、军事往来,力图影响中国"一带一路"进程。域外大国、强国对中南半岛国家的格外"关照"让它们在政治、经济上有了多重选择,同时也接受这些国家参与它们的政治经济事务。

"一带一路"倡议提出后,中国与中南半岛国家之间的经贸往来将会更加紧密,这势必引起其他国家的强烈恐慌,同时也会推动它们进一步加强对中南半岛国家政治经济事务的干涉力度。

三、中国与中南半岛基础设施建设的协同性

（一）中国基础设施建设与中南半岛基础设施的相似度

本章已经阐述中南半岛基础设施建设落后的现状,而自中华人民共和国成立以来,我国基础设施建设经历了一个从无到有、从有到优的过程。如今,中国基础设施建设技术世界领先,装备制造技术快速进步,能够为中南半岛的基础设施建设提供经验。

1. 交通

中南半岛地形北高南低,多山地和高原,交通设施建设落后,而中国高速铁路、高寒铁路、高原铁路等技术均已迈入世界先进行列,在高原冻土、膨胀土、沙漠等特殊地质的铁路、公路建设技术方面已克服了世界级难题,青藏公路、青藏铁路先后建成通车运营,具有丰富的交通基础设施建设经验,能够为中南半岛基础设施建设提供有力支撑(见表9.6)。

表 9.6　中国与中南半岛五国铁路货运量对比　　　　　　　　单位:百万吨/千米

	2010 年	2011 年	2012 年	2013 年	2014 年	2015 年
中国	2 451 185	2 562 635	2 518 310	2 473 477	2 308 669	1980 061
越南	3 901	4 101	3 959	3 733	4 252	4 125
老挝	—	—	—	—	—	—
泰国	3 161	2 455	2 455	2 455	2 455	
柬埔寨	—	—	—	—	—	—
缅甸	—	—	—	—	—	—

资料来源:国研网。

从表9.7中港口数据来看,中南半岛五国除了泰国港口基础设施质量较高,其他四国的港口基础设施情况相对较差,特别是缅甸和老挝,在相应的基础设施建设上较为滞后。

表 9.7　中国与中南半岛五国港口基础设施质量对比

	2012 年	2013 年	2014 年	2015 年	2016 年
中国	4.4	4.5	4.6	4.6	4.5
越南	3.4	3.7	3.7	3.9	3.9
老挝	—	2.6	2.6	2.2	2.2
泰国	4.6	4.5	4.5	4.5	4.5
柬埔寨	4.2	4.0	3.6	3.7	3.7
缅甸	—	2.6	2.6	2.6	2.6

注:1=非常不发达,7=非常发达和高效率。
资料来源:世界经济论坛。

从表 9.8 中可以看出,中南半岛的航空运输货运量远落后于中国,其中老挝、柬埔寨、缅甸尤为落后,而其经济发展迫切需要提升基础设施建设,加强国家之间的贸易往来与国际交流。推行"一带一路"倡议将给中南半岛的基础设施建设带来巨大的推动力。

表 9.8　中国与中南半岛五国航空运输货运量对比　　　　单位:百万吨/千米

	2010 年	2011 年	2012 年	2013 年	2014 年	2015 年
中国	17 193.88	16 764.87	15 568.75	16 053.73	17 822.58	19 805.63
越南	426.92	475.39	503.55	497.18	450.22	384.47
老挝	0.12	0.39	0.97	1.41	1.37	1.36
泰国	2 938.67	2 870.79	2 758.44	2 640.37	2 514.90	2 134.15
柬埔寨	0.02	0.10	0.07	1.07	1.75	2.30
缅甸	2.06	3.53	3.83	2.86	3.90	3.37

资料来源:国研网。

从中南半岛五国的交通基础设施情况来分析:越南的高速公路和普通公路里程短且公路路面退化严重,铁路网络集中覆盖在城市区域,港口配备设施较差。柬埔寨铁路基础设施严重落后且年久失修,公路建设里程短,空运建设严重滞后且主要为客运,货运欠发达。老挝作为一个内陆国家,主要运输方式是陆地运输、水路运输(湄公河)和航空运输。目前,老挝公路网缺乏完整性,虽负担其 80% 运量,但道路情况不佳,境内山地高原较多,铁路里程短;湄公河不能全程通航,运输能力也很有限;航空运输业还在起步阶段。此外,缅甸交通设施建设也很差:以水路运输为主,铁路运输多为窄轨,公路网络覆盖严重不足;全国约 50% 的货运量依靠水路运输,但水运的季节性影响突出。相对来说,泰国基础设施较为完善,但仍存在很多问题。公路运输是泰国最主要的交通方式,但由于道路运力与容量经常处于满载状态,公路运输存在晚点、拥堵、污染严重等问题,尤其是在大城市如曼谷地区更为突出。泰国铁路系统相对较落后,均为窄轨,尚未覆盖全国 70 个府。目前泰国国内运送货物及旅客多通过公路运输的方式,铁路的升级将成为公路运输的替代。

通过多年的学习、探索与成功应用,中国高速公路、铁路项目施工与管理水平已经达到世界领先水平。在实行"一带一路"项目过程中,参考中国的发展经验,对中南五国交通基础设施建设意义重大。

2. 电力

电力产业是各国发展的重要基础产业,中南半岛五国经济增长对电力需求日增,中国设立的丝路基金和亚洲基础设施投资银行将在中国与中南五国的电力合作中发挥积极作用。

柬埔寨河流众多,水电资源丰富,但电力开采不足,大部分地区无法保证 24 小时供电,电量进口仍占很大比例,电价普遍较高。而泰国的电力供应缺口较大,泰国经济发展对电力的需求大,而生产电力的能力较差。根据越南 2011—2020 年国家电力发展规划目标,越南的用电需求每年增加大约 10％,到 2025 年对该行业的投资总额将达到约 799 亿美元。对老挝来说,国内输配电网络还不够完善,目前处于电网发展的起步时期。很多地方还没有铺设电网,乡村地区小型电站的建设受到限制,资金不足和国际环境保护等方面的因素导致电力出口存在许多问题。缅甸河流网络密集,四大水系纵贯南北,水能开发潜力巨大,由于受到技术水平限制,水电设施建设不到位,仅开发了不到 1/10,而且多是调节性能较差的中小型水电站。据世界银行 2014 年发布的调查显示,缅甸是亚洲电力供给最不稳定、自发电设备使用频率最高的国家之一;其中有 94％的机构有过电路中断的情形,有 76％的公司自己备有发电设备。虽然缅甸的电力资源尤其是水电资源丰富,但由于资金缺乏、技术水平差等原因,把电力资源转化为生活、工业用电还有较大提高空间。越南电力基础设施质量不高,电力短缺的现象仍较为突出,2016 年越南仍需从中国和老挝进口电力,占全国电力总需求的 3.1％。

从鲁布革水电站项目开始,中国引进了世界银行的项目管理理念;在二滩水电站建设中,中国将这些经验运用于实践;小浪底水利水电枢纽项目是中国应用世界银行工程管理和技术的例子。通过长期的学习、吸收和应用,中国已具备较好的建设设备和技术,耗费低、效率高、性价比较高,水利水电工程施工与管理水平已经达到世界领先水平,在中南五国电力基础设施建设方面有很大的优势,能适应中南五国的需要。

（二）中国对中南半岛基础设施投资现状

中国—中南半岛经济走廊的起点为南宁、昆明,贯穿了中南半岛,在沿线地区交通基础设施建设等方面加强了合作,带动了沿线地区各方面的发展,加深了中国和东盟的合作态势,也促进了东盟整体的建设发展。

近几年,在大湄公河次区域经济走廊建设的促进下,中国和中南半岛经济走廊沿线经济体在合作上取得了一定的成果。尤其是在基础设施建设方面,中国与中南半岛的合作尤为紧密,曼昆公路、中老铁路、中泰铁路及中越铁路的建造都充分体现了这一点。跨境的物流体系、便利的通关体系、口岸基建网络也同样在不断完善之中。公路目前已经基本全面覆盖,但仍然有部分道路界别低,还需要进一步加强建设;铁路运输仍然存在缺失的路段。中泰两国的经济发展较好,因此沿线交通基础设施也较为完善;而越南、老挝、柬埔寨三国的经济较为落后,沿线的交通设施情况较差。

目前,中国—中南半岛经济走廊建设仍然较为滞后,主要是因为相关方面仍旧没有就中国—中南半岛经济走廊建设达成框架性的、有原则的指导意见;同时,其建设缺乏高效的组织领导,并且与其他合作机制未能进行较好的对接等。

第十章 "一带一路"沿线基础设施建设 PPP 投融资现状与风险研究[①]

一、引言

2013 年,我国政府提出"一带一路"的重要倡议,并于 2015 年发布的关于共建"一带一路"的愿景与行动文件中,明确将以交通运输、能源、通信为主的基础设施互联互通作为"一带一路"建设的优先领域,对我国近年来的经济发展有着重要意义。2019 年正值"一带一路"倡议正式落地的第六年,中国企业加快国际化进程,与沿线地区经济贸易合作力度正逐渐加强。

"一带一路"倡议的实施为沿线相关经济体尤其是发展中经济体带来巨大的投资机会,这将大大提升沿线相关经济体的综合实力。其中,基础设施建设作为实现"一带一路"沿线互联互通的桥梁,将沿线经济体串联在一起,地位举足轻重。目前,沿线相关经济体自身的基础设施发展程度大多仍处于较低水平,要想实现"一带一路"沿线的互联互通,首先需要加强基础设施建设的力度,并将其作为优先建设领域重点推进。

随着"一带一路"倡议的深入落地,沿线相关经济体的基础设施建设需求将持续提升,这将导致大量的资金需求。传统的基础设施项目融资渠道几乎是由一国的政府通过财政手段进行支持,而根据亚洲开发银行的统计,亚洲地区需要每年投入 1.7 万亿美元用于基础设施建设,才能在 2030 年前保证稳态增长,传统的融资方式已无法满足"一带一路"沿线相关经济体基础设施建设的需要。根据已有的基础设施建设项目经验来看,PPP 模式不失为最佳的运行方式之一。

目前,PPP 模式作为基础设施项目的一种主要的投融资方式,吸引了"一带一路"沿线相关经济体的高度重视和大力支持。从政府的角度,PPP 项目的落地满足了对

---

① 本章作者为闫强明,北京大学经济学院博士;何思思,北京大学经济学院硕士;张辉,北京大学经济学院教授。

东道主基础设施建设的需要,减轻了财政负担,规避了债务风险;从私人部门的角度,PPP 项目为其创造了巨大的投资机会,同时降低了投资风险,一定程度上获得了政策的支持。在这一模式下,政府或其他多边金融机构与私人部门进行合作,共负盈亏,风险共担,同时给当地市场带来了活力,实现共赢。

然而,PPP 项目为"一带一路"沿线经济体带来机遇的同时,也意味着需要承担相应的风险挑战。一般情况下,基础设施 PPP 项目存在项目规模大、投资回报周期长等特点。而加入"一带一路"倡议的相关经济体越来越多,其涵盖的国家或地区地缘政治环境愈加复杂,且各经济体之间经济发展水平差异较大,对评估其偿债能力、融资能力、政治制度稳定性等因素的难度较高,PPP 项目的推进受到各种风险因素的影响。

综上所述,"一带一路"倡议的这一背景毫无疑问成为近几年来我国在对国内外政治、经济、文化等方面的研究时必须考虑进去的重要因素,这也将成为我国在沿线相关经济体寻求投资机会、进行文化交流等合作时不可或缺的政策支持,应推动我国企业响应"一带一路"倡议的号召,积极"走出去",寻求实现双赢的投资发展机会。能否更好地对"一带一路"沿线基础设施 PPP 项目的风险进行识别和规避,是沿线相关经济体的 PPP 项目能否成功的关键。

在现有的国内外研究中,已有不少学者针对 PPP 项目的定义特征和风险识别进行研究,但结合了"一带一路"倡议这一背景,针对沿线相关经济体的 PPP 项目的研究却相对较少。而在"一带一路"倡议这一背景下,PPP 模式在运行过程中遇到的风险因素与在国内时大相径庭,东道国的制度因素、政策支持、基础设施发展水平等因素均可能对 PPP 项目的成功造成影响,且国外大多数关于 PPP 项目的研究是以在发达经济体进行的项目为样本,与"一带一路"沿线大多经济体的现实情况不符,因此将"一带一路"沿线相关经济体的情况与 PPP 项目情况相结合进行研究非常重要。

基于此,本章试图从"一带一路"沿线基础设施建设这一背景出发,结合 PPP 模式的相关概念和我国参与"一带一路"沿线 PPP 项目的案例分析,对其沿线相关经济体基础设施 PPP 项目的投融资现况和可能面临的风险因素进行研究。

二、"一带一路"沿线基础设施 PPP 模式分析

(一)"一带一路"沿线相关经济体基础设施 PPP 投融资现状

根据世界银行的 PPI 数据库显示,1993—2017 年,"一带一路"沿线 49 个发展中经济体开展了共计 3 621 个 PPP 项目,项目总投资额约 8 664 亿美元,平均每个项目投入资金达 2.9 亿美元,项目平均周期约为 23 年。不同年份发起项目的数量有所波动,但项目总规模近十年来增加幅度较为明显。其中,2017 年新开展的 PPP 项目 145 个,总投资额为 545.6 亿美元,较 2016 年同比增长 83%(见表 10.1)。

表 10.1　1993—2017 年"一带一路"沿线经济体 PPP 项目开展情况

年份	开展项目数（个）	总投资额（亿美元）
1993	253	179.4
1994	108	166.0
1995	125	201.0
1996	142	263.9
1997	128	349.1
1998	129	110.1
1999	89	85.6
2000	89	187.7
2001	101	145.5
2002	79	59.2
2003	102	138.2
2004	102	150.8
2005	129	277.8
2006	166	427.1
2007	175	549.4
2008	159	508.2
2009	145	468.2
2010	215	822.2
2011	258	610.1
2012	347	681.9
2013	128	427.6
2014	94	361.9
2015	116	650.2
2016	97	297.8
2017	145	545.6
总计	3 621	8 664.4

资料来源：世界银行 PPI（Private Participation in Infrastructure）数据库。

从项目开展数量来看，PPP 项目总量排名前十的经济体为印度（1 043 个）、俄罗斯（411 个）、土耳其（236 个）、泰国（182 个）、菲律宾（168 个）、印度尼西亚（142 个）、马来西亚（128 个）、越南（105 个）、乌克兰（104 个）、巴基斯坦（100 个），占项目总量的72%，仅印度一国的 PPP 项目数量和投资额就分别占总数的接近 1/3。

按项目运行状态来看，94% 的项目仍处于合同期内，仅 2% 的项目已完成合同约定的建造和运营等内容，另有 4% 的项目因各种原因被要求终止合同、停止运营或成为国际仲裁的困难项目。

按地缘因素来看，南亚地区的阿富汗、孟加拉国、不丹、印度、马尔代夫、尼泊尔、巴基斯坦、斯里兰卡等 8 个经济体开展的 PPP 项目的数量和投资总额最多（1 343 个），总投资额为 2 900 亿美元，项目数量占所有地区的 37%。东盟地区的柬埔寨、印度尼西亚、老挝、马来西亚、缅甸、菲律宾、泰国、越南等 8 个经济体共开展 PPP 项目 800 个，投资总额为 2 376 亿美元，占总投资额的 22.1%（见图 10.1）。

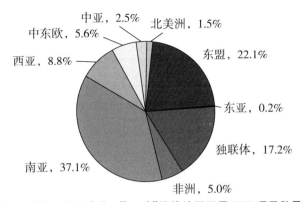

图 10.1 1993—2017 年"一带一路"沿线地区开展 PPP 项目数量情况

资料来源:世界银行 PPI(Private Participation in Infrastructure)数据库。

此外,独联体 7 个经济体(俄罗斯、亚美尼亚、阿塞拜疆、白罗斯、格鲁吉亚、摩尔多瓦和乌克兰)开展 PPP 项目 623 个,投资总额为 878 亿美元。中东欧的阿尔巴尼亚、波黑、保加利亚、马其顿、黑山、罗马尼亚、塞尔维亚 7 个经济体开展 PPP 项目 202 个,投资总额为 319 亿美元。北美洲的巴拿马开展 PPP 项目 55 个,投资总额为 79.4 亿美元。东亚的蒙古和东帝汶 2 个经济体开展 PPP 项目 6 个,投资总额约为 372.5 亿美元。西亚的伊朗、伊拉克、约旦、黎巴嫩、叙利亚、土耳其和也门 7 个经济体开展 PPP 项目 320 个,投资总额为 1 526 亿美元。中亚的哈萨克斯坦、吉尔吉斯斯坦、塔吉克斯坦和乌兹别克斯坦 4 个经济体开展 PPP 项目 90 个,投资总额为 54.6 亿美元。非洲 5 个经济体(埃及、埃塞俄比亚、马达加斯加、摩洛哥和南非)开展 PPP 项目 182 个,投资总额为 527 亿美元(见图 10.2)。

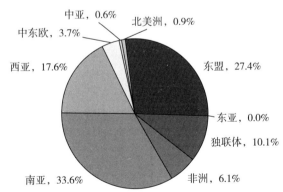

图 10.2 1993—2017 年"一带一路"沿线地区 PPP 项目投资规模情况

资料来源:世界银行 PPI(Private Participation in Infrastructure)数据库。

按行业分布来看,"一带一路"沿线基础设施 PPP 项目主要集中在能源、交通运输、信息通信、污水处理四个行业。项目数量占比排名第一的是能源行业,其中电力行业项目占项目总量的 59%(见图 10.3)。

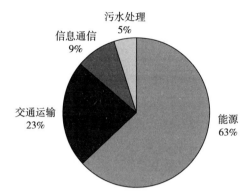

图 10.3　1993—2017 年"一带一路"沿线基础设施 PPP 项目投资领域情况

资料来源:世界银行 PPI(Private Participation in Infrastructure)数据库。

　　结合国家地区分布来看,"一带一路"沿线经济体 PPP 项目的行业分布大多与其本身的产业经济关联度较高。南亚 8 个经济体在电力、交通运输行业的 PPP 项目占比最大,说明其电力设施、市政交通等方面市场空间较大;东盟和独联体国家因石油资源丰富,在油气行业的 PPP 项目数量比例最大。

　　根据以上数据分析,"一带一路"沿线经济体 PPP 项目的发展程度与其金融发展水平整体关联不大。PPP 项目数量排名前十的经济体中,有 6 个经济体都处在中低收入水平,而像阿联酋这样 GDP 排名靠前的经济体目前开展的 PPP 项目数量为零。同时,PPP 项目在国家和地区上的分布集中度非常高,项目投资额排名前五的经济体,其投资金额超过沿线经济体的投资总额的六成,项目数量加起来占沿线经济体项目总数的 76%。因此,可以初步推断"一带一路"沿线经济体的 PPP 项目发展受一国政策制度影响较大,服务于一国的社会发展和公共基础设施的需要,与其金融发展水平并无必然联系。

　　(二)我国对"一带一路"沿线经济体合作开展情况

　　自 2015 年提出倡议以来,我国的"一带一路"建设从无到有、由点及面地持续推进,中国与沿线经济体的合作成果非常显著。2016 年,我国对外直接投资 1 961.5 亿美元,同比增长 35%,其中非金融类对外直接投资 1 701.1 亿美元,同比增长 44.1%。从增长趋势看,我国对外合作投资将持续向好发展(见图 10.4)。

图 10.4　2010—2016 年中国对外直接投资流量

资料来源:商务部、国家统计局、国家外汇管理局的《2016 年度中国对外直接投资统计公报》。

2016 年,我国对"一带一路"沿线的 53 个经济体直接投资达到 153.4 亿美元,占同期总额的 7.8%,同比下降 19%。从非金融类直接投资来看,2017 年我国对沿线经济体直接投资 143.6 亿美元,较上年同比下降 1.2%,短期有所放缓。这与沿线经济体的政治环境、政策制度等因素关联度较大。结合整体对外合作环境来看,我国对"一带一路"沿线经济体国家的投资合作仍存在很大的发展空间,长期来看将呈现稳中有进的上升态势(见图 10.5)。

图 10.5 2013—2016 年中国对"一带一路"沿线经济体直接投资流量

资料来源:商务部、国家统计局、国家外汇管理局的《2016 年度中国对外直接投资统计公报》。

截至 2016 年末数据显示,我国对"一带一路"沿线经济体的直接投资主要流向新加坡、印度尼西亚、印度、泰国、马来西亚等。我国企业对"一带一路"沿线经济体的直接投资存量达到 1 294.1 亿美元,占我国对外直接投资存量总额的 9.5%。其中对新加坡的直接投资流量和存量排名都稳居第一,分别为 31.7 亿美元和 334.5 亿美元,分别占沿线经济体投资总量的 20.7% 和 25.8%。其他直接投资存量排名前五的经济体还有俄罗斯(129.8 亿美元)、印度尼西亚(95.5 亿美元)、老挝(55.0 亿美元)、哈萨克斯坦(51.0 亿美元)。相比较 2015 年排名,哈萨克斯坦位次有所提升,泰国和越南进入前十名。随着"一带一路"沿线签约合作的经济体越来越多,将更大程度地吸引中国对沿线经济体直接投资,重点领域扩大投资规模,拓展投资地区范围,实现全覆盖(见图 10.6 和图 10.7)。

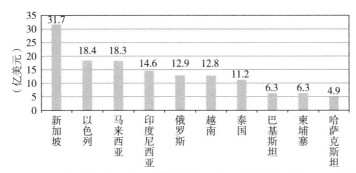

图 10.6 2016 年中国对"一带一路"沿线经济体直接投资流量前 10 国别分布

资料来源:商务部、国家统计局、国家外汇管理局的《2016 年度中国对外直接投资统计公报》。

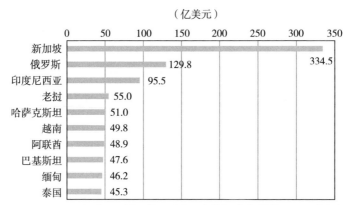

图 10.7　2016 年中国对"一带一路"经济体投资存量前 10 国别分布

资料来源:商务部、国家统计局、国家外汇管理局的《2016 年度中国对外直接投资统计公报》。

数据显示,2016 年末中国对外直接投资存量行业分布较往年呈现多样化趋势,主要分布在租赁和商务服务业、金融业、批发和零售业、采矿业、制造业等行业。从 2016 年中国对东盟的直接投资存量来看,投资存量最大的是制造业,占比为 18.4%;租赁和商务服务业为 112.2 亿美元,占比为 15.7%;采矿业为 101.7 亿美元,占比为 14.2%;投资存量批发和零售业、房地产业的占比分别为 19.1% 和 12.1%,在行业分布中的比例在快速上升。

近年来,中国对外承包工程持续保持稳中有进,与"一带一路"沿线经济体在基础设施建设的合作正在日益加强。2017 年中国企业在"一带一路"沿线经济体新签对外承包合同 7 217 个,约定的合同额为 1 443.2 亿美元,占同期总额的 54.4%,同比增长 14.5%。其中,完成营业额为 855.3 亿美元,占同期总额的 50.7%,同比增长 12.6%。

随着"一带一路"沿线基础设施建设的持续推进,各经济体的项目投融资需求和经贸合作关系深入成为显著特点,我国对沿线经济体的投资领域将向更加多元的方向发展,PPP 项目发展前景向好。

（三）PPP 项目风险与机遇并存

"一带一路"倡议为我国企业参与沿线经济体 PPP 项目带来巨大的机遇,但同时,PPP 项目在开展和运营过程中可能面临的风险问题不可忽视,全面识别 PPP 项目的风险因素对提高项目成功率至关重要。本章从"一带一路"沿线经济体过往开展的 PPP 项目中,选取了我国参与并已建造完成投入运营的东非亚吉铁路项目以及以失败告终的菲律宾电力供应项目作为典型案例分析,总结出参与"一带一路"沿线 PPP 项目可能存在的风险因素。

1. 成功案例——东非亚吉铁路项目

（1）项目概括。东非亚吉铁路以货运为主、同时具备载客功能,属于货客列车共线运行骨干级铁路。该铁路横跨非洲两国,西起埃塞俄比亚首都亚的斯亚贝巴,东到吉布提港,全长约 752 千米,采用中国二级电气化铁路标准建设。

整条铁路东、西段分别由中铁所属中国土木工程集团有限公司及中铁所属中铁二局股份有限公司建设,项目协议于 2011 年末签定,全线于 2015 年 6 月铺通。亚吉铁路吸引了含中国进出口银行所提供的商业贷款及相关投资近 40 亿美元。该项目的运作方式为 EPC+OM 模式。工程前段承建采用设计、采购、施工三位一体的交钥匙模式来开展,后段营运则是采用招投标邀请前面提到的中土集团和中国中铁联营体,来进行运营与管理。

从经济发展及地理环境因素来看,埃塞俄比亚工业基础薄弱,经济发展主要依赖国际贸易,被联合国认为是非常不发达的国家之一。身处内陆,埃塞俄比亚仰赖的国际贸易之中的重点——进出口货物,其约 90% 的货运承载依附在邻国的吉布提港。反观吉布提港则是位处红海及亚丁湾中的一个节点,占据了苏伊士运河这一国际战略通道的中轴心。由此可见吉布提港的战略价值之高,是该地区交通的中心及通往内陆各国的枢纽。对此,亚吉铁路被誉为"新时期的坦赞铁路",是非洲首条跨国标准轨电气化铁路,也是中非"十大合作计划"重要的早期收获,还是中非"三网一化"和产能合作的标志性工程,更是"一带一路"沿线经济体基础设施建设的标志性成果。

(2)项目成功原因。从制度层面来看,从 EPC 转向"建营一体化"是本项目成功的关键因素之一。中国企业在运作亚吉铁路项目之初,就不仅考虑了建设层面的运营维护问题,还将其角色从单纯的施工建设方变换成了投资方及运营服务商。由"建"到"管"这样一个跳跃方式,在制度上实现了从投融资、设计建设开展到最后的运营管理在内的全产业链一条龙,不仅起到了减少了建设和运营过程中的交易成本的作用,还提升了项目整体收益及企业在市场上的实力,对于该铁路建设而言,大幅度提高了其社会与经济价值。

从基础建设水平来看,我国铁路建设技术拥有丰富经历,在技术、管理体系上基本具备系统化、成熟化等成功要素,对风险的识别及管理成效显著。建设过程中,全线采用中国标准并使用中国制造的装备,亚吉铁路在设计方案上的校验和施工工程中的查核也均由中国的咨询公司操作,从理念层面来讲意识与认知上的一致性大大减少了该项目建设过程中的技术风险。

从投资环境层面来看,亚吉铁路西段的投资部分是由铁路公司进行商业贷款,主权担保部分则是由埃塞俄比亚的政府提供,投保中长期出口信用险(信用保证保险);亚吉铁路东段的投资部分是由吉布提财政部作为借贷方,主权担保部分则是由吉布提政府提供,一起进行中长期出口信用险的投保。两者之间的保险比例均达 95%。

在"一带一路"沿线经济体基础设施建设 PPP 项目的诸多成功案例中,东非亚吉铁路项目通过铁路建设,带动沿线整体经济发展形成经济带,很好地体现了国际产能合作的效用。我国企业在建设、运营管理之余也参与了该地区工业园区的投资建设,构建亚吉铁路经济走廊,推动沿线整体的经济发展,致力于铁路建设及相关产业的连带发展,促进互利互惠的局面,为埃吉两国的经济社会发展带来了显著的成果。

2. 失败案例——菲律宾电力供应项目

(1) 项目概况。在 20 世纪 80 年代,菲律宾面临严重的电力短缺问题。在情况严重时,该国每天平均停电至少 8—10 个小时。当时,政府垄断的菲律宾国家电力公司短期内无法增加发电机的装机容量来弥补电力供应的缺口。在这样的背景下,菲律宾政府于 1987 年 7 月发布了《政令第 215 号》,向私人部门开放电力市场,并允许私人部门投资者以 BOT(建设—运营—移交)的方式建设独立电厂,来向国家电力公司售电。在 1991—1993 年这短短三年的时间里,国家电力公司完成了 25 次 BOT 协议的谈判,新增了超过 300 万千瓦的发电机装机容量。与此同时,其余电网公司也从私人发电厂购买电力,而大型电力用户则纷纷计划着建造自己的发电厂。1993 年,菲律宾政府宣布度过了电力短缺危机,但此后,国家电力公司仍向私人部门购买发电设备来确保"保障容量"。当时,人们普遍认为电力危机后经济将飞速成长,并且随着经济成长,电力需求也会同步增长。根据上述市场的预测,菲律宾政府制订了电力行业持续大发展的相关计划。按照这个计划,国家电力公司继续与私人部门合作,通过 BOT 模式的形式来扩大发电装机容量。截至 1997 年,国家电力系统一共签署了 37 个 BOT 协议,高达 600 万千瓦的发电装机容量。1997 年,亚洲金融危机爆发后,国家电力公司因各种原因依旧与私人部门签订了总装机为 284.1 万千瓦的 BOT 合同。随着危机逐渐加剧,菲律宾的电力系统供给过剩问题也随之浮现。2002 年,该国电力需求峰值仅为 749.7 万千瓦,这个数值相当于从私人部门购买的发电系统总装机的 2/3。与此同时,国家电力公司的 PPP 项目在运营和经验上的不足及 BOT 合同风险分担设计的不合理所带来的严重后果也开始出现。

(2) 项目失败原因。从制度层面来看,一开始电力公司和独立发电厂在 BOT 协议中签订购电协议所采取的"take-or-pay"条款,就没有考虑到整体市场上的风险分配问题,双方只关注到自身效益最大化的做法,随之发生的是电力公司按照发电厂的发电量来代替实际的电能消耗去承担所有市场需求变化的风险。这导致电力公司最后只好将这一部分多出来的电力成本转嫁给消费者,从而导致高额的电价。过度依赖 BOT 模式所造成的后果就是自从国家电力公司与私营投资者签订长期合同以来,消费者一直支付着该区域仅次于日本的第二高电价(目前的零售价约为 2 元/度)。昂贵的电价也大大地削减了菲律宾的制造业在国际上的竞争优势,对该国的经济发展产生了极差的负面影响。由此可见,PPP 项目在建设和运营上的优势不仅需要对各项风险因素层层把关,在制度层面上的设计及合理的风险分配是至关重要的。

从金融环境层面来看,当时菲律宾国家电力公司就面临增建发电机等问题,多年以来所积淀的风险一次性地在 1997 年亚洲金融风暴时期引爆。当时,政府在没有足够资本来进行补救的情况下,盲目寻求私人资本的引入,又欠缺合理的合同设计及风险分配规划,进而导致后续一系列的问题产生。

(四)基础设施 PPP 项目风险存在多样性

由于 PPP 模式的复杂性,许多跨国投资参与的 PPP 项目在运营过程中遭受了巨大的经济损失,项目公司不得已破产,最终仍需政府接手处理,造成政府支出不必要的浪费以及项目进展拖延。未充分考虑各方面的风险因素,是项目最终失败的根本原因。

1. 宏观视角下的风险因素:制度风险、市场风险

制度风险在"一带一路"沿线经济体主要表现为政治因素与法律因素方面,二者分别在不同方面影响了 PPP 模式初期选择的风险共担机制。

从政治层面来看,了解到"一带一路"贯穿亚欧非大陆,地理覆盖范围广、政治环境复杂且存在国别差异,所以跨境项目必然面临政治风险。政治风险主要包含以下几个方面:①"一带一路"沿线部分经济体是战争内乱多发地区,这些国家政党轮换频繁或政局动荡,这可能使得项目存在随时中止的风险;②企业与一国政府签订特许经营协议时,应特别注意合法授权风险,充分了解一国政府是否有权签订特许经营协议、该国的立法是否包含特许经营、执政机构的轮替和政府人员的流动是否会影响项目持续性;③国有化征收风险也是一项重要的政治风险。

从法律层面来看,我国相关法律体制并不健全,没有对跨境投资做出明确规定,无法为跨境投资基础设施提供法律上的支持。另外"一带一路"沿线各经济体法律制度各异,且许多国家法律及监管体系不完善,进一步加大了项目的风险。在跨境项目中,因为涉及诸多的合同关系,包括担保、合作、特许权等诸多方面,我们应考虑东道国的法律适用性和司法管辖范围的问题。此外,由于项目实施周期较长,项目东道国的税收法律可能发生调整和变动,这部分产生的成本和费用可能会超出预算。从国际法层面看,一国政府有权将在特许经营权经营期间的项目下的基础设施进行没收或国有化,而这会给投资人带来极大的损失。综上所述,制度层面的风险因素在项目初期对模式的选择及双方进行风险分担具有非常重要的意义。

从市场层面来看,市场风险是指"一带一路"相关经济体 PPP 项目市场表现不达预期、收费标准不符合市场需求导致收益不足等风险。项目投入的原料及劳动力的价格取决于市场供求关系,收费变更常常受到最终消费需求、政府政策等因素的影响,而宏观经济、社会环境、人口资源和法律法规等因素的变化,可能使相关市场需求发生变化而导致项目成本增加或成本无法如期收回。一般来说,基础设施 PPP 项目都是以公益性目的为主,利润率比较低,不会有太高的投资收益,因此市场不及预期容易导致项目成本回收困难从而失败。

2. 微观视角下的风险因素:融资风险、建设风险

从融资层面来看,首先需要了解基础设施建设项目相较于其他项目而言,其所需资金量更大,建设周期更长,回报率更低,项目公司在整个建设期内资金压力非常大。近年来项目公司为了充分利用杠杆,将自有资金的比例不断下调,绝大部分资金进行融资贷款,有的项目融资贷款比例甚至达到了总投资的 90%。但是相较于政府和金融机构,企业的信用水平认可度通常较低,所以一旦融资贷款机构拒绝继续提供融资

资金,将直接造成项目建设所需的资金链断裂,甚至导致工程项目停工。同时,贷款利率对 PPP 项目的融资成本影响较大,不稳定的利率市场增加项目公司的融资风险。

从建设层面来看,建设期占据了整个项目的绝大部分资金,是项目整个经营周期的风险高发阶段,容易发生无法达到项目规定的技术指标、施工质量和交工期限等状况。一般而言,项目公司与项目所在国政府签订合同之后,会通过公开招标的方式将项目的建设施工通过设计、采购、施工总承包的方式发包给第三方,以便将项目的建设风险转移到总承包人身上。但是一旦总承包人无法按时、保质地完成施工建设,项目公司则不可避免地要承担特许经营协议中的违约责任。例如埃及等国政府会对延迟完工的项目公司征收政府罚金,更有甚者,项目可能被终止,而这将给社会资本投资者造成极大的损失。

三、"一带一路"沿线 PPP 项目风险因素的实证分析

PPP 模式适用于交通运输、能源、公用事业与环保等领域的基础设施项目。由于"一带一路"沿线涉及的国家和地区较多,且各经济体着重推进的领域也比较广泛,我国企业要想参与沿线经济体的基础设施建设需要面对各个方面的风险。本节试图通过实证研究对"一带一路"沿线基础设施 PPP 项目中存在的关键风险进行识别。

(一)研究设计

1. 数据来源及样本选取

本部分选取的 PPP 项目样本来自世界银行发布的 PPI(The Private Participation in Infrastructure)数据库。该数据库包含 1984 年以来私人部门参与发展中国家基础设施项目的信息。我们选取了 2005—2017 年"一带一路"沿线 49 个经济体的所有 PPP 项目作为研究样本。

(1)项目状态。PPI 数据库根据项目是否在合同期内正常运行将其状态分为正常运行(active)、合同结束(concluded)、合同取消或终止(cancelled)和问题项目(distressed)四大类。由于 PPP 项目的合同期较长,合同结束的样本数量非常有限,为保证足够的样本数量,我们将"正常运行"和"合同结束"视为项目成功,将"合同取消或终止"和"问题项目"视为项目失败。其中,对项目成功的样本 Stata 因变量取值为"1",对项目失败的样本 Stata 因变量取值为"0"。

(2)私人部门投入占比。在 PPP 项目中,私人部门投入占比很大程度上可以用来衡量该项目的风险性。一方面,私人部门在决定项目投入占比时非常重视该 PPP 项目的风险指数;另一方面,私人部门在一个项目中的投资比例也在一定程度上会对该项目的成功率产生风险影响。为更加全面地分析 PPP 项目的风险因素,我们将私人部门投入占比同样作为因变量进行回归。

(3)项目基本情况。通过收集 PPP 项目的以下几项信息,作为控制变量,以尽可

能降低外部条件对项目实施情况的影响:

① 国家所属区域。经筛选,属于"一带一路"沿线经济体的样本主要来自东亚、中亚、南亚、欧洲、中东和北非、拉丁美洲、撒哈拉以南非洲等区域。

② 国家收入水平。主要分为低收入国家、中低收入国家、中高收入国家三大类。

③ 项目启动年份。这里对项目启动年份的定义选取了"财务结算年份"这一指标,根据 PPI 数据库介绍,财务结算意味着双方合同签署完成、融资阶段完成、项目资金开始启动。

④ 项目类型。主要为绿地项目、棕地项目、管理与租赁契约、私有化四大类。由于不同项目的融资方式和项目运行模式有所不同,对项目结果会产生一定影响,因此将此作为模型的参考指标之一。

⑤ 项目所属领域。前面提到,该数据库中的项目主要为能源、交通运输、通信、水和污水处理四大领域,基本涵盖了基础设施项目的各个领域,比较具有代表性。

⑥ 项目周期和投资规模。项目合同期限和总投资规模是影响 PPP 项目风险程度的两项重要指标。一般来说,项目周期越长、投资规模越大,项目风险性越高。

2. 风险特征指标

"全球竞争力指数"是在 2005 年世界经济论坛发布的《全球竞争力报告》中提出并每年更新的,以 12 项主要竞争力因素来衡量一国竞争力的指标,全面反映全球各经济体竞争力的情况。

根据之前参考的资料及相关案例,我们初步将基础设施 PPP 项目的风险分为制度质量、基础设施质量因素和金融发展水平因素三大类。因此,我们选取了"全球竞争力指数"中关于制度、技术设施、金融市场发展这三项主要竞争力因素的内容作为风险特征指标,试图对一国的制度好坏、基础设施质量和金融发展水平进行量化分析。考虑到各类指标之间可能存在较强的相关性,下面将用到主成分分析法对其进行分别处理,以达到去除指标多重相关性同时减少自变量数量的目的。具体选取指标如表 10.2 所示。

表 10.2　PPP 项目风险特征指标

变量	指标含义	指标分类
x_1	产权制度	
x_2	政治家公信力	
x_3	司法独立性	
x_4	政府支出浪费	制度质量
x_5	争端处理法律体系的效率	
x_6	小股东权益保障	
x_7	投资者保护力度	

（续表）

变量	指标含义	指标分类
y_1	基础设施总体质量	
y_2	道路质量	
y_3	铁路基础设施质量	基础设施质量
y_4	港口基础设施质量	
y_5	空运基础设施质量	
y_6	每百万里航线可用的航空座椅	
p_1	金融服务可利用度	
p_2	当地市场融资便利度	
p_3	贷款便利性	金融发展水平
p_4	风险资本(VC)可用性	
p_5	银行稳健程度	
p_6	证券交易监管	
avl¯tech	先进技术可得性	技术

3. 研究方法及模型构建

在多变量分析的过程中,为了将研究对象描述得更加全面,我们往往会尽可能多地使用搜集到的数据和信息作为指标,以免信息遗漏。然而,我们使用的指标越多,得到信息的重叠率就越高,难免会存在多重共线性的问题,如果不对这个问题进行处理,将会影响最后回归出来的结果。主成分分析法就是一种用于检验多个变量指标间相关性的统计方法,其核心是对多元数据集进行简化的同时还保留了原始指标的所有信息,旨在使用降维处理技术,将原来多个具有相关性的变量指标通过线性转化整合为一组互相独立的综合指标。

基础设施 PPP 项目的成功在实际过程中受到各个方面的风险要素影响,且各项风险要素之间并不是单独存在的,往往存在一定的相关性。如果直接将这些指标数据进行回归分析就会影响最终的结果。这种情况下,主成分分析法的运用就可以很好地解决指标之间多重共线性的问题,达到我们想要的结果。这里将运用主成分分析法将模型需要用到的相关风险特征指标整合为制度质量(ins)、基础设施(inf)、金融发展(fin)三大综合指标。

为了考察各风险因素对"一带一路"沿线相关经济体 PPP 项目成功的影响,我们基于主成分分析,建立多元线性回归模型为:

$$Y_{it} = \vec{\alpha}X_{it} + \vec{\beta}W_{jt} + \vec{\gamma}\mathrm{Controls}_{jt} + \mu_P + \omega_D + \eta_n + \vartheta_s + \delta_t \qquad (10-1)$$

被解释变量 Y_{it}:在回归(1)中为在私人部门参与基础设施建设项目 i 的比例;在回归(2)中为项目 i 的成功与否,取值为 0-1 变量。i 为单独项目,t 为项目启动年份。运用此模型可以得到 PPP 项目的成功与否及私人部门投入占比所面临的风险因素影响程度。

解释变量：X_{it} 为项目 i 的投资规模和项目周期，代表项目投资规模和周期对 PPP 项目风险的影响，一般来说投资规模和周期对项目风险影响较大，本模型将其作为主要的自变量进行回归分析。W_{jt} 为项目 i 东道国的情况好坏，包括制度质量（ins）、基础设施质量（inf）、金融发展水平（fin）和先进技术可得性（avl~tech）等风险因素对 PPP 项目产生的影响，其中制度质量、基础设施质量和金融发展水平很难对其量化且涉及指标变量较多，在进行回归分析之前，对相关指标进行主成分分析得出这三组综合指标进行分析；基础设施项目往往周期较长，技术更新速度过快可能导致其项目所用技术市场竞争力下降而面临较大风险，因此将其纳入对风险的考量指标。$controls_{jt}$ 为控制变量，包括项目东道国的 GDP、外商直接投资流入占 GDP 比例（fdi）、财政盈余占 GDP 比例（pub~b），控制这些变量是因为一国基本面对 PPP 项目的运行也可能产生影响。此外，本模型加入 μ_P、ω_D、η_n、ϑ_s、δ_t 变量，起到固定效应的作用，分别为项目类型、项目东道国所属区域、项目东道国收入水平、项目所属行业、项目启动年份。

（1）制度质量指标。用于衡量一国制度好坏的指标变量有产权制度、政治家公信力、司法独立性、政府支出浪费、争端处理法律体系的效率、小股东权益保障、投资者保护力度。现将这些制度相关指标分别用 x_1，x_2，x_3，…，x_7 表示，并对其进行主成分分析。

为了消除不同变量之间的量纲关系，保证结论的有效性，在进行主成分分析之前，我们首先对所有的变量进行了正向化处理和标准化处理：标准化后的变量 X_i 用 zx_i 表示；在"全球竞争力指数"中，所有指标均为分数越高情况越好，因此所有原始指标均为正向化。

标准化公式为：$zx_i = \dfrac{X_i - \mu_i}{\sigma_i}$，其中，$\mu_i$ 为平均值，σ_i 为标准差。

通过主成分分析，可以得到相关矩阵的特征值与方差贡献率，如表 10.3 所示。

表 10.3 主成分特征值与贡献率

主成分	特征值	差分	方差解释比例	方差累计贡献率
1	6.3091	5.9378	0.9013	0.9013
2	0.3713	0.2078	0.0530	0.9543
3	0.1635	0.0797	0.0234	0.9777
4	0.0838	0.0460	0.0120	0.9897
5	0.0377	0.0142	0.0054	0.9951
6	0.0235	0.0124	0.0034	0.9984
7	0.0111	.	0.0016	1.0000

特征值越高表明其可以解释的主成分变量的信息量越多。由表 10.3 可以看出，第一个主成分因子就可以解释所有变量的 90.13%，因此我们利用第一个主成分因子计算出制度的代理变量，其各指标的权重如表 10.4 所示。

表 10.4　主成分系数矩阵

变量	1	2	3	4	5	6	7
zx_1	0.3910	−0.2181	0.1135	−0.2099	−0.0403	−0.5328	0.6761
zx_2	0.3764	0.0396	−0.7564	0.1930	−0.4844	−0.0611	−0.0951
zx_3	0.3878	−0.1580	0.2130	−0.4913	−0.3290	0.6547	0.0328
zx_4	0.3872	−0.1662	−0.3345	0.0693	0.7876	0.2836	0.0707
zx_5	0.3282	0.9238	0.1164	−0.1091	0.1045	−0.0402	0.0293
zx_6	0.3910	−0.1959	0.1957	−0.2250	0.0894	−0.4302	−0.7258
zx_7	0.3802	−0.0804	0.4537	0.7810	−0.1277	0.1290	0.0146

因此，制度变量的计算公式为：

$$\mathrm{ins} = 0.3910 \times zx_1 + 0.3764 \times zx_2 + 0.3878 \times zx_3 + 0.3872 \times zx_4 +$$
$$0.3282 \times zx_5 + 0.3910 \times zx_6 + 0.3802 \times zx_7 \qquad (10-3)$$

根据第一主成分可以解释方差的 90.13% 以及第一主成分各系数权重，我们可以得出：各制度变量线性正相关，且不存在几乎完全线性相关的变量，各制度变量对主成分的"贡献"基本相同。同时，为了检验主成分分析的适当性，本章对其做了 KMO 检验，结果如表 10.5 所示。

表 10.5　KMO 检验

变量	KMO 值	变量	KMO 值
zx_1	0.8989	zx_5	0.9179
zx_2	0.8814	zx_6	0.8871
zx_3	0.9518	zx_7	0.9683
zx_4	0.9087	总计	0.9151

注：KMO 值在 0.9 以上，表示非常合适做因子分析；在 0.8—0.9，很适合；在 0.7—0.8，适合；在 0.6—0.7，尚可；在 0.5—0.6，很差；在 0.5 以下应该放弃。

从表 10.5 得知，其 KMO 值为 0.9151，这表明我们所选取的指标变量之间存在高度的相关性，使用主成分分析对这些制度相关变量的合成是非常合理的。

（2）基础设施质量指标。用于衡量一国基础设施质量的指标变量有基础设施总体质量、道路质量、铁路基础设施质量、港口基础设施质量、空运基础设施质量、每百万里航线可用的航空座椅。现将这些制度相关指标分别用 $y_1,y_2,y_3,\cdots,y_6$ 表示，并对其进行主成分分析。

首先对所有的变量进行了正向化处理和标准化处理。标准化后的变量 y_i 用 zy_i

表示。在"全球竞争力指数"中,所有指标均为分数越高情况越好,因此所有原始指标均为正向化。通过主成分分析,可以得到相关矩阵的特征值与方差贡献率,如表 10.6 所示。

表 10.6 主成分特征值与贡献率

主成分	特征值	差分	方差解释比例	方差累计贡献率
1	5.0082	4.3932	0.8347	0.8347
2	0.6151	0.3098	0.1025	0.9372
3	0.3053	0.2658	0.0509	0.9881
4	0.0395	0.0200	0.0066	0.9947
5	0.0195	0.0071	0.0032	0.9979
6	0.0124	.	0.0021	1.0000

特征值越高表明其可以解释的主成分变量的信息量越多。由表 10.6 可以看出,第一个主成分因子就可以解释所有变量的 83.47%,因此我们利用第一个主成分因子计算出基础设施质量的代理变量,其各指标的权重如表 10.7 所示。

表 10.7 主成分系数矩阵

变量	1	2	3	4	5	6
zy_1	0.4355	−0.2494	−0.0166	0.2962	0.1087	−0.8052
zy_2	0.4318	−0.2640	0.0917	0.6543	−0.1498	0.5338
zy_3	0.3682	0.4389	−0.8141	−0.0090	0.0459	0.0829
zy_4	0.4355	−0.2156	0.0493	−0.5447	−0.6817	0.0090
zy_5	0.4344	−0.2243	0.1443	−0.4303	0.7058	0.2384
zy_6	0.3316	0.7607	0.5526	0.0481	−0.0279	−0.0537

因此,基础设施制度变量的计算公式为:

$$inf = 0.4355 \times zy_1 + 0.4318 \times zy_2 + 0.3682 \times zy_3 + 0.4355 \times zy_4$$
$$+ 0.4344 \times zy_5 + 0.3316 \times zy_6 \tag{10-4}$$

根据第一主成分可以解释方差的 83.47% 以及第一主成分各系数权重,我们可以得出:各基础设施变量线性正相关,且不存在几乎完全线性相关的变量。其中 zy_3 与 zy_6 权重系数较小,说明铁路基础设施质量可能部分被基础设施总体质量和道路质量解释,每百万里航线可用的航空座椅可以被港口基础设施质量和空运基础设施质量部分解释。

同时,为了检验主成分分析的适当性,我们对其做了 KMO 检验,结果如表 10.8 所示。

表 10.8　KMO 检验

变量	KMO 值	变量	KMO 值
zy_1	0.8116	zy_5	0.8669
zy_2	0.8648	zy_6	0.8187
zy_3	0.8163	总计	0.8506
zy_4	0.9071		

注：KMO 值在 0.9 以上，表示非常合适做因子分析；在 0.8—0.9，很适合；在 0.7—0.8，适合；在 0.6—0.7，尚可；在 0.5—0.6，很差；在 0.5 以下应该放弃。

从表 10.8 得知，其 KMO 值为 0.8506，这表明我们所选取的指标变量之间存在较高的相关性，使用主成分分析对这些变量的合成是合理的。

（3）金融发展指标。用于衡量一国金融发展水平的指标变量有金融服务可利用度、当地市场融资便利度、贷款便利性、风险资本（VC）可用性、银行稳健程度、证券交易监管。现将这些制度相关指标分别用 $p_1, p_2, p_3, \cdots, p_6$ 表示，并对其进行主成分分析。

首先对所有的变量进行了正向化处理和标准化处理。标准化后的变量 p_i 用 zp_i 表示。在"全球竞争力指数"中，所有指标均为分数越高情况越好，因此所有原始指标均为正向化。

通过主成分分析，可以得到相关矩阵的特征值与方差贡献率，如表 10.9 所示。

表 10.9　主成分特征值与贡献率

主成分	特征值	差分	方差解释比例	方差累计贡献率
1	5.2752	4.7705	0.8792	0.8792
2	0.5047	0.3930	0.0841	0.9633
3	0.1118	0.0524	0.0186	0.9820
4	0.0594	0.0271	0.0099	0.9919
5	0.0323	0.0157	0.0054	0.9972
6	0.0166	.	0.0028	1.0000

特征值越高表明其可以解释的主成分变量的信息量越多。由表 10.9 可以看出，第一个主成分因子就可以解释所有变量的 87.92%，因此我们利用第一个主成分因子计算出金融发展水平的代理变量，其各指标的权重如表 10.10 所示。

表 10.10　主成分系数矩阵

变量	1	2	3	4	5	6
zp_1	0.3320	0.9016	0.2651	0.0432	0.0661	0.0184
zp_2	0.4194	−0.2558	0.1161	0.7143	0.4760	−0.0916

（续表）

变量	1	2	3	4	5	6
zp_3	0.4248	−0.1967	0.2584	−0.4604	0.0115	−0.7084
zp_4	0.4227	−0.2428	0.2682	−0.4170	0.1908	0.6929
zp_5	0.4278	−0.1148	0.0127	0.2816	−0.8456	0.0962
zp_6	0.4144	0.1043	−0.8817	−0.1507	0.1318	−0.0020

因此，金融发展指标变量的计算公式为：

$$\text{fin} = 0.3320 \times zp_1 + 0.4194 \times zp_2 + 0.4248 \times zp_3 + 0.4227 \times zp_4$$
$$+ 0.4278 \times zp_5 + 0.4144 \times zp_6 \tag{10-5}$$

根据第一主成分可以解释方差的 87.92％以及第一主成分各系数权重，我们可以得出：各金融发展指标变量线性正相关，且不存在几乎完全线性相关的变量。

同时，为了检验主成分分析的适当性，本章对其做了 KMO 检验，结果如表 10.11 所示。

表 10.11 KMO 检验

变量	KMO 值	变量	KMO 值
zp_1	0.8995	zp_5	0.9059
zp_2	0.9223	zp_6	0.9369
zp_3	0.8665	总计	0.8974
zp_4	0.8617		

注：KMO 值在 0.9 以上，表示非常适合做因子分析；在 0.8—0.9，很适合；在 0.7—0.8，适合；在 0.6—0.7，尚可；在 0.5—0.6，很差；在 0.5 以下应该放弃。

从表 10.11 得知，其 KMO 值为 0.8974，接近 0.9，这表明本文所选取的指标变量之间存在较高的相关性，使用主成分分析对这些变量的合成是非常合理的。

（4）描述性统计分析。通过主成分分析，将主要解释变量整合为制度（ins）、基础设施（inf）、金融发展（fin）三项综合指标，各变量的描述性统计如表 10.12 所示。

表 10.12 变量描述性统计

变量	变量含义	平均值	观测值	标准差	最大值	最小值
ins	制度质量	0.0	2.5	−2.8	5.7	0.0
inf	基础设施质量	0.0	2.2	−2.4	4.9	0.0
fin	金融发展水平	0.0	2.3	−2.6	6.0	0.0
avl_tech	最新技术可得性	2.7	2.4	0.0	7.0	2.7
$period$	项目周期（年）	23.3	10.7	1.0	99.0	23.3

（续表）

变量	变量含义	平均值	观测值	标准差	最大值	最小值
t_ti	项目投资额（亿美元）	290.0	850.0	0.0	355.9	290.0
gdp	国内生产总值（十亿美元）	635.5	709.8	0.0	2 297.1	635.5
fdi	外商直接投资流入占 GDP 比例（%）	3.5	4.6	−37.2	54.6	3.5
pub_b	财政盈余占 GDP 比例（%）	−1.3	3.1	−19.4	29.3	−1.3

由于 PPI 数据库和"全球竞争力指数"中均出现数据缺失质量的问题，经剔除无效样本后，得到表 10.12 中各变量的观测数。其中，制度质量、基础设施、金融发展水平指标是由主成分分析方法合成，经过了标准化的处理，其均值为 0；外商直接投资流入占 GDP 比例为 −37.2%—54.6%，平均值为 3.5%，说明"一带一路"沿线经济体外商直接投资平均为净流入；项目周期平均为 23.3 年；GDP 平均值为 6 354.5 亿美元，说明样本经济体基本处于中低收入的发展阶段；项目总投资额最高达 355.9 亿美元，平均约为 290.0 亿美元；最新技术可得性的平均值为 2.7，根据全球竞争力报告，最高得分为 7.0，说明"一带一路"沿线经济体的整体技术可得性尚处于较低的水平，还有极大的发展空间；财政盈余占 GDP 比例平均值为负，说明"一带一路"沿线经济体平均来看，基本处于财政赤字的阶段，从这个角度来看，"一带一路"倡议恰逢其时。总之，由以上数据来看，该变量描述性统计分布是合理的。

（二）OLS 回归结果与分析

1. 风险因素对项目私人部门投资占比的影响

在表 10.13 回归模型（1）中，我们将私人部门参与 PPP 项目的占比（简称"私人占比"）作为被解释变量，主要考察了 PPP 项目东道国的制度质量、基础设施质量和金融发展水平，加入了项目周期和投资额、外商直接投资流入、GDP、财政盈余占 GDP 比例、最新技术可得性等控制变量，同时控制了 PPP 项目类型及所属行业、国家所属地区及收入水平的固定效应，且所有的模型都采用稳健的标准误，让结果更加稳健。

结果发现，制度质量每增加 1 个单位，将使私人占比减少 2.58 个百分点，且在 5% 的水平上显著，可能的解释为国家制度越好，项目本身风险越小，国家资本更愿意参与进来，从而相应减少私人占比。基础设施质量每增加 1 个单位，将使私人占比提高 2.69 个百分点且在 5% 的水平上显著；金融发展水平每增加 1 个单位，将使私人占比提高 4.23 个百分点且在 1% 的水平上显著，说明基础设施质量和金融发展水平的提升能够吸引私人部门的参与，但这为项目带来的风险是增多还是减少并不能准确判断。项目周期每增加 1 个单位，将使私人占比减少 0.09 个百分点且在 1% 的水平上显著，可以推断项目周期的加长会提高资金运作的风险，企业资金更不愿意参与进来，PPP 项目失败的风险更高。GDP、外商直接投资流入、财政盈余对 PPP 项目的私人占比影响不显著。

2. 风险因素对项目成功率的影响

在表 10.13 回归模型(2)中,我们将项目的成功率作为被解释变量,采用和上组回归相同的变量,控制了同样的固定效应,采用稳健的标准误,让结果更加稳健。结果发现,制度质量每增加 1 个单位,将使项目成功率提高 0.05 个百分点且在 1％的水平上显著,这说明东道国制度质量的提升对基础设施 PPP 项目的成功有非常明显的正向促进作用。

因为基础设施质量和金融发展水平均和项目成功率呈负向相关,我们在表 10.13 回归模型(3)中引入了两项指标的二次项来分析二者与项目成功率的关系。

结果显示,基础设施质量系数为正、二次项系数在 10％的显著性水平上为负,说明基础设施质量对 PPP 项目先是正面影响再是负面影响,当基础设施质量小于 0.76 时对项目成功率影响为正,反之为负。可能的解释是基础设施质量提升带来投资和基础设施建设的便利度,对项目成功是有促进作用的,但随着基础设施条件的不断改善,新建基础设施的投资边际收益会不断变少,未启动的项目更难吸引私人投资的参与,而已启动的项目也因为投资收益减少、资金运转困难而增加失败的风险。

金融发展水平指标表现则与之相反,在表 10.13 回归模型(2)中金融发展水平对项目成功率的影响不显著,而在表 10.13 回归模型(3)中其一次项系数在 5％的显著性水平上负、二次项系数在 10％的显著性水平上为正,说明金融发展水平对 PPP 项目先是负面影响再是正面影响,当金融发展水平小于 4.86 时对项目成功率影响为负,反之为正。可能的解释是金融是存在门槛的,发展中经济体普遍金融发展水平一般,在水平较低的时候其对 PPP 项目成功率的影响不大,在金融发展水平达到一定程度后能够为 PPP 项目提供更好的投资环境,才会开始起正向作用。也有可能项目都是提前以合同契约的方式确定好私人参与的融资方案,与当地金融发展水平关系不大,和别的变量之间相关性不大,当然也不排除模型的问题和内生性考虑等因素。

此外,其他变量在表 10.13 回归模型(2)和(3)的结果基本一致。先进技术可得性虽然对项目成功率的影响不完全显著,但具有正面影响;项目周期和投资额对项目成功率的影响不显著,但具有负面影响。这说明先进技术的运用可能推动当地的基础设施建设水平,促进 PPP 项目的成功;PPP 项目周期越长、投资金额越大,项目面临的风险也越大。

表 10.13 全样本回归结果

	(1) 私人占比	(2) 项目成功率	(3) 项目成功率
ins	−2.5870**	0.0516***	0.0567***
	(−2.44)	(4.16)	(4.33)
inf	2.6950**	−0.0329**	0.0092
	(2.49)	(−2.42)	(0.33)

（续表）

	(1) 私人占比	(2) 项目成功率	(3) 项目成功率
fin	4.2330 ***	−0.0227	−0.0603 **
	(2.70)	(−1.62)	(−2.00)
inf2			−0.0120 *
			(−1.93)
fin2			0.0124 *
			(1.86)
avl˄tech	−1.8850	0.0153	0.0076
	(−1.45)	(0.91)	(0.47)
period	−0.0928 ***	−0.0006	−0.0006
	(−2.80)	(−1.18)	(−1.22)
t˄ti	−0.000500000	−0.000000542	−0.000000329
	(−1.11)	(−0.27)	(−0.16)
gdp	−0.00182000	0.00000501	0.00000448
	(−1.22)	(0.40)	(0.34)
fdi	0.010600	−0.000233	−0.000249
	(0.60)	(−1.06)	(−1.08)
pub˄b	−0.2570	0.0068	0.0069
	(−1.01)	(1.56)	(1.59)
Constant	105.5000 ***	0.8890 ***	0.9270 ***
	(18.06)	(12.98)	(14.26)
PPI 类型固定效应	√	√	√
行业固定效应	√	√	√
地区固定效应	√	√	√
国家类型固定效应	√	√	√
r2	0.0852	0.0579	0.0603
r2_w			
N	1 061	1 063	1 063
F	3.169	1.509	1.386

注：括号内为标准差，***、**、*分别表示在 1％、5％、10％的水平上显著。

（三）稳健性检验

考虑到线性概率模型的一些局限性，我们对 0—1 变量项目成功率使用经典回归方法 Probit 模型进行检验。结果显示，在表 10.14 回归模型（4）中，制度质量在 1％的显著性水平上与项目成功率呈正向影响关系；基础设施质量和金融发展水平均和项目成功率呈负向相关。回归模型（5）引入了基础设施质量和金融发展水平的二次项后，基础设施质量一次项系数为正、二次项系数在 5％的显著性水平上为负，金融发展水平一次项系数在 5％的显著性水平上负、二次项系数在 5％的显著性水平上为正。其他变量在回归（4）和（5）的结果基本一致。先进技术可得性、项目周期和投资额、东道国基本面对成功率的影响基本不显著。以上结果与 OLS 得到的结果基本一致,这也验证了 OLS 回归的结果。

表 10.14 Probit 模型回归结果

	(4) 项目成功率	(5) 项目成功率
ins	1.296 ***	1.399 ***
	(3.63)	(3.77)
inf	−0.802 *	0.482
	(−1.84)	(0.68)
fin	−0.781	−1.613 **
	(−1.60)	(−2.31)
inf2		−0.373 **
		(−2.30)
fin2		0.442 **
		(2.00)
avl˜tech	0.401	−0.125
	(0.98)	(−0.35)
period	−0.0102	−0.00878
	(−1.40)	(−1.20)
t˜ti	0.00000209	0.00000438
	(0.10)	(0.21)
gdp	0.000321	0.000214
	(0.74)	(0.48)
fdi	−0.00504 *	−0.00513 *
	(−1.80)	(−1.79)
pub˜b	0.131	0.124
	(1.19)	(1.36)
Constant	0.212	2.243 **
	(0.18)	(1.98)
PPI 类型固定效应	√	√
行业固定效应	√	√
地区固定效应	√	√
国家类型固定效应	√	√
r2_w		
N	916	916
F		

注:括号内为标准差,*** 、** 、* 分别表示在 1%、5%、10% 的水平上显著。

为了进一步检验主成分分析后指标变量的有效性,我们试图将三大指标所采用的所有指标进行单独回归,同时选取很多控制变量,结果显示基本上每个类别的指标都是按照这个趋势。同时,通过去除一个或多个固定效应看结果是否发生变化,其得出的结果也基本保持一致。因此,可以得出结果非常稳健。

结果表明,制度质量对 PPP 项目的影响呈正向相关,基础设施质量对其影响方向为先正后负,金融风险水平对其呈先负后正的影响但不显著,有利于项目成功率的影响因素并不一定也会提高私人部门的参与率,说明发生了私人投资的挤出。综上,制度风险、基础设施风险是影响"一带一路"沿线经济体 PPP 项目成功的重要风险因素,金融发展风险、技术风险对其也存在一定程度的影响。

四、研究结论与展望

(一)主要研究结论

"一带一路"倡议提出以来,"一带一路"沿线经济体已成为我国企业走出去所关注的重点核心区域。数据显示,近年来,"一带一路"沿线经济体尤其是发展中经济体对基础设施建设的需求日益增加,PPP 模式作为基础设施建设的主要融资模式之一备受公众关注。而机遇往往伴随着挑战,我们在看到"一带一路"沿线基础设施 PPP 项目存在巨大发展空间的同时不可忽略其风险因素。本章使用基于主成分分析法的 OLS 回归模型,对影响"一带一路"沿线发展中经济体 PPP 项目成功的风险因素进行识别分析,得出以下结论:

1. 制度因素是影响我国企业参与"一带一路"沿线 PPP 项目成功的关键

制度质量对 PPP 项目成功呈显著的正向相关作用,东道国的产权制度、政府公信力、司法独立性等变量情况越好,PPP 项目成功率越高,反之则越容易导致失败。由于"一带一路"沿线多为发展中经济体,存在经济、社会、文化等制度的差异性和一定的政治敏感性,制度不稳定对 PPP 项目带来的影响非常大,情况与国内 PPP 项目相比也较为复杂,东道国频繁更换政策、对投资者的保护力度不够、产权保护机制缺失、公共支出浪费过多、法律框架争端效率低下等状况均可能导致 PPP 项目的失败。因此,制度风险是我们在"一带一路"沿线 PPP 项目中需要重点关注的风险因素之一。

2. 经济体的基础设施质量越差,基础设施风险对 PPP 项目影响越大

从对基础设施质量二次项进行回归的结果来看,基础设施质量对 PPP 项目成功的影响呈先正后负的相关性:当东道国基础设施水平较低时,基础设施质量越差,项目成功率越低;当东道国的基础设施质量到达一定水平后,其对 PPP 项目成功率的影响逐渐减少。"一带一路"沿线主要为发展中经济体,通过主成分分析可以看出,其影响 PPP 项目的基础设施风险因素主要体现在交通运输领域,道路、铁路、港口、空运基础设施质量越差,PPP 项目建造及运营维护的难度越大,项目推进必然面临更多困难。因此,我国企业在对"一带一路"沿线经济体进行 PPP 项目投资时应充分考虑东道国基础设施风险因素,但这同时也反映了在"一带一路"沿线基础设施水平欠缺的经济体对基础设施质量提升有着迫切需求,在基础设施建设领域存在较大的投资空间。

从技术风险来看,对"一带一路"沿线大部分发展中经济体来说,基础设施建设对

最新技术的要求不是很高,技术风险对 PPP 项目的成功影响不大,但我国的相关技术和基础设施建设效率是比较高的,可以通过与沿线经济体的合作对当地的基础设施质量进行改善,从而提高项目成功率。

3. 复杂的金融发展环境对基础设施 PPP 的影响需要具体项目具体分析

金融发展风险在"一带一路"沿线经济体的 PPP 项目中影响并不是完全显著,对项目成功率的影响呈先负后正的相关性,当东道国金融发展水平较低时,金融发展水平的提升反而有可能使得资金风险提高、PPP 项目面临的风险增大。"一带一路"沿线多为发展中经济体,本章模型选取的样本也大多属于金融发展水平普遍较低的经济体,在这种情况下,贷款更加便利、金融市场大幅放开、风险资本更容易得到可能引起民间更大规模的融资,增加大家对市场的信心,更愿意投资大规模的 PPP 项目。但从长期来看,由于金融发展仍处于一个较低的水平,贷款融资等机制仍不完善,这种具有风险的资金流入 PPP 项目反而可能是一个较大的风险隐患。总的来说,由于基础设施建设项目大多服务于东道国的政治任务和社会发展,金融发展水平对 PPP 项目的运行有一定影响但不显著,金融发展风险会随着东道国经济实力的提升、金融环境越来越好而有所缓解。

4. 基础设施 PPP 项目投资环境的改善对私人部门投资有挤出效应

有利于提高"一带一路"沿线 PPP 项目成功率的影响因素并不一定也会提高私人部门的参与比例,说明发生了私人部门投资的挤出。政府部门在制度不完善、基础设施落后、缺乏技术指导和工程经验的时候,更愿意将政策向私人部门倾斜以带来投资及专业的实施团队,而在一国情况变好的时候,国家资本更愿意参与进来,对私人部门投资的门槛也会随之提高,从而产生对私人部门投资的挤出效应。

(二)启示与建议

随着"一带一路"倡议的不断推进,我国企业积极参与"一带一路"沿线经济体的基础设施 PPP 项目融资是必然趋势,本章根据对"一带一路"沿线 PPP 项目的风险研究,得出以下几点启发:

(1)制度质量对"一带一路"沿线 PPP 项目投资的正面影响非常关键,说明我们应当持续推进"一带一路"倡议,与沿线经济体建立更加密切的合作伙伴关系,坚持"共商、共建、共享"理念,为我国参与沿线经济体 PPP 项目的投资营造一个好的制度环境。同时,由于"一带一路"沿线部分经济体的制度环境较为复杂,我国企业在制度质量较差的经济体应当谨慎投资,尽量争取国家的战略支持,必要时通过外交手段推动项目合作,避免因为东道国发生政治性问题时项目受到影响。

(2)基础设施建设存在门槛,我们应该瞄准基础设施不是很好尤其是穷国对基础设施建设需求较大的投资机会,大力发展当地的基础设施 PPP 项目,对 PPP 项目的成功率会有相应的推动作用。但同时,基础设施风险又是我们在与"一带一路"沿线经济体合作 PPP 项目时的主要考虑因素,因此应当具体项目具体分析,充分考虑项目可行性,抓住机遇,谨慎投资。

（3）金融发展风险在"一带一路"沿线 PPP 项目中不显著主要是因为基本都是引入外资,使用当地融资的情况较少,因此当地的金融发展水平对我们投资"一带一路"沿线 PPP 项目的帮助意义不大。技术风险不显著是因为对于"一带一路"沿线的大多数发展中经济体来说,技术仍处于较为落后的阶段,对最新技术的要求不是很高。但从长远来说,我们应在 PPP 项目的推进过程中,协助当地营造一个良好的金融环境,借助我国基础设施建设的经验和技术尽可能地帮助东道国促进其基础设施质量的快速提升,从而更大限度地推动我国对"一带一路"沿线经济体投资合作的进程。

总之,在"一带一路"倡议下,我们更应该加大对沿线发展中经济体的投资力度,在对"一带一路"沿线发展中经济体基础设施 PPP 项目进行投资时充分考虑其制度、基础设施质量和金融等风险因素,提高基础设施 PPP 项目的成功率,推动我国与"一带一路"沿线经济体开展更为深入的合作。

第十一章　PPP 模式在世界主要国家和地区的应用现状及应用环境的可持续性分析①

一、各国 PPP 模式的应用现状分析

（一）各国 PPP 模式的应用领域分析

目前,PPP 模式在越来越多的国家和地区得到推广并在基础设施建设、医疗、教育、住房等领域应用。国际上,英国、美国、加拿大等均成立了自己的 PPP 官方机构或者组织,负责 PPP 项目的具体实施。下面将对 PPP 在一些重点国家的应用现状进行分析。

1. 英国

1992 年英国最早应用 PPP 模式。英国 75% 的政府管理者认为 PPP 模式下的工程达到和超过价格与质量关系的要求,可节省 17% 的资金。80% 的工程项目按规定工期完成,而常规招标项目按期完成的只有 30%;20% 未按期完成的,拖延时间最长没有超过 4 个月。同时,80% 的工程耗资均在预算之内,一般传统招标方式只能达到 25%;20% 超过预算的是因为政府提出调整工程方案。按照英国的经验,适于 PPP 模式的工程包括交通(公路、铁路、机场、港口)、卫生(医院)、公共安全(监狱)、国防、教育(学校)、公共不动产管理。

2. 智利

智利是在国家为平衡基础设施投资和公用事业急需改善的背景下于 1994 年引进 PPP 模式,提高了基础设施现代化程度,并获得充足资金投资到社会发展计划。从开展项目模式至 2018 年,共计 94 个项目(总投资额约 230 亿美元),在建项目共计 19 个(总投资额约 54 亿美元)。2018 年,智利公共工程部发布了《2018—2023 年 PPP 规划》(Concessions Plan in Chile 2018—2023),计划开发 48 个潜在 PPP 项目,共计总投资额约 146 亿美元(约合人民币 1 005 亿元),行业涵盖收费公路、医院、轨道交通与公

———————————
①　作者赵静、常非凡就职于财政部财政科学研究所博士后流动站、国家发改委国际合作中心,部分内容已于 2017 年在《经济问题探索》发表。

路交通、水坝、机场等。

3. 葡萄牙

葡萄牙自 1997 年启动 PPP 模式,首先应用在公路网的建设上。至 2006 年的 10 年期间,公路里程比原来增加一倍。除了公路,正在实施的工程还包括医院的建设和运营、修建铁路和城市地铁。

4. 巴西

巴西于 2004 年 12 月通过"公私合营 PPP 模式"法案,该法对国家管理部门执行 PPP 模式下的工程招投标和签订工程合同做出具体的规定。世界银行统计,巴西 PPP 项目投资呈现不断增长的趋势,PPP 项目对改善巴西基础设施发挥了重要作用,PPP 模式被巴西政府视为吸引私人投资的有效方式。但受近来巴西政治变局和经济增长持续乏力的影响,2015 年以来,巴西 PPP 项目投资急剧下滑,从 2014 年上半年的 309 亿美元骤降至 2015 年的 18 亿美元。在此背景下,巴西政府近期宣布了改进本国 PPP 模式的发展计划,并大幅改善相关监管框架,以促进外国企业参与包括交通运输、物流及能源等领域项目的特许经营。巴西联邦政府于 2016 年通过第 13334 号法律宣布创立投资伙伴关系计划(Investment Partnerships Program, PPI)。到 2018 年,PPI 共推出 193 个项目,其中 136 个项目已签约,签约投资额达 680 亿美元,有 49 个项目由外国公司中标。

5. 美国

美国成立了 PPP 国家委员会,积极宣传与促进 PPP 模式,各州颁布专门法律促进 PPP 模式在基础设施项目中的应用。在住房领域应用 PPP 模式较多,提供保障性住房解决底层人民居住问题是一个世界性问题。美国依靠市场的力量,通过 PPP 模式调动社会资本参与建设、运营,缓解财政资金压力,提高运营效益。美国的保障房基本采用政府出资、最终归私人所有,通过税收抵扣、软性贷款约束保障房的最低服务年限。私人一般是非营利组织,因此即使归私人所有,保障房的性质不会变。保障性住房建设资金需求大,通过引入私人资本,可以缓解财政资金压力,改善底层人民生活环境。

6. 澳大利亚

澳大利亚设立基础设施局,以严格的审计和绩效评价机制管理 PPP 项目。在医疗领域,澳大利亚政府有许多创新措施,主要通过 DBOO 模式(设计—建设—拥有—运营),私人部门提供 15 年的免费服务,政府每年给予运营商报酬。

7. 中国

中国基础设施建设领域引入 PPP 模式,具有极其重要的现实价值。中国政府也开始认识到这些重要价值,并为 PPP 模式在中国的发展提供了一定的国家政策层面和法律法规层面的支持。2013 年以来,中国政府密集出台了数十项推广 PPP 模式的政策文件,为 PPP 在中国的发展创造了良好的氛围。2015 年 5 月国家发改委公布了 PPP 项目库,第一批向社会推介了 1 043 个项目,总投资为 1.97 亿元,涵盖水利设施、市政设施、交通设施、公共服务、资源环境等多个领域。第二批公开推介了 1 488 个项目、总投资为 2.26 万亿元。截至 2016 年 7 月底,两批公开推介的 PPP 项目中,已有 619 个项目签约,总投资为 10 019.1 亿元。

表 11.1 对英国、美国、澳大利亚、法国、菲律宾和中国 PPP 模式的应用领域进行了统计。

表 11.1　各国 PPP 模式的应用领域统计分析

	水务	道路	医疗	教育	住房
英国	供水等	伦敦地铁信息化、曼彻斯特南公路、克罗伊登电车线、劳特拉夫大桥等	LIFT 有限责任公司等	苏格兰南拉纳克郡学校项目、格拉斯哥学校项目、谢尔学校项目等	大型自愿转让方式等
澳大利亚		悉尼城际隧道、莱茵科夫隧道、堪培拉城市连线、东部公路、悉尼城市轻轨等	Mildura 医院、墨尔本皇家儿童医院等	新南威尔士州等	
美国	自来水厂等	收费公路等	圣马特奥郡区域医院	明尼苏达州哥伦比亚波哥大、合约学校、特许学校、密尔沃基家长选择计划等	伯克利地区的牛津广场保障住房旧金山的猎人景项目弗雷斯诺的 ParcGrove-Commons 等
法国	Veolia Environment 供水公司等	铁路网络、高速公路网、街道照明、苏伊士运河 Millau 高架桥等			
中国	重庆水务等	(北)京承(德)高速公路北京高丽营至沙峪沟段、北京地铁 4 号线、深圳地铁 5 号线、南京地铁 2 号线等	广州广和医院、北京门头沟区医院、汕头潮南民生医院、北京新里程肿瘤医院等	广东科学技术职业学院等	熊岳古城区域一期、官渡区方旺片区、怡和家园、巴南区、海盐县人才小区、合川区、金沙洲保障房等
菲律宾	大马尼拉地区供排水系统私营化项目	马尼拉高速、北吕宋高速公路项目、机场等			

（二）PPP 模式占公共投资的比例情况分析

PPP 模式在各国公共投资中占据的比例并不是很高,这是因为 PPP 作为传统交付模式的一种补充,仅在能够更好地实现物有所值的情况下才得以使用,因此在公共投资中的比例只占一小部分。从表 11.2 可以看出,即便是 PPP 运用较为成熟的英国、澳大利亚等国,截至 2017 年,PPP 投资占公共投资的比例也不超过 15％。在加拿大、新西兰、意大利、捷克等国，该比例仅在 3％以下。澳大利亚有约 50％的基础设施由私营部门交付，但有 10％—15％是通过 PPP 模式提供的。

表 11.2　PPP 模式占公共投资的比例　　　　　　　　　　　　　　单位：％

国家	PPP 模式占公共投资的比例	国家	PPP 模式占公共投资的比例
澳大利亚	10—15	墨西哥	15
英国	10—13	芬兰	10—15
韩国	5—10	卢森堡	5—10
德国	3—5	南非	3—5
挪威	3—5	西班牙	3—5
加拿大	1—3	意大利	1—3
新西兰	1—3	捷克	0—1

（三）全球不同地区基础设施建设领域 PPP 模式应用情况分析

表 11.3 分别从项目数和投资额统计了 1990—2017 年上半年间全球不同地区基础设施建设过程中采用 PPP 模式的情况，两个角度的统计结果趋于一致，即项目数较多的地区，其投资额也较多。各地区的排序（由多到少）依次为拉丁美洲和加勒比地区、亚太地区、南亚、欧洲和中亚、撒哈拉非洲、中东和北非。

拉丁美洲和加勒比地区在项目数和投资额上分别占总量的 29.0％和 37.5％，表明 PPP 模式在该地区运用十分活跃。亚太地区项目数占总数的 30.1％，但投资额却只占总额的 18.4％，说明 PPP 模式在该地区也呈现活跃态势，但项目单个金额小于拉丁美洲地区，说明项目投资规模不如拉丁美洲地区大。南亚地区在项目数和投资额上均占总量的 17.3％，投资额总量略低于亚太地区，项目数刚刚超过亚太地区的一半。欧洲和中亚地区在项目数和投资额上分别占总量的 13.0％和 16.9％；中东和北非地区 PPP 项目最少，两者分别只占总量的 2.6％和 4.5％，说明 PPP 模式在该地区运用十分少，与该地区政局不稳定有极大关系。

表 11.3　1990—2017 年上半年全球不同地区基础设施建设领域 PPP 模式应用情况统计

	项目数（个）	所占比例（％）	投资额（百万美元）	所占比例（％）
拉美和加勒比	2 086	0.290	967 689	0.375
亚太	2 167	0.301	475 448	0.184
南亚	1 244	0.173	412 139	0.160
欧洲和中亚	934	0.130	435 293	0.169
撒哈拉非洲	575	0.080	174 463	0.068
中东和北非	189	0.026	116 553	0.045
总计	7 195	1	2 581 585	1

注：数据仅截止到 2017 年上半年。

资料来源：World Bank and PPIAF，PPI Project Database(http://ppi.worldbank.org)。

表 11.4 分别从 PPP 模式所应用的项目数和投资金额角度统计了 1990—2017 年全球排名前 10 的国家。可以看出金砖四国（Brazil，Russian，India，China，简称BRICs）在上述两个指标上均占据鳌头（金砖四国项目数和投资额累计分别占74.76% 和 65.04%）。此外，从 PPP 模式应用的项目数看，我国居世界首位，占 Top 10 项目总数的 29.30%，说明 PPP 模式在我国基础设施建设领域十分活跃；而我国的投资金额仅居世界第四，说明相对其他国家而言，我国基础设施建设的 PPP 项目投资规模并不大。

表 11.4　PPP 模式项目数应用前十名国家情况统计

	项目数 top10			投资额 top10	
	项目数（个）	所占比例（%）		投资额（百万美元）	所占比例（%）
中国	1 414	29.30	巴西	525 842	28.72
印度	945	19.58	印度	347 037	18.95
巴西	901	18.67	土耳其	168 616	9.21
俄罗斯	348	7.21	中国	160 132	8.75
墨西哥	284	5.88	俄罗斯	157 779	8.62
阿根廷	216	4.48	墨西哥	149 610	8.17
土耳其	213	4.41	阿根廷	96 739	5.28
哥伦比亚	184	3.81	印尼	86 194	4.71
泰国	166	3.44	菲律宾	75 341	4.11
菲律宾	155	3.21	马来西亚	63 697	3.48

资料来源：World Bank and PPIAF，PPI Project Database(http://ppi.worldbank.org)。

（四）PPP 模式在全球重点行业的运用情况

表 11.5 分别从项目数和项目投资额统计了 1990—2017 年上半年全球范围内PPP 模式在四个行业（能源、交通、通信和水处理）的运用情况。

表 11.5　1990—2017 年上半年全球范围内 PPP 模式在四个行业的运用情况

	行业	项目数（个）	所占比例（%）	项目投资额（百万美元）	所占比例（%）
交通基础设施	机场	165	2.3	102 468	4.0
	铁路	134	1.9	108 034	4.2
	公路	967	13.4	272 177	10.6
	港口	443	6.2	81 424	3.2
	总计	1 709	23.7	564 103	22.0
能源	电力	3 281	45.6	848 413	33.1
	天然气	371	5.2	75 841	3.0
	总计	3 652	50.7	924 254	36.0
通信	通信	856	11.9	996 497	38.9

（续表）

行业		项目数 （个）	所占比例 （%）	项目投资额 （百万美元）	所占比例 （%）
水力	水处理	981	13.6	79 993	3.1
总计		7 198	1	2 564 847	1

从项目数来看,统计期间能源行业项目最多,随后依次为交通基础设施、水处理和通信;而从项目投资额来看,排名第一的是通信行业,其后是能源、交通基础设施和水处理。能源行业项目数占总量的 50.7%,可知 PPP 模式在该领域应用最为活跃,这与当今世界经济发展对能源的高度依赖特征相一致;通信行业 PPP 项目数虽然只占总量的 11.9%,但投资额却以 38.9% 的比例居榜首,说明过去 28 年间该行业的 PPP 项目多为投资金额巨大的项目。

水处理行业在项目数和投资额上数额较少,可知 PPP 模式在此行业的活跃程度和项目投资规模不如其他行业。

表 11.6 描述了 1990—2017 年 PPP 模式在发展中经济体不同领域的项目数及投资额情况。本节选取泰国、哈萨克斯坦、俄罗斯、巴西、印度尼西亚五个经济体作为主要研究对象。可知,无论是从项目数还是项目额来看,电力领域的 PPP 模式应用最为广泛,如表 11.7 至表 11.10 所示。

表 11.6　PPP 模式在泰国 1990—2017 年上半年基础设施建设中的应用情况

细分行业	项目数 （个）	投资额 （百万美元）
机场	2	455
电力	97	22 988
天然气	3	1 350
铁路	3	2 772
公路	2	2 247
港口	11	199
电信	8	22 138
水处理	16	831

表 11.7　PPP 模式在哈萨克斯坦 1990—2017 年上半年基础设施建设中的应用情况

细分行业	项目数 （个）	投资额 （百万美元）
机场	2	31
电力	16	1 542
天然气	11	604
铁路	1	231
电信	5	9 610
水处理	1	0

表 11.8 PPP 模式在俄罗斯 1990—2017 年上半年基础设施建设中的应用情况

细分行业	项目数 （个）	投资额 （百万美元）
机场	8	2 120
电力	102	33 711
天然气	3	12 993
铁路	2	4 519
公路	4	7 493
港口	11	218
电信	186	90 138
水处理	23	1 985

表 11.9 PPP 模式在巴西 1990—2017 年上半年基础设施建设中的应用情况

细分行业	项目数 （个）	投资额 （百万美元）
机场	17	28 262
电力	421	179 438
天然气	17	9 285
铁路	19	32 286
公路	72	49 517
港口	53	11 175
电信	36	176 978
水处理	136	14 860

表 11.10 PPP 模式在印度尼西亚 1990—2017 年上半年基础设施建设中的应用情况

细分行业	项目数 （个）	投资额 （百万美元）
电力	43	20 771
天然气	2	719
公路	27	4 510
港口	7	1 519
电信	18	38 923
水处理	12	1 175

二、PPP 模式在基础设施领域应用环境的可持续性分析

（一）可持续指标体系的构建

进行 PPP 模式的应用环境可持续性评价，首要任务是构建可持续评价指标体系。可持续性指标或指标体系是人类可持续发展实践的产物，反映了人类对自然不断深化

的认识。目前的研究中,并未有关于 PPP 模式的应用环境可持续性指标介绍。但是在交通基础设施领域、农业领域、生态领域的可持续指标构建的研究较为丰富。虽属于不同领域,但可持续指标构建标准及指标选择方法却是通用的。鉴于此,本节将借鉴其他领域关于可持续指标的构建方法来进行体系构建。

有关选择标准,英国政府的要求是政策相关、分析正确、可测量、变化性和综合性,并能代表社会的愿望。美国环保署的标准是,与系统目标的联系要明确而密切,对整个系统的结构和功能是重要的,是对环境胁迫做出的反应等。

关于指标的选择方法,国际上应用较普遍的是联合国可持续发展委员会(UNCSD)提出的"压力—状态—响应"框架(PSR)。粮农组织(FAO)提出了界定范围、建立框架、确定参考系、选择和呈现的确定指标的五个步骤。Hartemink(1998)等提出了系统属性选择指标法。Bellows(1994)认为指标体系的建设应包括从动机、建设到最终行动和反馈的整个过程。指标体系的内容随不同的国家、地区和发展阶段而不同,具有较大的主观性。

基于以上分析,再结合 2015 年亚洲开发银行发布的一项关于 PPP 运用环境的研究报告,本章构建了可持续经营指标体系。该报告指出衡量不同经济体运用 PPP 项目的可持续指标主要包括三项:一是该经济体的投融资环境,金融市场发展完善与否、企业获得信贷的便利程度均会对 PPP 模式的运用产生影响;二是该经济体的 PPP 项目经验,企业在 PPP 项目运作经验较丰富的国家投资,可减少不必要的麻烦;三是公共部门服务能力,公共部门的效率高低、规章制度的完善程度会极大地影响 PPP 项目的实施效率。基于此,本章将金融市场发展、设立企业便利程度、投资者保护力度、宏观经济环境、商业成熟度、获得信贷便利程度等六个指标作为投融资环境衡量指标;将项目数和投资额作为 PPP 经验的主要衡量指标;将公共部门效率、体制机制、规管质量、创新能力等四个指标作为衡量公共部门能力的指标(见表 11.11)。其中,C2、C3、C6 来自世界银行 2017 年的《全球营商环境报告》(*Doing Business Report*),C7—C8来自世界银行 PPP 项目库,其余指标来自世界经济论坛 2017 年的《全球竞争力报告》(*Global Competitiveness Report*)。

表 11.11　PPP 模式应用环境的可持续性指标体系构建

目标层	一级指标	二级指标
A:PPP 项目运作环境可持续性分析	B1:投融资环境	C1:金融市场发展
		C2:设立企业便利程度
		C3:投资者保护力度
		C4:宏观经济环境
		C5:商业成熟度
		C6:获得信贷便利程度
	B2:PPP 项目经验	C7:项目数
		C8:投资额

目标层	一级指标	二级指标
	B3：公共部门能力	C9：公共部门效率
		C10：体制机制
		C11：规管质量
		C12：创新能力

（二）"一带一路"贸易畅通指标测度方法

1. 数据采集及标准化处理

各指标数据从《全球竞争力报告》《全球营商环境报告》《世界经济自由度报告》《国别投资指南》《年度中国对外直接投资统计公报》等报告或文件中提取出来。测算数据主要有各国政府统计机构、国际性统计机构、国际性研究机构或公司的主题报告和调查数据三个来源。由于"一带一路"贸易畅通指标体系中的各项指标数据的量纲不同，所有指标数据都必须进行无量纲化处理。

采用最大—最小化方法，正向指标的处理公式为：

$$X_{ij} = \frac{X_{ij} - \min(X_{ij})}{\max(X_j) - \min(X_j)},$$

逆向指标的处理方式为：

$$X_{ij} = \frac{\max(X_{ij}) - X_{ij}}{\max(X_j) - \min(X_j)}。$$

其中，X_{ij} 表示一国第 i 维度第 j 项指标标准化后量值，$\max(X_{ij})$ 为 i 维度第 j 项指标最大样本值，$\min(X_{ij})$ 为 i 维度第 j 项指标最小样本值，X_{ij} 为某城市第 i 维度第 j 项指标原始值。

2. 指标权重确定

指标赋权方法众多，其中主观赋权法因个人的主观意识问题通常会引起争议；客观赋权法有时会出现与经济原理不一致的结论。现有贸易便利化指标体系研究在对指标赋权时多采用主观赋权法。笔者认为，既要充分考虑到专家学者对指标权重的经验估计，又要尊重反映指标信息量情况的客观权重，故采用主观与客观相结合的熵—AHP方法进行权重赋值。

（1）用改进的层次分析法确定主观权重。

层次分析法（Analytic Hierarchy Process，AHP）是将与决策总是有关的元素分解成目标、准则、方案等层次，在此基础之上进行定性和定量分析的决策方法。但在以往的研究中在确定权重时有些不足，需做改进。本研究在使用此方法确定权重时采用和积法。

将判断矩阵标准化：$\overline{b_{ij}} = \dfrac{b_{ij}}{\sum\limits_{i=1}^{n} b_{ij}}$，　　$i, j = 1, 2, \ldots, n$

将标准化的矩阵按行相加：$W_{\bar{i}} = \sum\limits_{j=1}^{n} b_{i}\bar{j}$，$\quad i,j = 1,2,\ldots,n$

对 W 进行标准化：$W_i = \dfrac{W_{\bar{i}}}{\sum\limits_{j=1}^{n} W_{\bar{j}}}$，$\quad i,j = 1,2,\ldots,n$

则 $W = (W_1, W_2, \ldots, W_n)^T$ 为所求特征向量，即各个指标的权重。此时，需要对所得矩阵进行一致性检验。

（2）用熵值法确定客观权重。

在综合评价中，由于传统的熵值法确定的权重值具有较高的可信度，目前被广泛地应用于各领域指标评价研究中。

根据信息熵定义，评价矩阵 Y 中第 j 项指标的信息熵为：

第 j 项指标的熵值 (Q_j)：$Q_j = (-\dfrac{1}{\ln n}) \times (\sum\limits_{i=1}^{n} P_{ij} \times \ln p_{ij})$

第 j 项指标的差异性系数 (D_j)：$D_j = 1 - Q_j$

第 j 项指标的权重 (Z_j)：$Z_j = \dfrac{D_j}{\sum\limits_{j=1}^{m} D_j}$

综合指数 (W_{ij})：$W_{ij} = \sum\limits_{j=1}^{m} Z_j \times X'_{ij}$

即第 j 项指标的熵权值。

（3）熵－AHP 法确定最终权重。

为克服层次分析法的主观随意性较大的缺陷，利用熵权重 W_{ij} 修正由 AHP 法得出的权重系数。其公式为 $w_j = \alpha(w_j') + (1-\alpha)(w_j'')$，$(0 \leqslant \alpha \leqslant 1)$。其中，$w_j'$ 为改进层次法确定的权重，w_j'' 为熵值法确定的权重。组合权重随 α 的改变而改变，当 $\alpha = 1$ 和 $\alpha = 0$ 时，分别对应于 AHP 法和熵权法。α 如何合理地取值有很多讨论，主要有各指标的重要程度等级排序、AHP 所得指标权重排序和熵权法所得指标权重排序三种排序，根据它们的一致程度 α 分别取 0、0.5 和 1。经综合考虑，采用 $\alpha = 0.5$。

（三）层次总排序

根据表 11.12 所示的权重总排序，可知对 PPP 模式运用环境的可持续性发展有影响的指标中，影响度从大到小的因素依次为 C1（金融市场发展）、C5（商业成熟度）、C6（获得信贷便利程度）、C9（公共部门效率）、C7（项目数）、C8（投资额）、C4（宏观经济环境）、C2（设立企业便利程度）、C3（投资者保护力度）、C10（体制机制）、C12（创新能力）、C11（规管质量）。总体来看，投融资环境对 PPP 模式运用环境的可持续性发展影响最大。

表 11.12　层次总排序

层次 C	层次 B			总排序权重
	B1	B2	B3	
	0.6	0.2	0.2	
C1	0.2201			0.13206
C2	0.1427			0.08562
C3	0.1169			0.07014
C4	0.1477			0.08862
C5	0.1863			0.11178
C6	0.1863			0.11178
C7		0.5		0.10000
C8		0.5		0.10000
C9			0.535	0.10700
C10			0.192	0.03840
C11			0.123	0.02460
C12			0.150	0.03000
合计	1	1	1	1

（四）世界主要经济体 PPP 模式应用环境的综合打分

如表 11.13 所示,按照打分排名由高到低依次为中国＞印度＞巴西＞英国＞日本＞澳大利亚＞墨西哥＞智利＞哥伦比亚＞韩国＞俄罗斯＞土耳其＞泰国＞阿根廷。其中中国与印度两国得分均为 0.631,巴西和英国得分分别为 0.606 和 0.600,按照可持续标准评价,四个经济体处于可持续状态;阿根廷得分最低,处于弱可持续状态;其余九个经济体处于基本可持续状态。

表 11.13　世界主要经济体 PPP 模式应用环境的综合打分

	C1	C2	C3	C4	C5	C6	C7	C8	C9	C10	C11	C12	综合得分
中国	0.614	0.775	0.450	0.914	0.629	0.500	1.000	0.270	0.586	0.600	0.614	0.557	0.631
印度	0.614	0.737	0.733	0.600	0.600	0.650	0.690	0.670	0.529	0.543	0.557	0.500	0.631
巴西	0.614	0.642	0.650	0.643	0.614	0.450	0.620	1.00	0.386	0.457	0.529	0.471	0.606
墨西哥	0.586	0.869	0.600	0.714	0.586	0.900	0.270	0.280	0.457	0.457	0.543	0.471	0.572
俄罗斯	0.500	0.924	0.600	0.786	0.543	0.650	0.200	0.300	0.457	0.471	0.457	0.471	0.533
阿根廷	0.429	0.734	0.617	0.600	0.529	0.500	0.180	0.200	0.314	0.371	0.371	0.429	0.439
智利	0.700	0.898	0.650	0.843	0.600	0.500	0.150	0.130	0.614	0.686	0.657	0.500	0.564
土耳其	0.600	0.852	0.700	0.686	0.614	0.500	0.140	0.240	0.543	0.543	0.614	0.486	0.533
哥伦比亚	0.571	0.861	0.733	0.800	0.586	0.950	0.130	0.120	0.443	0.429	0.514	0.457	0.558
泰国	0.657	0.850	0.667	0.857	0.629	0.450	0.110	0.110	0.471	0.486	0.529	0.471	0.521

	C1	C2	C3	C4	C5	C6	C7	C8	C9	C10	C11	C12	综合得分
英国	0.729	0.946	0.783	0.586	0.786	0.750	0	0	0.671	0.771	0.871	0.714	0.600
澳大利亚	0.771	0.965	0.583	0.800	0.671	0.900	0	0	0.557	0.714	0.786	0.629	0.597
日本	0.757	0.912	0.647	0.571	0.800	0.950	0	0	0.571	0.643	0.771	0.786	0.598
韩国	0.543	0.944	0.733	0.914	0.671	0.650	0	0	0.443	0.514	0.571	0.686	0.534

注：按照 UNCSD 公布的可持续发展的标准，分值在 0.8 以上，为完全可持续状态；分值在 0.6—0.8，处于可持续状态；分值在 0.5—0.6，处于基本可持续状态；分值在 0.5 以下，处于弱可持续状态。

C7 和 C8 两个指标采取的是指标标准化处理。中国的项目数最多，设为 1；巴西项目金额最大，设为 1；其余经济体数据采取标准化处理。由于日本、澳大利亚、英国和韩国项目数及金额相对于中国和巴西很小，经过指标处理后接近于 0。其余各指标采取同种处理方法。

再单独来看 12 项指标得分，中国在 C3 投资者保护力度和 C6 获得信贷便利程度两项指标得分中不仅低于韩国、英国等发达经济体，与印度、巴西、俄罗斯、土耳其等发展中经济体相比，也存在较大差距。

值得注意的是，韩国、澳大利亚、日本、英国一直是 PPP 模式应用的标杆地区，但在此次综合打分中却低于中国、印度、巴西三个经济体，这可能是因为：①中国、印度、巴西经济发展水平越来越高、宏观环境总体状况变好、经商环境不断完善，而韩国、英国等发达经济体经济发展速度放缓，所以，中国、印度、巴西的金融市场发展指标、商业成熟度指标、获得信贷便利程度指标作为 12 项指标中权重最高的指标，与韩国、澳大利亚、日本、英国等发达经济体的指标得分差距正在变小。②在表 11.13 中，C7 项目数及 C8 项目投资总额两项指标的数值选取的是 1990—2015 年各个经济体的数值，与中国、印度、巴西等相比较，韩国、澳大利亚、日本、英国等发达经济体的项目数及投资额微乎其微，因此四个发达经济体在此项指标得分均为 0，这在一定程度上会加大最后的得分差距。再加之以上 12 个指标得分取值存在很大不同，如 C1、C4、C5、C9、C10、C11、C12 采取的是 0—7 分制，C2、C3、C6 是百分制，而 C7 和 C8 是实际统计数据。将 12 个指标进行指标标准化处理后，可能会造成最后结果的误差。

三、政策建议

结合前文对世界主要经济体 PPP 模式应用领域、不同行业 PPP 模式占比等现状的描述，为创造一个更好的 PPP 模式应用的可持续发展的环境，尤其是对发展中经济体，本章提出以下政策建议：

（一）创新融资工具

一国融资环境的良好对于该国 PPP 模式的可持续应用环境具有极大的影响作用。因此，为使得 PPP 参与各方之间实现公平有效的风险分担和利益共享，建立完善的金融体系及创新融资工具显得极为必要。由于 PPP 项目的债务率较高（一般在

70％—90％），因此融资工具的便利性和丰富程度也是影响PPP项目成功的重要因素。目前银行贷款（含银团贷款）仍然是国际上运用较为广泛的融资工具，但也有部分项目尝试采用多种融资工具，包括利用资本市场发行债券（含企业发债和政府发债），以及引进如养老基金、保险资金和社保基金等长期稳定回报的资金等工具。结合多数发展中经济体的实际情况，可以尝试采用以下融资工具：①申请发行地方政府债券；②项目公司发行公司债券、企业债券、中期票据等中长期公募债券，发行项目收益债券，以及发行定向融资工具等非公开发行债券；③项目建成并运营后，在稳定现金流可期的情况下可以考虑资产证券化；④引入养老基金及保险基金等追求长期稳定收益的资金，目前已有的险资参与基础设施建设的形式主要为债权投资计划，未来还可以研究新的参与形式，如参与联合体的组建以股权方式进入PPP领域、参与设立PPP基金、购买与PPP项目相关的各种公司债券/地方政府债/资产证券化等；⑤条件成熟时，设立地方PPP基金，该基金可以通过债权、担保、股权等形式，为难以获得市场融资的PPP项目提供资金支持，在项目条件改善后择机退出。

（二）提高公共部门能力建设水平

总体来看，与发达经济体相比，发展中经济体的公共部门能力建设水平较落后。公共部门在传统体制机制的束缚下，创新和自我驱动能力较差，使得创新指标、规管质量指标均居于后位。做好公共部门的PPP能力建设，需要将制度能力建设和机构能力建设进行有机结合。①宏观层面，建立公共部门边界是公共部门治理方式的具体体现，决定了PPP模式能否拥有生存和发展的土壤，属于公共部门能力建设的最上层建筑。②中观层面，与PPP模式推广运用相配套的法律法规体系，是公共部门能力建设的关键支撑框架，决定了PPP模式能否在统一的规范和管制下运转。当前，我国PPP制度体系建设进入体系逐渐完整的阶段，但是也存在一些诸如国家发改委与财政部出台的政策文件规定存在不一致的地方、示范项目缺乏有效的跟踪评估和监督审查机制等问题，因此下一步应完善与PPP模式推广运用相配套的法律法规体系。③微观层面，专门管理机构及相应的管理机制是公共部门对PPP项目进行有效管理的基础，也是上层建筑和中层框架得以实施的保障。2018年，我国财政部成立了PPP中心，下一步应该在项目资源管理、项目实施指导、项目监管协助等方面发挥更多作用。总之，中国政府需要加快政府职能转变，从以往与私人部门合作中的主导地位退出，减少对微观事务的干预，将更多的精力放到宏观规划和监管上。另外，要逐渐改变中国地方政府部门在以往的PPP项目执行过程中暴露的执行力弱、缺乏契约精神等问题。

（三）建立合理的风险共担机制和公平的利益分配机制

对任何一个PPP融资项目来讲，风险存在于项目设计、建设、运营管理的全过程。政府部门和私人部门都需要充分了解项目风险，在项目伊始便应最大可能地预测未来风险并提出应对方案。对于不可预知的风险需要设定相应的调节机制。总体上，政府部门应该主要承担法律风险、政策风险、最低需求风险等;而私人部门应主要承担项目设计、建造、财务和运营维护风险;不可抗力等风险由政府和社会资本合理共担。PPP项目运营周期长,期间难免会遇到各种难以预见的问题,即不可抗力风险。若问题得不到有效解决,容易导致项目的最终失败。在必要的时候,政府和私人部门需要对风险分配进行合理调整,共同解决收入低于预期、融资难等问题。因此灵活的变通机制是PPP项目成功的必要因素。在变通的过程中,政府和社会资本需始终保持高度的合作诚意,共同努力解决问题。

另外,建立公平的利益分配机制也很重要。PPP模式比较复杂,涉及多方利益,协调利益分配是实施PPP项目的关键。公私双方不仅需要充分协商,就特许经营合同中的利益分配问题达成共识,以规避合作过程中因利益分配不均而产生的风险;而且还要能够提出让彼此均认可的利益分配方案,这是促进PPP项目双方积极合作的源动力。如果收益分配结构不当,就会损伤合作双方的积极性,从而导致项目合作破裂。

利益分配机制设计好后,还需要政府和私人部门签订完善的协议来约束双方行为。同时,法律层面还需要制定完善的法律、法规保障私人部门利益。PPP项目通常前期投资额高,回报周期长,影响项目的因素多,收益不确定性大。如果没有相应法律、法规保障私人部门利益,PPP模式难以有效推广。通过立法等形式,对私人部门利益予以保障,才能吸引更多社会资本进入。

第十二章　中南半岛与数字丝绸之路

本章内容将在介绍各个经济体数字经济相关基础设施发展现状的基础上,运用中南五国信息社会指数(ISI),分析中南五国是否已经到了发展信息社会的一个重要时点,从中便可以看出这些国家对于信息基础设施投资的需求程度;然后分析数字经济对中南半岛五国其他产业发展的带动作用;最后分析中国数字经济的发展以及在中南半岛的投资现状。

一、数字经济与现代基础设施——通信

(一)越南

越南是个社会主义国家,因此具有较强的中央计划经济的意味。因此,在分析越南通信业发展时,必不可少地需要分析其国家政策层面的变化。

2009 年越南的数字经济发展仍较为落后,但是,在近 8 年时间内,情况已有较大改善。首先,固定电话用户数量在 2009 年达到每百人约 19.6 个用户的高峰,然后在 2015 年下降到每百人约 6.3 个用户。移动通信普及率在 2014 年达到每百人约 147.1 个用户的高点。2007 年以后,越南固定宽带用户数量得到了较快的增长,每百人用户数从 2007 年的 0.6 增长到了 2015 年的 8.1。越南每百万人所拥有的互联网服务器台数也和宽带用户数有着相似的发展规律,从 2007 年的 0.14 台上升至 2016 年的 18.95 台,而我国同期为 20.50 台。电信业总收入从 2006 年的 27.7 亿美元增长到 2010 年的 94.1 亿美元,2011 年降至 70.0 亿美元,然后 2015 年增至 84.0 亿美元。在进出口方面,越南信息通信技术产品进口占货物总进口的比例从 2010 年开始出现了快速增长,从 8.4% 上升至 2015 年的 21.1%。出口方面与进口类似,信息通信技术产品出口占货物总出口的比例从 2010 年的 7.9% 上升至 2015 年的 29.4%。对外进出口的增加与越南 2007 年加入 WTO 以及在电信业方面的对外开放有着较大的关联性。

分析越南数字经济的发展,需要从政策层面加以讨论。越南电信方面的政策变迁主要经历三个阶段。第一阶段为 1987—1996 年,是电子通信行业的基础法律条款。为更好地规范越南通信行业的发展,越南的 Council of Ministers 在 1987 年 8 月 15 日

通过了 121/CP 法律。第二阶段为 1997—2000 年,期间通过了 109/1997/ND－CP 法条,确立了越南国内通信业的一定垄断意味。这是因为,随着越南社会经济发展的进步与更迭,121/CP 覆盖范围、内容逐渐无法适应未来的需求,因而在 1997 年,国家通过了 109 法条,这个法条虽然在 121 法条基础上增加了对电子通信行业的规划,但是其中的垄断条款仍制约市场的发展。第三阶段为 2001 年之后,确立越南通信业发展正式迈入国际化道路。越南先后在 2001 年与美国签署了双边贸易协定,同时在 2007 年 1 月 11 日成为 WTO 的正式成员,标志越南分别同意向美国及 WTO 的其他外国投资者开放其国内的通信业务。同时,为履行其国际义务,越南国务院常委会在 2002 年 5 月 25 日正式通过第一条邮电条例(Law on Telecommunications),并宣布在 2010 年生效,该法律标志着首次将 63 个电子通信法令条款汇编为 10 个章节的法案,为整体电信活动提供法律框架。

合作的难点在于:一方面,越南并未形成成熟的通信业运营体系,在法规层面及实际操作运营上仍存在较多盲点;另一方面,其尚未在环境操作层面,对外国投资者提供较好的商业供应环境,一个显著的表现是外国投资者的入境率尚未达到越南对 WTO 承诺的水平,并且有大量外国投资者(例如 VimpelCom, SK Telecoms)已离开越南市场。越南市场中,垄断的三大运营商分别是 Viettel、Mobifone 和 Vinaphone,均有国家政府的背景,其中 Mobifone 与 Vinaphone 属越南邮政通信集团。

(二)老挝

老挝面积为 23.68 万平方千米,人口有 691.13 万人,由于地势复杂,对外商吸引力较弱,经济水平处中南五国最末。老挝的线路渗透率始终相对较低,固定电话普及率由 2011 年的 1.7% 急剧上升至 2015 年的 13.7%。互联网普及率虽有显著进步,但仍处于较低水平,普及率从 2011 年的 8.8% 上升到 2014 年的 14.6%,到 2015 年达到 18.2%,预计 2021 年市场规模将达到 5%—8%。固定(有线)带宽每百人用户数直到 2015 年才达到 0.5,处于中南半岛五国中最低水平。2016 年,每百万人所拥有的互联网服务器数只有 3.3 台,同期泰国为 33.7 台,为其十倍。

老挝的发展困难主要来自其移动领域。尽管移动市场长期持续增长,自 2004、2005 年快速增长,至 2011 年达到峰值后,老挝移动用户普及程度持续在下降,自 2014 年每百人约 84 个用户下降到 2015 年的 53.1 个。一方面是市场不开放,价格受到监管机构的严格控制,因此该市场始终处于非公开竞争状态,影响服务商提供服务的效率;另一方面是地势较为复杂,城市化进程较慢,农村地区仍有较多地区难以覆盖。为改善移动领域的没落,老挝积极与其他各国电信公司展开合作,如老挝国家互联网中心(LANIC)与马来西亚电信合作,将在老挝建立新的 POP。同时,吸引外资进入移动业务领域,如允许康巴电信通过嘉福控股持有 ETL25% 的股份,并发起 4G 服务等诸多倡议。不过,老挝在信息科技服务和产品进出口方面发展也十分落后。

（三）泰国

泰国的人口有 6 800 万人,面积为 51.31 万平方千米,泰国是中南五国中经济最为发达的经济体。世界经济论坛的《全球竞争力报告 2015—2016》显示,泰国的基础设施状况在全球 148 个经济体中排名第 71,处于中等偏上水平。

首先,固定电话每百人用户数量早在 2001 年就达到了 9.6 户,之后有轻微上升,但是一直维持在相对稳定的水平,而且自 2008 年以后开始出现下降趋势,这与泰国移动通信市场的高普及率具有显著的相关性。移动通信普及率在 2015 年达到每百人约152.7 个用户的高点,在中南五国中居第一位,同期中国的数据为 92.2;2006 年以后,泰国固定宽带用户数量一直保持着稳定的增长,每百人用户数从 2006 年的 1.4 增长到了 2015 年的 9.2,而且基本上每年增加 1 个用户数,且在中南五国也是居第一位。泰国每百万人所拥有的互联网服务器到 2016 年已经高达 33.7 台。在进出口方面,与越南的情况相反,泰国信息通信技术产品进口占货物总进口的比例一直处于下行通道上,最近四年才出现略微回升。出口方面与进口类似,信息通信技术产品出口占货物总出口的比例也是一直在下行。随着 2009 年国民经济下滑,泰国移动市场增长缓慢,到 2012 年移动市场的年增长率约为 6%。泰国互联网市场在过去几年中一直在持续增长。互联网和互联网相关服务的需求终于开始增加,国际宽带数量的增长就证明了这一点。

（四）柬埔寨

柬埔寨面积为 18.10 万平方千米,大概与中国广东省相当,但人口约有 1 500 万人,仅为广东省的 20%。柬埔寨由于经历长期战乱,其国际带宽出口必须经由泰国和越南转接,成本较高。柬埔寨 2015 年才实现真正意义上的光纤网络全覆盖,但服务覆盖面窄,除了首都金边外,绝大多数地区仍存在电视、电话和网络闭塞问题。

柬埔寨的特点是固定通信基础设施建设落后,但通过发展移动数字通信的替代技术进行弯道超车。柬埔寨舍弃追赶固定线路市场的战略,而是加大对移动端替代技术的研发,通过新数字技术推动电信基础设施的发展。该举措获得显著的成果,2015 年的用户达到 2 085 万人,移动电话每百人用户数为 133 个,移动市场现在已经成熟和饱和。

但是,柬埔寨的通信业发展仍面临两大挑战。一方面,固定电话的水平有限制约着柬埔寨互联网服务业的发展,2015 年固定电话用户数仅 25.6 万人,远低于移动电话使用人数。而且固定电话的使用人数和整体普及率也在逐年下降,整体普及率由2014 年的 2.3% 下滑至 2015 年的 1.6%。究其原因,一是外国资本援助的萎缩,二是国内整体战略的转向。其后果是有限的固定线路基础设施限制着拨号和 DSL 互联网服务的发展,这体现在固定(有线)带宽每百人用户数上,2016 年该数据仅为 0.53。另一方面,市场定价错乱、监管缺位,使得通信资费市场存在较大紊乱。尽管柬埔寨邮电部门已设立了柬埔寨电信监管机构(TRC),并针对定价提出较多的监管规定,但收费市场仍未发现明显改善。在进口和出口方面,柬埔寨信息通信技术产品占总货物的比例较低,2015 年分别为 2.51% 和 2.18%。

柬埔寨通信市场的合作厂商主要来自越南、泰国,近年来也逐渐加大与中国的合作往来。截至 2016 年初,Viettel Global(越南军用电子电信公司)持有柬埔寨 Metfone 近 90% 的股权,成为柬埔寨市场的主要"发声者"。此外,泰国国家广播电信委员会(NBTC)计划与柬埔寨建立预付手机 SIM 卡标准注册平台。中国厂商如华为技术有限公司,也在 2016 年 5 月与柬埔寨电信和媒体咨询公司 Star Digital MUDS TV 签订谅解备忘录(MoU),预计向 Star Digital 提供 4G 网络的电信设备服务。

(五)缅甸

缅甸人口数有 5 389 万人,领土面积为 67 万平方千米。电信市场的私有化程度差,这是缅甸公共通信网络覆盖与开放程度低的原因,惠及人数少。缅甸是全球手机普及率最低的几个国家(地区)之一,缅甸通信与信息技术部推出的规划显示,截至 2015 年底,其移动电话使用率已达到 70%,基本完成早年定下的目标。可喜的还有其移动端市场的增长,普及率从 2012 年的 7.1% 上升到 2015 年的 75.7%。到 2018 年,缅甸移动电话接入数达 5657 万户,移动覆盖率为 95%。随着移动领域高速增长的推动,移动宽带业务增长强劲,普及率从 2014 年的 15% 上升到 2015 年的 26%,甚至增长至 2016 年的 35%。然而,虽有以上成就,缅甸仍是亚洲最后一个不发达的电信市场。

缅甸通信业发展与柬埔寨略有相似之处,主要问题之一都在于固定电话普及率极低,同时缅甸的互联网服务资费昂贵且不稳定。其固定电话普及率不断下滑,从 2013 年的 1.00% 下降至 2015 年的 0.95%,至今仍低于 1%。固定(有线)带宽每百人用户数仅为 0.06 个,互联网服务器每百万人也才 1.64 台,互联网服务市场的普及率仅达 0.5%。互联网服务市场发展缓慢的主要原因,一是其资源相对有限,国家资源相对集中于发展移动平台服务,因此固定宽带市场吸引的投资仍然少之又少;二是固定宽带基础设施由于前期投入较高,运营商的投资动力较小。

缅甸政策对外商投资较为友好,积极吸引外资进入通信电信市场。两家外国运营商卡塔尔的 Ooredoo 和挪威的 Telenor 相继进入本地移动市场,与前垄断运营商缅甸邮电(MPT)形成了业务竞争格局,有助于提高服务的质量及效率,如其国际互联网带宽增长强劲,2015 年达到 4 300 Mb/s,2016 年为 53 000 Mb/s。此外,缅甸的 Ooredoo 在仰光和曼德勒等部分地区推出了全国首个商用 4G LTE 服务。缅甸的 Telenor 集团与中国厂商爱立信签署了为期 5 年的 LTE 网络设计和实施合同,并在五大城市进行 4G 技术测试(见图 12.1 至图 12.7)。

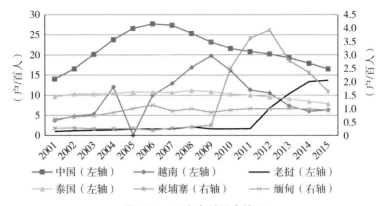

图 12.1　固定电话用户情况

资料来源：国研网。

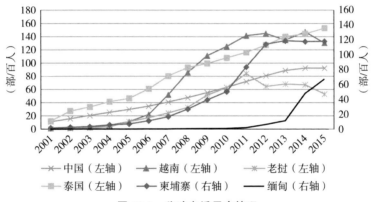

图 12.2　移动电话用户情况

资料来源：国研网。

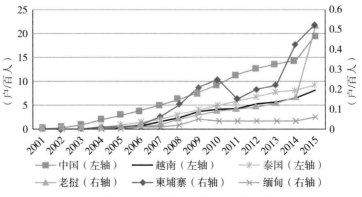

图 12.3　固定(有线)带宽用户数情况

资料来源：国研网。

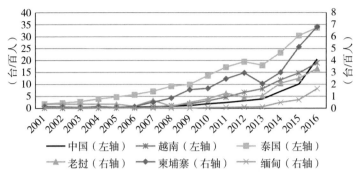

图 12.4 安全的互联网服务器拥有情况

资料来源：国研网。

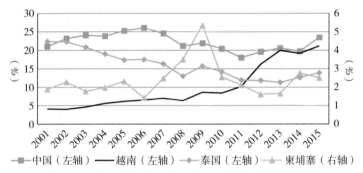

图 12.5 信息通信技术产品进口占货物总进口的比例

资料来源：国研网。

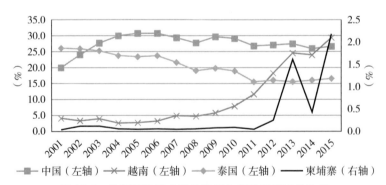

图 12.6 信息通信技术产品出口占货物总出口的比例

资料来源：国研网。

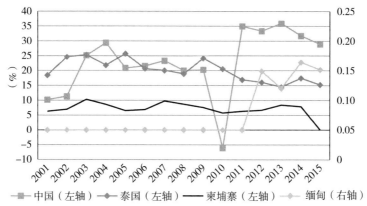

图 12.7　信息通信技术服务出口占服务出口的比例

资料来源：国研网。

二、数字经济在中南半岛的应用

数字经济的发展既是技术进步的结果，同时也是工业社会向信息社会转型的必然要求。数字经济能否得到较大程度的发展，取决于这个国家所处的社会阶段，因为不同的社会阶段，供需水平会存在很大的不同。从工业社会向信息社会的转型必然是一个长期循序渐进的过程，可根据信息社会发展水平的高低将这一转型过程划分为不同的发展阶段。信息社会发展水平可以用"信息社会指数"（ISI）来度量，ISI 在 0 与 1 之间，ISI 值越大表明水平越高。以信息社会指数为阶段划分的标准（见表 12.1），我们可以将信息社会的发展过程划分为信息社会的准备阶段（0＜ISI＜0.6）和信息社会的发展阶段（0.6≤ISI＜1）。我们也可以从中南半岛五国按这样的标准进行分类的结果，透视其目前面临的主要问题和应该面对的主要任务，进而充分了解这些国家是否有信息基础设施投资的需求。

表 12.1　信息社会发展阶段划分

	准备阶段		发展阶段		
	起步期	转型期	初级阶段	中级阶段	高级阶段
信息社会指数（ISI）	ISI＜0.3	0.3≤ISI＜0.6	0.6≤ISI＜0.8	0.8≤ISI＜0.9	ISI≥0.9
基本特征	信息技术初步应用	信息技术应用扩散加速，实效开始显现	信息技术的影响逐步深化	经济、社会各领域都发生了深刻的变化	基本实现包容的社会
面临问题	基础设施跟不上需求	发展不平衡	互联互通问题、实用性问题	包容性问题	进一步的技术突破与创新应用
主要任务	加快基础设施建设，教育培训（提高认识）	加快调整与改革，逐步消除发展不利因素，加强教育培训，提高信息素质	改进体制机制	关注弱势群体、实施普遍服务	鼓励创新

资料来源：《全球信息社会发展报告 2015》。

从信息经济、网络社会、在线政府和数字生活四个维度考察信息社会的发展水平。信息社会指数(ISI)的计算公式为:

信息社会指数(ISI)=信息经济指数×网络社会指数×在线政府指数×数字生活指数

其中,信息经济指数反映信息社会经济方面的长期发展能力,网络社会指数是考察信息社会发展水平的指标,在线政府指数主要考察的是政府如何通过信息技术来提供服务以及提供服务的效率,数字生活指数反映的是现代信息技术扩散应用对公众生活的影响。

鉴于全球信息社会发展报告只公布了全球主要国家信息社会指数情况,在中南半岛五国中,我们只能找到越南、泰国和柬埔寨三国的 ISI 数据。但是,根据对该指标的构成因素和老挝、缅甸两国具体情况的分析,可以推断,老挝和缅甸的 ISI 指标应该不会大于柬埔寨的 ISI 指标。所以接下来主要分析越南、泰国和柬埔寨三国的 ISI 指数及其构成。

从表 12.2 中可知,中南半岛五国信息社会发展整体水平低于全球平均水平。其中,越南和泰国 2016 年的 ISI 分别为 0.42535 和 0.44430,处于中南半岛五国中相对较高的水平;根据信息社会发展阶段划分标准,越、泰两国目前正处于信息社会准备阶段的转型期,其目前的基本特征是信息技术应用扩散加速,实效开始显现,面临的主要问题是发展不平衡,主要任务应该是加强教育培训、提高信息素质。这与我们前面的分析具有一致性,越、泰两国的信息化基础设施,比如固定电话、移动电话、宽带网络等得到了较大程度的发展,这些发展与其信息社会发展阶段是具有匹配性的。柬埔寨 2016 年的 ISI 是 0.28667,处于信息社会准备阶段的起步期,其目前的基本特征是信息技术初步应用,面临的主要问题是基础设施跟不上需求,主要任务应该是加快基础设施建设、教育培训等。根据前面的分析,老挝和缅甸在信息社会发展情况上应该与柬埔寨相当,甚至 ISI 值更低。

我国 2016 年信息社会指数是 0.45234,比中南半岛五国都要高,依此判断,我国目前也处于信息社会准备阶段的转型期,目前信息基础设施问题已经不是我们面临的主要问题,目前的主要问题是要解决发展不平衡的问题,加强教育、提升信息素质。总体上来讲,我国相对于中南半岛五国而言,信息社会发展程度较高,具有整体比较优势。

表 12.2　2011—2016 年中国和中南半岛五国信息社会指数

	2011 年	2012 年	2013 年	2014 年	2015 年	2016 年
中国	0.32396	0.35603	0.39013	0.41624	0.43451	0.45234
越南	0.33581	0.35439	0.37995	0.39185	0.40750	0.42535
泰国	0.40491	0.38227	0.40070	0.41405	0.43676	0.44430
柬埔寨	0.19132	0.19756	0.22480	0.25166	0.26414	0.28667
全球平均	0.49226	0.50369	0.52430	0.53556	0.54855	0.56010

资料来源:《全球信息社会发展报告 2016》。

　　表 12.3 至表 12.6 是对总指标的分解,总指标是由四个一级指标构成,每个一级指标都反映了信息社会发展的一个方面。通过对指标的分解,我们可以分析该国信息社会发展的短板所在,进而在整体比较的基础上,对各自的优劣势进一步细化分析。从信息经济指数方面来看,越、泰、柬还有我国的信息经济指数都偏低,低于各自的信息社会指数,这说明在信息经济方面,我们都面临着较大的提升压力。同时,我们发现泰国的信息经济指数是最高的,而且高于我国,这说明泰国在信息经济指数背后代表的某些方面具有比较优势,可以与中南半岛其他四国形成内部比较优势。信息经济背后的因素又包括 GDP、人力资源、产业结构和发展方式等多种因素。从网络社会指数来看,与前者类似,也是影响总指标的短板性因素。影响网络社会指数的因素包括固定宽带支付能力、移动电话支付能力、人均寿命、城镇化程度以及空气质量等因素。其中,固定宽带支付能力和移动电话支付能力反映的是该国不同信息技术的运用成本和使用信息技术的财力大小,而这些都与信息基础设施的建设有很强的关系。我国在网络社会方面,相对于中南半岛五国具有绝对性优势,信息基础设施的使用成本较低。在线政府指数和数字生活指数相对于前面的两个一级指标而言是构成总指标的优质因素,均比总指标要大。越、泰、柬三国在线政府指数普遍都较高,但是相对我国而言还是有一定差距,我国在这方面相对于中南半岛五国而言具有绝对优势。在数字生活指数方面,中南半岛五国中,越南是最高的,达到 0.553 7;数字生活指标的计算与移动电话、电脑和互联网的普及程度直接相关,这说明我国与越南和泰国在移动网络普及程度方面旗鼓相当,而老挝、柬埔寨和缅甸则处于相对落后的发展阶段。

表 12.3　2011—2016 年中国和中南半岛五国信息经济指数

	2011 年	2012 年	2013 年	2014 年	2015 年	2016 年
中国	0.3108	0.3310	0.3460	0.3674	0.3777	0.3848
越南	0.3333	0.3318	0.3373	0.3439	0.3499	0.3530
泰国	0.3640	0.3621	0.3820	0.3869	0.3840	0.3991
柬埔寨	0.2286	0.2274	0.2295	0.2330	0.2378	0.2425
全球平均	0.5256	0.5306	0.5359	0.5407	0.5456	0.5508

资料来源:《全球信息社会发展报告 2016》。

表 12.4　2011—2016 年中国和中南半岛五国网络社会指数

	2011 年	2012 年	2013 年	2014 年	2015 年	2016 年
中国	0.3109	0.3353	0.3617	0.381	0.3852	0.4057
越南	0.2733	0.2664	0.2771	0.2847	0.3530	0.3522
泰国	0.4812	0.3657	0.3715	0.3783	0.4272	0.3959
柬埔寨	0.2066	0.1976	0.1991	0.2004	0.2105	0.2129
全球平均	0.4871	0.4719	0.4839	0.4867	0.5052	0.5131

资料来源:《全球信息社会发展报告 2016》。

表 12.5　2011—2016 年中国和中南半岛五国在线政府指数

	2011 年	2012 年	2013 年	2014 年	2015 年	2016 年
中国	0.4700	0.5030	0.5359	0.5405	0.545	0.5496
越南	0.4454	0.4836	0.5217	0.4961	0.4705	0.4768
泰国	0.4653	0.4873	0.5093	0.4862	0.4631	0.4626
柬埔寨	0.2878	0.2890	0.2902	0.2951	0.2999	0.3029
全球平均	0.5057	0.5405	0.5753	0.5688	0.5622	0.5763

资料来源:《全球信息社会发展报告 2016》。

表 12.6　2011—2016 年中国和中南半岛五国数字生活指数

	2011 年	2012 年	2013 年	2014 年	2015 年	2016 年
中国	0.3015	0.3528	0.4141	0.4589	0.5038	0.5341
越南	0.3643	0.4219	0.4782	0.5122	0.4986	0.5537
泰国	0.3494	0.3840	0.4124	0.4529	0.4903	0.5318
柬埔寨	0.1066	0.1372	0.2240	0.3071	0.3322	0.3992
全球平均	0.4596	0.4963	0.5361	0.5682	0.5903	0.6110

资料来源:《全球信息社会发展报告 2016》。

　　相对发达国家而言,中南半岛五国信息社会发展程度整体不高,处于信息社会的准备阶段,泰国和越南已经进入准备阶段的转型期,而老挝、柬埔寨和缅甸三国处于准备阶段的起步期。在接下来的发展中,中南半岛五国信息基础设施的需求将是巨大的,在向信息社会发展的准备阶段,需要大力发展信息基础设施,这是一个需要长时间积累的过程。数字经济作为信息社会发展过程中的重要引擎,在中南半岛五国的发展中,具有较大的发展空间,是推动中南半岛五国走向信息社会更高阶段的新动力。

三、数字经济带动中南半岛其他产业的发展

　　数字经济可以助推农业转型升级。就产值比例来讲,农业在老挝、柬埔寨和缅甸占据重要位置,2015 年均达到 GDP 的 25％以上,不过都呈现下降的趋势。越南的农业产值占比也较高,2015 年为 18.9％。泰国农业产值占比处于中南半岛五国中的最低水平 9.1％。就农业就业人数来讲,国研网数据显示,越南和泰国这两个在中南半岛五国中经济相对发达的国家,其农业就业人数占总就业人数的比例在 2015 年分别是 43.6％和 32.3％,其他三国这个比例更高。在农业工人人均增加值方面,泰国明显高于中南半岛其他四国,2015 年达到了人均 2 109.1 美元,而越南和柬埔寨为 800 美元左右。就农业化肥使用情况来看,国研网数据显示,2014 年越南、泰国和缅甸三国的化肥使用量占化肥产量的比例分别为 197.2％、2 844.4％和 289.2％。每公顷可用耕地化肥使用量相对我国来说偏低,2014 年柬埔寨和缅甸仅为 29.7 千克/公顷和 20.5 千克/公顷可用耕地,我国同期数据为 565.25 千克/公顷。从上述分析可知,中南半岛五国农业发展处于较低水平,农业生产力水平欠发达,特别是老挝、柬埔寨和缅甸三

国。数字经济的发展必然带动信息基础设施的发展,这样能带动农村的电力、水利以及交通等相关基础设施建设;同时数字经济还对转变农业发展方式具有促进作用,中南半岛五国的农业大部分都还是粗放式的,没有实现精细化运作,将来,数字经济可以提供农产品质量安全追溯、重大动植物疫情监测、科学测土配方施肥等服务,将大大提升农业生产管理的精准化水平(见图 12.8 和图 12.9)。

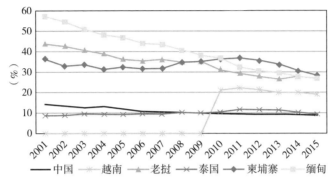

图 12.8　2001—2015 年中国和中南半岛五国农业增加值占 GDP 比例

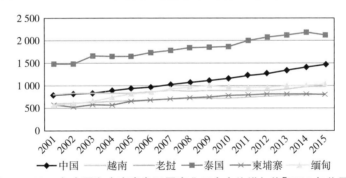

图 12.9　2001—2015 年中国和中南半岛五国农业工人人均增加值[2005 年美元(不变价)]

　　数字经济可以助推工业转型升级。就产值比例来讲,中南半岛五国中除了泰国和越南,其他三国的工业占比一直处于上升的阶段,越南的工业增加值占比自 2010 年以来一直保持在 37％左右;泰国自 2010 年以后,已经出现了下降的长期趋势,其变化趋势与我国基本同步。就工业就业人数来讲,国研网数据显示,越南和泰国的工业就业人数占比并不高,目前均处于 23％左右,其他三国更低。数字经济的发展可以加速推进中南半岛五国的工业化进程,特别是对于老挝、柬埔寨以及缅甸等工业体系非常不健全的国家,数字经济可以带动工业基础设施的完善,起到开放当地市场、促进竞争等作用。此外,在前文分国别分析中发现,中南半岛五国在信息通信技术产品进出口占所有货物进出口的比例不高,数字经济的发展将加大国内对于信息技术产品的需求,同时本国信息技术产品生产能力会进一步提升,出口结构将得到优化(见图 12.10)。

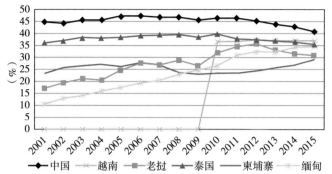

图 12.10　2001—2015 年中国和中南半岛五国工业增加值占 GDP 比例

　　数字经济可以助推服务业转型升级。中南半岛五国服务业的产值比例一直处于上升的阶段,不过服务业占比均不高,中南半岛五国内部差异也较大。其中,泰国服务业产值占比远高于其他四国,2015 年达到 55.1％,相对增加值占比最低的缅甸高出16 个百分点。从就业人员来看,中南半岛五国中,服务业就业人数占总就业人数比例最高的也是泰国,2015 年达到 43.9％,越南同期数据为 33.3％,其他国家服务业占比相对更低。由于中南半岛处于热带风光区,旅游资源十分发达,所以中南半岛五国的旅游业相对比较发达,吸引了来自世界各地的游客。目前柬埔寨和老挝服务业出口占其商业服务出口的 80％左右。目前泰国旅游业出口占比也达到 70％以上,而且自2009 年后出现了快速上升。缅甸的旅游业占商业服务出口比例在 2014 年也突破了50％并保持上升态势。中南半岛五国的人力成本相对较低,而服务行业人力成本构成比例较大,中南半岛发展服务业具有人力成本优势,数字经济的发展可以进一步提升中南半岛服务业发展水平,特别是对于旅游业,可以大力发展智慧旅游,提升重点旅游景区的数字化、智能化水平,进一步开发当地的旅游资源。同时,通过前文分国别分析,发现中南半岛通信以及互联网服务的市场前景非常大,目前中南半岛五国都处于信息社会的准备阶段,对于互联网通信服务的需求是非常急切的,数字经济正好与该需求对接,提升通信、互联网等现代服务业水平(见图 12.11 和图 12.12)。

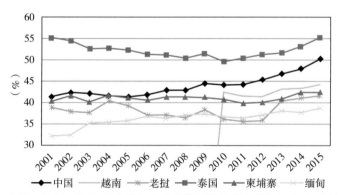

图 12.11　2001—2015 年中国和中南半岛五国服务业增加值占 GDP 比例

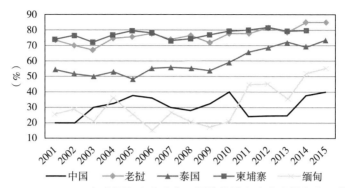

图 12.12　2001—2015 年中国和中南半岛五国旅游服务占商业服务出口的比例

四、中国数字经济的发展和在中南半岛投资的现状

（一）中国数字经济的发展

中国数字经济正在引领中国经济的发展,为最终实现经济发展方式的根本性转变提供了强大的动力。首先,中国的高速广泛的信息基础设施基本已经形成。这主要体现在以下三个方面,第一,宽带用户规模全球第一。截至 2016 年第二季度中国固定宽带家庭普及率达到 57%,移动宽带用户普及率达到 64%。第二,网络能力得到持续提升,固定宽带实际下载速率提速效果显著。第三,网民规模与日俱增,截至 2016 年 6 月底,中国网民规模达 7.1 亿,互联网普及率达到 51.7%;上网终端逐渐多样化,全国手机用户数超过 13 亿户,手机移动端上网比例高达 90%。同时,数字经济成为国家经济发展的新动力。根据工信部中国信息通讯研究院统计数据显示,2019 年数字经济占中国 GDP 的比例达到 36.2%,对经济增长贡献率为 67.7%。中国信息化百人会 2016 年出版的《信息经济崛起:区域发展模式、路径与动力》一书指出,中国信息经济总量与增速呈现"双高"态势。1996—2014 年中国信息经济年均增速高达 23.79%,是同期 GDP 年均增速的 1.84 倍。此外,数字经济在中国的发展还体现在引领产业升级、改变城乡居民生活以及推动新业务模式发展等多个方面。

虽然中国在数字经济发展中成就辉煌,但仍然面临着巨大挑战。首先,中国与发达经济体之间以及国内各地区间还存在着差距。其次,我国目前还处于信息社会准备阶段的转型期,与发达经济体还存在着很大的差距。2015 年,我国东部、中部和西部 ISI 分别为 0.55、0.39、0.37,不同地区之间差距明显,东部 ISI 比我国平均指数高 26%,比中部和西部高 42% 和 47%。中西部 ISI 相对于全国平均水平低 11% 和 14%。

（二）中国在中南半岛投资的现状

1. 越南

中国对越南的直接投资一直到 2006 年后才开始出现较为快速的增长。2012 年,中国对越直接投资为 3.5 亿美元,而 1996 年为 310 万美元。到 2012 年末,对越投资 893 个项目,协议额度为 46.97 亿美元,在九十多个对越直接投资的经济体中居于前列。投资行业方面,主要是制造业和商务服务业。制造业以纺织业、家电行业等劳动密集型行业为主,商务服务业以租赁和商务服务为主,多是一些为了拓宽市场而设立的办事处。但是,目前对越南的投资主要还是集中在传统的劳动密集型产业,与信息基础设施相关的投资非常少。据商务部资料显示,目前在信息传输、计算机服务和软件业方面,主要有深圳市科信通信设备有限公司和合肥拉凯信息科技有限公司,其在越南的主营业务是通信网络配线设备、通信基站机房节能设备以及计算机软硬件研发和销售。

2. 老挝

中国对于老挝的投资相对较早。1989 年之后,中资企业即进入老挝开办企业。随着中国"走出去"战略的实施和中国—东盟自由贸易区建设的发展,中国对老挝的投资也迅速增加。老挝计划投资部显示,1989—2012 年,中国对老挝直接投资仅次于越南和泰国,从 1996 年的 42 万美元增长到 2012 年的 8.1 亿美元,增长了 1971 倍。从行业分布来看,中资企业在老挝基本覆盖了所有的行业。从投资额来看,中国对采矿业和电力行业的投资最多。与数字经济基础设施相关的主要是信息传输、计算机服务行业的投资,根据商务部资料显示,上海贝尔股份有限公司、成都市广达电子电讯科技开发有限公司和云南无线数字电视文化传媒有限公司等在老挝有直接投资,其投资的主营业务是提供、安装和调试电信设备,建设经营当地数字电视网络,计算机软硬件开发,以及互联网技术等。

3. 泰国

2004—2014 年,中国对泰国直接投资的行业有金属与机械设备、农业、化工、矿产、服务业、电器与电子、轻纺业,金属与机械设备成为中国对泰国投资最多的行业,2004—2014 年其累计投资金额为 46 658 百万泰铢,占比为 38.6%;其次为农业投资,累计金额为 22 841 百万泰铢,占比为 18.9%。可见金属与机械设备和农业是中国对泰国直接投资最主要的行业,占比达 57.5%。中国在泰国直接投资行业中,电子电器行业比例一直较小,2007—2014 年比例只有 7.1%。目前泰国政府特别重视电子、电器产业的升级,而中国在电器与电子产业方面具有一定的技术优势。随着中国生产成本的上升,应加快该产业的转移,泰国是该行业较理想的投资目的地。

4. 柬埔寨

从 1990 年至今,中国一直都比较注重对柬埔寨的直接投资。近些年,随着中国—东盟自由贸易区的建设和澜沧江—湄公河次区域合作的深入发展,中国与柬埔寨的经济合作也继续深入发展。柬埔寨发展理事会统计,1994—2011 年,柬埔寨对内投资的35.8%来自中国,中国是柬埔寨的最大投资来源地。从投资内容来看,中国对柬埔寨的投资主要集中在制造业、采矿业、农林牧渔业等。目前为止,据商务部发布的资料来看,中国对柬埔寨的投资仅限于一些传统行业,与数字经济基础设施相关的投资(比如电信行业的投资)基本是空白。

5. 缅甸

　　中国对缅甸的直接投资始于1992年,但是数量一直较少,年投资平均值为300万美元左右,这与缅甸国内局势长期不稳定相关。从2004年开始,中国对缅的直接投资急速增长,投资存量在10年间增长了301.7倍。相对于中南半岛其他四国而言,中国在缅甸的直接投资具有增长最快同时波动最大的双重特点。从投资的内容来看,主要分布在制造业,租赁和商务服务业,采矿业,电力煤气自来水供应业,农林牧渔业,以及建筑业等。据商务部公开资料显示,目前信息传输业仅有中国通信建设集团有限公司在缅甸具有直接投资,投资的主营业务是通信工程和各类通信信息网络系统,而且所占比例极小。

第三部分

"一带一路"与产业园区布局

第十三章 "一带一路"沿线国家和地区产业结构高度及产能合作模型[①]

2013 年 9—10 月,中国国家主席习近平在出访中亚和东南亚国家期间,先后提出共建"丝绸之路经济带"和"21 世纪海上丝绸之路"的重大倡议。2013—2014 年,习近平总书记于中央经济工作会议、中央财经领导小组会议上进一步深化部署,并于2014 年走访 13 个周边国家。2014、2015 年,李克强总理于政府工作报告中进一步阐述"一带一路"的理念和计划。2015 年 3 月,多部委共同发布《推动共建丝绸之路经济带和 21 世纪海上丝绸之路的愿景与行动》。2016 年"一带一路"建设组工作的座谈会召开及 2017 年政府工作报告提出,高质量办好"一带一路"国际合作高峰论坛。时至今日,"一带一路"沿线的国际产能合作正在如火如荼地展开。

"一带一路"发展规划(2015)指出:"陆上依托国际大通道,以沿线中心城市为支撑,以重点经贸产业园区为合作平台,共同打造新亚欧大陆桥、中蒙俄、中国—中亚—西亚、中国—中南半岛等国际经济合作走廊;海上以重点港口为节点,共同建设通畅安全高效的运输大通道。""一带一路"的发展不仅依赖于基础设施的互联互通,也依赖于产业结构的优势互补。明晰不同国家的产业结构,明确产能合作路径,对于推进"一带一路"合作有着重要的意义。一方面,中国迄今为止的经济发展经历了不同的产业阶段,当前处于工业化的中后期,产业结构高度、经济增长逻辑都发生了显著的变化(刘伟等,2008)。另一方面,"一带一路"沿线国家和地区处于不同的产业结构高度、不同的生产要素禀赋、不同的经济发展周期,研究各地产业情况有助于合理配置要素资源。

鉴于此,本章首先回顾了我国产业结构高度的发展历程,其次重点梳理了"一带一路"沿线主要国家和地区的产业结构情况,并以同样的方法测算了各地产业结构高度。进一步的,本文对影响国际产能合作的其他重要考量因素(GDP、劳动力及境外投资)进行分析,将此四个变量定义为"钻石理论"的四个维度,尝试探讨产能合作思路。

[①] 作者为张辉、闫强明、唐毓璇。本章部分内容摘自《"一带一路"相关国家产业结构高度及合作路径研究》,《学习与探索》2019 年第 1 期。

我们认为:①中国的工业化进程进入了加速阶段,产业链更新换代及在国际市场上寻找优化的生产要素是必然趋势。②"一带一路"沿线国家和地区处于不同的工业化阶段,结构差异及要素互补为产能合作提供了充分的前提。③产能合作过程中,产业结构、GDP、劳动力及境外投资构成了国家产能合作的四个关键要素,借此对沿线国家和地区产能合作提供思路。

一、中国产业结构高度

本章用产业结构高度指标作为衡量"一带一路"沿线经济体产业结构的重要指标,原因在于:①产业结构高度衡量了沿线各经济体产业发展的阶段,是其工业化进程阶段的有效表征。②产业结构高度能有效地反映各生产要素及产业结构比例对整体经济发展的影响,其中包括并不限于劳动生产率的提升、技术水平提升、资本积累的提升等。③我国产业结构高度研究充分且数据充分(1978—2016),具备与沿线其他各经济体经济发展的可比性(刘伟,1995;周昌林和魏建良,2007;张辉,2009;张辉和任抒杨,2010)。

我们沿用刘伟等(2008)的研究逻辑,认为产业结构高度不仅是对不同产业份额和比例的衡量,还是对劳动生产率的衡量。而其演化发展过程的内涵则是:①在产业结构中,第一产业占优势逐渐向第二、三产业占优势转变。②在部门结构中由劳动密集型产业向资本密集型产业、技术密集型产业转变。③在产品结构中,由制造初级产品向制造中间产品、最终产品转变(周林等,1987)。这里简述以上计算方法得产业结构高度指标为 H:

$$H = \sum v_{it} \times LP_{it}^{N}$$

式中,i 取值为 $1,2,3$,表示第一、二、三次产业。v_{it} 表示为 t 时间内产业 i 在 GDP 中所占的比例。LP_{it}^{N} 为 t 时间内产业 i 的劳动生产率的标准化参量,公式为:

$$LP_{it}^{N} = \frac{LP_{it} - LP_{ib}}{LP_{if} - LP_{ib}}$$

$$LP_{it} = VA_{it}/L_{it}$$

其中,VA_{it} 为 t 时间产业 i 的增加值,L_{it} 为 t 时间产业 i 的劳动力数量,LP_{it} 为 t 时间产业 i 的劳动生产率;LP_{ib} 为工业化起步时产业 i 的劳动生产率;LP_{if} 为工业化完成时产业 i 的劳动生产率。

本章修订了前文中工业化进程劳动生产率标准。依据钱纳里(Chenery,1986)方法,将 1977 年劳动生产率标准(工业化起点人均收入 140 美元,工业化终点 2 100 美元,以 1970 年美元计算)折算美国 CPI 后计算得到 2010 年[①]劳动生产率标准(见表 13.1)。

---

① 由于世界银行对国家横向对比时,采用 2010 年固定货币单位计算国家劳动生产率,故本章同样采用 2010 年可比价格进行分析。

表 13.1 工业化进程中劳动生产率标准

	劳动生产率 （1970 年美元）	劳动生产率 （2010 年美元）	劳动生产率 （2010 年人民币元）
工业化起点：人均收入为 813 美元(2010 年美元)			
第一次产业	70	407	2 752
第二次产业	292	1 696	11 480
第三次产业	340	1 974	13 367
工业化终点：人均收入为 12 195 美元(2010 年美元)			
第一次产业	1 442	8 374	56 693
第二次产业	3 883	22 550	152 662
第三次产业	1 344	7 805	52 840

由于本章对沿线各经济体产业结构进行横向对比,采用世界银行数据进行分析,因此对于中国产业结构高度也将采用世界银行统计口径进行分析。与我国统计口径相比,世界银行统计结果偏高(1992—2005 年平均方差为±1.21%),但整体趋势和发展阶段吻合[①]。通过对中国产业结构 1992—2015 年进行统计分析,表 13.2 的结果显示:①中国产业结构高度化一直稳步推进。刘伟等(2008)的研究表明,1998 年后中国工业化进程进入了加速阶段。本章的研究延展了整体时间序列至 2015 年,侧面验证中国工业化在 1998 年后进入了加速阶段。②中国第一产业和第二产业的发展速度低于第三产业的发展速度。究其原因,主要是由于城市化以及第三产业的非均衡发展造成的。通过对中国投入产出分析(张辉和任抒杨,2010)可以看出,中国第三产业尤其是传统服务业在工业化进程中受到资本以及科技的影响,导致产业结构不均衡发展。③从平均的角度上看,2015 年我国工业化进程刚刚越过工业化完成的标准。但是我们认为,第一产业(0.3251)和第二产业(0.5619)的劳动生产率仍低于工业化完成水平,但第三产业(1.6126)的劳动生产率发展较快,因此仍需慎言已经完成了工业化。④比较 2000 年与 2015 年,第二产业的劳动生产率也提升至三倍有余,不少第二产业的生产要素已经更新换代,不少劳动力密集型的企业转向了技术和资本密集型。不少企业因此在国际市场上重新寻找生产要素,或者部分产能需要对外输出,这也为"一带一路"沿线经济体产能合作提供了理论依据。

表 13.2 1992—2015 年中国产业结构高度

	第一产业的 LP_{it}^{N}	第二产业的 LP_{it}^{N}	第三产业的 LP_{it}^{N}	产业结构高度(H)
1992	0.0027	0.0305	0.0228	0.0218
1993	0.0058	0.0493	0.0303	0.0343

[①] 误差主要来自:(1)世界银行采用 OECD 及内部调研数据,与《中国统计年鉴》口径不一致;(2)就业人口比例低估了《中国统计年鉴》,导致人均 GDP 有±5%的浮动。

（续表）

	第一产业的 LP_{it}^N	第二产业的 LP_{it}^N	第三产业的 LP_{it}^N	产业结构高度（H）
1994	0.0155	0.0629	0.0403	0.0459
1995	0.0258	0.0775	0.0406	0.0549
1996	0.0343	0.0895	0.0550	0.0673
1997	0.0357	0.1024	0.0997	0.0895
1998	0.0385	0.1121	0.1538	0.1149
1999	0.0382	0.1285	0.2069	0.1442
2000	0.0372	0.1512	0.2558	0.1761
2001	0.0403	0.1693	0.3254	0.2156
2002	0.0440	0.2023	0.3827	0.2575
2003	0.0483	0.2373	0.4352	0.2971
2004	0.0693	0.2592	0.4648	0.3194
2005	0.0757	0.2869	0.5388	0.3665
2006	0.0863	0.3158	0.6387	0.4264
2007	0.1075	0.3389	0.7982	0.5119
2008	0.1289	0.3769	0.8862	0.5696
2009	0.1444	0.3986	1.0133	0.6462
2010	0.1679	0.4393	1.1286	0.7172
2011	0.1984	0.4715	1.2164	0.7747
2012	0.2260	0.4828	1.3561	0.8543
2013	0.2627	0.5107	1.4180	0.9113
2014	0.2968	0.5424	1.4847	0.9709
2015	0.3251	0.5619	1.6126	1.0688

二、"一带一路"沿线国家和地区产业结构高度横向比较

本章对"一带一路"沿线重点的 65 个经济体进行比较研究[①]，参考邹嘉龄等（2015）的分类方式（见表 13.3）。数据基于世界银行统计数据，通过各经济体 2015 年 GDP、就业人数计算各行业劳动生产率[②]。由于部分经济体数据可得性受限，在缺乏分行业数据的经济体，采用以下替代公式计算：产业结构高度＝（人均 GDP－工业化起点人均 GDP）/（工业化终点人均 GDP－工业化起点人均 GDP）。

[①] 为研究便利,本文选取的 65 个经济体为普遍意义上的主要沿线经济体,但并不代表"一带一路"限定于此 65 个经济体。

[②] GDP 采用固定可比价格 2010 年美元为单位,各产业劳动生产率采用行业增加值除以劳动就业人数。

表 13.3　"一带一路"研究范围

板块	国家和地区
蒙、俄	蒙古、俄罗斯
东南亚 11 个	印度尼西亚、泰国、马来西亚、越南、新加坡、菲律宾、缅甸、柬埔寨、老挝、文莱、东帝汶
独联体 6 个	乌克兰、白罗斯、摩尔多瓦、格鲁吉亚、阿塞拜疆、亚美尼亚
南亚 8 个	印度、巴基斯坦、孟加拉国、斯里兰卡、阿富汗、尼泊尔、马尔代夫、不丹
西亚、中东 16 个	沙特、阿联酋、阿曼、伊朗、土耳其、以色列、埃及、科威特、伊拉克、卡塔尔、约旦、黎巴嫩、巴林、也门、叙利亚、巴勒斯坦
中东欧 16 个	波兰、罗马尼亚、捷克、斯洛伐克、保加利亚、匈牙利、拉脱维亚、立陶宛、斯洛文尼亚、爱沙尼亚、克罗地亚、阿尔巴尼亚、塞尔维亚、马其顿、波斯尼亚和黑塞哥维那、黑山
中亚 5 个	哈萨克斯坦、乌兹别克斯坦、土库曼斯坦、吉尔吉斯斯坦、塔吉克斯坦

由表 13.4 分析得出，"一带一路"沿线有 34 个经济体的产业结构高度超过 1.0。从平均意义而言，这些经济体已经完成了工业化阶段。这意味着：①这些经济体在一定程度上，劳动生产率和劳动力成本都接近或高于我国平均水平，并且产业链条处于价值链相对较高的阶段，更倾向于资本驱动型和技术驱动型的生产率提升。这些经济体通常会寻找更廉价、有效的劳动生产率和劳动力成本组合。②从产品角度而言，我国的产业链或许正在为这些经济体提供中间产品。因此，这些经济体或许更容易吸引市场驱动型的企业出海。

表 13.4　"一带一路"沿线经济体产业结构高度[①]

	第一产业的 LP_{it}^N	第二产业的 LP_{it}^N	第三产业的 LP_{it}^N	产业结构高度（H）
蒙古	0.3842	0.4606	0.8326	0.6415
俄罗斯	1.5593	1.0114	2.7316	2.1141
印度尼西亚	0.2602	0.4404	0.6619	0.4982
泰国	0.2233	0.5147	1.3970	0.9736
马来西亚	1.4382	1.0299	2.4195	1.8303
越南	0.0684	0.0871	0.1615	0.1164
新加坡	—	6.0306	11.7757	10.2676
菲律宾	0.1397	0.3135	0.4585	0.3810
缅甸	—	—	—	0.0468

---

①　部分国家和地区缺乏三次产业标准化劳动生产率，原因是受限于分行业就业人口数据可得性；但本章通过替代公式计算全行业平均产业结构高度参数替代。

（续表）

	第一产业的 LP_{it}^{N}	第二产业的 LP_{it}^{N}	第三产业的 LP_{it}^{N}	产业结构高度（H）
柬埔寨	—	—	—	0.0186
老挝	—	—	—	0.0653
文莱	12.0320	8.1629	3.8358	6.5814
东帝汶	—	—	—	0.0153
乌克兰	0.5329	0.1678	0.5207	0.4319
白罗斯	0.9417	0.5348	1.3491	1.0126
格鲁吉亚	0.1003	0.7120	1.6143	1.2536
阿塞拜疆	0.1808	1.5833	1.1657	1.3048
亚美尼亚	0.4622	0.5672	1.0258	0.7849
摩尔多瓦	0.2309	0.1121	0.8588	0.6606
印度	—	—	—	0.0830
巴基斯坦	—	—	—	0.0287
孟加拉国	—	—	—	0.0139
斯里兰卡	0.2387	0.3193	1.3886	0.9724
阿富汗	—	—	—	−0.0188
尼泊尔	—	—	—	−0.0112
马尔代夫	0.5133	0.4554	1.7139	1.3849
不丹	0.1018	0.7879	0.5070	0.5578
沙特	2.1910	3.8901	4.8860	4.3645
阿联酋	—	—	—	3.4568
阿曼	—	—	—	1.4284
伊朗	1.0372	0.4430	2.4575	1.5822
土耳其	1.4300	1.6358	5.7609	4.1155
以色列	—	—	—	2.8382
埃及	0.2841	0.3470	0.7987	0.5776
科威特	—	—	—	3.0466
伊拉克	—	—	—	0.3929
卡塔尔	1.2468	4.0459	12.3147	7.4596
约旦	—	—	—	0.2183
黎巴嫩	—	—	—	0.5475
巴林	—	—	—	1.8997
也门	—	—	—	−0.0036
叙利亚	—	—	—	—
巴勒斯坦	—	—	—	—
波兰	0.7033	1.4153	4.9032	3.6088
罗马尼亚	0.3752	0.9609	3.8826	2.7326

（续表）

	第一产业的 LP_{it}^N	第二产业的 LP_{it}^N	第三产业的 LP_{it}^N	产业结构高度（H）
捷克	4.0112	1.7103	6.1838	4.4392
斯洛伐克	5.0644	1.5552	5.8126	4.3028
保加利亚	1.3036	0.6104	2.4860	1.9066
匈牙利	3.0106	1.3770	4.5587	3.4798
拉脱维亚	1.3443	1.1398	4.5251	3.6433
立陶宛	1.3852	1.5485	4.6074	3.5774
斯洛文尼亚	1.8943	2.1752	8.0633	5.9881
爱沙尼亚	3.2565	1.2211	5.1636	4.0171
克罗地亚	1.7283	1.4230	5.5534	4.2996
阿尔巴尼亚	0.7147	0.6029	2.1248	1.4293
塞尔维亚	0.6564	0.7406	2.1307	1.5741
马其顿	0.9389	0.4358	2.2051	1.5897
波斯尼亚和黑塞哥维那	0.7584	2.5990	3.4704	3.0265
黑山	2.9477	0.9256	2.5646	2.2710
哈萨克斯坦	0.4918	1.1088	2.3992	1.8848
乌兹别克斯坦	—	—	—	0.0912
土库曼斯坦	—	—	—	0.5167
吉尔吉斯斯坦	0.0689	0.0333	−0.0020	0.0193
塔吉克斯坦	—	—	—	0.0099

　　另外可以看到，有三个经济体的产业结构高度低于 0，分别为阿富汗、尼泊尔、也门。巴勒斯坦地区及叙利亚缺乏统计数据。从对外合作的角度而言，除了特定行业的专业性需求，这类经济体在生产要素和市场驱动角度进行产能合作或许存在一定的挑战。

　　对于"一带一路"沿线 25 个产业结构高度为[0,1]的经济体，正处于工业化的进程中，其产业结构化水平等同或低于我国平均水平，劳动生产率等同或低于我国平均水平。这类经济体对生产要素驱动型企业存在较强的吸引力。另外从我国产能规划角度看，转移部分过剩产能，帮助和支持这些经济体的工业化进程也是"一带一路"倡议的本质要义之一。

　　特别的，东南亚为生产要素驱动型企业出海的首选市场。①从产业结构高度看，除了马来西亚、新加坡、文莱，各经济体的产业结构都落后于我国平均水平。从一般意义而言，其或者作为我国产业链条的上游，或者是我国部分行业的竞争性区域。而当我国工业化进程不断加速后，转移部分过剩产能，推进国际化生产要素合理分配，对于进一步优化产业结构和产业链条有着重要意义。②从境外投资、贸易角度看，东南亚搭建了东盟平台，凭借便利的交通及政策优惠，东南亚 11 个经济体的外贸占中国整体对外贸易的 43.9％(邹嘉龄等,2015),对于产能合作有着重要意义。③从劳动力数量看,印尼、泰国、越南、马来西亚、菲律宾等有着大量受教育且劳动生产率相对较低的人群,这为部分产能合作提供了先决条件;而缅甸、柬埔寨、老挝等有着接近一亿的人口,他们的受教育程度仍然需要进一步提升。④从 GDP 看,印尼 GDP 仅落后于俄罗斯、印度、土耳其,居"一带一路"沿线经济体的第四位。泰国、马来西亚、新加坡、菲律宾等都是体量可观的经济体,为与中国产能合作提供了强大的市场支撑。

三、产业合作模型探讨

除了产业结构高度能有效地反映国家产业结构和劳动生产率的这一核心指标,国家贸易、境外投资也是决定产业合作的重要因素。中国针对"一带一路"沿线的发展中经济体投资,多是基于产业转移、产业链整合以获取效率优势的目的。对于国家贸易,邹嘉龄等(2015)通过结构化分析贸易对经济的贡献,深化了这个观点:"中国与'一带一路'沿线经济体贸易联系紧密,相互依赖加深。'一带一路'沿线经济体大多为新兴市场经济体,经济增长迅速,商品需求越来越大,同时由于美国、欧盟等国家和地区的消费疲软,也导致了中国的出口向新兴市场经济体转移,使得中国与'一带一路'沿线经济体贸易往来日益密切。"

除了基础设施及国家战略,影响企业出海的另外两个主要因素为劳动力数量和GDP 体量。同时这也是生产要素理论的重要变量(刘伟和张辉,2008)。鉴于此,基于世界银行数据,本章对劳动力和 GDP 也进行了比较分析。

如表 13.5 显示 GDP 排名前 23 的经济体,其中除了印度、印度尼西亚、泰国、菲律宾、埃及、巴基斯坦、孟加拉国、越南、伊拉克,均为完成工业化的国家。而事实上,这些国家也正是"一带一路"沿线的重要产业合作市场。

表 13.5 GDP 排名前 23 的经济体比较分析

	产业结构高度	GDP (美元)	劳动力数量 (人)	境外投资引入占 GDP 比例(％)
印度	0.0830	2 301 373 678 534	678 770 685	1.22
俄罗斯	2.1141	1 631 635 841 879	86 381 749	4.33
土耳其	4.1155	1 087 550 784 488	35 328 613	1.19
印度尼西亚	0.4982	988 127 958 653	163 491 481	2.36
沙特	4.3645	678 729 654 965	16 315 674	1.37
波兰	3.6088	556 180 631 944	19 976 674	−0.82
伊朗	1.5822	456 944 194 217	31 431 514	0.67
泰国	0.9736	393 677 285 158	48 671 372	3.21
阿联酋	3.4568	367 632 720 967	7 050 460	2.85
马来西亚	1.8303	329 952 500 699	18 848 041	3.51

（续表）

	产业结构高度	GDP （美元）	劳动力数量 （人）	境外投资引入占 GDP 比例（%）
新加坡	10.2676	289 173 890 722	3 654 264	22.05
以色列	2.8382	277 531 860 242	5 081 609	4.25
菲律宾	0.3810	266 055 328 763	61 632 992	1.38
埃及	0.5776	249 951 802 079	40 414 642	2.22
捷克	4.4392	223 836 215 360	5 952 196	2.24
巴基斯坦	0.0287	215 894 314 582	96 067 055	0.61
伊拉克	0.3929	190 895 417 467	12 956 850	1.49
罗马尼亚	2.7326	189 517 132 389	10 318 516	2.17
哈萨克斯坦	1.8848	186 260 298 082	11 872 988	5.23
卡塔尔	7.4596	166 951 102 638	2 096 032	−0.50
孟加拉国	0.0139	156 629 549 345	96 056 386	0.96
越南	0.1164	154 508 616 052	70 328 509	5.76
匈牙利	3.4798	142 909 319 135	4 950 551	−3.01

表 13.6 显示劳动力数量排名前十的经济体。可以清楚地看到,这些正是我国企业走出去重点考虑的对象。一方面,充足的劳动力为我国传统产业链提供了有效的生产要素;另一方面,除了俄罗斯,这些经济体均处于工业化进程中,劳动力生产率、整体产业发展存在迫切的升级诉求。我国企业出海为这些劳动力提供了就业机会,并为其经济体产业升级提供了支持。

表 13.6　劳动力数量排名前十的经济体比较分析

	产业结构高度	GDP （美元）	劳动力数量 （人）	境外投资引入占 GDP 比例（%）
印度	0.0830	2 301 373 678 534	678 770 685	1.22
印度尼西亚	0.4982	988 127 958 653	163 491 481	2.36
巴基斯坦	0.0287	215 894 314 582	96 067 055	0.61
孟加拉国	0.0139	156 629 549 345	96 056 386	0.96
俄罗斯	2.1141	1 631 635 841 879	86 381 749	4.33
越南	0.1164	154 508 616 052	70 328 509	5.76
菲律宾	0.3810	266 055 328 763	61 632 992	1.38
泰国	0.9736	393 677 285 158	48 671 372	3.21
缅甸	0.0468	70 537 733 541	40 544 196	3.20
埃及	0.5776	249 951 802 079	40 414 642	2.22

综上,我们将以上四个变量(产业结构高度、GDP、劳动力数量、境外投资引入占GDP 比例)定义为产业合作的四个重要维度。Porter(1980)的竞争优势理论,将生产

要素、市场需求条件、相关支持行业及国家/企业的竞争优势作为竞争环境中的四个重要维度;政府和机会则交互影响着整体竞争态势。我们参考这四个影响维度,将以上四个变量定义为产业合作的"钻石模型",该方法通过识别不同主体国家(地区)的特征,可以有效地为不同类型的企业"走出去"寻找合作空间提供理论借鉴,具体模型如图 13.1 所示。

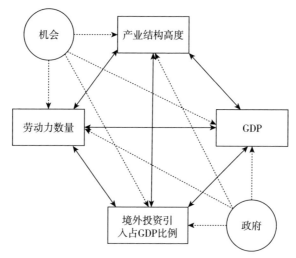

图 13.1 产业合作"钻石模型"

产业结构高度作为结构性变量(structural factor),表征了国家(地区)在产业合作中的产业结构,同时也反映了国家(地区)的竞争优势。例如,部分国家(地区)具有较高的第三产业劳动生产率,带动了整体产业结构高度的提升(新加坡等);部分国家(地区)则通过第一产业促进整体经济的发展(文莱等)。同时产业结构高度也反映了国家(地区)的生产水平,较低的产业结构高度意味着有提升的前景,适合初级产品、中间产品的合作;较高的产业结构高度意味着具有技术优势,适合附加值较高的价值链环节合作。

劳动力作为生产要素变量(factor conditions),表征了国家(地区)在产业合作中的重要生产要素集合。波特指出,劳动力要素包括自然要素、专业资源及各类其他生产要素。充足的劳动力为产业合作提供了保证,同时劳动力的质量和受教育水平也是产业合作的重要考量。

GDP 表征了国家(地区)的市场体量,是其自身经济发展的体量。如俄罗斯、印度、土耳其、印度尼西亚等具有大体量的市场,对部分市场驱动型的企业具有较强的吸引力。

境外投资引入占 GDP 比例反映了国家(地区)对境外投资的支持和保障程度。新加坡、蒙古、吉尔吉斯斯坦等的境外投资比例较高。意味着境外投资对其经济增长的影响较深,且整体的投资环境较为稳定。中国与"一带一路"沿线经济体的产业合作可总结为在资源、生产、市场等三个环节实现成本和效率的提升(见表 13.7)。

表 13.7 各经济体境外投资引入比较分析

	产业结构 高度	GDP (美元)	境外投资引入 (美元)	境外投资引入 占 GDP 比例 (%)	劳动力数量 (人)
新加坡	10.2676	289 173 890 722	63 772 316 791	22.05	3 654 264
蒙古	0.6415	11 677 573 630	2 150 897 062	18.42	1 722 391
吉尔吉斯斯坦	0.0193	6 082 952 726	757 642 400	12.46	3 462 746
马尔代夫	1.3849	2 954 819 941	325 256 930	11.01	267 318
黑山	2.2710	4 529 794 704	446 490 330	9.86	250 817
阿尔巴尼亚	1.4293	13 098 926 534	1 253 783 309	9.57	1 201 656
柬埔寨	0.0186	15 903 594 934	1 345 044 252	8.46	12 528 008
土库曼斯坦	0.5167	37 253 652 748	3 061 000 000	8.22	3 147 446

本章截选部分当前境外投资重点经济体进行比较分析,包括印度尼西亚、印度、埃及、泰国。在分析过程中,将我国的各项指标定义为标准单位 1,由此进行各经济体与我国的横向比较(见图 13.2)。

印度尼西亚作为亚洲人口大国,拥有 1.63 亿劳动力,GDP 接近万亿美元,其产业特点仍停留在工业化中期水平。大量的汽车制造业、机械零部件制造业、食品加工业等为其主要的产业形态,产业升级动力不足。但基于大的人口基数以及近年来的境外投资,经济发展前景可观。目前,印度尼西亚的产业结构高度参数为 0.4982,吸引境外投资 230 亿美元。中国生产要素驱动型企业是走向印度尼西亚市场的主体,源于其较为充分的劳动力,可以通过产业合作降低生产成本经济体。

泰国作为亚洲工业化起步较早的经济体,产业结构高度基本接近于中国 (0.9736),境外投资引入占 GDP 比例为 3.21%,接近中国的 3.90%。拥有 4 800 万劳动力、4 000 亿美元 GDP。企业走向泰国的主要原因在于其拥有相对较低的劳动力成本和相对较成熟的劳动力教育水平,产业合作可以借助富足的劳动力从而降低生产环节的成本。另外橡胶等原材料作为生产要素也吸引了大量的橡胶企业。泰国的产业形态与印度尼西亚类似,主要为汽车零部件和整车制造、食品加工、橡胶石化等加工业。其相对成熟的市场及较低的市场进入壁垒,促使了市场环节的产业合作。

印度作为快速发展的经济体,劳动力数量接近 7 亿人,GDP 为 2.3 万亿美元。但整体产业结构高度较低,处于工业化初级水平(0.083),外资投资环境尚未健全,吸引外资占 GDP 比例仅为 1.22%。其整体市场规模和劳动力规模使其成为南亚一个独特

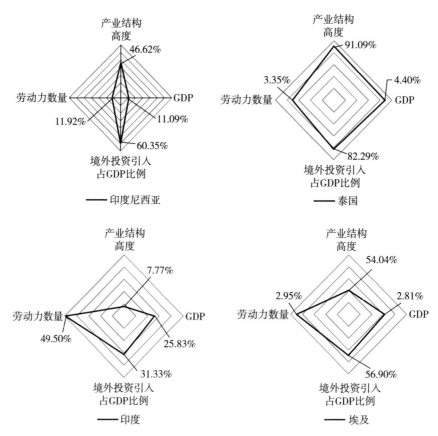

图 13.2　境外投资重点经济体的横向比较

的、独立的市场。生产要素驱动型及市场驱动型的企业都能在此找到相应的合作空间，进行适当的产业合作。充足的劳动力可以降低劳动力成本，使其在生产环节的产业合作中发挥其效用。

埃及作为"一带一路"沿线的重要站点，产业结构高度为 0.5776，境外投资引入占GDP 比例为2.22％。近年来埃及投资环境逐渐改善，整体经济发展潜力大，但现有产业结构较为单一，工业化需求强烈。劳动力数量为 4 000 万人，GDP 为 2 500 亿美元。生产要素驱动型企业能在埃及有效地找到合适的生产要素；且由于其优越的地理位置，同时辐射亚欧洲市场，对于市场驱动型企业也同样具有吸引力。从资源和市场两个环节的产业合作使资源得到有效的利用并且扩大了市场规模。

四、小结

本章基于我国成熟的产业结构高度研究方法，对我国产业结构和生产要素配置进行了探讨。认为在工业化加速进程后，我国的产业结构存在更新换代的需求，且正好契合全球市场对于优化生产要素配置的需要。"一带一路"倡议的提出恰逢其时，有利于"人类命运共同体"的形成。

而同时,"一带一路"沿线经济体的产业结构与我国产业结构的差异和互补,为国际产业合作提供了基础。通过对产业结构高度的计算,不同的产业结构及市场类型对于要素驱动型和市场驱动型企业有着不同的吸引力。产业结构高度较高的经济体,对于市场驱动型企业有着相对更强的吸引力;而产业结构高度较低的经济体,对于要素驱动型企业有着相对更强的吸引力。

在进一步横向比较各个经济体的产业合作思路时,本章定义了产业合作"钻石模型",包括产业结构高度、劳动力数量、GDP 及境外投资引入占 GDP 的比例。通过四个重要维度的分析,探讨产业合作的策略和路径。劳动力数量及 GDP 决定了生产要素禀赋和经济体的市场体量;而产业结构高度决定了产业结构特点和竞争优势;境外投资引入占 GDP 比例则从侧面反映了吸引外资的政策和制度环境。

综上,本章认为构建"一带一路"沿线产业合作路径可以从以下几方面着手:

(1)以产业分析为指引,针对"走出去"的企业,做好政策支持和服务工作。提供一套系统、深入的信息指导,针对东道国(地区)不同的发展阶段、资源禀赋及产业结构的契合性等方面,确定适合发展合作的产业、行业类别,帮助中国企业更好地了解目标市场和国家(地区),方便中资企业结合自身的生产优势,从不同产业层面形成合力,打开"一带一路"产业合作的新局面。

(2)加强与沿线各国(地区)的政策协同,集中配置资源支持产业平台打造。例如,通过产业合作园区的设立,为中国企业"走出去"搭建海外发展平台,有利于企业相对集中地投资,形成产业集群,相较单体企业境外投资的模式,明显提高了抗风险以及应对东道国(地区)突发事件的能力,并增强了与东道国(地区)政府对话中的平等权利。应加强在外交、商务、援外、科教文卫等各领域以及各政府部门之间的协同性,将各类资源优先向有助于"一带一路"产业合作的方向配置,为推动"一带一路"沿线产业合作发挥积极的作用。

(3)结合我国的供给侧改革提高政府治理水平,系统地建立风险监测机制,加强政府服务和相关制度等软性基础设施建设。从"一带一路"产业合作承接地来看,东道国(地区)风险复杂、政治风险较高,制度环境的国内外差异较大。对于国际环境的风险和国际人才匮乏而导致的合作成本增加和投资决策失误,应当加强提供政府高端服务,包括组织智力资源提供精准的决策服务。

第十四章 "一带一路"沿线绿色园区建设研究[①]

一、海外绿色园区建设的发展

(一) 绿色园区背景

自 2013 年中国正式提出"一带一路"战略构想之后,沿线国家(地区)不断掀起合作热潮。维护"一带一路"沿线国家(地区)的可持续发展,一定要处理好经济发展与文化融合、社会责任及生态友好的关系。"一带一路"倡议下中国海外园区已经成为新时期世界各经济体互利合作的样板和全球关注的焦点。自 2013 年"一带一路"倡议提出以来,中国对外经济合作大幅拓展。根据海关总署统计,2017 年 1—10 月,中国与"一带一路"沿线国家(地区)商品贸易总额为 8 760.9 亿美元,较 2016 年同比增长 14.8%;出口总额为 5 126.3 亿美元,同比增长 8.3%;进口额为 3 634.6 亿美元,同比增长 25.3%。2018 年,中国企业共对"一带一路"沿线中 58 个国家和地区进行了非金融类直接投资111.8 亿美元,同比下降 7.4%,降幅较上年同期减少了 1%,占中国对外投资总额的13%,较 2016 年提高 4.7%。截至 2017 年底,中国在 45 个国家和地区建立了 81 个具有一定规模影响力的中国海外园区。在商务部、外交部和国家测绘局联合公布的中蒙俄经济走廊、新亚欧大陆桥经济走廊、中国—中亚—西亚经济走廊、中巴经济走廊、孟中印缅经济走廊及中国—中南半岛经济走廊这六大经济走廊所经过的国家和地区,分布有 45 个已经建设和发展的中国海外园区。这其中包括通过商务部、财政部审核认定的 17 个中国海外经贸合作区。其中,2017 年,新增 19 个"一带一路"沿线的国家级海外经贸合作区,涉及国家新增 4 个;入园企业增加 2 330 家,较 2016 年底增长 2 倍多;上缴东道国税费11.4 亿美元,较 2016 年翻了一番。

然而"一带一路"沿线的环境保护是一个容易被忽略又绝不容忽视的问题。如果环境遭到破坏,即使经济合作成功了,也难以凝聚民心,最终给经济合作带来负面影

---

① 作者为张灵,北京大学经济学院博士后。

响。"一带一路"建设中可能带来的生态隐患主要有:①"陆上丝绸之路"所经过的主要为中国和欧洲之间的欧亚大陆腹地,是全球生态问题突出的地区之一。其地理特征是气候异常干燥,降雨量极其稀少,水资源严重不足。地貌形态以沙漠和草原为主,其中沙漠面积占总面积的 1/4 以上。中亚生态环境问题与中国西北地区有很大的相似性与相关度,同时还存在核污染、生物污染、工业污染、地震灾害、土地沙漠化、人口过快增长等问题,其生态脆弱,整体上对于人类活动的承载力也不够强,已成为制约该地区发展的重要障碍。②"一带一路"沿线的东南亚地区,主要是热带季风和热带雨林气候,总体为高山峻岭、地震活跃带、岩溶与喀斯特地貌,分布多条国际河流。快速工业化和城市化的环境压力、空气的跨国污染、水资源破坏、热带雨林锐减以及生物多样性减少、人口膨胀和资源消耗量飙升等问题,严重地影响了区域可持续发展。③"海上丝绸之路"沿岸几乎全是发展中经济体,面临着节能减排压力和环境问题困扰。海洋生态问题长期存在,如气候变化、自然海岸线大量丧失、陆源排放过量、生态灾害频发、渔业资源枯竭等。

未来"一带一路"沿线经济体仍是我国海外园区建设和发展的重要空间载体。中国海外园区建设正在以全新的速度和态势推动着沿线经济体的交流与合作。然而"一带一路"沿线的中国海外园区建设的推进,不可避免地会带来沿线经济体生态环境的变化。而且"一带一路"沿线的大多数新兴经济体和发展中经济体,很难保证生态与经济的同步发展。中国在过去的 30 年发展中,在环保方面积累了很多教训和经验,可以帮助各经济体实现绿色转型或付出较少的环境代价。

通过深入研究中国同各经济体进行产能合作及海外园区建设过程中在投资环境、园区自身基础、招商引资、生态保护、抗风险能力、发展适应性等方面的情况,对中国海外园区建设进行绿色发展综合评价,并根据不同的国情和不同的双边关系制定相应的战略,将中国在生态文明建设中积累的创新成果融会贯通,以探索绿色园区建设的新模式和新路径,把生态文明理念融入互联互通、产业投资、资源开发、园区建设、经贸合作、人文交流等领域,充分发挥生态文明的助推器作用。

绿色海外园区建设以生态文明与绿色发展理念为指导,坚持资源节约和环境友好原则,应将生态环保理念融入绿色海外园区建设的各方面和全过程,让绿色发展成果惠及各国人民。推进绿色海外园区建设,加强生态环境保护,有利于增进沿线各国(地区)政府、企业和公众的相互理解和支持,分享我国生态文明和绿色发展的理念与实践,提高生态环境风险防控能力,促进沿线经济体共同实现 2030 年可持续发展目标,为绿色"一带一路"建设提供有力的服务、支撑和保障。

推进绿色海外园区建设,是顺应和引领绿色、低碳、循环发展国际潮流的必然选择,是借鉴我国绿色发展经验、促进全球生态环境治理的有效途径,可实现对资源的合理配置、高效使用、循环利用和有效保护,降低绿色海外园区建设与合作的能源资源消耗,促进企业遵守相关环保法律法规和标准规范,推动"一带一路"沿线经济体的经济社会发展与资源环境承载能力相适应。

全球和区域生态环境挑战日益严峻,良好的生态环境成为各经济体经济社会发展的基本条件和共同需求,防控环境污染和生态破坏是各国的共同责任。推进绿色海外园区建设,进行绿色园区发展综合评价,有利于务实开展合作,促进经济发展与环境保护双赢,建立经济社会和生态环境新秩序,服务于打造利益共同体、责任共同体和命运共同体的总体目标,为解决全球性环境问题和建设美丽世界贡献中国智慧。

(二)"一带一路"海外园区发展史

自20世纪90年代,中国企业开始探索海外园区建设;2005年起,中国政府出台多项政策措施,鼓励企业建立海外园区,鼓励企业"抱团走出去",以海外园区建设促进中国企业"走出去"上升为国家战略;2013年"一带一路"倡议实施以来,中国海外园区在质和量上均有突破性的发展。截止到2018年5月底,中国海外园区数量达到125个。因此,本研究将中国海外园区发展阶段分为探索发展期(1990—2004年)、调整发展期(2005—2012年)和战略发展期(2013年至今)。

1. 探索发展期

在探索发展期,中国海外园区多为企业自发行为。中国企业自发探索海外投资和海外经贸合作园区的建设。企业突破重重困难,尝试投资各种海外项目,虽然部分以关闭告终,但为日后海外产业园区建设积累了经验。该时期中国海外园区表现为数量少、效益低、分布分散的特征。

2. 调整发展期

2005年底,中国政府出台多项政策措施,鼓励企业建立海外园区,鼓励企业"走出去"。这一段时期政府开始重视海外园区的建设,并通过制定相关配套政策、建设标准等推动中国海外园区数量和质量的同步增长。中国海外园区建设和发展表现为以"政府推动＋公共平台建设"为主。这一阶段中国海外园区的发展在每年增加的数量上呈现明显波动的状态特征。

3. 战略发展期

在加速发展期,中国海外园区建设在"一带一路"倡议的引导和带动下,数量有所变化、效益有所提高、规模加速增长、分布更加广泛。截至2017年底,经国家商务部认定的国家级海外经贸合作区有20个,主要分布在泰国、柬埔寨、马来西亚、赞比亚、俄罗斯等东南亚、非洲及东欧等地,以发展中经济体为主。20个国家级的海外经贸合作区累计投资241.9亿美元,入区企业1 522家,总产值702.8亿美元,上缴东道国税费26.7亿美元。这段时期新增的海外园区中加工贸易型园区最多,但所占比例呈下降趋势。综合开发性园区的增加幅度最大。园区建设与投资越来越注重成本和资源因素,使主导产业结构获得了向多元化、多领域的转型与拓展。

"一带一路"沿线经济体分布有 55.56％的中国海外园区、85％的国家级海外经贸合作区。截至 2018 年 5 月 31 日,我国已开展的国际海外产业园区共计 125 个。其中,加工制造园区 41 个,农业产业型园区 24 个,综合型产业园 22 个,商贸物流型园区 16 个,资源利用型园区 15 个,科技研发型园区 4 个及"一带一路"产能合作园区 3 个。

我国海外加工制造园区共计 41 个(见表 14.1),主要分布在东南亚国家(印度尼西亚、柬埔寨、越南)、俄罗斯、南非、印度等;资源利用型园区共计 15 个,分布在俄罗斯(11)、印度尼西亚(2)、老挝(1)和毛里塔尼亚(1);农业产业型园区共计 24 个(见表 14.2),主要分布在俄罗斯、东南亚国家(印度尼西亚、柬埔寨)等;商贸物流型园区共计 16 个(见表 14.3),主要分布在俄罗斯、东南亚国家(柬埔寨、越南)地区;科技研发园区共计 5 个,主要分布在澳大利亚、韩国、比利时、泰国和白罗斯;综合型产业园区共计 22 个(见表 14.4),主要分布在俄罗斯、埃塞俄比亚和柬埔寨。

表 14.1 我国海外加工制造园区分布

所在地	数量	所在地	数量	所在地	数量
印度尼西亚	5	巴基斯坦	1	塞拉利昂	1
俄罗斯	3	巴西	1	塔吉克斯坦	1
柬埔寨	2	波兰	1	泰国	1
南非	2	格鲁吉亚	1	文莱	1
乌兹别克斯坦	2	哈萨克斯坦	1	乌干达	1
伊朗	2	津巴布韦	1	匈牙利	1
印度	2	罗马尼亚	1	意大利	1
越南	2	孟加拉国	1	赞比亚	1
埃及	1	莫桑比克	1	尼日利亚	1
埃塞俄比亚	1	——		——	

表 14.2 我国海外农业产业型园区分布

所在地	数量	所在地	数量
俄罗斯	7	古尔吉斯斯坦	1
塔吉克斯坦	3	老挝	1
柬埔寨	2	马来西亚	1
乌克兰	2	缅甸	1
埃塞俄比亚	1	苏丹	1
芬兰	1	坦桑尼亚	1
赞比亚	1	印度尼西亚	1

表 14.3　我国海外商贸物流型园区分布

所在地	数量	所在地	数量
俄罗斯	5	塞尔维亚	1
柬埔寨	2	沙特	1
阿联酋	1	匈牙利	1
德国	1	越南	1
哈萨克斯坦	1	赞比亚	1
尼日利亚	1	——	

表 14.4　我国海外综合型产业园区分布

所在地	数量	所在地	数量
俄罗斯	3	博茨瓦纳	1
埃塞俄比亚	2	法国	1
柬埔寨	2	格鲁吉亚	1
老挝	2	肯尼亚	1
马来西亚	2	毛里求斯	1
越南	2	尼日利亚	1
印度尼西亚	2	泰国	1

从区域层面分析,目前我国海外产业园区遍布"一带一路"六大经济走廊所覆盖的亚欧非地区,主要集中在东南亚、东欧、东非、中亚和西亚。地处亚洲的中国海外园区多达 59 个,其中,东南亚达 36 个,占据了亚洲地区中国海外园区数量的 61%;中亚和西亚分别有 9 个和 8 个,共占比亚洲地区的 28.8%;南亚有 5 个。欧洲共计 42 个,其中,东欧最多,达 36 个,占欧洲地区总数的 85.7%。非洲共计 22 个,其中东非最多(12 个),占非洲地区总数的 54.5%。中国海外园区在亚洲形成了"东南—西北"递减的空间分布结构,东南亚为中国海外园区最大分布圈层。欧洲作为亚欧大陆贯通的终点和"一带一路"西方拓展节点,形成了以俄罗斯、白罗斯、匈牙利 3 个经济体为主的"一带一路"东欧地区"小集聚区"。

从国家层面分析,中国海外园区主要分布在 49 个经济体。其中,分布最多的经济体是俄罗斯,高达 29 个;其次是印度尼西亚,共计 10 个;柬埔寨、越南各有 9 个和 5 个;埃塞俄比亚、老挝和塔吉克斯坦各有 4 个;马来西亚、尼日利亚、泰国、赞比亚各有 3 个;其余经济体各有 1—2 个。

二、绿色园区建设指标

（一）绿色园区建设衡量方法与指标体系

1. 评价指标体系构建原则

（1）全面性和代表性原则。分别从园区投资环境、绩效规模、发展潜力及生态安全指数四个方面构建中国海外绿色园区建设与发展评价指标体系。在考虑各国家、企业等不同尺度、不同等级、不同行业、运作方式等特征的基础上,构建中国海外绿色园区建设与发展评价指标体系。同时,指标的选取要有针对性和代表性,根据特定目标和区域特征,选取最能够体现园区发展的代表性指标,避免出现因指标繁多导致评价重点不突出的问题。

(2) 动态性和稳定性原则。园区发展不是一成不变的,是个动态变化的过程,园区的主要功能在其发展的不同阶段具有不同的特点,这就要求指标体系应具有动态性,适时地选取能够体现时代特征的指标,以保证能够灵敏地反映园区发展面临的各种情况与问题。同时,应更多地考虑指标体系的成熟和稳定,体现稳定性原则。

(3) 区域性和适用性原则。由于自然条件和社会经济水平的差异,园区在不同的区域呈现不同的发展特征,因此,指标体系应反映研究区域的自然、经济、社会各方面的实际情况,评价指标应具有区域性。但同时,不同区域之间又存在一定的共性,为便于相似地区的横向对比,指标体系应适用于不同区域,具有较为广泛的适用性。

2. 评价指标体系构建

结合海外绿色园区建设的宗旨以及沿线合作经济体的生态环境、社会经济、贸易与投资、经济区位、投资与建设规模、潜在风险、园区类型及建设模式等,构建科学、合理的海外绿色园区建设与发展指标体系。

(1) 评价指标体系构建。指标体系分为目标层、准则层、子准则层和指标层四个层次。目标层为海外园区建设与发展的投资环境、规模绩效、发展潜力和生态安全 4 个子目标系统;准则层根据各子目标的不同特点而进一步细化,投资环境包括投资与贸易潜力和经济区位两方面,规模绩效划分为园区建设规模和招商引资,发展潜力包括抗风险能力和发展适应力,生态安全涵盖了区域生态服务能力和环境负载指数;依据一定原则,结合各海外园区所在地特点、园区类型与合作方式等属性特征,分别构建适合各种类型的海外园区的子准则层和指标层(见表 14.5)。

表 14.5 海外园区建设绿色发展综合评价指标体系

目标层 (权重比)	准则层	子准则层	指标层
投资环境 (0.18)	投资与贸易潜力	所在地 GDP	近三年平均值
		所在地与中国的直接投资额	近三年平均值
		所在地与中国的进出口总额	近三年平均值
		所在地与中国的航线及贸易港口数量	直飞线与码头数量
		优惠政策	与中国是否签订双边协议(0/1 定性分析)、税费等优惠政策
	经济区位	所在地权重人口密度	首都权重人口密度折半
		所在地距首都距离	逆向加权处理
		所在地到最近机场和港口距离	逆向加权处理

（续表）

目标层 （权重比）	准则层	子准则层	指标层
规模绩效 （0.32）	园区建设规模	投资规模综合分值	投资额、营业额、税费、产权期限
		建设面积综合分值	规划面积、已建设面积、占地面积
	招商引资	企业数量	入园数量
		创造就业数量	可供就业岗位数
发展潜力 （0.32）	抗风险能力	建设方信保等级	注册资本、成立时间、单位性质
		建设方海外投资经验	海外投资项目数量
	发展适应力	园区建设模式	园区建设模式、通过国家考核
生态安全 （0.18）	生态服务能力	生态服务价值	生态服务价值指数
	环境负载指数	园区环境负载指数	园区类型

投资环境指标。投资环境选取国家层面的"投资与贸易潜力"和城市层面的"经济区位"两项指标。投资与贸易潜力具体包括所在地 GDP、所在地与中国的直接投资额（包括到中国的 FDI 与中国输出的 FDI 加总）、所在地与中国的进出口总额、所在地与中国的航线及贸易港口数量、与中国是否签订双边协议及各种税费优惠政策。这些指标反映了中国海外园区所在国的经济发展水平、与中国贸易的紧密度、投资环境的稳定性。经济区位包括所在地权重人口密度（所在地人口总数/所在地面积）、距离首都及最近机场和港口距离（负向指标）。这些指标反映了园区所在城市的基础设施、劳动力供给及交通通达度水平。

规模绩效指标。规模绩效通过"园区建设规模"和"招商引资"两项准则指标进行评估。园区建设规模通过投资规模和建设面积来体现。投资规模综合考虑园区的年投资额、营业额、上缴东道国税费及园区产权期限等因素衡量；建设面积则综合考虑规划面积、占地面积及已建成面积进行综合计算。招商引资选取入驻园区的企业数量、可提供的就业岗位数来衡量。这些指标涵盖了园区建设及入驻企业发展中遇到的土地、税收、劳动力数量、建设周期等建设与发展成本和条件要素。在一定程度上体现了海外园区入驻企业成长和培育所处的建设基础及发展成就。

发展潜力指标。发展潜力主要通过"抗风险能力"和"发展适应力"进行评估。其中,抗风险能力通过建设方信保等级和建设方海外投资经验进行衡量。通过承建方的注册资本、单位性质、成立时间、贷款总额等进行建设方信保等级评价；通过承建方海外投资项目数量、金额及利润等评估建设方海外投资经验。园区发展适应力通过园区建设模式进行评估,主要考虑产业园区模式、城市共建模式、自由贸易协定模式及是否为中国国家级海外经济贸易合作园区进行对比权重赋值决定。

生态安全指标。生态安全主要通过"生态服务能力"和"环境负载指数"进行综合评估。其中,生态服务能力基于园区所在地的土地利用类型,依据 Costanza（1997）设计的全球生态系统服务功能的定量化方法计算而得。环境负载指数为负向指标,按照科技研发型园区、商贸物流型园区、农业产业型园区、资源利用型园区、综合型产业园、加工制造园区6种产业类型进行赋值(1、2、3、4、5、6),分值越大,环境负效应越明显。本部分按照生态服务功能的分值范围进行标准化处理,按照"环境负荷指数"得分对"生态服务功能"的负向影响能力,各为50%进行计算,最终加和求得园区的生态安全指数。

(2)指标权重确定。海外绿色园区建设与发展综合评价中各项指标类型复杂,各指标重要性也不尽相同,本研究通过 Delphi-AHP 法获得目标层指标的权重:①将构建的绿色园区建设与发展综合评价指标体系制成表格,匿名发给多位专家征求意见,根据影响绿色园区建设与发展的重要程度对目标层进行赋分(总分为100分)。回收表格归纳分析,将结果反馈给专家进行第二轮咨询,最终对专家的赋分值加以平均,并归一化处理,得到权数。②邀请专家就目标层指标进行两两比较,然后构建评判矩阵,进行层次单排序权重计算,最后进行层次总排序权重计算并做一致性检验。综合 Delphi 法与 AHP 法计算的权数加和平均值作为评价指标综合权数,所得权重值如表14.5所示。

(3)计算过程。采用加权平均方法对指标进行标准化处理。首先,为减少个别数据波动所造成的偏差,对所有指标尽量采取近三年的平均值进行计算。其次,为保证不同指标间的可比性,计算中对每个指标进行无量纲转换,将最大值的园区赋值为100,最小值的园区得分设置为1,其他园区得分参照最高与最低园区得分进行转换,转换公式为:

$$S'_{ij} = 99 \times (S_{ij} - \min_j) / (\max_j - \min_j) + 1$$

其中,S'_{ij}为i园区的第j个指标无量纲转换后的值,S_{ij}为i园区的第j个指标的原始值,$\min_j$和$\max_j$分别为所在园区的第j个指标的最小值和最大值。其中,负面指标采用方向赋值处理。同时对 GDP、双边贸易额等最大值过大的指标进行对数处理,并将得分为0的指标在取对数后依然赋值为0。

最后,对标准化后的不同指标进行加权平均。其中,本研究认为园区所在地对投资环境具有同等重要的影响,园区规模绩效与发展潜力具有同等重要的作用,且比园区所在区域的投资环境重要。为此,采用以下公式进行不同维度的指标进行加权平均:分别对园区所在国家的相关指标和园区所在区域的相关指标进行平均后,再将这两个维度汇总后的得分进行平均得:

$$D_i = 0.18 \times (D_{i1} + D_{i2}) + 0.32 \times D_{i3} + 0.32 \times D_{i4} + 0.18 \times D_{i5}$$

其中,D_i为各园区最终的绿色建设与发展得分,D_{i1}为i园区国家层面投资环境指标无量纲转换后值的平均值再进行无量纲转换后的值,D_{i2}为i园区城市层面投资环境指标无量纲转换后值的平均值再进行无量纲转换后的值,D_{i3}为i园区规模绩效指标无量纲转换后值的平均值再进行无量纲转换后的值,D_{i4}为i园区发展潜力指标无量纲转换后值的平均值再进行无量纲转换后的值,D_{i5}为i园区生态安全指标无量纲转换后值的平均值再进行无量纲转换后的值。最后,基于各园区 D_i 得分进行综合排名。

（4）区域生态系统服务功能评价。

评价单元。先对研究区进行 1 km×1 km 的网格采样块的划分,作为区域生态评价的评价单元。对于每一个采样块,分别计算各个指标的数值并作为该采样块中心像元的指标值,对每一个指标通过空间 Kriging 插值,形成该指标基于像元大小 30 m×30 m 的空间分异图,从而对此 30 m×30 m 的研究区生态安全评价结果。

评价方法。区域生态系统提供了多种功能,本研究参照 Costanza 等的研究,将区域生态系统服务功能划分为供给服务、调节服务、支持服务和文化服务四类一级功能,以及食物生产、原材料生产、大气调节、水文调节、气候调节、土壤保育、生物多样性维持、废物处理和提供美学景观等九类二级功能(见表 14.6)。

表 14.6　区域生态系统服务功能划分体系

一级功能	二级功能
供给服务	食物生产
	原材料生产
调节功能	大气调节
	水文调节
	气候调节
支持服务	土壤保育
	生物多样性维持
	废物处理
文化服务	提供美学景观

根据 Costanza 设计的全球生态系统服务功能的定量化方法,通过价值化的方式衡量生态系统服务功能。根据研究区域实际情况,将土地利用类型与生态系统类型对应起来,建立区域生态系统的单位面积服务价值当量表。根据世界各国公布的最低粮食收购价为基准,计算得到当年农田自然粮食产量的经济价值,结合区域生态系统服务价值当量因子,计算得到区域生态系统单位面积服务价值为:

$$ESV = \sum_{i=1}^{n} M_i \cdot VC_i$$

式中,ESV 表示区域生态系统服务价值量,M_i 表示第 i $(i=1,2,\cdots,n)$ 种土地利用类型面积,VC_i 表示第 i 种土地的单位面积生态系统服务价值系数。

（二）“一带一路”沿线经济体生态服务价值评估

基于 2009 年欧洲航天局全球陆地覆盖数据,采用“联合国粮农组织地表覆盖分类系统(UN Food and Agriculture Organization's Land Cover Classification),结合土地利用现状分类标准(GBT 21010—2007)、科技部 863 计划“全球地表覆盖遥感制图与关键技术研究”重点科研项目和相关文献,将“一带一路”土地利用类型重新归纳整合为耕地、林地、草地、湿地、裸地、水体、建设用地、冰川/永久积雪八种类型。

基于"一带一路"沿线经济体边界矢量数据,对土地覆被栅格数据进行裁剪,得到 2010 年"一带一路"沿线经济体土地覆盖情况。通过国家陆地边界矢量图与土地利用图的叠加,统计出国家单元的各种土地利用类型的面积,对"一带一路"沿线经济体土地利用结构空间分布情况进行分析。"一带一路"沿线经济体的区域分区情况如表 14.7 所示。各个区域土地利用结构呈现明显的空间分异特征(见表 14.8 和表 14.9)。

表 14.7 "一带一路"沿线经济体分区情况

区域	经济体
北亚	俄罗斯
东南亚	菲律宾、柬埔寨、老挝、马来西亚、缅甸、泰国、文莱、新加坡、印度尼西亚、越南
东欧	爱沙尼亚、白罗斯、拉脱维亚、立陶宛、摩尔多瓦、乌克兰
东亚	蒙古
南欧	阿尔巴尼亚、保加利亚、波黑、克罗地亚、罗马尼亚、马其顿、塞尔维亚、斯洛文尼亚、希腊
南亚	不丹、马尔代夫、孟加拉国、尼泊尔、斯里兰卡、印度
西亚	阿富汗、阿联酋、阿塞拜疆、巴基斯坦、格鲁吉亚、亚美尼亚
中东	埃及、巴勒斯坦、巴林、卡塔尔、科威特、黎巴嫩、塞浦路斯、沙特、土耳其、叙利亚、也门、伊拉克、伊朗、以色列、约旦
中国	——
中欧	波兰、捷克共和国、斯洛伐克、匈牙利
中亚	哈萨克斯坦、吉尔吉斯斯坦、塔吉克斯坦、土库曼斯坦、乌兹别克斯坦

表 14.8 各区域土地利用类型在各区域的空间分布情况 单位:%

区域	土地利用类型							
	耕地	林地	草地	湿地	裸地	水体	建设用地	冰川/永久积雪
北亚	0.32	0.20	0.02	0.03	0.00	0.14	0.36	0.00
东南亚	12.66	9.94	0.07	10.89	0.00	5.92	3.74	0.16
东欧	26.12	66.03	66.44	86.90	8.01	59.19	20.27	64.21
东亚	1.26	1.00	3.62	0.00	8.51	1.75	0.13	0.09
南欧	3.14	1.57	0.68	0.32	0.00	1.03	5.33	0.00
南亚	18.29	2.63	1.36	1.16	0.75	3.40	12.34	6.86
西亚	2.91	0.92	2.38	0.04	6.73	0.83	2.12	8.05
中东	4.33	2.86	3.15	0.02	38.31	4.10	5.52	0.06
中国	20.58	11.29	11.83	0.07	22.68	10.68	42.62	16.17
中欧	3.08	1.10	0.28	0.05	0.00	0.71	5.47	0.00
中亚	7.32	2.46	10.17	0.53	15.00	12.26	2.09	4.39

表 14.9　各区域土地利用结构分布情况　　　　　　　　　单位:%

区域	耕地	林地	草地	湿地	裸地	水体	建设用地	冰川/永久积雪
北亚	40.66	54.42	2.37	0.30	0.01	1.64	0.59	0.00
东南亚	35.87	59.54	0.22	2.67	0.01	1.52	0.14	0.03
东欧	10.03	53.63	26.79	2.89	3.10	2.06	0.10	1.40
东亚	7.89	13.32	23.87	0.00	53.87	0.99	0.01	0.03
南欧	42.62	45.03	9.72	0.37	0.06	1.26	0.94	0.00
南亚	67.77	20.61	5.27	0.37	2.79	1.14	0.59	1.45
西亚	19.79	13.21	17.00	0.02	46.16	0.51	0.19	3.12
中东	8.21	11.46	6.27	0.00	73.21	0.70	0.14	0.01
中国	25.05	29.06	15.11	0.01	27.81	1.18	0.67	1.12
中欧	52.75	39.78	5.06	0.07	0.02	1.10	1.22	0.00
中亚	18.43	13.06	26.86	0.12	38.04	2.79	0.07	0.63

（1）各土地利用类型空间分布不均匀。"一带一路"所经区域各土地利用类型分布极不均衡,2010 年"一带一路"各区域土地利用类型的空间分布情况如表 14.8 所示。耕地主要分布在东欧、中国、南亚和东南亚,分别占总耕地面积的 26.12%、20.58%、18.29% 和 12.66%;而东亚和西亚的占比很少。林地主要分布在东欧、中国和东南亚,分别占总林地面积的 66.03%、11.29% 和 9.94%;林地面积占比少的区域主要是西亚和东亚。草地主要分布在东欧和中国,而东南亚和中亚所占比例最小。湿地主要分布在东欧和东南亚,分别占总湿地面积的 86.90% 和 10.89%,其他地区占比均很少。裸地主要分布在中东、中国和中亚,分别占比为 38.31%、22.68% 和 15.00%。水体主要分布在东欧、中亚和中国,分别占比为 59.19%、12.26% 和 10.68%。建筑用地占比最高的主要是中国(42.62%)、东欧(20.27%)和南亚(12.34%)。冰川与永久积雪主要分布在东欧(64.21%)和中国(16.17%)。这同各区域的资源禀赋、国家发展水平及发展模式具有密切联系。

（2）各区域土地利用结构各具特征。各区域呈现明显不同的土地利用结构特征如表 14.9 所示。北亚和东南亚地区以林地和耕地为主,其各自比例分别为 54.42%、40.66% 和 59.54%、35.87%;东欧地区以林地、草地为主,共占据了全国面积的 80.42%;裸地在中东、东亚、西亚和中亚地区分布广泛,分别占据了国土面积的 73.21%、53.87%、46.16% 和 38.04%;南欧地区的林地、耕地面积是主要的国土利用类型,占比相当,分别为 45.03% 和 42.62%;南亚地区以耕地为主(67.77%),林地其次;中欧地区的耕地和林地占据了国土面积的 92.53%,分别为 52.75% 和 39.78%;而我国的林地、耕地、草地及裸地分布较为均衡。

（三）"一带一路"沿线经济体区域生态系统服务功能测算

本研究采用 Costanza(1997)计算的"全球生态系统单位面积生态服务价值当量表"(见表 14.10)。Costanza 的价值评估表认为,湿地的价值高于河流流域的价值,且湿地的水文调节价值高于河流流域的水文调节价值。森林具有气体调节价值。草地具有原材料生产、气候调节价值。农田具有原材料生产、气体调节、气候调节、水文调节、保持土壤、提供美学景观价值。河流湖泊具有原材料生产、气体调节、气候调节、维持生物多样性价值。关于荒漠、裸土的生态价值当量值,本研究采用谢高地的算法。

表 14.10 全球生态系统单位面积生态服务价值当量

一级功能	二级功能	耕地	林地	草地	湿地	水体	裸土
供给服务	食物生产	1	0.80	1.24	4.74	0.76	0
	原材料生产	0	2.56	0	1.96	0	(0.01)
调节功能	大气调节	0	0	0.13	2.46	0	(0.17)
	水文调节	0	0.09	0.06	70.65(0.35)	140.04(0.14)	(0.12)
	气候调节	0	2.65	0	84.06(0.08)	0	(0.12)
支持服务	土壤保育	0	8.65	0.56	0	0	0
	生物多样性维持	0.7	0.33	0.89	5.63	0	(0.07)
	废物处理	0	1.61	1.61	77.35(0.08)	12.31	(0.01)
文化服务	提供美学景观	0	1.26	0.04	26.94	4.26	(0.02)
	合计	1.7	17.95	4.3(4.53)	273.79(42.24)	157.37(17.47)	0.40

注:括号内的数据为谢高地等列出的此表数据。

基于全球生态系统单位面积生态服务价值当量表,测算"一带一路"沿线经济体生态系统服务价值。根据计算结果(见表 14.11),可以得出"一带一路"沿线经济体生态系统服务价值存在明显的空间分异特征。

区域生态系统服务价值最高的前五个经济体分别为马尔代夫、文莱、爱沙尼亚、印度尼西亚和俄罗斯。其中,马尔代夫的平均生态服务价值最高为 155.68,得益于马尔代夫水域面积占其领土的绝大部分。文莱和俄罗斯平均生态服务价值高,得益于高比例的林地及湿地面积。爱沙尼亚和印度尼西亚平均生态服务价值高,则受益于高比例的林地及耕地面积。平均生态服务价值很低的经济体主要位于中东地区的约旦、也门、阿联酋、科威特、沙特 5 个经济体。主要由于这些经济体土地利用结构极为单一,裸土面积极大(均超过自身国土面积 95%),因此其生态服务价值极低。

表 14.11 "一带一路"沿线经济体平均生态服务价值 单位:元/(hm²·年)

	生态服务价值	园区数量		生态服务价值	园区数量
马尔代夫	155.68	0	吉尔吉斯斯坦	10.96	1
文莱	70.37	1	波兰	10.79	1
爱沙尼亚	33.95	0	巴勒斯坦	10.75	0
印度尼西亚	27.57	10	克罗地亚	10.61	0
俄罗斯	22.46	29	捷克	10.56	0

（续表）

	生态服务价值	园区数量		生态服务价值	园区数量
拉脱维亚	22.27	0	乌克兰	10.29	2
斯里兰卡	21.58	0	塞尔维亚	10.17	1
柬埔寨	20.54	9	泰国	9.99	3
马来西亚	19.09	3	土库曼斯坦	9.72	0
孟加拉国	18.74	0	哈萨克斯坦	9.26	2
老挝	17.23	4	尼泊尔	8.63	0
亚美尼亚	16.89	0	中国	8.27	0
巴林	16.43	0	黎巴嫩	7.81	0
新加坡	15.91	0	摩尔多瓦	7.51	0
缅甸	15.80	1	以色列	7.41	0
越南	15.47	5	匈牙利	7.17	2
白罗斯	14.95	1	印度	7.04	2
不丹	14.56	0	蒙古	5.33	0
马其顿	14.53	0	塔吉克斯坦	4.60	4
黑山	14.48	0	伊朗	4.30	2
立陶宛	13.96	0	阿富汗	4.03	0
斯洛文尼亚	13.56	0	伊拉克	3.94	0
土耳其	13.28	0	乌兹别克斯坦	3.71	2
希腊	13.24	0	叙利亚	3.61	0
罗马尼亚	12.83	1	卡塔尔	3.17	0
阿尔巴尼亚	12.38	0	巴基斯坦	3.15	2
波黑	12.18	0	埃及	1.88	1
格鲁吉亚	12.12	2	约旦	1.81	0
菲律宾	11.78	0	也门	1.52	0
阿塞拜疆	11.34	0	阿联酋	1.27	1
塞浦路斯	11.25	0	科威特	1.07	0
保加利亚	11.16	0	沙特	0.61	0
斯洛伐克	11.01	0			

（四）绿色园区建设指数计算

基于数据较全面的 45 个"一带一路"沿线中国海外园区数据,从投资环境、规模绩效、发展潜力和生态安全 4 个层面进行绿色园区建设与发展综合评价。表 14.12 描述了 45 个园区所在的城市、国家和地区信息。从国家层面分析,可以看出印度尼西亚是 45 个海外产业园样本中承载中国海外产业园区最多的国家,多达 6 个;其次是俄罗斯,达 4 个;再次是老挝、越南和印度,各承载 3 个;其余国家和地区则分别承载 1—2 个。从区域层面分析,可以看出东南亚是我国海外产业园区的主要集中地,占 18 个;其次是南亚,占 10 个;然后依次为东欧(7 个)、中亚(6 个)、西亚(3 个)和北非(1 个)。

表 14.12 45 个"一带一路"沿线中国海外园区所在地

序号	海外园区名称	所在省/邦/州/区	所在国家	所在区域
1	中国—阿曼产业园	中部省	阿曼	西亚
2	埃及苏伊士经贸合作区	苏伊士	埃及	北非
3	巴基斯坦海尔—鲁巴经济区	旁遮普省	巴基斯坦	南亚
4	瓜达尔自贸区	俾路支省	巴基斯坦	南亚
5	白罗斯中白工业园	明斯克州	白罗斯	东欧
6	中俄(滨海边疆区)农业产业合作区	托木斯克州	俄罗斯	东欧
7	俄罗斯乌苏里斯克经贸合作区	滨海边疆区	俄罗斯	东欧
8	中俄托木斯克工贸合作区	滨海边疆区	俄罗斯	东欧
9	俄罗斯龙跃林业经贸合作区	犹太自治州	俄罗斯	东欧
10	格鲁吉亚华凌自由工业园	伊梅列季州	格鲁吉亚	西亚
11	中哈边境合作中心	阿拉木图州	哈萨克斯坦	中亚
12	哈萨克斯坦中国工业园	曼格斯套州	哈萨克斯坦	中亚
13	吉尔吉斯斯坦亚洲之星农业产业合作区	楚河州	吉尔吉斯斯坦	中亚
14	柬埔寨西哈努克港经济特区	西哈努克省	柬埔寨	南亚
15	老挝万象赛色塔综合开发区	首都万象	老挝	东南亚
16	老挝云橡产业园	首都万象	老挝	东南亚
17	中老磨憨—磨丁经济合作区	琅南塔省	老挝	东南亚
18	马中关丹产业园区	马六甲州	马来西亚	东南亚
19	马来西亚皇京港	彭亨州	马来西亚	东南亚
20	孟加拉国中国经济工业园	吉大港专区	孟加拉国	南亚
21	缅甸皎漂特区工业园	若开邦	缅甸	东南亚
22	中缅边境经济合作区	掸邦	缅甸	东南亚
23	中尼友谊工业园	努瓦科特	尼泊尔	南亚
24	斯里兰卡科伦坡港口城	西部省	斯里兰卡	南亚
25	斯里兰卡中国工业园	南方省	斯里兰卡	南亚
26	中塔工业园	索格特州	塔吉克斯坦	中亚
27	中塔农业纺织产业园	哈特隆州	塔吉克斯坦	中亚
28	泰国泰中罗勇工业区	曼谷直辖市	泰国	东南亚
29	中国—东盟北斗科技城	曼谷直辖市	泰国	东南亚
30	乌兹别克斯坦吉扎克工业特区	吉扎克	乌兹别克斯坦	中亚
31	匈牙利商贸物流合作园区	布达佩斯	匈牙利	东欧
32	中匈宝思德经贸合作区	博—奥—赞州	匈牙利	东欧

（续表）

序号	海外园区名称	所在省/邦/州/区	所在国家	所在区域
33	伊朗格什姆自贸区	霍尔木兹甘	伊朗	西亚
34	印度马哈拉施特拉邦汽车产业园	马哈拉施特拉邦	印度	南亚
35	印度古吉拉特邦电力产业园	古吉拉特邦	印度	南亚
36	万达印度产业园	哈里亚纳	印度	南亚
37	中国·印尼聚龙农业产业合作区	大雅加达首都特区	印度尼西亚	东南亚
38	中国·印尼经贸合作区	中加里曼丹省	印度尼西亚	东南亚
39	中国印尼综合产业园区青山园区	中加里曼丹省	印度尼西亚	东南亚
40	加里曼丹岛农工贸经济合作区	中苏拉威西省	印度尼西亚	东南亚
41	中民投印尼产业园	大雅加达首都特区	印度尼西亚	东南亚
42	华夏幸福印尼产业新城	万丹省	印度尼西亚	东南亚
43	越南龙江工业园	胡志明市	越南	东南亚
44	深圳—海防经济贸易合作区	海防市	越南	东南亚
45	华夏幸福越南产业新城	庆和省	越南	东南亚

表 14.13 展示了中国海外绿色园区建设与发展综合评价结果和排名情况。分析 45 个"一带一路"沿线中国海外园区的投资环境排名：从国家层面看，位于泰国曼谷的泰国泰中罗勇工业区和中国—东盟北斗科技城得分最高，可达 163.89 分。同时，两者在投资环境和经济区位两个准则层面具有一致性的优势。而中尼友谊工业园（88.59 分）和吉尔吉斯斯坦亚洲之星农业产业合作区（99.86）得分最低。其中，中尼友谊工业园的投资环境和经济区位得分分别为 29.00 分和 59.60 分。从区域层面看，18 个东南亚境内的中国海外园区平均分值为 139.70 分；西亚（3 个）和北非（1 个）境内的中国海外园区平均分值分别为 120.60 分和 129.90 分；10 个南亚境内的中国海外园区平均分值为 123.70 分；7 个东欧境内的中国海外园区平均分值为 119.00 分；6 个中亚境内的中国海外园区平均分值为 112.80 分。可以看出，东南亚、北非、南亚地区具有较好的投资环境，具体表现为泰国、埃及、印度尼西亚的海外园区投资环境相对较好，而尼泊尔、吉尔吉斯斯坦、孟加拉国、格鲁尼亚的表现较差。从规模绩效来看，华夏幸福印尼产业新城和匈牙利商贸物流合作园区的规模绩效综合得分最高，分别为 53.02 分和 45.61 分。其中，华夏幸福印尼产业新城在自身建设方面综合得分最高，匈牙利商贸物流合作园区在招商引资综合得分最高。而刚刚签署的中尼友谊工业园及正在筹建的中塔工业园目前成效和收效甚微，因此规模绩效得分最低。从区域层面分析，中国海外园区的规模绩效在各区域内的综合排名依次为西亚、北非、东欧、南亚、东南亚和中亚。具体到国家，则表现为位于伊朗、匈牙利、印度、埃及的海外园区具有较好的规模绩效，而尼泊尔、塔吉克斯坦、吉尔吉斯斯坦乌兹别克斯坦的表现较差。

表 14.13　45 个"一带一路"沿线中国海外绿色园区建设与发展综合得分与排名

序号	投资环境	排名	规模绩效	排名	发展潜力	排名	生态安全	排名	综合得分	排名
1	119.29	32	13.80	12	48.90	41	−11.88	45	41.76	40
2	129.87	18	18.96	7	120.43	3	−11.27	44	68.32	7
3	122.52	25	5.13	31	101.85	12	−10.00	43	56.85	24
4	128.07	20	4.59	37	68.67	36	0.41	31	47.06	37
5	117.57	36	6.46	29	75.08	30	−9.44	42	49.95	15
6	122.32	28	6.50	28	83.96	23	1.57	30	55.01	19
7	122.34	27	9.00	21	86.63	19	−8.55	41	56.67	42
8	107.63	42	8.17	23	113.17	8	−0.74	33	62.25	39
9	118.09	35	6.74	26	74.56	32	−6.11	39	51.32	12
10	110.65	40	4.87	35	45.01	42	−6.11	39	38.06	16
11	103.96	43	9.52	19	33.94	44	−3.51	35	34.29	32
12	124.79	22	4.36	38	80.24	26	4.44	28	51.20	5
13	99.86	44	4.14	41	75.43	29	−5.98	38	45.41	11
14	121.91	29	17.26	10	102.71	11	−4.52	37	64.03	29
15	119.09	33	11.32	18	118.98	4	6.52	22	66.23	44
16	119.09	33	4.23	40	81.10	24	−3.89	36	51.84	35
17	114.12	37	12.07	15	39.56	43	−0.56	32	40.17	2
18	145.27	6	6.07	30	70.28	33	9.85	16	54.02	21
19	141.97	11	20.49	6	86.13	20	5.63	23	63.11	38
20	108.45	41	4.92	34	99.84	13	−1.03	34	56.42	43
21	124.12	23	7.59	25	74.67	31	14.82	10	51.51	31
22	120.26	31	4.34	39	29.66	45	4.93	25	35.37	1
23	88.59	45	2.44	45	108.56	10	4.93	25	53.02	30
24	125.63	21	8.18	22	80.60	25	4.93	25	54.91	36
25	122.53	24	17.22	11	84.99	21	2.65	29	58.65	33
26	113.50	39	2.75	44	53.93	40	5.25	24	39.40	45
27	113.88	38	4.07	42	62.33	38	6.69	20	42.57	9
28	163.89	1	17.29	9	115.65	6	11.89	14	73.84	28
29	163.89	1	4.06	43	79.07	27	6.69	20	57.90	41
30	120.76	30	4.79	36	125.54	2	8.20	19	64.11	23
31	128.15	19	45.61	2	92.11	17	8.54	18	68.43	27
32	122.50	26	17.35	8	115.39	7	16.35	9	65.82	13
33	131.88	17	39.67	3	68.78	35	10.00	15	59.22	14
34	137.42	14	28.49	5	94.18	16	18.84	4	65.26	25
35	138.58	13	29.47	4	87.60	18	18.84	4	63.67	20
36	143.16	10	5.13	31	69.95	34	17.13	6	51.06	26
37	154.49	4	6.62	27	118.43	5	11.92	13	72.79	22

（续表）

序号	投资环境	排名	规模绩效	排名	发展潜力	排名	生态安全	排名	综合得分	排名
38	144.28	9	8.03	24	111.02	9	14.52	11	69.03	17
39	135.59	15	12.63	13	99.20	14	9.31	17	65.15	34
40	139.89	12	9.37	20	84.91	22	22.23	1	60.31	3
41	158.95	3	11.33	17	97.23	15	17.02	7	68.31	6
42	146.00	5	53.02	1	77.56	28	19.63	3	73.03	10
43	144.31	8	11.47	16	136.90	1	22.23	1	76.24	18
44	144.74	7	4.95	33	68.43	37	14.42	12	52.32	8
45	134.90	16	12.51	14	54.95	39	17.02	7	48.65	4

从发展潜力得分可以看出,越南龙江工业园、乌兹别克斯坦吉扎克工业特区、埃及苏伊士经贸合作区排名居前3位。这些园区多半具有较为清晰的建设模式,且承建单位具有一定的海外投资经验和信保水平。相反,进行中缅边境经济合作区、中哈边境合作中心建设的承建方在信保水平和海外投资经验方面表现不足。从区域层面来看,我国境外园区在各个区域的发展潜力综合排名依次为北非、东欧、南亚、东南亚、中亚和西亚。具体到国家,则表现为位于乌兹别克斯坦、埃及、尼泊尔、匈牙利、柬埔寨的境外园区具有较高的发展潜力,而位于格鲁尼亚、阿曼、缅甸及哈萨克斯坦的表现较差。

从生态安全得分来看,越南龙江工业园、华夏幸福印尼产业新城和加里曼丹岛农工贸经济合作区的综合生态安全分值最高,分别为22.23分、22.23分和19.63分。其中,中国—阿曼产业园和埃及苏伊士经贸合作区的生态安全综合得分最低,分别为－11.88分和－11.27分,说明该区域内的产业园区建设最终将带来负面的生态问题。从区域层面来看,我国海外园区在各个区域生态安全的估值排序依次为东南亚、东欧、南亚、西亚、中亚和北非。具体到国家表现为,斯里兰卡、印度尼西亚、白罗斯、俄罗斯具有较高的生态安全系数,而阿曼、埃及及乌兹别克斯坦的表现较差。

综合投资环境、规模绩效、发展潜力、生态安全4项指标计算我国海外绿色园区建设与发展水平,可以看出越南龙江工业园、泰国泰中罗勇工业区、中国·印尼聚龙农业产业合作区、华夏幸福印尼产业新城及匈牙利商贸物流合作园区的综合得分最高,分别为76.24分、73.84分、72.79分、73.03分和68.43分。而中缅边境经济合作区、中哈边境合作中心、格鲁吉亚华凌自由工业园及中塔工业园的综合得分最低,分别为35.37分、34.29分、38.06分和39.40分。从区域层面来看,我国在各个区域内的海外绿色园区建设与发展综合得分的排序依次为北非、东南亚、东欧、南亚、西亚和中亚。具体到国家表现为,印度尼西亚、俄罗斯、印度、越南和老挝的综合得分较高,具有较好的发展前景;而格鲁吉亚、阿曼、吉尔吉斯斯坦的表现较差。

三、园区发展的政策建议

(一)存在问题

中国海外园区目前在世界范围内的分布数量和分布密度不尽合理,主要分布在东南亚、南亚、非洲等不发达国家或是中东地区,而在欧美等发达国家和地区却很少。基于本研究建立的中国海外绿色园区建设与发展综合评价指标体系,可以看出位于印度尼西亚、俄罗斯、印度、越南和老挝国家境内的园区绿色建设和发展的综合得分较高,具有较好的发展前景;而位于格鲁吉亚、阿曼、吉尔吉斯斯坦境内的海外园区的绿色建设和发展水平有待提高。同时,中国海外园区建设与中国企业"走出去"存在一些共性的问题,表现为园区开发、建设、运营和管理中普遍出现的问题,如政治风险、战略统筹不足、高质量园区数量不多、商业模式不清、发展要素聚集不够、规章制度缺乏、生态风险等。本研究梳理园区建设所涉及主要问题如下:

1. 园区建设缺乏顶层设计

我国尚未制定海外产业园区发展规划,园区建设呈现无序发展状态。其一,海外产业园区建设大多由企业基于自身需求建设,而不是按照国家战略布局,园区发展定位、发展重点和布局区域与"一带一路"倡议存在不同程度的脱节,部分地域园区建设滞后于"一带一路"倡议推进的步伐,在南亚地区显得尤为突出。其二,受国家专项资金、优惠贷款的利益驱动及地方政府"走出去"的指标化推动,海外产业园区建设出现"一哄而上"的现象。短期来看,大量园区扎堆建设,将会带来园区招商难、融资难等问题。

2. 园区产业定位不清晰

当前,我国海外产业园区因缺乏先进的理念指导和明确的政府宏观引导,园区产业定位存在模糊不清的情况。一方面,园区产业定位过杂、过宽。经商务部、财政部考核的 26 个"一带一路"沿线国家级海外产业园区中,除了中国印尼青山园区等少数产业园区定位清晰、专业化程度较高,大部分园区产业跨度较大,产业关联度小,难以形成产业协作关系,园区集聚效应差,影响了特色园区培育及综合竞争能力的形成。另一方面,园区间产业同构问题突出。受到我国对外转移产业类型及东道国市场发展阶段和资源禀赋的影响,海外产业园区主要集中在农业、纺织、冶金、家电制造、生产加工等资源密集型和劳动密集型产业。清晰的产业定位是避免园区低水平重复建设、降低同质化恶性竞争、实现差异化发展的有力手段。

3. 园区建设与发展面临的风险

我国海外园区建设中,主要面临来自五个方面的风险:一是政治安全风险。一些海外园区所在地的安全形势不容乐观,存在恐怖主义威胁、国家主权领土边界纠纷、种族和宗教冲突、反政府武装威胁等安全风险,尤其是非洲一些国家恐怖主义、疾病、社会治安等安全风险总体较高。二是营商环境不完善。海外园区所在地外贸、投资、税收、劳工、海关、外汇、保险等方面的法律法规不规范不完善,且存在法律和政策执行不力、优惠政策不配套、政府服务滞后等问题。一些非洲国家政党轮替、政府更迭频繁,政策缺乏稳定性和延续性,给我国建设海外园区带来较大不确定性。三是融资难度较大。海外园区建设需要一揽子投资,涉及面广,资金规模大,建设周期长,由于金融机构"外保内贷"等服务不足,海外园区开发企业融资难度较大。四是人才缺乏。缺乏精通当地语言、政策法规、经济运行规律、园区运行管理的综合性人才。五是生态风险。历史问题和现实问题交汇在一起形成了对"一带一路"沿线国家和地区生态环境改善巨大的挑战。而我国相当数量的海外产业园区位于南亚、中南、中东等生态环境脆弱的地区,不合理的园区建设与规划可能加速区域生态环境的恶化。环境制度创新严重滞后于环境技术的发展。迄今为止,仍未形成一个权威性的区域环境组织和联盟,以达成双边和多边的环境合作相关机制、促成节能减排和应对气候变化方面的共识。造成了"一带一路"倡议实施过程中环境技术、环境制度的缺乏。

(二)政策建议

1. 顶层设计指引园区建设

顶层设计对海外产业园区的发展至关重要,是引导海外产业园区沿线布局的总体安排,是实现海外产业园区科学发展的纲领。一是根据"一带一路"倡议的战略目标和战略重点,制定海外产业园区发展规划,确保境外产业园区的发展定位、建设目标;二是立足国际产能合作实际和国家战略发展需要,定期发布海外产业园区区域布局指南和产业投资指南,强化国家对海外产业园区区位选择和产业定位的宏观引导,引导海外企业就近向海外园区聚集,形成规模效应,结合海外园区发展状况、分布情况、建设绩效、发展潜力等给予部分园区以重点支持;三是国家一方面应该加强部门之间的协调与合作关系,另一方面要进一步落实双边投资保护协定,切实解决双重征税、园区土地、税收、劳工政策、投资、风险防范等问题,明确海外园区建设参与方的权益,为园区建设与发展提供有力的法律保障。

2. 资金政策扶持

加大对纳入国家"一带一路"倡议的海外园区项目的资金支持力度,因地制宜地制定不同的鼓励和补贴措施,最大限度促进海外园区发展。可建立"一带一路"沿线海外园区建设与发展专项资金。同时,积极同亚洲基础设施投资银行、金砖国家新开发银行、世界银行及其多边开发机构合作支持"一带一路"海外园区项目建设。成立入区企业的产业基金或孵化基金,以带动和促进中国企业走出去。

3. 多元创新机制

鼓励民营资本、民营经济通过投融资创新参与中国海外园区建设,充分发挥商会、协会等合作平台的创新发展作用。引导园区由传统的生产贸易向创新的科技研发转变等是推动海外园区多方位、多力量、多元化创新的重要支撑,整合企业、政府、社会各界资源,完善海外园区运营模式体系建设。发挥当地民众、城乡社区的作用,创新产城融合的园区发展模式,将海外园区建设打造成与驻地国家经济融合、文化包容的责任共同体。

4. 金融风险防范机制

完善海外园区建设风险体系,进行园区发展绩效动态评估。由于海外园区建设可能面临政治、社会、文化、金融、环境、模式等各种风险,有必要从宏观环境、行业和企业层面对海外园区建设可能面临的风险进行定量和定性相结合的动态评估。

中国海外园区建设具有投资多、建设成本高、项目周期长、融资风险大等特点,需完善海外园区建设投资管理体制,优化融资创新渠道。不能盲目照搬国内园区开发的"土地开发费+财税捆绑"模式,应改变过去的国家投资为主、国企运行为重的局面。融资渠道应充分发挥市场力量,鼓励国企、民营企业形成战略联盟的"集群式"融资模式。加强企业间的合作,避免恶性同质竞争。建立和完善大中小企业协作共赢模式为海外园区优化投融资创新渠道、降低潜在风险。

积极发挥政府、企业和社会在园区建设与发展中的协调作用。国家商务部应根据对外投资合作的五年规划,适时调整投资政策、公布海外园区绩效成果、创造良好的海外园区建设与发展的投资环境;国资委、中国进出口银行等相关部门应多为园区招商计划落实更多的协调与帮助;加大商务部、外交部、财政部、国家发改委等相关部门的合作,加强对接海外园区招商引资、投资规划管理工作。

5. 生态风险防范机制

"一带一路"海外园区建设旨在引导各国发展模式从低成本要素投入、高生态环境代价的粗放模式向创新发展和绿色发展双轮驱动模式转变,能源资源利用从低效率、高排放向高效、绿色、安全转型,节能环保产业实现快速发展,循环经济进一步推进,产业集群绿色升级进程进一步加快,绿色、智慧技术加速扩散和应用,推动"一带一路"沿线绿色制造业和绿色服务业兴起。可通过以下措施实现:一是充分发挥传统媒体和新媒体作用,宣传生态文明和绿色发展理念,加强生态环保政策沟通,促进民心相通;二是统筹国内国际现有合作机制,加强与沿线经济体生态环保战略和规划对接,构建合作交流体系;三是研究制定政策措施和相关标准规范,促进绿色贸易发展,将环保要求融入贸易协定,做好环境与贸易相关协定谈判和实施,加快绿色产品评价标准的研究与制定,推动绿色产品标准体系构建,以减少绿色贸易壁垒;四是加强政企统筹,发挥企业主体作用,强化企业行为绿色指引,鼓励企业采取自愿性措施,推动企业自觉遵守当地环保法律法规、标准和规范,履行环境社会责任。

6. 专业人才培养

海外园区建设需要专业型人才的跨文化培育。一方面,要推动国内优秀人才迅速与国际接轨,加大对高层次人才引进的力度,建设专业性、专业化的园区宣传、管理、运营建设的人才队伍。另一方面,要通过培训当地人才计划等,搭建当地人才储备,提高人才供给能力。

第四部分
"一带一路"与全球合作理念

第十五章 "一带一路"背景下中国—巴基斯坦职业技术教育国际合作^①

中国与巴基斯坦是山水相依的友好邻邦,两国人民有着悠久的传统友谊。1951年巴基斯坦与中国正式建立外交关系。建交以来,中巴建立了全天候友谊,开展了全方位合作。在两国政府的重视和推动下,伴随着"一带一路"倡议的提出,中巴经济走廊、产业园区等项目逐渐开工。但是中资企业普遍面临在当地招工难的问题。而我国职业技术教育及培训领域发展较快,有着较为成熟的职业教育体系。截至目前,中国共有职业院校1.23万所,年招生930.78万人,在校生2 680.21万人,中职、高职教育分别占我国高中阶段教育和高等教育的"半壁江山"。因此,中国与巴基斯坦开展职业技术教育及培训合作大有可为,将有效弥补巴国职教领域的不足。

基于此背景,为了贯彻落实国家"一带一路"倡议,探索解决沿线经济体职业技术培训能力不足及技术、技能型劳动力匮乏问题的有效方法,指导和帮助中国职业技术教育院校和培训机构"走出去",积极参与国际合作,本章就中国—巴基斯坦职业技术教育国际合作的背景、问题及下步工作建议展开研究,力争在中巴联委会机制下为更好地在职业教育领域开展切实、有效的合作提供新思路和新方法。

一、巴基斯坦职业技术需求及培训市场发展现状

巴基斯坦有人口2.1亿,为南亚第一人口大国。巴基斯坦国内职业技术教育及培训市场发展现状如下:

1. 劳动力充裕,但受过教育并掌握职业技术、技能的劳动力却相当缺乏

巴基斯坦的2.1亿人口中,35岁以下的年轻人占63%,普通劳动力充裕,但是,受过教育并掌握职业技术、技能的劳动力却相当缺乏。每个在巴基斯坦从事工程建设的中国公司几乎无一例外地遇到熟练技术工人不足的问题。以国家电网巴基斯坦公司

---

① 作者为赵静和常非凡,国家发改委国际合作中心。

为例,该公司2017年承建的海德拉巴—木尔坦800千米直流输变电线路建设项目,由于难以从当地招聘足够的技术工人,不得不从国内招募近2 000名职业技术工人前往巴基斯坦参加施工,大大增加了施工成本,降低了施工效率,也给中方员工管理带来了压力。在项目施工过程中,一些中国公司甚至连挖掘机、装载机这类通用工程机械设备的操作工人在巴本国都招不到,不得不高薪招募中国国内的熟练工人前往施工,原因在于当地操作人员未受过专业培训,工作熟练程度较低,工作效率低下,一名中国操作技师的工作效率往往是当地工人的五至六倍。

2. 职业技术教育需求与市场供给能力间存在较大落差

随着"中巴经济走廊"建设的全面铺开,巴基斯坦各行各业,尤其是水利水电建设市场对职业技术、技能型劳动力出现了爆发性的需求。根据专业机构预测,自2016年起,巴基斯坦每年新增劳动力市场参与者的培训需求约为240万个。但是,目前巴国内现有的培训能力只有17%。这种需求与市场的供给能力之间存在很大落差。巴基斯坦职业技术人才缺乏的主要原因有该国的职业技术院校数量不足、师资缺乏、课程过时、学费较高、教学内容与市场需求脱节、学员培训结业后的就业状况不理想等。以水利水电行业为例,尽管巴基斯坦现有专门从事该行业职业教育和技能培训的大学、专科院校和培训机构达3 520余家,但是师资力量、教学设备严重不足。

3. 职业技术培训市场发展前景广阔

中国在巴基斯坦投资或承建的大型项目主要集中在能源建设领域,其中,水利水电项目所占比例极大。近些年,大批中国水利电力企业进入巴基斯坦市场,大批水利、水力项目已经开工建设,对水利水电行业专业技术人才的需求处于暴增模式。

在2015年之前的15年间,由于发电能源结构不合理、循环电力债务危机以及对电力的管理不善等原因,巴基斯坦在发电能力建设方面几乎处于停顿状态。根据2014年8月的统计数据,巴基斯坦国内对电力的需求约为1.6万兆瓦,但其每天的发电量约为0.8万兆瓦,电力缺口高达0.8万兆瓦,形势极为严峻。首都伊斯兰堡的中心城区都要轮流停电,其他城市的停电时间在10小时左右,农村地区的每天停电时间更长达16—18小时。电力短缺严重制约了巴基斯坦的经济发展,也严重影响了人们的生活。随着中国"一带一路"倡议的提出和推进,巴基斯坦迎来了解决电力危机的重大机遇。2015年4月20日,中、巴两国共同确定了建设"中巴经济走廊"的宏伟规划,并签署了51项投资协议,投资总额为460亿美元。在这一揽子协议中,有近2/3的项目属于能源建设项目,预计能产生16 400兆瓦电能。其中,10 400兆瓦的项目被列为早期收获项目,将在2018年前完工。2017年5月13日,中国与巴基斯坦政府再次签署了投资建设5个大型水利建设项目的协议,投资总额达500亿美元,这5个项目将在9年内完成。中国已经投资和计划投资于巴基斯坦的水利、水力项目,资金规模超过650亿美元,根据协议,这些新增水利项目将在9年之内全部完成投资。对水利水电人才的需求,将会带来水利水电行业职业技术培训市场的发展。

4. 巴基斯坦各级政府对职业教育培训十分重视

巴基斯坦联邦政府认识到提高劳动力职业技术、技能的重要性和紧迫性,近年来,一直通过各种渠道和方式寻找国际合作以缓解巴国培训能力不足和层次不高的短板,采取各种措施以图改善这种局面。2016年,联邦政府拨款2.2亿美元设立"总理青年培训计划",帮助约20万名受过教育的失业青年接受技能培训。同时,联邦政府还投资2 500万美元用于与私营部门合作的各种技术和职业培训。巴基斯坦各级地方政府也不断呼吁和寻求进行职业技能培训的国际合作。2015年9月,巴基斯坦俾路支省政府代表团访问湖南期间,与有关部门座谈时提出的第一项建议,就是希望与湖南的职业技术培训机构建立合作关系,共同提升该省的职业培训能力,改善劳动力职业技能。巴基斯坦旁遮普省政府代表团2017年5月访问天津时,与天津市两所高职院校达成合作协议,决定先期由旁遮普省派送2 000名巴基斯坦学生来津学习。2017年5月,巴基斯坦开伯尔省政府宣布,将投资600万美元,在该省三个经济特区内建设10个职业培训中心,引进中国合作者,改善该省经济特区对人力资源的职业技能需求。可以说,巴基斯坦各级政府都非常支持并期待与中国职业培训机构开展国际合作。

二、中国—巴基斯坦职业技术国际合作面临的困境

目前,开展中巴职教合作面临着诸多困境。

第一,缺乏两国国家层面的职业技术国际合作规划。目前,中巴两国职业教育发展水平相距甚远。我国职业院校共开设近千个专业、近10万个专业点,基本覆盖了国民经济各领域,具备了大规模培养高素质劳动者和技术技能人才的能力。职业教育国际化伴随着"一带一路"倡议被提上议事日程。而巴基斯坦职业院校数量少,师资力量有限,加之硬件设施的缺失使得巴基斯坦与中国开展职业技术教育合作空间广阔。但是,如何把握巴基斯坦的政治、经济、文化等方面的特征推进该项合作?在我国当前职业院校师资外语水平和对外教育资源不足的现状下,应如何避免出现职教院校走出去"一哄而上、一哄而散"的现象?目前尚缺乏两国国家层面的职业技术国际合作规划。

第二,中国职业教育走出去缺乏国际化师资队伍。国际化师资队伍是职业教育国际化的关键因素。目前,中国职业教育国际化教师队伍严重缺乏。首先,国际化水平不够。数据显示,具有正高级职称的教师占全国中等职业学校专任教师总数的0.68%,具有副高级职称的教师占20.51%,具有硕士及以上学历的教师仅占4.02%。其次,国际化能力不足。多数职业院校教师缺乏国际化双语教学能力、国际化信息处理能力、国际化网络媒体运用能力及国际化课程开发能力,国际学术交流、科研水平不齐,难以适应国际化的要求。根据94所高职院校的现状调查资料显示,高职院校教师出国进行会议交流的仅占18.06%、短期考察的约占41.94%、专业进修的约占36.77%。最后,国际化结构不均。整体来看,我国职业院校长期聘任外籍教师的数量较少。如2014年浙江省所有高职高专院校专任教师中,外国文教专家仅占1.1%。发达地区尚

且如此,欠发达地区就可想而知。

第三,中巴职教国际合作面临资金困境。首先,就我国国内经费支持系统来看,我国相继出台了《关于实施国家中等职业教育改革发展示范学校建设计划的意见》《关于支持高等职业学校提升专业服务产业发展能力的通知》《关于扩大中等职业教育免学费政策范围进一步完善国家助学金制度的意见》等政策,虽然对职业教育经费的投入与配置做出了相应规定。但是,目前尚未出台专门针对职业教育国际化的经费支持政策(如职业教育国际化专项资金标准、国际化职业教育培训交流经费管理保障制度等)。其次,就巴基斯坦国内经费支持来看,虽然也有些许的经费,但不足以支撑两国的职教合作,甚至连巴基斯坦留学生和教师来华交流都需要我国提供资金支持。资金的缺乏致使中巴开展职业教育国际合作遭遇梗阻和瓶颈。

三、中国—巴基斯坦开展职教合作的政策建议

我国有着世界上最大规模的职业教育体系,积累了丰富的经验。科学谋划职业教育在中巴合作中的行动计划,帮助巴基斯坦培养高素质职业人才,促进社会经济发展,改善民生,既是中国职业教育的历史担当,更是中巴职业教育应有的行动。

第一,加强规划引导,尽快出台《中国—巴基斯坦两国职业技术教育及培训国际合作规划》。职业教育国际化应加强领导和规划,国家和地方政府应做好职业教育国际化的顶层设计,设置一些基本条件,选取重点院校缔结姊妹关系;出台相关政策,鼓励有条件的职业院校与巴方积极开展职业教育国际化合作,对职业院校和支持职业教育走出去的企业给予经费和政策上的支持,来加强和指导职业教育对外交流与合作工作,营造支持中巴职业教育国际合作的氛围,逐步建立起适应中巴职业教育国际合作的制度保障体系;地方政府也应选择一批"一流学校、一流专业"有重点地进行培育,加强示范、引导,以便更多的职业院校迈向中巴职教合作之路。

第二,引入国际标准,培养国际人才,提升我国职业教育国际化水平。职业教育培养国际化人才必须与国际先进水平对接,开发具有国际水准、中国特色的职业教育专业教学标准,推动职业院校教学资源的国际化。为此,首先我们应练好内功,培养一批外语能力较强、专业技术扎实的可以走出去教学的专业化国际教师人才。其次,各省份要尽快加入国际化专业教学标准的开发研制当中。目前,天津已经将国际化专业教学标准的开发研制作为国家职业教育改革创新示范区建设的重要内容全面推进,制定了《天津市国际化专业教学标准开发路径》和《天津市编制体例要求》,在首次通过认证的 12 个专业基础上,又遴选了 38 个紧贴现代制造业、战略新兴产业、现代服务业等重点领域的专业,在专业的培养目标、课程体系、教学资源配置、教学模式与方法、教学评价与管理、职业资格证书考取、就业和可持续发展 7 个方面进行研究和实践。

第三,契合国家战略、谋求自身发展,职业院校应与企业携手献力中巴经济走廊建设。中国企业走向境外市场需要加强人才培养,跨国经营管理人才通过国内培养和引

进海外高层次人才可以实现,但大量的技术技能人才需要在本地培养。而巴职业教育资源比较匮乏,水平也偏低,企业为了自身发展需要建立职业院校。为增强企业与当地经济社会的融合,可在巴基斯坦举办学校,促进当地劳动力就业。而我国许多企业缺乏举办学校的经验,国内职业院校可以与"走出去"的企业联合办学,国内职业院校也可以托管境外企业学校,或者采用中高职衔接方式,企业在国外举办中等职业教育,在国内与高职院校实行中高职衔接,培养高技能人才,满足"走出去"的企业和巴当地经济社会发展对高层次技术技能人才的需求。

第四,寻求多方投入,将经费支撑作为中巴职教合作的基础。经费是职业教育国际化的重要保障,无论是职业教育走出去,还是招收留学生,经费都是关键,应建立多方融资机制为中巴职业教育合作提供经费保障。无论是境外办学,还是招收留学生,中央及地方政府设立了留学生奖学金来吸引外国学生。同时,应善于利用国家实施"走出去"战略的多方资金。我国为支持企业走出去战略的实施提供了一定的资金,同时国家在实施"软实力"建设过程中,也有大量经费投入,如国家汉办对外汉语教学、广电总台对外宣传、文化和旅游部对外巡演等,可考虑从这些经费中争取对职业教育走出去的支持。另外,我国设立了首只 500 亿元国家级职业培训产业发展基金,采取股债结合等多种资本运作模式,将助力各地建设职业培训产业聚集区和职业院校走出去,可考虑该基金对职教走出去的支持。

第五,发挥民间平台的作用,助力中巴职教合作。建立服务"一带一路"职业教育的联盟,打造"一带一路"职教高端智库,为国内职教院校和企业提供"走出去"落地服务,为政府决策提供咨询服务,为高职院校提供国际交流与办学方案设计;开展创新职教"走出去"培训模式、搭建信息化互联互通平台;以技术、服务、标准及理念的输出为统领,推进职业教育技术设备、教材、课程课件、教学项目、教师海外授课、教学管理、专业标准、课程架构、教学方案与评估体系及职业教育整体解决方案的输出。

第十六章　中巴产能合作的现状与前景[①]

2015 年,中巴两国达成"以中巴经济走廊为引领,以瓜达尔港、能源、交通基础设施和产业合作为重点,形成'1＋4'经济合作布局"的共识。2018 年,随着"一带一路"倡议的标志性项目中巴经济走廊建设在能源和基础设施领域取得巨大成果,走廊建设已步入新阶段,进一步深化产能合作成为中巴两国在本阶段的合作重点和共同目标。中巴产能合作已有一些初步成果,未来推进空间较大,但域外大国的对冲,巴基斯坦国内政治力量博弈、安全威胁、国际收支危机和债务问题,以及中巴双边贸易不平衡等因素,也对中巴产能合作构成了一定的挑战。中方宜把握中巴产能合作的主要增长点,与巴方共同努力,利用好机遇,妥善应对挑战,推进走廊建设行稳致远。

一、中巴产能合作成果

中巴目前产能合作水平还不高,实践集中在工业园合作,以海尔—鲁巴经济区、如意—马苏德纺织园、瓜达尔港自由区三大经济区为代表,体现了中巴目前合作的三种模式。

(一)海尔—鲁巴经济区:工业园推动制造业进入本地市场

海尔—鲁巴经济区位于巴基斯坦旁遮普省拉合尔市,由海尔集团与巴基斯坦鲁巴集团合资建设,于 2006 年 11 月揭牌,是我国最早在海外营建的经济合作园区,也是中国商务部批准建设的首个"中国境外经济贸易合作区"。工业园一期占地总面积 33 万平方米,总建筑面积 8.7 万平方米,中方投资 4 269.7 万美元。一期投入使用后已经有7 家企业进驻,年营业额约 4 亿美元,年利税约 9 000 万美元,带动直接就业岗位约5 000 个,还带动了周边一些配套设施和企业的发展。[②] 海尔—鲁巴经济区主打国际制造业,经过十多年的开拓,海尔电器已在巴国内乃至南亚、中东市场逐渐站稳脚跟,

①　作者为王旭,北京大学外语学院副教授;乐石滢、林一鸣,北京大学外语学院。
②　《海尔集团:"一带一路"上加速奔跑的中国名片》,http://www.haier.net/cn/about_haier/haier_global/global/[2020-03-11]。

经济区集团也成为许多全球知名品牌在这些市场的独家经销商。

该经济区的主要特色是以某一个企业为主要力量,通过在境外生产从而进入该国市场,带动中巴产能合作。2014 年海尔集团中标巴"总理青年计划"下十万台笔记本电脑奖学项目后,在该经济区建立了巴基斯坦第一条笔记本电脑组装线。[①] 另外,作为当时中巴合作的重点项目,海尔—鲁巴经济区另一特征是体现了两国政府共同的政治意愿。

未来海尔—鲁巴经济区发展的重点将是突破以家电制造为主的单一格局,带动产业链延伸发展,实现多元化的产能合作。经济区二期将定位于家电、纺织、建材、汽车、农机等产业及配套,规划面积达 2 万平方千米,投资预计达 14 亿元[②],将为重型装备制造企业参与中巴产能合作创造机遇。

（二）如意—马苏德纺织园：产业聚集

山东如意集团是一家纺织企业,最初进入巴基斯坦市场便选择落户巴纺织工业的中心费萨拉巴德,经过在巴国内市场的不断成长,逐渐具备了建设纺织工业园的意愿和条件,最终利用中国工商银行的资金,联合巴方企业,开始营建中巴合作产业园,形成产业聚集发展的新局面。

同时,如意集团还与华能共同投资在当地建设了华能山东如意萨希瓦尔煤电站,为纺织工业园提供了电力配套保障。该项目系 2×660 兆瓦的燃煤电站,2015 年开工,2017 年 5 月和 6 月分别完成 1、2 号机组 168 小时满负荷试运行并投产发电,2018 年 8 月通过验收全面竣工,创造了"萨希瓦尔速度",是中巴经济走廊框架内首个投产的燃煤发电项目,获得巴总理亲自签发的"杰出贡献奖"等多个奖项。[③] 萨希瓦尔煤电站不仅为纺织工业园解决了能源供给问题,预计还能填补巴基斯坦约 1/4 的用电缺口,解决 1 000 万人的用电问题[④],为缓解巴国内的电力短缺也做出突出贡献。

（三）瓜达尔港自由区：因地制宜、灵活发展

瓜达尔港位于巴基斯坦俾路支省,紧邻阿拉伯海,又靠近波斯湾入口,是进出波斯湾航线上的重要港口,也是中巴经济走廊建设中的重点,自 2013 年中国海外港口控股有限公司正式接手建设和运营权以来,实现稳步发展。2015 年,第一艘中国商业集装箱船抵达瓜达尔港。次年,首批中国商船从瓜达尔港起航。2018 年 3 月,"卡拉奇—瓜达尔—中东快航"固定航线上的首艘集装箱船停靠瓜达尔港,瓜达尔港与波斯湾重要港口之间的集装箱运输任务正式启动。

[①] 《海尔集团:"一带一路"上加速奔跑的中国名片》,http://www.haier.net/cn/about_haier/haier_global/global/[2020-07-07]。

[②] 同①。

[③] 董卫强:《公司 EPC 总承包建设巴基斯坦萨希瓦尔电站项目全面竣工》,《中电建核电报》2018 年 9 月 30 日第 426 期,第 1 版,http://www.powerchina-ne.com/baokan/Html/2018-9-30/7354.html[2020-07-07]。

[④] 王涛:《公司总承包建设的巴基斯坦萨希瓦尔电站项目实现商运》,《中电建核电报》2018 年 11 月 8 日第 418 期,第 1 版,http://www.powerchina-ne.com/baokan/Html/2017-11-8/7177.html[2020-07-07]。

瓜达尔港自由区的特征是不局限于某一具体的制造业,而是按照当地实际发展状况实行灵活规划发展,主要方向是转口贸易和出口加工。自 2018 年 1 月正式开园以来,瓜达尔港自由区已陆续举办了第一届瓜达尔国际商品展销会、瓜达尔矿石大理石及矿山机械博览会、亚洲议会大会年会等一系列活动,目前已有金融、保险、物流、渔业加工、家电等领域 20 多家企业确定入驻园区[①],直接投资额超过 30 亿元,全部投产后预计年产值将超过 50 亿元,将为当地创造 2 000 多个就业岗位。[②]

巴基斯坦正义运动党(以下简称"正运党")领导的新政府上台后,突出瓜达尔港建设的重要性。巴基斯坦规划、发展和改革部长巴赫蒂亚尔称瓜达尔港发展为重中之重,尤其强调加速瓜达尔这一具有战略性地位的港口城市的工业化进程。目前,瓜达尔港自由区建设尚处初期,发展还较缓慢,尽管有一些优惠政策,但吸引力略显不足,尤其是对制造业吸引力不足,主要原因是港口及园区的水、电供应等配套设施建设仍待进一步推进。

综上,截至目前,中巴产能合作在园区建设方面已经发展出了工业园推动制造业进入本地市场,产业聚集、因地制宜、灵活发展这三种合作模式,其所对应的海尔—鲁巴经济区、如意—马苏德纺织园、瓜达尔港自由区陆续开园,收效良好,正吸引着越来越多的企业入驻。未来中巴产能合作的园区将向着设施更完备、格局更多元的方向发展。

二、中巴产能合作的机遇

巴基斯坦新政府于 2018 年 8 月上台,看似给中巴关系带来了一些不确定性,但实则新政府仍然致力于推动两国关系不断深化,尤其重视中巴产能合作,走廊建设大局并不会因此受到冲击,当前中巴产能合作在多个领域都有广阔潜在空间和可行性前景,机遇巨大。

(一)巴基斯坦新政府继续支持走廊建设

2018 年 7 月 25 日巴基斯坦举行国民议会选举,伊姆兰·汗领导巴基斯坦正义运动党赢得本次选举。此前伊姆兰·汗曾在竞选集会上对上届政府和中国的经济合作持部分批评态度,尽管他随后澄清其批评是指向与联邦政府在中巴经济走廊建设上的分歧,并不针对中国[③],但这依然引起了舆论对中巴经济走廊建设、中巴关系未来走向的猜测。目前看来,政府更迭并没有给走廊建设带来冲击,新政府将继续稳步推进走廊建设作为施政要点之一。

第一,新政府将继续推进现有项目。巴财政部长阿萨德·奥马尔(Asad Umar)曾

---

① 季伟:《瓜达尔正在成为巴基斯坦的"深圳"》,http://www.xinhuanet.com/world/2018-08/28/c_1123340282.htm[2020-07-07]。

② 丁雪真:《瓜达尔搭上了前途光明的发展之舟》,《人民日报》2018 年 9 月 26 日,第 3 版,http://paper.people.com.cn/rmrb/html/2018-09/26/nw.D110000renmrb_20180926_1-03.htm[2020-07-07]。

③ "Dispute over CPEC is with Nawaz-led govt, not with China:Imran", Dawn, December 25, 2016, https://www.dawn.com/news/1304419[2020-07-07]。

明确表态："新政府没有计划重新谈判任何与'一带一路'倡议相关的已确认项目，因为回归政府担保的方式只会在未来吓走更多的投资者。"①

第二，新政府对走廊建设提出新的倡议和重点，即从建设基础设施向重点发展工业尤其是制造业转变。目前，中巴经济走廊框架内的 22 个项目主要集中在能源和基础设施建设领域。对此，正运党在 2018 年 5 月提出的竞选纲领性文件《百日议程》中明确提到，"要将中巴经济走廊转变为真正的经济走廊，而非仅是基础设施走廊，通过加强与中国的互联互通，促进农业、工业和服务业的增长"②。执政以来，正运党也一直在按此方向推进走廊建设。9 月，在与中国官员磋商后，一位巴基斯坦官员称，"巴基斯坦新政府正推动中国在该国建厂并展开扶贫行动，而不是单纯从事大型基建项目"。巴基斯坦信息部部长乔杜里·侯赛因（Chaudhry Hussain）也认为"巴基斯坦政府的优先事务不是基础设施，而是工业化和人力技能发展"③。

第三，中巴就以产能合作为重点推进中巴经济走廊下阶段建设达成共识。伊姆兰·汗认为，产业合作是中巴经济走廊中长期规划中最重要的部分，巴中各类产业园区建设也将成为最具有光明前景的领域。通过工业园区的引领作用和辐射效应，巴基斯坦企业有望从根本上提升自身在制造业领域的硬实力，在全球价值链上游谋求一席之地，在国际市场上获得更有竞争力的优势地位。④ 巴方提出的新倡议与中方一直倡导的国际产能合作一拍即合。在 2008 年 11 月 4 日发布的《中华人民共和国和巴基斯坦伊斯兰共和国关于加强中巴全天候战略合作伙伴关系、打造新时代更紧密中巴命运共同体的联合声明》中，中巴双方"一致同意及时完成在建项目，聚焦经济社会发展、创造就业和改善民生，加快产业及园区和农业领域的合作，争取早日释放中巴经济走廊全部潜力"，并且具体提出"通过在优先领域成立合资企业、转移劳动密集型产业和开展中小企业合作等提升巴基斯坦工业能力"。⑤

可见，巴基斯坦新政府上台以来，不断充实提高中巴全天候战略合作伙伴关系，与中方共同推进中巴经济走廊建设的共识更加凝聚，并明确将产业合作、园区建设、农业合作作为下阶段建设重点，以提升巴基斯坦工业能力为目标，实现创造就业、改善民生

---

① Drazen Jorgic，Saad Sayeed. Pakistan to decide on IMF or Chinese bailout by end of Sept-finance minister-in-waiting[J]. https://uk.reuters.com/article/uk-pakistan-economy/pakistan-to-decide-on-imf-or-chinese-bailout-by-end-of-sept-finance-minister-in-waiting-idUKKBN1KS21C[2019-09-16]。

② Prime Minister's Office，Islamic Republic of Pakistan. Prime Minister's 100 Days Agenda. http://pm100days.pmo.gov.pk[2020-07-07]。

③ Saeed Shah：《巴基斯坦推动中国调整"一带一路"倡议目标》，《华尔街日报》2018 年 9 月 14 日，https://cn.wsj.com/articles/CN-BGH-20180913095951。

④ 张任重：《中巴经济走廊是巴基斯坦发展的黄金机遇——访巴基斯坦正义运动党主席伊姆兰·汗》，《光明日报》2018 年 7 月 23 日，第 12 版，http://news.gmw.cn/2018-07/23/content_30023640.htm。

⑤ 《中华人民共和国和巴基斯坦伊斯兰共和国关于加强中巴全天候战略合作伙伴关系、打造新时代更紧密中巴命运共同体的联合声明》，中华人民共和国外交部，2018 年 11 月 4 日，https://www.fmprc.gov.cn/web/zyxw/t1610023.shtml。

和经济社会发展的目标。两国就中巴经济走廊下阶段建设在政治和政策上达成高度一致,为进一步开展中巴产能合作提供了良好的政治保障。

（二）中巴产能对接可行性

综合考虑当前中巴双方的主要发展规划,即巴方的"愿景2025"和中国"十三五"规划,并参考巴官方发布的经济调查报告,结合巴经济运行的实际情况,可以看到未来中巴产能合作具备深入发展的广阔空间。从合作路径上看,具备推进产业园区建设条件。目前中巴经济走廊框架下已有9个拟建的经济特区,遍布巴国内多省份。从合作内容看,拓展中巴产能合作值得关注以下三个领域。

第一,农业合作打基础。农业是巴经济的生命线,占到国内生产总值的18.9%,吸收42.3%的劳动人口①,在经济增长、粮食安全和扶贫减贫方面发挥着核心作用。农业也是中国"十三五"规划中全面建成小康社会和实现现代化的基础,这与巴方促进农业现代化的发展具备一致性。"十三五"规划明确指出,要扩大优势农产品出口,适度增加国内紧缺农产品进口,积极开展境外农业合作开发,建立规模化海外生产加工储运基地,培育具有国际竞争力的农业跨国公司,同时拓展农业国际合作领域,支持双边农业技术合作。中巴双方可加强农业发展规划对接,扩大双边农产品贸易,推进中巴农业开发和技术合作,促进两国农业的共同发展。

第二,服务业合作有潜力。2017—2018财年,服务业已经占到巴基斯坦GDP的60.23%,增长达到6.43%②,在GDP增长中贡献最大。中巴业已签署的自由贸易协定中也包括服务贸易相关的内容,但尚未得到双方企业的充分重视和利用。具体而言,中巴服务业合作中值得关注的领域有两个:信息技术与通信业和物流业。巴政府将信息技术与通信业作为提高经济竞争力的重要抓手,巴信息技术与通信行业市场和产值正在快速增长。至2018年10月,巴国内移动通信用户达到1.52亿,其中3G和4G用户达到6 000万,宽带用户达到6 200万③,2017—2018财年前两个季度通信行业收入达到2 355亿巴基斯坦卢比(约合21亿美元)。④ "十三五"规划也指出,中国将完善电信业建设,建设新一代高速光纤网络和泛在的无线互联网络,加快4G网络建设,推进5G和超宽带关键技术研究,启动5G商用,全面面向第6代互联网协议(IPV6)演进升级,超前布局下一代互联网。中国还将实施"互联网＋"行动计划,带动生产模式和组织方式变革,形成网络化、智能化、服务化、协同化的产业发展新形态。在发展信息技术与通信领域,中巴双方具有巨大的技术合作和市场融合的潜力。此外,信息技术在

---

① *Pakistan Economic Survey* 2017—2018, Economic Adviser's Wing, Finance Division, Government of Pakistan, p.13. http://www.finance.gov.pk/survey/chapters_18/Economic_Survey_2017_18.pdf[2020-07-07]。

② *Sectoral Shares in GDP* (*at constant basic prices*), Pakistan bureau of statistics, Government of Pakistan, http://www.pbs.gov.pk/sites/default/files//tables/Table-7.pdf[2020-07-07]。

③ *Telecom Indicators Overview*, Pakistan Telecommunication Authority, https://www.pta.gov.pk//en/telecom-indicators[2020-07-07]。

④ *Pakistan Economic Survey* 2017—2018, p. xiii.

农业的应用还将推动农业信息化,这也是两国未来农业发展的重要方向和推动力。

在物流业方面,据"亚致力新兴市场物流指数"2018 年的评估,在 50 个新兴经济体中,巴物流业的"市场规模与增长吸引力"已经升到第 5 位,但其物流业发展仍然受限于市场互联互通水平低下。[①] 随着中巴经济走廊推动巴境内外互联互通水平提升,巴国内物流业有望进一步发展,中巴两国在物流基建、跨境物流、跨境仓储方面也具备巨大合作潜力。

第三,制造业合作是主力。从合作主体上看,中小企业合作具备良好前景。中巴两国共同认识到,中小企业在信息技术发展潮流中具有充沛的经济活力和独特的经济作用,因而要对此充分利用和大力发展。中小企业在巴经济中具有重要分量,创造了约 40％的 GDP 和 40％的出口收入。[②] 巴中小企业发展局曾专门分析中巴经济走廊框架下中小企业发展的机遇,提出巴应采取措施吸引中国投资巴当地产业尤其是中小企业,可通过考虑联合经营、科技合作、外国直接投资、并购、互惠的商业机会和激励机制等模式促进产业合作。中国也提出加快推进基于互联网的商业模式、服务模式、管理模式及供应链、物流链等各类创新,培育"互联网＋"生态体系,形成网络化协同分工新格局,鼓励小微企业和创业团队进行创新,推动互联网医疗、互联网教育、线上线下结合等新兴业态发展。在中小企业合作方面,中巴两国有望能够找到更多的创新点和结合点,尤其是利用"互联网＋"搭建中巴两国企业合作平台,加快两国市场连通效率,这将有助于深度释放两大经济体的活力。

具体到产业来说,近期值得关注的行业有两个:汽车船舶制造业与纺织业。近年来,巴国内汽车工业增长迅速,是巴大型制造业增速最高的部门之一。2017 年 8 月至 2018 年 1 月汽车产量增长了 19.58％,比上年同期增加了近 10 个百分点,其中以两轮/三轮摩托车为主,占总产量的 84.7％。巴政府还在 2016 年提出了 5 年期的汽车发展政策,目的是推动各类汽车数量大幅增长,使汽车行业产值占到制造业的 30％、GDP 总量的 3.8％,并解决 400 万人的就业。[③] 2018 年 3 月,巴基斯坦还举办了有史以来最大的一次车展。而纺织业是巴目前最重要的制造业部门,在各门类中价值链最长,贡献了近 1/4 的工业增加值、60％的出口额,并吸收了 40％的工业劳动力(见图 16.1)。[④]

---

① *Agility Emerging Markets Logistics Index* 2018,p.26. https://www.agility.com/wp-content/uploads/2018/03/Agility-Emerging-Markets-Logistics-Index-2018.pdf[2020-07-07].

② "Opportunities for SMEs under China Pakistan Economic Corridor(CPEC)-An Exploratory Study", *SME Observer*,Information Resource Center,Policy & Planning Division,SMEDA,Vol.7,Issue 1,Jan-June,2017,p.4. https://smeda.org/phocadownload/Publicatoins/SME%20Observer%20Jan-June%202017.pdf[2020-07-07].

③ *Pakistan Economic Review* 2015—2016,Economic Adviser's Wing,Finance Division,Government of Pakistan,pp. 56-57,http://www.finance.gov.pk/survey/chapters_16/03_Manufacturing.pdf[2020-07-07].

④ *Pakistan Economic Survey* 2017—2018,p.38.

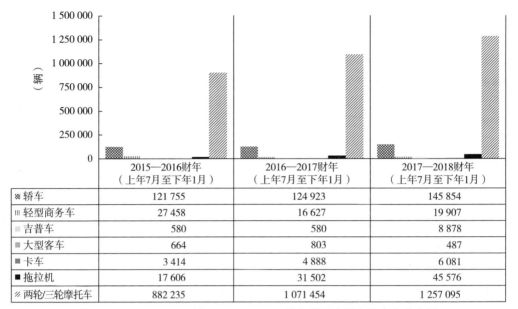

	2015—2016财年 （上年7月至下年1月）	2016—2017财年 （上年7月至下年1月）	2017—2018财年 （上年7月至下年1月）
▨ 轿车	121 755	124 923	145 854
▥ 轻型商务车	27 458	16 627	19 907
▢ 吉普车	580	580	8 878
▪ 大型客车	664	803	487
▪ 卡车	3 414	4 888	6 081
▪ 拖拉机	17 606	31 502	45 576
▨ 两轮/三轮摩托车	882 235	1 071 454	1 257 095

图 16.1　2015—2016 财年至 2017—2018 财年前两个季度汽车行业产量

资料来源：Pakistan Economic Survey 2017—2018.

中国"十三五"规划也将轻纺、汽车和船舶列为完善对外开放战略布局的重点，提出采用境外投资、工程承包、技术合作、装备出口等方式，开展国际产能和装备制造合作，推动装备、技术、标准、服务走出去，引导企业集群式走出去，因地制宜建设境外产业集聚区，加快拓展双边产能合作机制。尤其是中国东部纺织业贸易转型升级，在面临欧美贸易保护的大背景下，实现产地转变和产能转移显得尤为重要。因此，中巴两国企业在汽车船舶制造业和纺织业有望拓展产业合作深度，以营建巴境内产业园区和搭建跨境产业链协作为手段，实现产能有序转移和价值链延伸。

综上，目前在农业、服务业、制造业等领域，中巴合作对接都有巨大可行性，尤其是制造业中的汽车船舶制造业与纺织业这两个门类，宜作为中巴产能合作的重点推进，实现走廊建设蓬勃发展。

三、中巴产能合作的挑战

中巴在"一带一路"倡议下的产能合作主要面临的挑战存在于政治和经济两个方面。政治领域的挑战主要是美国加大对冲"一带一路"力度，同时巴国内存在政治力量博弈不休、发展规划协调不齐、社会治安不靖的问题。经济领域的挑战包括，一是巴政府面临的国际收支危机和债务问题，二是中巴双边贸易不平衡问题。

（一）政治领域

1. 美国加大对冲"一带一路"力度

美国加大对冲"一带一路"力度是目前中巴深化产能合作所面临的主要挑战。在

2017 年 11 月 APEC 岘港峰会期间，美国抛出"自由开放的印太"战略构想，拉拢印日澳提出"基于国际法和国际规则，通过审慎的融资推进地区互联互通"。而特朗普政府于 2017 年 12 月 18 日发布了任内第一份《国家安全战略》①报告，虽未点名"一带一路"，但实际上将"一带一路"解读为地缘经济政治战略，视作对"秩序"挑战并予以对冲。报告认为，"中国寻求在印太地区替代美国，推进其国家驱动型经济模式，根据一己好恶重构地区秩序"，"利用经济奖惩、施加影响、军事压力促使他国重视其政治与安全议程"，"以基础设施投资和贸易战略巩固地缘政治构想"，故而美国将以"竞争性博弈"应对中国挑战，主要以私人投资和自由市场的方式对冲"一带一路"；并且指出，这种竞争"非战非和"，也"不意味着敌对、不必然导致冲突"，本质上是"自由与压制两种秩序之争"。可见，美国将加大以"和平竞争"的方式对冲"一带一路"力度，与中国展开"模式与秩序之争"。

从竞争的具体表现上看，其一，美国提出以私营企业投资的方式开发印度洋地区。2018 年 10 月 11 日负责南亚和中亚事务的第一副助理国务卿艾丽丝·韦尔斯（Alice Wells）在斯里兰卡科伦坡举行的印度洋会议上提到美国加深对印度洋地区的承诺、协助推进"安全和繁荣未来"集体愿景的两种具体方式："第一，通过新投资，支持海上安全，与我们的印度洋伙伴共同扩大海上能力，促进更多信息交流，并确保作为这个地区安全、稳定和繁荣的生命线的海域自由和开放；第二，通过支持私营行业的更大参与，并将此作为创造长期可持续和包容性发展的最佳而且其实也是唯一的手段。"②其二，美国加强对印度洋地区国家的拉拢。一方面，在"印太"概念下实行"拉印制华"政策，在进一步扩大对印战略容忍的同时，以防务协作和装备合作的方式从软硬两手深化与印安全关系；另一方面，启动孟加拉国湾倡议计划，加强与南亚中小国家的军事防务合作。

在美国"印太"概念及对华"竞争性博弈"政策下，当前南亚局势主要体现出两大特点：其一，大国博弈下南亚地区国家双边关系受三边或多边关系因素的影响上升。中巴关系也不例外，受到中美、美巴、印巴关系等多方面的影响。巴与一些国家的传统双边地缘政治矛盾仍处核心，不利于维护中巴合作稳定良好的外部环境。其二，南亚地区国家在外交政策上"两面性"上升。巴基斯坦处理对华关系中也有此倾向。巴外交政策的首要目标是防范和抵御来自印度的地缘威胁，在这一框架下的对华关系是巴主要战略依靠，故而巴一方面深化对华全天候战略合作伙伴关系，与中方合力构建中巴命运共同体，热切盼望中巴经济走廊建设助推巴经济起飞，增强国家实力和战略资本。另一方面，推进与中国外交战略绑定，存在向中方片面强调印度威胁、希望利用中印矛

---

① National Security Strategy of the United States of America，https://www.whitehouse.gov/wp-content/uploads/2017/12/NSS-Final-12-18-2017-0905-2.pdf［2020-09-16］.

② Alice G. Wells，Remarks on Navigating Challenges and Prospects in the Indian Ocean Region，https://www.state.gov/p/sca/rls/rmks/2018/286595.htm［2019-06-13］.

盾撬动印巴关系的倾向。特别是美国一面在"印太"概念下实行"近印远巴"的政策,一面又在阿富汗问题上对巴基斯坦实行"极限施压"下的合作政策,巴也有意利用阿富汗问题的"中阿巴"三边合作机制和全球层面的中美矛盾实现自身的战略意图。

2. 巴国内政治力量博弈与安全风险

随着大选的尘埃落定,巴国内的传统政治矛盾,尤其是军队和民选政府的矛盾,暂时有所缓和,但各方政治势力之间围绕权力和利益而展开的博弈依然激烈,巴政治中的"自利主义"和"地方主义"问题突出,导致巴经济发展缺乏长期统筹规划。另外,针对走廊建设的恐怖袭击事件逐年增多,中巴进一步深化产能合作的安全风险增加。

巴联邦与各省政府之间频繁发生利益纷争。各方势力一直不满上届谢里夫政府在中巴经济走廊建设中不重视项目选址的地域平衡性而将主要项目集中在旁遮普省。因此,尽管新政府总体上坚持历届政府对华友好合作的态度,高度重视对华关系,不会改变中巴友好合作的大趋势,但在具体推进合作的实施过程中,将不得不重新考虑各方利益平衡。新政府上台后,强调平衡各省在走廊建设中所占比例。其一,审查谢里夫政府批准的走廊项目。目前巴内阁中巴经济走廊委员会和工作组正在对中巴经济走廊合作框架下的项目进行审查完善,审查重点之一就是前政府在项目规划中是否对谢里夫的政治"大本营"旁遮普省有所偏私。其二,走廊建设向西部的开伯尔—普赫图赫瓦省、俾路支省有所倾斜。伊姆兰·汗在第一次听取走廊简报时,表示走廊西线的建设将推动巴基斯坦欠发达地区的开发,并随后许诺"俾路支省将在走廊项目中获得超比例的份额"。[①] 巴基斯坦国民议会议长阿萨德·凯萨尔也曾表示,巴政府不会削减开伯尔—普赫图赫瓦省在中巴经济走廊项目中的份额。[②] 但实际上,由于西部两省经济社会发展基础较差,客观上走廊建设在相关地区的推进并不顺利。

新政府重新审查和设计走廊框架下项目选址,实际上助推了央地之间围绕行政财政资源的新一轮博弈,加剧了中方在具体实施项目方面与巴政府沟通协商上的困难,导致拟建的9个经济特区建设进展迟缓。长期利益纷争也导致巴经济发展一直缺乏统一明确的规划。这一问题在走廊前一阶段基础设施建设和能源合作中已经充分体现,也将影响产能合作。以瓜达尔港为例,巴现有的卡拉奇港、卡西姆港条件相对成熟,一定程度上分流了瓜达尔港的业务,制约了瓜达尔港的发展。而在打造瓜达尔港的产业特色、统筹规划瓜达尔港建设运营、与巴国内其他港口形成优势互补和协同发展局面等问题上,巴政府并没有明确的思路。

巴国内长期存在的极端势力、恐怖势力和分离势力交织,从事暴力恐怖活动对中

---

① Mohammad Zafar. PM Imran vows greater CPEC share for Balochistan[EB/OL], https://tribune.com. pk/story/1819577/1-pm-imran-coas-reach-quetta/[2020-07-07].

② No compromise on KP's share in CPEC: Qaisar[EB/OL], https://www.dawn.com/news/1428042/no-compromise-on-kps-share-in-cpec-qaisar[2020-07-07].

巴产能合作构成安全威胁。巴基斯坦和平研究所 2017 年安全报告[1]指出,2017 年针对走廊建设人员、安保部队的袭击事件数量较上年有所上升,除旁遮普省的所有省份都发生了此类事件,尤其是俾路支、信德两省。主要活跃的组织有"俾路支解放军"(BLA)、"信德革命军"(SRA)、"万岁信德统一阵线"(JSMM)等。2017 年 12 月,中国驻巴大使馆首次发布"重要安全提醒",预警恐怖分子策划对在巴中方机构和人员发动恐袭。2018 年 11 月 23 日,中国驻卡拉奇总领事馆遭遇俾路支分离组织策划的暴力闯馆袭击。事实上,这类针对中方机构、设施和人员的恐怖袭击不但与巴国内利益纷争有关,而且和地区内地缘政治博弈形势也有着重要关联。虽然目前针对走廊建设的恐怖袭击数量并不大,但总体呈缓慢增长趋势,随着中巴产能合作进一步拓展,投资增长并覆盖巴国内更多地区,相关项目面临的安全威胁还将不断上升。

　　总的来看,中巴产能合作乃至走廊建设整体都不得不受制于国际和巴国内政治形势的变化。以国际政治因素的影响为主,一方面,"一带一路"招致美国日益加大力度的对冲;另一方面,又受到地缘政治博弈的影响,进一步深化产能合作面临诸多不稳定和不确定因素。而在巴国内,围绕权力和利益展开的政治博弈和活跃的暴恐活动是目前巴内部存在的两大威胁,不仅影响到中巴产能合作的进度,更威胁到了中方机构、人员的人身和财产安全,虽不是制约中巴产能合作的主要因素,但其影响日益突出,也值得高度警惕。

　　(二)经济领域

　　1. 巴国际收支危机和债务问题

　　由于巴基斯坦对外贸易长期处于入超地位,外汇收入少,而美国 2017 年初暂缓对巴安全援助加剧外汇流入减少,巴当局又未能及时调整货币和贸易政策予以有效应对,2017 年以来,巴外汇储备急剧下降,陷入新一轮国际收支危机中。实际上,巴国际收支形势长期处于不利状态,因而不得不依靠大量外债平衡收支,随着近年来巴频繁陷入国际收支危机中,外债规模也同步迅速扩大。根据巴基斯坦央行的数据,2017—2018 财年巴贸易逆差高达 310.74 亿美元,同比增长了 16.5%[2],而侨汇收入只有 196 亿美元[3],经常账户赤字扩大到 189.9 亿美元,比上财年增长了 50%[4],至 2018 年 11

　　[1]　Anam Fatima. Security of CPEC in 2017[R/OL], Pakistan Security Report 2017. Pak Institute for Peace Studies (PIPS). https://www.pakpips.com/web/wp-content/uploads/2018/05/sr2017.pdf[2020-07-07].

　　[2]　*SBP* Annual Report-Statistical Supplement FY 18, State Bank of Pakistan[R/OL]. http://www.sbp.org.pk/reports/annual/arFY18/Stats/Eng/Chapter-9.pdf[2017-09-05].

　　[3]　Annual Report 2017—2018 (State of the Economy) Chapter 6 External Sector, State Bank of Pakistan[R/OL]. http://www.sbp.org.pk/reports/annual/arFY18/Chapter-06.pdf[2017-09-05].

　　[4]　Summary Balance of Payments as per BPM6 -October 2018, State Bank of Pakistan. http://www.sbp.org.pk/ecodata/Balancepayment_BPM6.pdf[2017-09-05].

月 9 日,流动性外汇储备已降至 138 亿美元。[①] 2017—2018 财年巴外债进一步上升至 950.97 亿美元[②],占 GDP 的 33.6％[③],但偿还的债务仅有 74.79 亿美元[④](见图 16.2)。

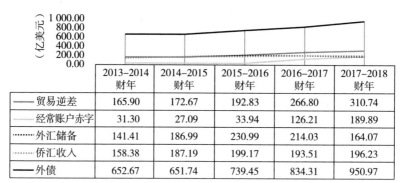

	2013–2014 财年	2014–2015 财年	2015–2016 财年	2016–2017 财年	2017–2018 财年
—— 贸易逆差	165.90	172.67	192.83	266.80	310.74
—— 经常账户赤字	31.30	27.09	33.94	126.21	189.89
······ 外汇储备	141.41	186.99	230.99	214.03	164.07
······ 侨汇收入	158.38	187.19	199.17	193.51	196.23
—— 外债	652.67	651.74	739.45	834.31	950.97

图 16.2 巴基斯坦债务与国际收入相关数据

资料来源:巴基斯坦央行(State Bank of Pakistan). http://www.sbp.org.pk/。

巴基斯坦的国际收支危机和庞大债务一定程度上影响了中巴合作的具体实施规模。一方面,巴政府为了整顿财政、稳定国际收支、控制债务总量,需实行紧缩政策,因此在中巴合作项目的支出和融资方面趋于谨慎。例如,2018 年 10 月,巴方将卡拉奇到白沙瓦 1 872 千米干线项目计划从中国获得的贷款削减了 20 亿美元。[⑤] 另一方面,为稳定国际收支,巴还需要不断寻求外部资金支持。自 1958 年起,仅国际货币基金组织(IMF)针对巴基斯坦就有 12 次资金救援。最近一次 IMF 对巴中期贷款(Extended Fund Facility)2016 年 9 月才刚结束。不料进入 2018 年 IMF 就对巴失衡的国际收支再次发出警告,到 6 月巴财政部就放出消息,外汇储备正迅速枯竭,巴急需外部资金的援助。10 月,巴财长再次向 IMF 提出财政援助请求。如若巴与 IMF 达成新的财政救济计划,IMF 将对巴财经政策提出严格条件,或进一步影响中巴产能合作的规模和进展。

需要指出,无论巴方削减财政支出、抑制融资需求,还是与 IMF 或其他经济体达成双边财政救济计划,都是巴政府根据当前经济形势做出的经济决策。然而,却有部分机构和人士将巴国际收支危机和债务问题曲解为中巴经济走廊建设造成的所谓"债务陷阱"。这已引起中巴两国政府的警惕和明确反驳,但仍在国际舆论中为中巴产能

① Liquid Foreign Exchange Reserves, Domestic Markets & Monetary Management Department[R/OL]. http://www.sbp.org.pk/ecodata/forex.pdf[2018-06-08].

② Pakistan's External Debt and Liabilities-Outstanding, State Bank of Pakistan[R/OL]. http://www.sbp.org.pk/ecodata/pakdebt.pdf[2019-09-19].

③ Pakistan's Debt and Liabilities-Summary, State Bank of Pakistan[R/OL]. http://www.sbp.org.pk/ecodata/Summary.pdf[2019-09-09].

④ Summary of Pakistan's External Debt Servicing (Principal + Interest), State Bank of Pakistan[R/OL]. http://www.sbp.org.pk/ecodata/pakdebtsvr_summary.pdf[2019-09-19].

⑤ 《中巴关系:巴基斯坦削减中国"一带一路"项目贷款规模,只因债务忧虑》,路透社,2018 年 10 月 2 日,https://cn.reuters.com/article/pakistan-silkroad-railways-idCNL4S1WI0CM.

合作局面和投资者信心造成负面影响。

事实上,中国无论在流量还是存量上虽然都已成为巴基斯坦最大的双边贷款来源国,但在巴基斯坦债务结构中占比仍旧不大。目前巴方所持外债中,47%来自多边金融机构。中巴经济走廊22个项目中,18个由中方直接投资或提供援助,只有4个使用的是中方的优惠贷款①,利率约2%,远远低于西方国家向巴提供的贷款②,优惠贷款合计60亿美元,占走廊建设全部资金的31.6%。巴方还款高峰期将出现在2024年,届时也仅有5.27亿美元。根据中国进出口银行的数据,中巴走廊贷款的总还款额预计仅为74亿美元。③ 相较截至2017年6月底巴已有950.97亿美元外债总额而言,走廊建设相关的贷款在巴外债中占比并不大,更没有形成所谓"债务陷阱",相反用于走廊建设的中方债务更具经济性。

2.中巴双边贸易不平衡

近年来,中巴经贸关系发展迅猛,2017—2018财年中国继续成为巴基斯坦第一大进口来源国,占巴进口总量的18.8%,两国贸易总量达到132.02亿美元。④ 但同时,贸易不平衡问题也越发突出。过去5年,巴基斯坦对华贸易逆差逐年增加,从2013—2014财年的32.92亿美元增加至2017—2018财年的97.12亿美元(见图16.3)。

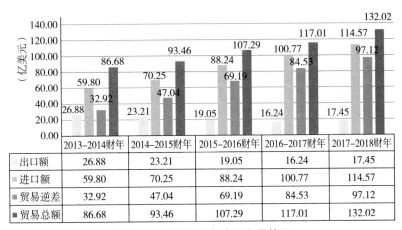

	2013–2014财年	2014–2015财年	2015–2016财年	2016–2017财年	2017–2018财年
出口额	26.88	23.21	19.05	16.24	17.45
进口额	59.80	70.25	88.24	100.77	114.57
贸易逆差	32.92	47.04	69.19	84.53	97.12
贸易总额	86.68	93.46	107.29	117.01	132.02

图16.3 巴基斯坦与中国贸易情况

资料来源:巴基斯坦央行(State Bank of Pakistan),http://www.sbp.org.pk/。

巴对华的贸易逆差由若干原因造成。其一,巴高度依赖进口。巴基斯坦有超过一

---

① 《王毅:中巴经济走廊建设成果实实在在,没有加重巴债务负担》,新华网,2018年9月8日,http://www.xinhuanet.com/world/2018-09/08/c_1123400053.htm。

② 《2018年8月31日外交部发言人华春莹主持例行记者会》,中华人民共和国外交部,2018年8月31日,https://www.fmprc.gov.cn/web/wjdt_674879/fyrbt_674889/t1590086.shtml。

③ Ghulam Abbas. Local media urged to remove negative misconceptions about CPEC[J]. https://profit.pakistantoday.com.pk/2018/06/25/local-media-urged-to-remove-negative-misconceptions-about-cpec/[2019-09-19]。

④ 根据SBP Annual Report-Statistical Supplement FY 18[M]. 计算得出。

半的电子设备和机械设备进口于中国。联合国商品贸易统计数据库（UN Comtrade）的数据显示，2017 年巴基斯坦从中国进口的机械设备和电子设备较 2013 年分别上升了 4 倍和 2 倍，占从中国进口总量的 21.5％和 23.7％。① 其二，巴自身缺乏优势产品出口。巴主要的出口商品是大米和棉花及其制品等，而中国自身具有生产优势且与东南亚经济体之间长期存在相关贸易合作，使得巴出口的大米和棉花缺乏相对优势。其三，双方企业界对彼此投资环境和政策仍然缺乏了解。两国企业彼此信息沟通不畅、实力不均、商业文化不同，在利益诉求和利润分配方面也有较大差异，许多企业缺乏参与中巴产能合作的引导和途径，枉失了走廊建设的机遇。

双边贸易不平衡直接影响了中巴自贸协定第二阶段的谈判。该协定第二阶段谈判自 2011 年开始以来，已经历十轮谈判，于 2019 年 4 月完成修改并签署，同年 12 月 1 日正式生效。巴方多次提出希望中方考虑到巴经济状况，实行不对等优惠，即中方更大幅度削减关税，给予巴方企业更多优惠政策，并允许巴方享有更长的减税过渡期，以减轻中国出口商品对巴国内产业的冲击，削减贸易逆差。中巴升级自贸协定面临困境，导致中巴产能合作中的政策性风险预期提高。不过，预计中巴自贸第二阶段的修改协定将包括建立海关数据共享系统、消除贸易壁垒等内容，对进一步规范中巴产能合作具有积极意义。自贸协定升级也将鼓励中国企业对巴投资和产能输出，将有利于改善双边贸易失衡问题。

综上所述，在经济方面，巴自身的国际收支危机和债务问题及中巴双边贸易不平衡问题，是制约中巴产能合作的两方面难题。随着中巴产能合作继续推进，促进巴经济进一步发展，这些难题有望得到一定程度的解决，促使两国产能合作释放更大的潜力，形成良性循环。

四、对策建议

2018 年 8 月，中国驻巴基斯坦大使姚敬在巴主流媒体发表署名文章《让中巴经济走廊再出发》，提出三项倡议，一是促进对巴投资，二是积极扩大从巴进口，三是注重民生，高度概括了中巴经济走廊下一阶段发力方向。② 中巴产能合作作为走廊建设下阶段的重点环节，也应遵循这三个方向。结合中巴产能合作现有成果与经验，从把握机遇和应对挑战入手，为进一步推进中巴产能合作和实现走廊建设行稳致远，中方可考虑从以下四个方面努力。

第一，继续推进产业园区和经济特区建设。首先，要完成园区必要的基础设施建设。其次，要结合巴国内现有的产业布局，统筹规划各园区建设。既要借鉴海尔—鲁巴经济区、如意—马苏德纺织园、瓜达尔港自由区的三种模式，又要在此基础上继续探

---

① 联合国商品贸易统计数据库（UN Comtrade），https://comtrade.un.org/data/。

② 《驻巴基斯坦大使姚敬发表署名文章〈让中巴经济走廊再出发〉》，中华人民共和国外交部，2018 年 8 月 13 日，https://www.fmprc.gov.cn/web/dszlsjt_673036/t1584949.shtml。

索新的运作模式,吸引更多投资和企业入驻,实现产业合作多元化,并形成成熟的产业链。此外,中方政府和企业宜积极和巴联邦、地方政府沟通经济特区建设事项,可考虑先重点推进一批可行性强、经济价值高的试点园区早日落地。

第二,探索多样化的产能合作模式。目前中巴在制造业等领域有较大的产能合作空间,鼓励中小企业参与也是两国的共识,这是中巴产能合作的主要增长点。在中方推进与巴方产能对接的同时,也要考虑到境内外产能转移顶层设计及国家战略与地方发展统筹规划的问题。以与巴基斯坦近邻的我国新疆为例,新疆纺织业发展正面临人力成本升高的瓶颈,而劳动力价格低廉正是巴国内的优势,由此可以考虑与巴方以开展优良品种(长绒棉)培育技术、机械化种植技术、信息化管理技术合作与转移的方式实现境内外产业链分工和协同发展。同样,新疆"十三五"规划中汽车制造业以新能源车为主,而巴方的发展规划以传统能源汽车为主,因此也可以考虑沿中巴经济走廊打造汽车产业链布局,加快两地要素市场和商品市场的融合,实现中巴两国相关地区产业链上下游、高低端及不同产品类型的配套和协同发展。

第三,关注巴国内外政治经济动向,建设海外利益保护能力。美国加大力度对冲"一带一路",巴国内政治力量博弈不休、"三股势力"不偃、国际收支与债务等宏观经济风险难弭、中巴双边贸易失衡局面难转,均对中巴产能合作构成挑战。新政府上台以后,巴经济政策更注重工业发展、走廊项目的地域平衡性和中巴贸易平衡等。中方宜密切关注巴内外政治经济形势,与巴保持及时有效的沟通,积极帮助巴解决实际困难,相机适当调整政策,避免卷入各方势力博弈,致使经济问题政治化。同时,还宜与巴方一道推进双边贸易和投资保障机制和技术建设,尽快修订完善《双边投资保护协定》,加强海外利益保护。另外,两国还应优化媒体宣传作用,消除针对"一带一路"和中巴产能合作的负面舆论影响。

第四,拓展并完善各类沟通机制,特别是搭建两国企业的沟通交流平台。当前,中巴产能合作的一大优势是两国之间具有高度政治互信,因此政府可发挥桥梁作用,推进企业交流。2018年11月的首届中国国际进口博览会收效良好,今后也宜多邀请巴企参加此类商业展会,同时鼓励中国企业"走出去"参与巴举办的商展。两国政府也应加强沟通协商力度,争取尽快签署并落实自贸协定第二阶段安排,同时推进在签证、卫生检疫等非关税壁垒方面的便利化措施,从而推动两国企业在制造业等领域的投资和出口。此外,也可以考虑更多地发挥双方智库作用,进行投资前期研究,举办企业家论坛,促进两国企业和企业家对双方投资环境、政策、企业文化的了解,真正实现国际产能的全面对接与合作。

第十七章　元代陆上丝路贸易的制度构建[①]

元代是中国历史上疆域最广阔的大一统时期,也是陆上丝路贸易最为繁盛的时期之一。元代统治者主动构建并完善朝贡制度、驿站制度、纸币制度、法律制度、官吏制度等,推动了陆上丝路贸易的持续发展。基于制度史的视角对元代陆上丝路贸易的梳理和归纳,有助于丰富元代陆上丝路研究的不足。同时,客观评价元代贸易政策和治国方略的价值,也可为当下谋求互利共赢的新丝路战略提供借鉴。

一、引言

元代是丝路贸易发展的一个巅峰时期,不仅在丝路经贸的范围和程度上远超前朝、在中国古代根深蒂固的"重本抑末"教条上打开了一个缺口,而且将丝路发展成为世界其他国家认知和了解古代中国的窗口,深刻影响了沿途国家和地区。李约瑟曾在其著述中高度评价蒙元时期丝绸之路的历史意义:"13 世纪末 14 世纪初时,传来了另一串发明:火药、丝绸机械、机械钟和弧形拱桥……世界受惠于东亚,特别是受惠于中国的整个情况正在非常清楚地显现出来。"[②]这些发明不仅彰显着独特的东方智慧,更间接播下地理大发现与近代革命的种子,影响着世界历史的发展进程。

除了李约瑟,许多当代学者也对元代丝路新发展给予了较高关注和评价。杉山正明在《忽必烈的挑战:蒙古帝国与世界历史的大转向》《游牧民的世界史》[③]等书中均指出,蒙元时期的重商传统和自由贸易政策是欧亚统一市场形成的重要条件。冈田英弘的《世界史的诞生》[④]一书也认为,蒙古帝国的统治使得整个欧亚大陆牵一发而动全

①　作者为张亚光,北京大学经济学院副教授;毕悦,北京大学经济学院。本文发表于《北京大学学报(哲学社会科学版)》2017 年第 06 期。

②　潘吉星.李约瑟文集[M].沈阳:辽宁科学技术出版社,1986 年,第 226 页.

③　〔日〕杉山正明.忽必烈的挑战:蒙古帝国与世界历史的大转向[M].周俊宇译.北京:社会科学文献出版社,2013;游牧民的世界史[M].黄美蓉译.北京:中华工商联合出版社,2014.

④　〔日〕冈田英弘.世界史的诞生:蒙古帝国的文明意义[M].陈心慧译.北京:北京出版社,2016.

身,其中重要的纽带便是跨国贸易。Nichols(2011)[①]将蒙元时期作为全球化进程的第一阶段(the first major steps towards globalization),肯定了元代在世界贸易史中的关键地位。Barisitz(2017)则在回顾整个陆上丝路发展史的基础上,详细地介绍了元代丝路贸易政策及积极意义,并将这一时期称为丝路发展的"第三次高峰"(见表 17.1)。

表 17.1　历史上丝绸之路的发展高峰[②]

时期	陆上丝路贸易的新发展
公元前 105—公元 200 年	丝绸之路的第一次高峰 组成:汉代、贵霜帝国、安息帝国、罗马帝国 主要成因:对中国丝绸的跨境需求
675—875 年	丝绸之路的第二次高峰 组成:唐代、哈里发帝国、可萨汗国 主要成因:沿线经济体的政治联合
1245—1345 年	丝绸之路的第三次高峰 组成:蒙古帝国(元代又称大汗汗国、察合台汗国、伊利汗国、钦察汗国) 主要成因:丝绸之路的安全(以及贸易最初受惠于)建立在跨越亚欧两大洲的统一政治环境上 蒙古和平

目前国内学界对古代丝绸之路的研究主要集中在汉、唐两代,对元代对外贸易特别是陆上丝绸之路的研究不够,对元代在古代丝绸之路发展中的关键作用认识不足,相关记载或评论散见于各通史与专门史著作中。如王孝通的《中国商业史》[③]对长途贸易中至关重要的基础设施建设——驿站制度进行了评述,对这一问题较早地进行了研究和探讨;韩儒林的《元朝史》[④]对元代海陆贸易所涉及的国家及物产进行了详细介绍;陈高华和吴泰的《元史研究新论》[⑤]就对外贸易所涉及的商税问题展开了专门研究;陈高华和吴泰的《宋元时期的海外贸易》[⑥]、高荣盛的《元代海外贸易研究》[⑦]两部著作对海外贸易政策给予了特别关注;等等。

总体来看,现有关于元代丝路贸易的研究还存在着不足,主要表现为:第一,对元代陆路贸易问题关注不足;第二,缺乏对元代陆路贸易体制及机构的系统梳理;第三,较少从制度经济学角度分析元代贸易勃兴的根源。本文的创新之处在于,在梳理元代

①　Nichols J. Forerunner to Globalization: the Eurasian Steppe and Its Periphery[J].Studies in Slavic and General Linguistics,2011(38):177-195.

②　Barisitz S. Central Asia and the Silk Road[M]. Springer International Publishing,2017:274.

③　王孝通.中国商业史[M].北京:商务印书馆,1936.

④　韩儒林.元朝史[M].北京:人民出版社,1986.

⑤　陈高华.元史研究新论[M].上海:上海社会科学院出版社,2005 年.

⑥　陈高华,吴泰.宋元时期的海外贸易[M].天津:天津人民出版社,1981.

⑦　高荣盛.元代海外贸易研究[M].成都:四川人民出版社,1998.

陆上丝路的概观与缘起的基础上,以制度经济学的视角探析元代丝路贸易政策与制度构建问题,借助较为前沿的研究成果,重新评价和认识元代陆上商贸活动。

二、元代陆上丝路贸易之概览

元代陆上贸易大致可分为"北方丝绸之路"和"南方丝绸之路"两部分。"北方丝绸之路"是汉代以来陆上丝绸之路的主干线,是元代经由四大汗国同中亚、西亚和欧洲进行外交和经贸往来的坚实纽带。由于其途经之地大多为高山、荒漠、戈壁,故主干道受到阿尔泰山、天山、昆仑山等东西山脉切割,主要依托山脚零星绿洲或水草丰茂之地而设。"南方丝绸之路"则以成都为起点,自灵关道、五尺道、永昌道三条线路向西、向南直达印度和缅甸。在航海和造船技术不够发达的时期,南方丝路是中国同东南亚、南亚各国沟通的重要桥梁。《马可·波罗行纪》第二卷以"成都府""建都州""哈剌章州""金齿州"等多章笔墨详细描绘了其作为使者入缅途中的所见所闻,可证当时南方商路设施已比前朝大为改善,各主要国家的商贸关系已基本建立起来。

元代陆上丝路贸易长期保持官方和民间两种形式并存。在官方贸易方面,主要通过钦察汗国与欧洲各国联系,通过伊利汗国与阿拉伯各国连通。在民间贸易方面,私商群体庞大且多元化。上至贵族、官员,如位列宰辅高位的阿合马、卢世荣都是富商的典型代表;下至豪商、中小商人,特别是与蒙元政权关系密切的回回商人,更是商贸的活跃分子,在各类史书中多有记载。

元代陆上丝路的勃兴,植根于特定的历史背景。一是大一统的政治格局。蒙古军团的三次西征极大地开拓了元代疆域,建立起"北逾阴山,西极流沙,东尽辽左,南越海表"[①]的庞大疆域,彻底破除了东西方经贸往来的藩篱。元人曾骄傲地说:"我国家疆理之大,东渐西被,暨于朔南。凡在蜀国,皆置驿传,星罗棋布,脉络贯通,朝令夕至,声闻毕达……使驿往来,如行国中。"[②]二是农业、手工业的恢复和发展。农业上,元世祖即位,首诏天下,"国以民为本,民以衣食为本,衣食以农桑为本"[③],并置劝农司、务农司,将"人口增,田野辟"正式纳入官吏政绩考评体系。元代农村为扶植农事而兴起的基层自治组织"农社"更是具有创造性的举措,沿袭古代中国农村守望相助的传统,并在经济合作职能上进一步深化。手工业方面,在西北、西南等丝绸之路必经之地建立手工业品原产地,极大地方便了陆路贸易,如在新疆设置染织提举司、染织局,在肃州设毛缎匠提举司等。元代最具特色的酿酒业也在官营轨道上日益兴盛,其生产的葡萄酒、烧酒不仅供宫廷享用,也成为赏赐外来使节和贵族的绝佳礼品。仅1323—1332年十年间,《元史》中对各地进贡和受赏葡萄酒的记载就有6次之多。三是开放包容的草原性格。宋宜昌和倪建中曾以"中国历史上一次空前绝后的转机"的极高赞誉来评价

---

① (明)宋濂.元史·卷58·地理一[M].北京:中华书局,1976,第1345页.
② (明)解缙等.永乐大典·卷19[M].北京:中华书局,1959,第146页.
③ (明)宋濂.元史·卷93·食货志[M].北京:中华书局,1976,第2354页.

元朝:"蒙古族注入的新血统,使中国人从宋人只知苟且偷生、毫无大志的萎靡状态中清醒过来,懂得了生存法则的残酷性,已经具备了征服海洋、走向世界的野心和能力。"[①]蒙元走向世界既体现在武力征服中,更体现在商业贸易中,其崇商传统不仅与游牧的半独立性有关,也缘于统治者极力推崇。在蒙古族传统训言《必里克》中,成吉思汗这样教导子孙:"军队的将官们应当很好地鼓励儿子们射箭、骑马……使他们像坚毅的商人那样掌握他们所知道的本领。"[②]成吉思汗对商人不惧艰险、勇于开拓精神的赞美与推崇,可见一斑。

三、元代丝路贸易之制度构建

（一）朝贡制度:"九天阊阖开宫殿,万国衣冠拜冕旒"

有元一代,十分重视与周边的联系。《元史》载,忽必烈即位后曾诏告天下:"天道助顺,人谟与能……朕所不逮,更赖我远近宗族,中外文武,同心协力,献可替否之助也。"[③]元朝朝贡制度是实现"中外文武,同心协力"的抓手,它继承了汉唐以来中国王朝以经济促政治、以外贸促外交的悠久传统,也顺应了蒙古帝国四汗一体、分而治之的政治结构。尽管元代朝贡贸易与之前历代相似,属于不等价的物物交换,一般来说中央政府给予臣属的贡赐要远远高于对方的贡品;但鉴于各汗国和藩属国常常委托朝贡的使节来华广泛购买中原特产,使臣本人也会趁机贩运物资,因此"每一批使团实际上包含着一支庞大的商队"[④],也即朝贡贸易与民间贸易往往不可分割。此外,朝贡贸易制度是元廷与四大汗国、西域各国之间友好往来的最常见手段,故该制度也为民间的丝路贸易奠定了最广泛的政治基础。

元代朝贡制度与前代有所不同。以往历代尤其是盛世时期,朝贡制度常常带有天朝上国"招携以礼,怀远以德"的绥靖之风,往往在还礼时还要一厢情愿地对来朝之国的国君加以册封;在国运不济时,厚往薄来的朝贡支出甚至成为国家财政的沉重负担。元廷则更多体现出各取所需、平等交换的实用主义色彩,这实际上与元代自由、平等的商业精神是紧密相连的。史载至顺元年(1330 年),"诸王不赛因使者还西域,诏酬其所贡药物价值"。[⑤] 这条记载清晰地点明了元代朝贡贸易的经济色彩。因此有学者指出,"有元一代,就元朝与属国的关系而言,朝贡已脱去'怀远柔人'的外表,成为蒙古统治者聚敛财富的工具"。[⑥] 甚至有人这样定义元代的朝贡贸易制度:"外方呈献者与元

① 宋宜昌,倪建中.风暴帝国:解读世界历史上版图最大的蒙古帝国[M].北京:中国社会出版社,2008,第22 页.
② 〔波斯〕拉施特.史集第 1 卷[M].余大钧译.北京:商务印书馆,1985,第 357 页.
③ 宋濂.元史·卷 4·世祖一[M].北京:中华书局,1976,第 63—64 页.
④ 蒋致洁.蒙元时期丝绸之路贸易初探[J].中国史研究,1991(2).
⑤ (明)宋濂.元史·卷 35·文宗四[M].北京:中华书局,1976,第 792 页.
⑥ 李云泉.朝贡制度史论——中国古代对外关系体制研究[M].北京:新华出版社,2004,第 60 页.

廷之间构成的是一种买卖关系,一种商业行为。"①

正是因为在考虑政治利益的同时,从不忽视朝贡贸易带来的经济利益,元廷制定了一套极为周密的朝贡管理制度,对使者的接待方式、贡物转运、回赐规格等均有详细的规定。

在使臣接待方面,贡使不仅可享用沿途的驿站客栈专门"衙门"的一切服务,进京后还会被统一安排到"会同馆"居住。史书载"会同馆,秩从四品,掌接伴引见诸番蛮夷峒官之来朝者。至元十三年始置……元贞元年,以礼部尚书领馆使,遂为定制"。② 朝见皇帝之前,由专管外国使节的官员先行接见。对此,柏朗嘉宾在行纪中做了详细的记载:"首领们就这样几乎一直恭候到中午,他们迫使我们喝得实在不能再喝了,因为我们不习惯这样暴饮……我们被皇帝召见了。当首席书记官镇海签完我们的名字和护送我们前来者的名字以及肃良合与其他首领的名字时,他就当着皇帝和全体大首领高声宣读着名册。"③从其叙述中能明显感到元廷热情待客与周密安排的巧妙结合。

在贡品规格上,往往采取定额制度,索取浩繁,但超出部分还要予以减免或退回。如对进贡超额者,元廷下达如是谕旨:"去岁尝俾勿多进马,恐道路所经,数劳吾民也,自今其勿复然。"④而对贡品不足者还要予以索取,柏朗嘉宾曾对此略显无奈地记述:"拔都一位名叫按迪该的管事对我们进行了盘问,目的是想知道我们用什么来参见……教皇陛下没有送来礼物,但是我们仍非常想尽我们的所能而对他聊表敬意,用上帝的恩惠和教皇陛下给我们的供养向他赠送礼物。"⑤一多一少的对比,似能看出元廷受平等交换的商业理念浸润之深厚。

总之,元代朝贡制度是当时陆上丝路贸易的重要组成部分,也是政府推动丝路贸易稳定持续发展的重要举措。虽然西北、西南的朝贡贸易主要在元廷和四大汗国之间发生,不及自东南沿海前来朝贡的国家数目多,但它对稳定商贸环境、构建和平商贸关系的关键作用是不容忽视的。

(二)驿站制度:"适千里者如在户庭,之万里者如出邻家"

驿站制度自秦统一后即建立,而元代驿站的经济功能是比较充分的。"驿站"一词源于元代的"站赤"制度,元以前这一场所只称"驿",后与蒙文词汇"站赤"(Jamuci)融合,称为"驿站"。从词源学的角度,也反映元代驿站制度对当时和后世的深远影响。

从成吉思汗起,驿站制度就兼具军事和经济两项功能。成吉思汗曾写信给花剌子模国国君:"为了在两国沟通协作一致的道路,要求我们拿出高尚明达的态度来,担负起患难相助的义务,将两国之间的道路安全地维护好,避免发生险情,以使因频繁的

---

① 高荣盛.元代海外贸易研究[M].成都:四川人民出版社,1998,第16页.
② (明)宋濂.元史·卷85·百官一[M].北京:中华书局,1976,第2140页.
③ 〔意〕柏朗嘉宾.柏朗嘉宾蒙古行纪[M].耿昇译.北京:中华书局,1985,第100—102页.
④ (明)宋濂.元史·卷115·裕宗[M].北京:中华书局,1976,第2891页.
⑤ 〔意〕柏朗嘉宾.柏朗嘉宾蒙古行纪[M].耿昇译.北京:中华书局,1985,第94页.

贸易往来而关系到世界福利的商人们得以安全通过。"①在此后的大规模西征中,成吉思汗非常重视保存金代原有的驿站,并初步建立起通往中亚的驿道。到窝阔台主政时期,不仅进一步扩充驿道范围,增加驿站数目,还初步建立起驿站人员的管理制度,也即在"诸色户计"中增加"站户"并予以登记。据《蒙古秘史》《史集》等相关史料佐证,窝阔台时期驿站已贯通欧亚大陆,远达波斯。② 忽必烈即位后,以元大都为中心的四通八达的驿传制度基本定型。到元代中期,全国驿站已逾1 500处。

元代不仅积极开拓驿道、增加驿站,还重视驿站的经常性维护。根据耶律楚材的建议,元代统治者在所有驿道上"隔一段时间就打井、提供水源"③,在沿途驿站均提供马匹、牲畜、粮食和其他物资。此外,还在沿途植树,"远处可以望见,俾行人日夜不致迷途"。④ 除了物质保障,驿站服务也极为周到。据《伊本·白图泰游记》记载,商人可将财物寄存在沿途旅馆或驿站,走时取回,如有损失必须如数赔偿。此外,还对寄宿商人予以登记,并于翌日派官吏送往下站。这位摩洛哥旅行家对元代的驿站制度赞不绝口:"对商旅来说,中国地区是最安全最美好的地区。一个单身旅客,虽携带大量财物,行程九个月也尽可放心。"⑤

在驿站供给端,元廷基本遵循中央与地方结合的办法,加强对广大疆域内众多驿站的管理。在中央,初为兵部代管;后随着驿站数目增多及经济功能增强,专设通政院,管理全国站赤。《元史》载:"通政院,秩从二品……至元七年,初立诸站都统领使司以总之,设官六员。十三年,改通政院。"在地方⑥,元代虽设省、路、府、县四级管理,但驿站主要以路为中心进行修建和管辖,这种建制一方面是考虑到路一级行政单位构成交通通信的基本单元,以保证地方站赤的运转独立性;另一方面可以防止府、县两级基层单位滥用职权直接骚扰"站户"。此后,为了监督驿站官员,保证驿道畅通,还专门设置稽查人员"脱脱禾孙",进一步规范了驿站秩序。

在驿站需求端,元廷则通过建立"牌符"制度,加强对商旅身份及地位的管理和核查,类似于当今的"护照"制度,并凭借牌符的材质对商旅身份等级做出了明确的标识区分。西方学者曾细致记述了元廷牌符制度:"旅行者如想使用蒙古帝国的驿站服务,需要佩戴'牌子'(paiza)作为官方凭证,和护照作用相似。这些牌符通常挂在旅行者脖颈上,由木、铜、银、金等不同材料制成。"⑦

（三）纸币制度:"大汗专有方士之点金术"

马可·波罗到中国之前,尚未见过印刷术;因而当他见到印有大汗印文的元代纸

① 〔波斯〕拉施特.史集第1卷[M].余大钧译.北京:商务印书馆,1985,第259页.

② 陈广恩.元代西北经济开发研究[D].暨南大学,2003.

③ 闫国疆.蒙元初期的丝绸之路与国家治理[J].河海大学学报,2016(4).

④ 乌兰,刘振江.浅谈成吉思汗与忽必烈的"重商"政策[J].前沿,2012(1).

⑤ 〔摩洛哥〕伊本·白图泰.伊本·白图泰游记[M].马金鹏译.银川:宁夏人民出版社,1985,第550页.

⑥ (明)宋濂.元史·卷88·百官四[M].北京:中华书局,1976,第2230页.

⑦ Barisitz S. Central Asia and the Silk Road[M]. Springer International Publishing,2017:100.

币时,简直闻所未闻,称其为"大汗专有方士之点金术"。① 事实上,元代纸币不仅是外国旅行家称奇之物,其作为法定货币在全国长期流通也属中国史上的首创。

蒙元时期外贸规模空前扩大,贵金属货币已难以满足长途贩运需要,加之造纸术和印刷术的发展,纸币便应运而生。早在成吉思汗时,各地方就曾发行过地方性纸币用于商品交换。《元史·何实传》载,"博值兵火后,货物不通。实以丝数印置会子,权行一方,民获贸迁之利"②。元代建立后,由于海内外贸易规模日益扩大,忽必烈将制钞权统归中央。终元一代共印制过中统丝钞、中统宝钞、至元宝钞、至大银钞、至正交钞等五种纸币③,这些纸币虽存在发行上的先后关系,但并不是严格更替的关系,常常出现两种甚至以上纸币相权而行的情况;且新种类的出现往往为挽救旧种类贬值过于严重的危机,但往往加剧轻重失宜,构成通胀的恶性循环。

元初纸币发行谨慎,"日夜战兢,如捧破釜,惟恐失坠"④,币值稳定。曾参与印钞的元代户部官员胡祗遹评价说:"中统建元,钞法初立,公私贵贱,爱之如重宝,行之如流水。"⑤此时纸币对陆上丝路贸易的促进作用也是显而易见的。

其一,元代纸钞基本具有了现代货币的一切职能,域内商贸往来皆以纸币代金银。外国商旅、使臣来华贩运货物,也往往由元廷兑付一定数目的纸币,用于购买国内商品,既减轻了外商的运输负担,又降低了各地间的交易成本。对此许多外商感到既新奇又欣喜。《马可·波罗行纪》载:"凡州郡国土及君主所辖之地莫不通行……各人乐用此币,盖大汗国中商人所至之处,用此纸币以给费用,以购商品,以取其售物之物价,竟与纯金无别。"⑥《伊本·白图泰游记》也记载称,"市间购买货物,无一人持金银者。彼必须将金银钱换成纸币后,方可随意购物也"⑦。高桥弘臣的研究也进一步佐证了上述游记的真实性:"除元代极末期的至正年间后半期外,(纸币)并未陷入极端崩溃局面,虽然存在地域性差异,但总体来看,纸币在一定信誉的基础上得到持续使用。"⑧

其二,元代为发展西北经济,特意在西北地区改革货币流通体制,建立纸币管理机构,极大地便利了陆上丝绸之路的贸易活动。比较典型的如畏吾儿地区设交钞提举司主管纸币发行和印制,设交钞库主管纸币的贮藏。从近几十年自该地区出土的租赁文书、地契等资料来看,元代纸币在新疆地区曾广泛流通,进而促进了中外经济交流,加强了西北地区与中原地区的一体化趋势。再据黑城(注:地处元代亦集乃路)出土文书

---

① 〔意〕马可·波罗.马可·波罗行纪[M].冯承钧译.上海:上海古籍出版社,2014,第194页.

② (明)宋濂.元史·卷150·何实传[M].北京:中华书局,1976,第3552页.

③ 黄君默.元代之钞币制度[J].食货,1937,6(1).

④ 陈得芝辑点.元代奏议集录·刘宣议钞法[M].杭州:浙江古籍出版社,1998,第232页.

⑤ (元)胡祗遹.紫山大全集·卷22·宝钞法[M].钦定四库全书影印本.

⑥ 〔意〕马可·波罗.马可·波罗行纪[M].冯承钧译.上海:上海古籍出版社,2014,第196页.

⑦ 〔摩洛哥〕伊本·白图泰.伊本·白图泰游记[M].马金鹏译.银川:宁夏人民出版社,1985,第547页.

⑧ 〔日〕高桥弘臣.宋金元货币史研究——元朝货币政策之形成过程[M].林松涛译.上海:上海古籍出版社,2010,第319—320页.

等考古发现,还可窥见当时地处丝路大通道上的甘肃行省的钞币流通状况。

其三,凭借当时蒙元政权在亚欧大陆上较强的政治、经济影响力,元代纸币国际化程度很高,一时成为外贸特别是陆上丝路贸易的"硬通货"。如《元史·世祖纪》载,至元二十二年(1285年),"遣马速忽、阿里赍钞千锭往马八图求奇宝"[①]。对前来朝贡的使团,元廷往往也以纸币回赐,这进一步印证了使团、商团合二为一的特征,使其"和商队贸易、互市贸易一起都纳入了市场经济的范围"[②]。在长期商贸往来中,元宝钞与沿线诸国货币还建立了稳定的比价,进一步降低了交易风险,提升了元宝钞的国际影响力。如"(乌爹,今印度西部)每个银钱重二钱八分,准中统钞一十两";"(交趾)民间以六十七钱折中统钞一两"[③];等等。许多国家更是察觉到了纸币的历史先进性,甚至将其作为充实国库的重要手段,纷纷效仿元朝印制纸币,其规格、式样与元宝钞也大致相当。史载波斯乞合都时代曾发行纸币,甚至印有汉字"钞"[④];印度、高丽也纷纷仿行元钞。中国历史上,能使纸币拥有如此高的国际流通能力,盖自元始。

元代中后期,情况有了变化。诚如蒙古学专家菲里帕斯所言,"纸币的价格随大汗的强制力大小而上下起伏,因而随着大汗强制力的衰弱,纸币的价格也有了很大的贬值"[⑤]。元代中后期,伴随着钞本大量挪用、纸币超发,加之严刑重典下仍有昏钞、假钞滥行于世,国内纸币信用破裂乃至经济全面崩溃不可避免,更遑论对外丝路贸易的流通和交易。以史为鉴,元代纸币制度对外贸的正反两面性,对当今人民币国际化与"一带一路"建设依旧具有重要的借鉴作用。

此外还需注意的是,元代另有独特的"斡脱钱"制度。"斡脱钱"在后世学者看来往往是以负面影响居多。但在丝路贸易中,这一制度在很大程度上为从事远距离贩卖货物的商人提供了资本的制度支持。"斡脱"是突厥语 Ortaq 的音译,意为"共同""共同者"。"斡脱"本身有两个含义,一为放高利贷,二为远途贸易。这两者显然有着内在的联系。《元典章》记载:"斡脱户,见奉圣旨、诸王令旨,随路做买卖之人。"[⑥]尽管对于中原地区的借贷者而言,怨声载道之笔不绝于书,但对于收取高利贷的斡脱户来说,却是极好的提供商业资本的来源。

(四)法律制度:"不以规矩,不能成方圆"

元代疆域辽阔,部族众多,需要高超的管理能力和统治艺术,而与其进行陆上商贸往来的地区,又多为宗教、民族混杂的破碎地带。能够在如此复杂的背景下开辟出意大利商人裴哥罗梯在《通商指南》中所描述的"最安全、最便利的商道",更可见蒙古部落于"马上得天下"之外的经济管理能力。

---

① (明)宋濂.元史·卷13·世祖十[M].北京:中华书局,1976,第277页.
② 李明伟.丝绸之路贸易史[M].兰州:甘肃人民出版社,1997,第517页.
③ (明)费信.星槎胜览校注[M].冯承钧校注.北京:中华书局,1954,第3、34页.
④ 〔瑞典〕多桑.多桑蒙古史·第六卷[M].冯承钧译.北京:中华书局,1962,第248—249页.
⑤ 额斯日格仓.蒙古族商业发展史[M].哈斯木仁译.沈阳:辽宁民族出版社,2007,第84页.
⑥ 元典章·户部·户计·籍册.

元代的法律特别是商法制度比较细致完备,散见于《元典章》《至正条格》《通制条格》等法规文献中。其对于陆上丝路贸易的管理和保护,大致可表现为以下两方面。

一方面,对产品质量和规格的严格把关。如前所述,丝织品、毛织品一直是中国对外贸易的拳头产品,也是元代陆上丝路贸易的主要出口货物,因此元代除了尽可能将熟练工匠纳入官营手工业的统一管理,还针对民间纺织业(丝织业、毛织业)的产品质量出台了一系列政策法规,严格规范其质量、规格甚至式样。针对丝织品,《元史》记载:元初忽必烈时规定"民间所卖布帛有疏薄狭短者,禁之"[①];至元十八年(1281年)进一步细化有关产品制造工艺、材料及个人处罚的规定:"随路织造段定布绢之家,今后选拣堪中丝绵,须要清水夹密,并无药棉,方许货卖,如是成造低歹物货及买卖之家,一体断罪。"[②]至元二十三年(1286年),针对法令颁布一月内已制造出的产品,允许发售,但"须要经由各处税务使讫上项条印,方许发买。限满却行拘收,元发条印当官毁坏"。[③]可见元廷对丝织品管理之严格,以及政策令行禁止的效力。针对毛织品,也对其原料、配色、图案、尺寸等采取了类似的规定。这些设计严格、制作精良的产品不仅服务于皇室日常消费,也大量流入丝路朝贡贸易和民间贸易之中,形成了阿力麻让、别失八里、可失哈儿等纺织品集散地。"赛里斯"(注:丝国)越发成为华夏古国一张闪亮的国际名片,为中国赢得了良好声誉。

另一方面,对商贾人身和财产安全的保护。元初战乱将息,百废待兴,边疆地区社会治安尤其堪忧。对于千里迢迢来华的外商来说,"整日游牧扎营,因人稀少等原因,可以自由偷盗,有时出了人命没人揭发,不论是富人还是穷人,都可以一夜间由小偷来决定命运"。[④]为保护商贾安全,成吉思汗、忽必烈等历代统治者均制定了详细的法律法规。人身安全方面,在商旅往来要道和关口均设置巡防官及驻守军队,保障商人安全无阻通行;并对歧视甚至杀害商人的行为治以重罪。财产安全方面,元廷制定了近乎铁腕的民商法加以保护,凡遇商人资财被盗,作为地方重要案件加以彻查;时满一年仍未抓获盗贼,则由附近民户代为偿还。有学者评价说:"(元代)刑法和商法可称为重典,抢劫或盗窃将被处以死刑。这些制裁在今人看来似乎过于严苛,但在乱世却有助于保护商业发展和防止部落相残。"[⑤]

从如上法规、法令条款中易见,元代为保护丝路贸易煞费苦心,可谓四面支持、八方来护。在各种优待抚恤政策下,元代陆上贸易达到了前所未有的规模,"沿着那一条条从帝国各处通往哈剌和林的大道,一切修士、大使、神秘僧人和吹牛皮的冒险者都朝

① 宋濂.元史·卷5·世祖二[M].北京:中华书局,1976,第94页.

② 元典章·工部造作一·禁军民段定服色等第[M].陈高华等点校.北京:中华书局,天津:天津古籍出版社,2011,第1965页.

③ 元典章·工部造作一·缎匹·禁治纰薄缎帛[M].陈高华等点校.北京:中华书局,天津:天津古籍出版社,2011,第1962页.

④ 额斯日格仓.蒙古族商业发展史[M].哈斯木仁译.沈阳:辽宁民族出版社,2007,第43页.

⑤ Barisitz S. Central Asia and the Silk Road[M]. Springer International Publishing,2017:100.

这里涌来".[1]

（五）商业政策："胸蟠万卷不疗饥，孰谓工商为末艺"

正如《资本论》中所言："正好与城市发展及其条件相反，对那些没有定居的游牧民族来说，商业精神和商业资本的发展，却往往是他们固有的特征。"[2]元代是中国历史上罕见的重商王朝，在官吏体制方面，虽大体结构效仿前朝，但在官职设计上显著服务于商业特别是对外贸易。中央机构中，户部设宝钞都提举司，礼部设侍仪司、会同馆，工部设诸色人匠总管府、织染提举司等，且主事官秩三品或四品；地方机构中，则在亦集乃路、沙州路、肃州路、甘州路等丝路必经之地及沿线商业重镇专设印钞、织染分局，形成了一套从中央到地方的周密完整的商贸管理和服务体系。

除了官吏机构设置，元廷在选人用人方面也受到浓郁商业氛围的影响。对于为帝国的建立和拱卫立下过汗马功劳的西域商人，元廷常是不计出身、委以重任。早在成吉思汗时期，蒙古诸汗就曾借助西域商人长途贩运、熟知民情的优势，既利用其经营商业、牟取暴利，又派其前去西域刺探军情。如成吉思汗第一次西征前派商人牙老瓦赤前去花剌子模国交涉，后来牙老瓦赤成为元廷治理西域的四朝元老，成功实现了由富商到大吏的转变，其商税制度改革成为后代效仿的蓝本。亦如富商出身的田镇海，随成吉思汗西征，是班朱尼河之盟的重要见证者，后受命前往西域治理屯田，历任成吉思汗、窝阔台、贵由三朝而声名不衰，西北防御重地镇海城即因其命名。再如上文提到的游商阿三，后也成为成吉思汗的亲信使臣，成为联系蒙古帝国与西亚的重要使者。而以广开财源、四方聚敛著称的宰相阿合马，更是"为人多智巧言，以功利成效自负"[3]的典型代表，其制定的榷铁、榷盐等理财政策为缓解忽必烈时的财政危机发挥了一定功效。可以说，元廷内始终存在着一个庞大的富商官僚群体，统治者与其关系往往依国内经济状况而时紧时松，但总体来看是融通和利用的关系。在这些富商的极力倡导和推崇下，元朝政府出台了更多扶持商贾贸易的政策。

在商税方面，元朝自成吉思汗入主汉地以来就奉行"三十取一"的税制。陈高华认为，这可能是承袭金朝"诸物百分取三"的税制。[4] 在窝阔台、忽必烈主政时期，三十取一的商税模式通过法律条文固定下来。另外，在上都、大都等繁华都市，为鼓励商贸往来，还曾进一步降低税负。《元史》记载，至元七年（1270）"以上都商旅往来艰辛，特免其课"。[5] 这些地区的商税减免和优惠政策对陆上丝路贸易产生了直接的刺激作用，大大延长了商贸距离，使横跨亚欧大陆的长途贸易在蒙元大一统格局下真正达

① 〔英〕罗伯特·马歇尔.东方风暴：从成吉思汗到忽必烈，挑动欧亚大陆[M].李鸣飞译.太原：山西人民出版社,2014,第173页.

② 〔德〕马克思.资本论第3卷[M].北京：人民出版社,2004,第370—371页.

③ （明）宋濂.元史·卷205·阿合马传[M].北京：中华书局,1976,第4558—4559页.

④ 陈高华.元代商税初探[J].中国社会科学院研究生院学报,1997(1).

⑤ （明）宋濂.元史·卷94·商税[M].北京：中华书局,1976,第2397页.

到顶峰。[①]

在赋役方面,也对西域商贾"大开绿灯"。翁独健先生《斡脱杂考》一文曾列举了西域御用商人的八项特权,其中之一便是"不预差役",也即与特殊户计如僧、道、也里可温(基督教教士)、答失蛮(伊斯兰教教士)等待遇相似。[②]

元代官商关系的紧密互动,集中体现在元廷和以斡脱为代表的西域商人之间,许多富商做高官、掌国政,地位高于大多数平民,从司马迁时的"素封"之人进阶为握有实权、影响国家政策导向的"耆老"集团。这种官商关系虽因存在着搜刮民脂民膏而受到批驳,但客观上为陆上丝绸之路沿线的长途贸易提供了政策便利和支撑。

四、元代丝路贸易制度的评价

日本学者杉山正明曾高度评价元代的重商政策及由此产生的丝绸之路贸易体系:"整个欧亚,从东到西,由穆斯林斡鲁托克商人、喀里密商人、拜占庭商人、意大利商人彼此交会错综形成横向联结。虽说如此,本来让这个欧亚世界通商圈成立的,就是奠基于重商主义与自由经济,展开未曾有的通商振兴政策的巨大、富庶、繁荣的东方,也就是拜大元汗国的存在所赐。"[③]

元代丝路贸易在国内外贸易史的重要地位都是不言自明的。从国内视角看,元代陆上贸易的勃兴,继唐启明,将古代对外贸易的规模和格局推上了一个新的高度,对后世产生了极为深远的影响,如波斯商人哈智摩哈美德率商队仍沿着元代商贸故道来明朝采购大黄等传统商品;元代的四大汗国及西域其他国家也在此后较长时间内维持着同明朝的朝贡贸易。[④] 从国际视角看,元代高效普惠的贸易治理结构对中亚、欧洲都产生了巨大的溢出效应。Barisitz(2017)指出,蒙元主导的贸易体系虽然未能催生国内资本主义的发展,却为欧洲特别是意大利等国的资本原始积累创造了条件。[⑤] Cosmo(2009)认为,蒙元时期的丝路贸易极大地促进了人员、技术和思想文化的交融,蒙古帝国的垮台更是直接导致了蒙古和平(Pax Mongolica)的终结和丝路贸易的大转向。[⑥] 正如 North(1973)指出,规模经济是降低交易成本的重要举措:"市场信息的供给受经济规模的制约······随着信息在更多人之间传播,平均每个商人的交易成本相应下降——随着市场规模的扩大,获取信息的平均和边际成本在下降。我们可能会看到

---

① Barisitz S. Central Asia and the Silk Road[M]. Springer International Publishing, 2017:123.

② 翁独健.斡脱杂考[J].燕京学报,1941(29).

③ 〔日〕杉山正明.忽必烈的挑战:蒙古帝国与世界历史的大转向[M].周俊宇译.北京:社会科学文献出版社,2013,第248页.

④ 蒋致洁.蒙元时期丝绸之路贸易初探[J].中国史研究,1991(2).

⑤ Barisitz S. Central Asia and the Silk Road[M]. Springer International Publishing, 2017:124.

⑥ Cosmo N. D. Black Sea Emporia and the Mongol Empire: A Reassessment of the Pax Mongolica[J]. Journal of the Economic & Social History of the Orient, 2009, 53(1/2):83-108.

一个永久性的国际市场在中心地区建立起来。"[①]从这个意义上说,14 世纪横贯欧亚大陆的广阔市场,不仅是丝路贸易繁荣的结果,也是重要原因和动力。

以制度经济学的视角而言,丝路贸易能够在 14 世纪达到新高峰,是因为元廷诸多制度设计使得交易成本最小化,避免交易过程中的内耗,保证个人收益与社会收益基本持平。例如:第一,加强基础设施建设,广修驿道、驿站,由官府主导提供完善的转运服务和货物安全保障,降低物流成本。第二,坚持实行全国性纸币流通制度,并积极倡导本国货币国际化,降低跨国贸易汇兑成本。同时以"斡脱钱"制度在某种程度上降低了商人的融资成本。第三,制定成熟的法律法规,推进产品规格和质量标准化,降低搜寻和维权成本。第四,统一关税标准,实行普遍的"三十税一"制度,使通关成本易核算、易控制。第五,与沿线经济体建立长期友好合作关系,成为交易过程的润滑剂和加速剂,规避政治和社会不稳定因素。以上措施,都对陆上丝路贸易的发展起到了较好的激励作用和保护作用,为建立良性运行的治理结构提供了范本。

同时,元代的丝路贸易治理政策中也暴露了一些缺陷和不足。第一,受限于制度传统的局限性,不平等的朝贡贸易在丝路贸易中仍占有较大比例,特权阶层侵吞中小商人利益的行为还时有发生。第二,虽然比之前代,在纸币发行上有较大创新,但在王朝中后期没能摆脱财政困难、纸币超发、通货膨胀、经济崩溃的固有循环,货币国际化的进程也因此中断。第三,在商业税收和补贴等优惠政策方面仍缺乏普惠性,呈现出明显的群体差异和等级差异,官商勾结乃至腐败现象比较突出。凡此种种,都为后来的丝路贸易衰落和王朝崩溃埋下了祸根,也给予后人深刻的警醒与启迪。

总之,元代是中国历史上疆域最为辽阔的时期,其国际交往之开放度、商业发展之自由度、丝路贸易之繁荣度都达到了空前的历史水平。从政策变迁和思潮演变的角度看待元代的丝路贸易,将对当今新层次、新理念下的对外开放和国际经济合作提供宝贵的历史参考。

---

① North D. C. The Rise of the Western World[M].Cambridge University Press,1973:55－56.

参 考 文 献

Adshead S. A. M. China in World History[M]. St. Martin's Press. 2010.

Ahmed Y. Road investment programming for developing countries: an Indonesian example[M]// Road investment programming for developing countries: an Indonesian example. Transportation Center at the Northwestern University, 1976.

AOKI K. Japanese Higher Education Institutions in the 21st Century: The Challenge of Globalization and Internationalization [J]. Electronic Journal of Contemporary Japanese Studies, 2005, Vol. 2005.

Aschauer D. Is public expenditure productive? [J]. Journal of Monetary Economics, 1989, 23(89): 177—200.

Aschauer D A. Do states optimize? Public capital and economic growth[J]. The Annals of Regional Science, 2000, 34(3): 343—363.

Banerjee S. G., Oetzel J. M., Ranganathan, R. Private provision of infrastructure in emerging markets: Do Institutions Matter? [J]. Development Policy Review, 2006, 24(2), 175—202.

Barisitz S. Central Asia and the Silk Road[M]. Springer International Publishing, 2017.

Barro R. J., X. Sala-i-Martin. Covergence across States and Regions[J]. Brookings Papers on Economic Activity, 1991 (1): 107—182

Bellows B. Sanrem research report No. 1—95, proceedings of the indicators of sustainablility conference and workshop[M]. Arlington Virginia: Washington State University, 1994

Bing L., Akintoye A., Edwards P. J. et al. The allocation of risk in PPP/PFI construction projects in the UK[J]. International Journal of Project Management, 2005, 23(1), 25—35.

Bing L., Akintoye A., Hardcastle C. Critical success factors for PPP/PFI projects in the UK construction industry[J]. Construction Management & Economics, 2005, 23(5), 459—471.

Biygautane M. Infrastructure public-private partnerships in Kuwait, Saudi Arabia, and Qatar: meanings, rationales, projects, and the path forward[J]. Public Works Management & Policy, 2016, 22(2).

Calderón C, Moral-Benito E, Servén L. IS Infrastructure Capital Productive? A dynamic heterogeneous approach [J]. Journal of Applied Econometrics, 2015, 30(2): 1—34.

Chan A. P. C. Lam P. T. I., Chan D. W. M. et al. Critical success factors for PPPs in infrastructure developments: Chinese perspective[J]. Journal of Construction Engineering & Management, 2010, 136(5), 484—494.

Chen L. Q. PPP: new-type public-private partnerships financing pattern[J]. Construction Economy, 2005.

Chenery H. B., S. Robinson & M. Syrquin. Industrialization and Growth: A Comparative Study[M], Oxford University Press, 1986.

Cosmo N. D. Black Sea Emporia and the Mongol Empire: A Reassessment of the Pax Mongolica[J]. Journal of the Economic & Social History of the Orient. 2009, 53(1/2). pp. 83—108.

Costanza R, d'Arge R., de Groot R., et al. The Value of the world's ecosystem services and national caprtal [J]. Nature, 1997, 387: 253—260.

Cruz, C. O., & Rui, C. M. Flexible contracts to cope with uncertainty in public-private partnerships[J]. International Journal of Project Management, 2013, 31(3), 473—483.

Delmon, J. Understanding options for public-private partnerships in infrastructure. World Bank Policy Research Working Paper. Washington, DC: World Bank, 2010.

Demirag, I.; Khadaroo, I.; Stapleton, P.; et al. Risks and the financing of PPP: perspectives from the financiers[J]. British Accounting Review, 2011, 43(4), 294—310.

De Palma, A.; Prunier, G.; Leruth, L. E. Towards a principal-agent based typology of risks in public-private partnerships[J]. André De Palma, 2009, LI(2), 1—23.

Donaldson, D. Railroads of the Raj: Estimating the impact of transportation infastructure[J]. The American Economic Review, 2008.

Estache, A.; Serebrisky, T. Where do we stand on transport infrastructure deregulation and public-private partnership?. World Bank Policy Research Working Paper. Washington, DC: World Bank, 2004.

Frank A. G. The World Economic System in Asia before European Hegemony[J]. Historian. 1994, 56(2), pp. 259—276.

Galilea, P.; Medda, F. Does the political and economic context influence the success of a transport project? An analysis of transport public-private partnerships[J]. Research in Transportation Economics, 2010, 30(1), 102—109.

Garcia S M, Staples D J, Chesson J. The FAO guidelines for thedevelopment and use of indicators for sustainable development ofmarine capture sheries and an Australian example of their application[J]. Ocean and Coastal Management, 2000, 43: 537—556.

Glover D R, Simon J L. The Effect of Population Density on Infrastructure: The Case of Road Building[J]. Economic Development and Cultural Change, 1975, 23(Volume 23, Number 3): 453—468.

Hammami, M.; Ruhashyankiko, J. F.; Yehoue, E. B. Determinants of Public-Private Partnerships in Infrastructure[J]. International Monetary Fund, 2011, 06(99).

Hart, O. Incomplete contracts and public ownership: remarks, and an application to public-private partnerships[J]. Economic Journal, 2003, 113(486), C69—C76.

Hart, O.; Shleifer, A.; Vishny, R. W. The proper scope of government: theory and an application to prisons[J]. Quarterly Journal of Economics，1997，112(4)，1127—1161.

Hartemink A E. Soil chemical and physical properties as indicators ofsustainable land management under sugar cane in Papua New Guinea[J]. Geoderma，1998，85：283—306.

Islam，N. Growth Empirics：a Panel Data Approach [J]. Quarterly Journal of Economics，1995，110：1127—1170

Jong，M. D.；Mu，R.；Stead，D.；et al. Introducing public-private partnerships for metropolitan subways in China：What is the Evidence? [J]. Journal of Transport Geography，2010，18(2)，301—313.

Kamps C. New Estimates of Government Net Capital Stocks for 22 OECD Countries，1960—2001[J]. Imf Staff Papers，2004，53(1)：120—150.

Ke，Y.；Wang，S. Q.；Chan，A. P. C.；et al. Preferred risk allocation in china's public-private partnership (ppp) projects[J]. International Journal of Project Management，2010，28(5)，482—492.

Keith Boyfield. Private sector funding of public sector infrastructure[J]. Public Money & Management，2009，12(2)，41—46.

Kumar S. & R. Russell. "Technological change，technological catch-up and capital deepening[J]. American Economic Review，2002，92 (3)：527—548.

North D. C. The rise of the western world[M]. Cambridge University Press，1973.

Petty W. Political Arithmetick[M]. McMaster University Archive for the History of Economic Thought，2006.

Porter，M. E. Competitive Strategy[M]，Free Press，New York，1980.

Qiao，L.；Wang，S. Q.；Tiong，R. L. K.；et al. Framework for critical success factors of BOT projects in China[J]. Journal of Structured Finance，2001，7(1)，53—61.

Röller L H，Waverman L. Telecommunications Infrastructure and Economic Development：A Simultaneous Approach [J]. American Economic Review，2001，91(4)：909—923.

Rosenstein-Rodan P N. Problems of Industrialisation of Eastern and South-Eastern Europe[J]. Economic Journal，1943，53(210/211)：202—211.

Rostow W W. The stages of economic growth：a non-communist manifesto[M]. Cambridge University Press，1990.

Rostow W W. The Stages of Economic Growth [J]. The Journal of Modern History，1961，12(Volume 33，Number 2)：1—16.

Smith A. The Wealth of Nations[J]. Library of Economics & Liberty，2009.

Trebilcock，M.；Rosenstock，M. Infrastructure public-private partnerships in the developing world：lessons from recent experience[J]. Journal of Development Studies，2015，51(4)，335—354.

Yescombe，E. R. Public private partnerships：principles of policy and finance[M]. Boston，MA：Butterworth-Heinemann，2007.

巴顿，K. J. 城市经济学：理论和政策[M]. 商务印书馆，1984.

白明.中国对外贸易史[M].中国商务出版社,2015.

〔意〕柏朗嘉宾.柏朗嘉宾蒙古行纪[M].耿昇译.北京:中华书局,1985.

〔摩洛哥〕伊本·白图泰.伊本·白图泰游记[M].马金鹏译.银川:宁夏人民出版社,1985.

常雅楠."一带一路"背景下基础设施 PPP 项目风险分担研究.科技进步与对策,2016,33(16):102—105.

陈炳泉,彭瞳.公私合营模式在交通基础设施项目中关键性成功因素分析[J].都市快轨交通,2010,23(3):58—61

陈得芝辑点.元代奏议集录[M].杭州:浙江古籍出版社,1998.

陈高华等点校.元典章[M].北京:中华书局,天津:天津古籍出版社,2011.

陈继勇,袁威,肖卫国.流动性、资产价格波动的隐含信息和货币政策选择——基于中国股票市场与房地产市场的实证分析[J].经济研究,2013(11):43—55.

陈明星,陆大道,查良松.中国城市化与经济发展水平关系的国际比较[J].地理研究,2009,28(2):464—474.

陈明星,陆大道,刘慧.中国城市化与经济发展水平关系的省际格局[J].地理学报,2010,65(12):1443—1453.

〔瑞典〕多桑.多桑蒙古史·第六卷[M].冯承钧译.北京:中华书局,1962.

额斯日格仓.蒙古族商业发展史[M].哈斯木仁译.沈阳:辽宁民族出版社,2007.

〔日〕高桥弘臣.宋金元货币史研究——元朝货币政策之形成过程[M].林松涛译.上海:上海古籍出版社,2010.

韩儒林.元朝史[M].北京:人民出版社,1986.

何向彤.我国高等职业教育国际化的现状、问题与对策[J].继续教育研究,2016(1).

何杨."一带一路"沿线国家基础设施投资 PPP 模式鼓励政策的比较研究.财政科学,2017,0(6):86—91.

和讯债券.知己知彼——国外 PPP 发展现状及对中国的借鉴[EB/OL].http://bond.hexun.com/2015-03-09/173872960.html,2015 年 3 月.

济邦投资咨询有限公司.基础设施 PPP 与操作实务[M].化学工业出版社,2015

教育部.2015 年全国教育事业发展统计公报[EB/OL].http://www.moe.edu.cn/srcsite/A03/s180/moe_633/201607/t20160706_270976.html.

〔美〕杰克·威泽弗德.成吉思汗与今日世界之形成[M].温海清,姚建根译.重庆:重庆出版社,2006.

金戈.中国基础设施资本存量估算[J].经济研究,2012(4):4—14.

荆婷,周明星.中国职业教育国际化:意蕴、困境与路径[J].职教论坛,2017.

柯永建,王守清.基于案例的中国 PPP 项目的主要风险因素分析[J].中国软科学,2009(5):107—113

李本.基于 PPP 项目的风险管理研究.城市建筑,2014,(2):102—102.

李幹.元代民族经济史[M].北京:民族出版社,2010.

李明伟.丝绸之路贸易史[M].兰州:甘肃人民出版社,1997.

李云梅.中国职业教育国际化背景、路径与措施的研究[J].中国职业技术教育,2017.

刘伟.工业化进程中的产业结构研究[J].中国人民大学出版社,1995.

刘伟,张辉.中国经济增长中的产业结构变迁和技术进步[J],经济研究,2008(11).

刘伟,张辉,黄泽华.中国产业结构高度与工业化进程和地区差异的考察[J].经济学动态,2008(11).

吕会娟,孟爱国,陈晓文.中国对"一带一路"沿线国家基础设施投资的 PPP 模式风险与规避研究[J].山东科技大学学报:社会科学版,2017,19(6):76—83.

〔英〕罗伯特·马歇尔.东方风暴:从成吉思汗到忽必烈,挑动欧亚大陆[M].李鸣飞译.太原:山西人民出版社,2014.

罗煜,王芳,陈熙.制度质量和国际金融机构如何影响 PPP 项目的成效——基于"一带一路"46 国经验数据的研究[J].金融研究,2017,0(4):61—77.

〔意〕马可·波罗.马可·波罗行纪[M].冯承钧译.上海:上海古籍出版社,2014.

彭兴韵.流动性、流动性过剩与货币政策[J].经济研究,2007(11):58—70.

亓霞,柯永建,王守清.基于案例的中国 PPP 项目的主要风险因素分析[J].中国软科学,2009,(5):107—113.

〔日〕杉山正明.忽必烈的挑战:蒙古帝国与世界历史的大转向[M].周俊宇译.北京:社会科学文献出版社,2013.

沈梦溪.国家风险、多边金融机构支持与 PPP 项目融资的资本结构——基于"一带一路"PPP 项目数据的实证分析[J].经济与管理研究,2016,37(11):3—10.

时秀梅."一带一路"中私人部门参与 PPP 项目的影响因素研究[J].财经问题研究,2017,0(5):12—17.

(明)宋濂等.元史[M].北京:中华书局,1976.

孙慧,孙晓鹏,范志清.PPP 项目中再谈判关键影响因素的研究[J].国际经济合作,2010(3):58—61

孙洁.公私合作模式及应用——以北京地铁四号线为例[J].综合性经济刊物,2011(1):18—21

王灏.PPP 的定义和分类研究[J].都市快轨交通,2004,17(5):23—27.

王守清,柯永建.特许经营项目融资[M].清华大学出版社,2008.7:98—99

王树文."一带一路"PPP 模式中风险分析及风险规避路径选择[J].东岳论丛,2016,0(5):68—75.

〔法〕威廉·鲁布鲁克.鲁布鲁克东行纪[M].何高济译.北京:中华书局,1985.

夏秀瑞,孙玉琴.中国对外贸易史[M].北京:对外经济贸易大学出版社,2001.

闫杰宇."一带一路"背景下基础设施建设融资问题研究[硕士学位论文].北京:首都经济贸易大学,2016.

易纲,王召.货币政策与金融资产价格[J].经济研究,2002(3):13—20.

于鑫.PPP 模式在"一带一路"基础设施投资中的应用分析[硕士学位论文].北京:对外经济贸易大学,2017.

张辉.北京市工业化进程中的产业结构高度[J].北京社会科学,2009(3).

张辉.一带一路产业园发展研究[J].国际城市规划,2007(8).

张辉,任抒杨.从北京看我国地方产业结构高度化进程的主导产业驱动机制[J].经济科学,2010(6).

张军,高远,傅勇,等.中国为什么拥有了良好的基础设施?[J].经济研究,2007(3):16.

张军,吴桂英,张吉鹏.中国省际物质资本存量估算:1952—2000[J].经济研究,2004(10):35—44.

张军,章元.对中国资本存量 K 的再估计[J].经济研究,2003(7):35—43.

赵景华."一带一路"沿线国家 PPP 投资现状、经验及对我国的借鉴启示[J].国际贸易,2017,0(9):57—60.

赵雷,吕元祥,华中炜.我国基础设施建设的国际比较研究[J].中国物价,2013(1):34—37.

赵倩."一带一路"的经济权益新思路.东北财经大学学报,2017,(6):5—7.

赵胜民,方意,王道平.金融信贷是否中国房地产、股票价格泡沫和波动的原因——基于有向无环图的分析[J].金融研究,2011(12):62—76.

浙江省教育厅.浙江省高等教育国际化年度报告(2014 年)[Z].2015-08-07.2005,Vol.2005.

郑世林,周黎安,何维达.电信基础设施与中国经济增长[J].经济研究,2014,49(5):77—90.

〔伊朗〕志费尼.世界征服者史[M].何高济译.呼和浩特:内蒙古人民出版社,1981.

周昌林,魏建良.产业结构水平测度模型与实证分析——以上海、深圳、宁波为例[J].上海经济研究,
    2007(6).

周晖,王擎.货币政策与资产价格波动:理论模型与中国的经验分析[J].经济研究,2009(10):61—74.

周林,杨云龙,刘伟.用产业政策推进发展与改革[J].经济研究,1987(3).

邹嘉龄,刘春腊,尹国庆,唐志鹏.中国与"一带一路"沿线国家贸易格局及其经济贡献[J],地理科学
    进展,2015,34(5):598—605.